区块链
理论与方法

袁勇 王飞跃 ◎ 著

清华大学出版社
北京

内 容 简 介

区块链是随着以比特币为代表的数字加密货币的崛起而诞生的新兴战略前沿技术。目前,区块链领域呈现出明显的"理论研究滞后于市场实践"的发展态势。为此,本书致力于系统和深入地介绍区块链的基础理论和关键方法,内容涵盖区块链的数据结构、P2P网络、跨链互操作、共识算法、经济激励、智能合约、扩容技术、安全与隐私保护、数字货币及分布式账本等。

本书可作为高等院校本科生或研究生的教材,同时可供区块链专业研发人员参考学习。

本书封面贴有清华大学出版社防伪标签,无标签者不得销售。
版权所有,侵权必究。举报: 010-62782989,beiqinquan@tup.tsinghua.edu.cn。

图书在版编目(CIP)数据

区块链理论与方法/袁勇,王飞跃著. —北京: 清华大学出版社,2019.10(2025.2重印)
ISBN 978-7-302-54029-8

Ⅰ.①区… Ⅱ.①袁…②王… Ⅲ.①电子商务—支付方式 Ⅳ.①F713.361.3

中国版本图书馆 CIP 数据核字(2019)第 234336 号

责任编辑:贾　斌
封面设计:刘　键
责任校对:胡伟民
责任印制:曹婉颖

出版发行:清华大学出版社
网　　址:https://www.tup.com.cn,https://www.wqxuetang.com
地　　址:北京清华大学学研大厦 A 座　　　邮　编:100084
社 总 机:010-83470000　　　邮　购:010-62786544
投稿与读者服务:010-62776969,c-service@tup.tsinghua.edu.cn
质量反馈:010-62772015,zhiliang@tup.tsinghua.edu.cn
课件下载:https://www.tup.com.cn,010-83470236
印 装 者:三河市龙大印装有限公司
经　　销:全国新华书店
开　　本:185mm×260mm　　印　张:23.25　　字　数:585 千字
版　　次:2019 年 10 月第 1 版　　印　次:2025 年 2 月第 9 次印刷
印　　数:7101~7400
定　　价:69.00 元

产品编号:081336-01

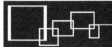

前言

区块链智能：新时代智能产业之"真"与"道"

为什么要写这本书？为什么要学习和研究区块链方法与技术？

显然，人们对区块链的第一反应一定是比特币、ICO、以太坊、EOS等形形色色、狂起狂落的数字"货币"，以及不久前还声势浩大差不多耗去全世界千分之一电量的"挖矿"运动。这些现象使得区块链成为社会"热"点，其热度之高，几乎达到"梦想与忽悠齐飞，理性共疯狂一色"的境地，以至有人感叹："傻子太多，骗子太少。"从这个角度上考虑，在众多的区块链商业与普及类书籍之外，我们迫切需要一本深入系统地介绍科学方法和基本技术的区块链专著，帮助大家从本质上理解和认识区块链及相关应用的意义。

其实，这是一个世界性的迫切需求。2018年初，著名的科技杂志《麻省理工技术评论》(*MIT Technology Review*)改变风格，每一期只专注一个课题；而选择的第一个专题就是区块链（见图1），力图在"Hype（忽悠）"和"Hope（希望）"之间找出区块链的真实价值。该杂志权威齐聚，洋洋万言，结论十分形象：脑洞大开之后，尽快砍掉"y"底下的长尾，补全其上之脑，通过进一步完善区块链的方法、技术、体系和应用案例，化"y"之叉为完整完美无缝连接之"o"链；如此，区块链的忽悠"Hype"就自然成为区块链的希望"Hope"，最终一定是"落霞与孤鹜齐飞，秋水共长天一色"的智能产业美境！这正是写作本书的目的。

学习研究区块链有重要意义，因为这不仅是支撑比特币的基础技术，也不单是一种分布式的记账方法，更为重要的是，区块链与智能技术结合成为区块链智能之后，必将催生新的智能产业形态，同时成为变革世界、构建智慧社会的基石。

为什么这样认为？按照20世纪最伟大的科学哲学家之一卡尔·波普尔的理论，我们的世界由物理世界、心理世界和人工世界三部分组成。社会发展的历史也表明，一个经济体系的革命和新旧转化的升级，只能在一个新的市场空间中实现。例如，从农业到工业的革命，正是由于开发了心理世界，把心理世界中原来不是商品的"时尚"，通过纺织品变为可大批量生产和全面流通的商品；再加上工业技术的兴起，使社会专业分工和大规模生产成为可能，一举突破了农业生产经济的边际效用递减诅咒和"粮食增产、人口暴涨"的马尔萨斯"贫困陷阱"，使人类从农业社会跃入工业社会。这就是为什么工业经济始于英国的纺织业，而不是当时以食品业见长、更为发达的荷兰。因为纺织品不同于农业经济中既不能少也不可多的食品，不但可以保存更久，而且其市场的规模取决于心理，具有无限大的发展潜力，本质上就是心理世界的初级开发。

工业经济发展到现在，我们又遇到了诸如"全球变暖""生态保护""技术奇点"等各色各

图 1 《麻省理工技术评论》区块链专刊封面

样的"瓶颈"和"陷阱",其进一步的发展和升级,同样必须有新的增长方式和市场空间。发展智能技术,开发人工世界,扩大商品范畴,围绕健康、安全、教育、能源、制造和交通等领域,形成有效个性化的知识产品及其智能经济,从传统的专业分工转化为人机分工,并进一步走向虚实分工,是工业经济升级转型的必由之路。

为此,我们必须将物理、心理和人工三个世界融合在一起,确保其和谐发展。实际上,有史以来,人类就像"蜘蛛"一样,一直围绕着这一目标结"网",向"5G"进军:从物理世界的交通网和物流网(Grids 1.0)开始,到电力网和能源网(Grids 2.0),再到心理世界的互联网、信息网(Grids 3.0),以及目前的物联网(Grids 4.0),人类已从"被联"到了"在联",正走向人工世界可以"主联"的智联网(Grids 5.0)。这五张网,通过区块链智能进一步深度融合,将三个世界紧密地联系在一起,形成人、机、物一体化的新空间 CPSS(Cyber-Physical-Social Space),从而为智能经济无限市场的兴起奠定基础。

这一切的本质原因,是区块链智能将传统上不是商品的两样重要东西变成了商品!人工智能的创始人之一、诺贝尔经济学奖得主司马贺曾称:"信任"和"注意力"不能转移、不能大规模生产,所以不能成为商品。区块链加智能技术恰恰推翻了司马贺的认识:区块链智能使传统上难以流通和商品化的"注意力"与"信任"成为可以批量化生产并且流通的商品,革命性地扩展了经济活动的范围与提高效率的途径,形成社会发展之新"北(BEI)",即智能大经济（Big Economy of Intelligence）。这就是有人称区块链是"信任机器"（Trust Machines）和"真相机器"（Truth Machines）的根本原因，更是区块链智能的本质、意义和"真（TRUE）道（DAO）"：

$$真（TRUE）=可信（Trustable）+可靠（Reliable）+可用（Usable）+$$
$$效益（Effective, Efficient）$$

$$道（DAO）=分布式去中心化（Distributed, Decentralized）+$$
$$自主式的自动化（Autonomous, Automated）+$$
$$组织式的有序化（Organized, Ordered）$$

单从技术层面，区块链智能可以使智能技术牢固地架构在区块链内外。链内，人工智能可使今日既不智能也不合约的"智能合约"以智慧的方式既合规又合约，保证通证（Token）运营的可信与可靠；链外，智能科技能使DAPP普及深入产业和社会的每个角落，产生可用且高效的社区经济，形成智能产业和智慧社会。相当程度上，区块链智能为构造智能产业和社会提供了"水泥钢筋"基础，我们可以放心高效地在此地基上盖几十甚至几百层的智能大厦。否则，直接利用非结构碎片化的"大数据"，就会像在土基或沙基上盖房，只能盖一两层，低效而且不安全。

如此一来，区块链智能必将引发智能产业的熊熊大火。长期以来，人工智能因为"火力"不够，只能解决"玩具"规模的"小"问题，以至被讥为"炼金术""用爬树的方式登月"：可以高些，但无法达到目标。如果区块链智能可使"智能合约"和DAPP实现其预期的目标，"炼金术"将成为科学，"爬树"将化为火箭飞船一般的新技术。结果就是"大数据改变生产资料，机器人变革生产力，区块链革命生产关系"，智能产业将主导新时代。

这是不是颠覆现有的世界？如果你认为今天的人类与两千多年前的人类无本质区别，那么这就是进步，不是颠覆。但相对于古人，今天的每个人都有他们脑中诸神才有的"顺风耳""千里眼""风火轮"等，我们不但吃住比古时帝王还好，就连走的道路都比昔日的皇宫更奢侈！这是不是颠覆？其实，颠覆还是进化，已不应再是焦点，问题该是实践与实效。这必然是一个过程，可长可短，是一个国家、一个社会自己的选择。

就是基于上面的认识，我们组织专门队伍开展了区块链技术的研究和应用，并撰写了这本《区块链理论与方法》，力图系统和深入地介绍区块链的基础理论和关键方法，目的是推动区块链的教学、研究和应用。本书以区块链"六层"基础架构模型为主线，内容涵盖区块链的数据结构、P2P网络、跨链互操作、共识算法、经济激励、智能合约、扩容技术、安全与隐私保护、数字货币及分布式账本等。第1章概述；第2章介绍区块链的链式数据结构，并阐述时间戳、哈希函数、默克尔树、非对称加密和数字签名等关键技术；第3章讨论区块链底层的网络结构与通信协议，以及实现多条区块链之间互联互通的跨链技术；第4章介绍区块链共识算法的分布式计算理论基础，并简要概述区块链发展历程中出现的各类共识算法；第5章从经济和管理学的视角，探讨区块链生态系统的经济模型、激励机制及参与者的各类策略性行为；第6章给出智能合约的概念、模型与核心要素，并探讨智能合约面临的挑战和适用的场景；第7章阐述区块链扩容的关键技术、制约因素和衍生问题；第8章探讨区块链安全与隐私保护的理论和方法；第9章主要介绍数字货币的相关技术；第10章介绍以有向无环图 DAG 为基础结构的分布式账本，并给出典型的应用案例。

在区块链研究过程中，本书的第一作者袁勇博士不但成为我们团队区块链研究的领军人物，更成长为国内和国际区块链基础研究的核心权威之一。袁勇除了组织中英文学术杂志出版区块链专刊和相应研讨学术会议外（见图2），还推动成立了中国自动化学会"区块链技术专业委员会"、IEEE SMC 和 IEEE CRFID 等国际学会的区块链专业委员会及"IEEE Blockchain Initiative"，为建立区块链学术研究生态体系做出了杰出的贡献。特别是在本书的写作过程中，袁勇更是付出了极大的心血和努力，是成书的最大贡献者，对此我衷心地表示感谢。此外，感谢复杂系统管理与控制国家重点实验室平行区块链团队的倪晓春、韩璇、李娟娟、曾帅、秦蕊、王帅、黄辰辰、欧阳丽炜和张晓婧在本书素材整理和编写过程中的帮助，感谢武汉大学张俊教授、中国数字资产研究院院长朱嘉明教授在本书成稿过程中的建设性的建议和讨论。最后，特别感谢清华大学出版社薛慧和贾斌两位老师对本书出版的热情和细致的帮助。

图2　第一届区块链与知识自动化国际研讨会部分主讲和
参会人员合影（2017年4月，美国丹佛大学）

目前，区块链技术的发展尚处于初期阶段，相关理论和方法也处于持续发展和快速演进过程中，未来路远且长，因此本书的内容不可能完备全面。限于水平，书中不妥之处在所难免，诚望读者指正。希望本书的出版，能够让更多的学者和创业者加入到新兴的区块链领域中来，早日将区块链智能技术建成"可信、可靠、可用、高效"的智能产业和智慧社会之"真（TRUE）·道（DAO）"。

王飞跃
中国科学院自动化研究所复杂系统管理与控制国家重点实验室
2019年3月11日于北京怀德海学院

目 录

第1章 概述 ... 1
1.1 比特币与数字货币 ... 1
1.1.1 历史与现状 ... 1
1.1.2 生态系统 ... 5
1.2 区块链技术 ... 7
1.2.1 概念与定义 ... 7
1.2.2 历史与现状 ... 7
1.2.3 特色与特点 ... 10
1.2.4 分类与比较 ... 13
1.2.5 架构与模型 ... 14
1.2.6 内涵辨析 ... 17

第2章 数据结构与相关技术 ... 19
2.1 区块结构 ... 19
2.1.1 区块头 ... 20
2.1.2 区块体 ... 22
2.1.3 交易类型 ... 25
2.2 区块链的运行流程 ... 26
2.2.1 交易生成 ... 27
2.2.2 网络传播与验证 ... 28
2.2.3 交易池管理 ... 28
2.2.4 交易优先级排序 ... 29
2.2.5 交易手续费定价 ... 30
2.2.6 共识竞争与构建区块 ... 30
2.2.7 难度调整机制 ... 31
2.2.8 分叉处理与主链判定 ... 33
2.3 数据层的关键技术 ... 33
2.3.1 时间戳 ... 33
2.3.2 哈希函数 ... 36
2.3.3 默克尔树 ... 46
2.3.4 非对称加密 ... 53

2.3.5　数字签名 …………………………………………………………… 63

第 3 章　区块链网络与跨链技术 ………………………………………………… 68

　3.1　区块链网络 ……………………………………………………………………… 68
　　　3.1.1　P2P 网络 …………………………………………………………… 69
　　　3.1.2　节点类型 …………………………………………………………… 71
　　　3.1.3　数据传播协议 ……………………………………………………… 74
　　　3.1.4　数据验证机制 ……………………………………………………… 76
　　　3.1.5　矿池网络协议 ……………………………………………………… 78
　　　3.1.6　区块链分叉 ………………………………………………………… 79
　3.2　跨链技术 ………………………………………………………………………… 81
　　　3.2.1　概念与定义 ………………………………………………………… 81
　　　3.2.2　难点与解决方案 …………………………………………………… 84
　　　3.2.3　典型跨链案例 ……………………………………………………… 89

第 4 章　共识算法 ………………………………………………………………… 103

　4.1　共识简史 ………………………………………………………………………… 103
　　　4.1.1　传统分布式一致性研究 …………………………………………… 103
　　　4.1.2　主流区块链共识算法 ……………………………………………… 106
　　　4.1.3　共识算法的新进展 ………………………………………………… 108
　4.2　共识系统基础 …………………………………………………………………… 112
　　　4.2.1　分布式系统模型 …………………………………………………… 112
　　　4.2.2　FLP 定理和 CAP 定理 …………………………………………… 114
　　　4.2.3　两军问题 …………………………………………………………… 116
　　　4.2.4　拜占庭将军问题 …………………………………………………… 118
　　　4.2.5　共识过程的主流模型 ……………………………………………… 124
　　　4.2.6　共识算法的分类 …………………………………………………… 125
　4.3　分布式一致性算法 ……………………………………………………………… 127
　　　4.3.1　Paxos 算法 ………………………………………………………… 127
　　　4.3.2　Raft 算法 …………………………………………………………… 131
　4.4　主流区块链共识算法 …………………………………………………………… 138
　　　4.4.1　PBFT 共识算法 …………………………………………………… 138
　　　4.4.2　PoW 共识算法 ……………………………………………………… 141
　　　4.4.3　PoS 共识算法 ……………………………………………………… 144
　　　4.4.4　DPoS 共识算法 …………………………………………………… 148
　　　4.4.5　RPCA 共识算法 …………………………………………………… 149
　4.5　共识算法的新进展 ……………………………………………………………… 152
　　　4.5.1　原生 PoW 扩展共识算法 ………………………………………… 152
　　　4.5.2　原生 PoS 扩展共识算法 ………………………………………… 155

4.5.3　PoW+PoS 混合共识算法 ··· 157
　　　4.5.4　其他共识算法 ·· 157

第 5 章　经济激励与策略行为 ·· 162
5.1　区块链经济系统 ··· 162
　　　5.1.1　区块链中的经济博弈 ·· 162
　　　5.1.2　代币发行机制 ·· 164
　　　5.1.3　代币分配机制 ·· 166
　　　5.1.4　交易费 ··· 167
　　　5.1.5　矿池与分配方式 ··· 170
5.2　激励机制与策略性行为 ··· 173
　　　5.2.1　共识机制设计与激励相容性 ··· 173
　　　5.2.2　ICO 机制设计 ·· 174
　　　5.2.3　自私挖矿 ·· 175
　　　5.2.4　扣块攻击 ·· 178
　　　5.2.5　跨链套利和跨矿池套利 ··· 179
　　　5.2.6　挖空块 ··· 179
　　　5.2.7　ASICBoost ·· 181

第 6 章　智能合约 ··· 182
6.1　概念与定义 ·· 182
6.2　智能合约开发平台 ·· 183
　　　6.2.1　比特币脚本 ··· 183
　　　6.2.2　以太坊平台 ··· 184
　　　6.2.3　超级账本 Fabric ·· 185
　　　6.2.4　其他智能合约开发平台 ··· 185
6.3　智能合约模型 ··· 187
　　　6.3.1　智能合约的运行机制 ·· 187
　　　6.3.2　智能合约的架构模型 ·· 190
6.4　智能合约的若干核心要素 ·· 193
　　　6.4.1　预言机 ··· 193
　　　6.4.2　DAO ·· 196
　　　6.4.3　形式化验证 ··· 198
6.5　智能合约的挑战与进展 ··· 200
　　　6.5.1　隐私问题 ·· 200
　　　6.5.2　法律问题 ·· 200
　　　6.5.3　安全问题 ·· 201
　　　6.5.4　机制设计与性能问题 ·· 202
6.6　智能合约的应用场景 ·· 203

6.6.1　金融 ……………………………………………………………………… 203
　　6.6.2　管理 ……………………………………………………………………… 204
　　6.6.3　医疗 ……………………………………………………………………… 204
　　6.6.4　物联网与供应链 …………………………………………………………… 205

第 7 章　区块链扩容技术 ……………………………………………………………… 206
7.1　扩容问题概述 …………………………………………………………………… 206
7.2　关键技术 ………………………………………………………………………… 210
　　7.2.1　区块扩容 …………………………………………………………………… 210
　　7.2.2　频率扩容 …………………………………………………………………… 212
　　7.2.3　架构扩容 …………………………………………………………………… 214
　　7.2.4　并行扩容 …………………………………………………………………… 217
7.3　制约因素 ………………………………………………………………………… 229
　　7.3.1　网络负载 …………………………………………………………………… 229
　　7.3.2　节点瓶颈 …………………………………………………………………… 230
7.4　衍生问题：安全问题 …………………………………………………………… 231
　　7.4.1　高交易量安全问题 ………………………………………………………… 231
　　7.4.2　中心化 ……………………………………………………………………… 234
　　7.4.3　侧链安全性 ………………………………………………………………… 236
7.5　衍生问题：经济问题 …………………………………………………………… 236
　　7.5.1　币值 ………………………………………………………………………… 237
　　7.5.2　交易费与矿工收益 ………………………………………………………… 238

第 8 章　区块链安全与隐私保护 ……………………………………………………… 240
8.1　区块链的安全目标 ……………………………………………………………… 240
　　8.1.1　数据安全 …………………………………………………………………… 240
　　8.1.2　共识安全 …………………………………………………………………… 242
　　8.1.3　隐私保护 …………………………………………………………………… 243
　　8.1.4　智能合约安全 ……………………………………………………………… 243
　　8.1.5　内容安全 …………………………………………………………………… 244
8.2　区块链的安全性问题 …………………………………………………………… 244
　　8.2.1　数据层安全问题 …………………………………………………………… 245
　　8.2.2　网络层安全问题 …………………………………………………………… 248
　　8.2.3　共识层安全问题 …………………………………………………………… 250
　　8.2.4　激励层安全问题 …………………………………………………………… 253
　　8.2.5　合约层安全问题 …………………………………………………………… 254
　　8.2.6　应用层安全问题 …………………………………………………………… 256
8.3　常见的漏洞和攻击手段 ………………………………………………………… 258
　　8.3.1　针对共识一致性的攻击 …………………………………………………… 258

        8.3.2 针对扩展性的攻击 ······ 262
        8.3.3 针对激励策略的攻击 ······ 263
        8.3.4 针对智能合约的攻击 ······ 265
        8.3.5 其他攻击 ······ 269
    8.4 安全与隐私保护技术 ······ 271
        8.4.1 盲签名 ······ 271
        8.4.2 群签名 ······ 273
        8.4.3 环签名 ······ 275
        8.4.4 零知识证明 ······ 278
        8.4.5 同态加密 ······ 284
        8.4.6 安全多方计算 ······ 287
        8.4.7 混币技术 ······ 289
        8.4.8 TOR网络 ······ 292
    8.5 典型加密货币案例 ······ 296
        8.5.1 零币-Zcash ······ 296
        8.5.2 门罗币-Monero ······ 301
    8.6 未来区块链安全方面研究重点 ······ 304
        8.6.1 打破"不可能三角" ······ 304
        8.6.2 隐私保护与可控监管 ······ 305
        8.6.3 区块链互联 ······ 305
        8.6.4 系统级安全体系 ······ 306

第9章 数字货币 ······ 307

9.1 货币的历史及分类 ······ 307
9.2 数字货币的定义 ······ 309
9.3 数字货币的思想基础 ······ 310
9.4 数字货币大事记 ······ 310
9.5 数字货币生态的核心要素 ······ 314
    9.5.1 钱包 ······ 314
    9.5.2 矿池 ······ 315
9.6 竞争币 ······ 317
9.7 数字货币估值模型 ······ 319
    9.7.1 价值存储理论 ······ 319
    9.7.2 流通理论 ······ 319
    9.7.3 INET模型 ······ 320
    9.7.4 网络价值与交易比率 ······ 321
    9.7.5 梅特卡夫定律网络价值比率 ······ 321
    9.7.6 CAPM模型 ······ 322
9.8 数字货币交易市场 ······ 322

9.8.1　二级市场交易 ································ 322
　　　9.8.2　金融衍生品市场 ······························ 323
　　　9.8.3　数字货币交易所 ······························ 324
　9.9　稳定币 ·· 326
　　　9.9.1　法定资产抵押型：USDT ······················ 328
　　　9.9.2　加密货币抵押型：MakerDAO ·················· 330
　　　9.9.3　无抵押/算法式：BASIS ························ 334
　9.10　法定数字货币 ····································· 338
　　　9.10.1　英国央行数字货币 RSCoin ··················· 338
　　　9.10.2　中国法定数字货币 ·························· 340

第10章　分布式账本 ······································ 342
　10.1　DAG 概述 ··· 342
　10.2　IOTA ··· 345
　　　10.2.1　权重机制 ··································· 345
　　　10.2.2　末梢选择算法与冲突交易判别 ················· 346
　　　10.2.3　攻击情景分析模拟 ··························· 347
　10.3　Byteball ··· 348
　　　10.3.1　见证人机制 ································· 348
　　　10.3.2　主链机制 ··································· 348
　　　10.3.3　全局主链与共识 ····························· 349
　　　10.3.4　交易排序与交易确认 ························· 350
　　　10.3.5　寄生链攻击防御 ····························· 350
　10.4　Hashgraph ·· 351
　　　10.4.1　数据结构 ··································· 351
　　　10.4.2　Gossip about Gossip 协议 ···················· 352
　　　10.4.3　虚拟投票与事件排序 ························· 352

参考文献 ·· 356

第1章 概述

区块链技术是以比特币为代表的数字加密货币体系的核心支撑技术。随着比特币近年来的快速发展与普及，区块链技术的研究与应用也呈现出快速增长的态势，被认为是最有可能触发下一次产业革命的颠覆式创新技术之一。本章旨在对区块链技术的发展态势做一个全景式的概述，为后续章节详细阐述区块链技术机理做好铺垫。迄今为止，比特币仍然是区块链技术最成功的应用之一，是众多区块链理论和方法的源泉和基础，也是业界目前研究的重点。因此，本章将首先简要介绍比特币和数字货币，以使读者对区块链技术有感性认识，然后在此基础上概述区块链技术的发展现状。

1.1 比特币与数字货币

1.1.1 历史与现状

2008 年 11 月 1 日，一位化名为"中本聪"（Satoshi Nakamoto）的学者在密码学邮件组中公开发表了"Bitcoin: A Peer-to-Peer Electronic Cash System"（比特币：一种点对点的电子现金系统）一文，提出了一种"全新的、完全点对点（Peer-to-Peer，P2P）而且能够抛弃可信第三方的电子现金系统"[1]。比特币于 2009 年 1 月初正式上线并发布创世区块，其发行数量最初为每个区块发行 50 个比特币，每产生 21 万个区块（大约 4 年）后产量减半；比特币总量设定为 2100 万个，按照预定的发行速度，将会在 2140 年全部发行完毕。

截止到 2018 年 12 月 31 日，比特币产量已经过两次减半过程，现为每个区块发行 12.5 个比特币，预计将在 2020 年第三次减半至 6.25 个比特币。区块链实时监控网站 Blockchain.info 的统计数据显示，比特币底层的区块链已经生成 556 458 个区块。加密货币市值统计网站 coinmarketcap.com 显示，全球共有 2076 种加密货币，总市值超过 1297 亿美元，其中比特币市值约占 51.6%，瑞波币和以太币分别居二、三位。比特币供应量（即已经挖出的比特币数量）已经超过 1745 万个，按照每个比特币 3837 美元的现行价格估算，其总市值已超 670 亿美元，在世界各国 2017 年 GDP 排名中占据第 72 位。换言之，在没有政府和中央银行信用背书的情况下，完全去中心化的比特币已经依靠算法信用创造出与欧洲小国体量相当的全球性经济体。预计到 2025 年，全球 10% 的 GDP 将会通过区块链技术存储。图 1-1 显示的是自 2009 年 1 月 12 日到 2018 年 12 月 31 日的比特币价格历史走势，数据来源为 bitinfocharts.com。

结合比特币的重要历史事件以及价格变化趋势，可以将其发展历史大致分为三个阶段，即蛰伏期、感知期和狂热期，如图 1-1 所示。

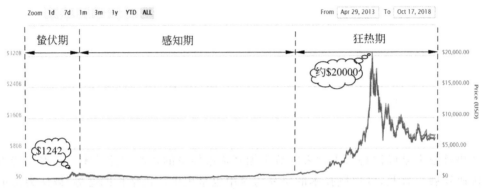

图 1-1 比特币价格历史曲线图

1. 蛰伏期

即 2009 年初到 2013 年 11 月。比特币在这段时期并不为社会公众所熟知，其关注者仅局限于少数比特币爱好者和密码学极客。比特币的币价虽缓慢增长，但并没有引起市场的广泛关注。在这段时期，比特币发生了若干早期的重要事件，例如：2009 年 1 月 3 日，比特币系统上线并生成创世区块，如图 1-2 所示①；2010 年 5 月 22 日，诞生了比特币历史上的第一笔交易；2010 年 7 月，比特币交易平台 MT.gox 上线；2012 年 11 月，比特币区块奖励第一次减半，由 50 个变成 25 个。此次减半并未对比特币价格造成较大的影响，币价一直以比较低的速率稳定增长。直到 2013 年下半年，其价格在短时间内经历了一次暴涨，由几十美元上涨至 1242 美元，甚至超过了同时期每盎司黄金的价格。

2. 感知期

即 2013 年 11 月到 2017 年初。在经历过一轮短暂的暴涨之后，比特币获得了业界的广泛关注，科研、产业和投资者纷涌入场。各国政府对比特币的态度也渐趋明朗，包括美国、德国、西班牙在内的若干国家对比特币一直持有积极态度，认为比特币是一种值得鼓励和培育的新经济形态，并出台相关支持政策；同时，也有一些国家对比特币持谨慎态度，呼吁各界理性对待并出台相关的风险调控措施，例如中国和法国等。比特币在这段时期内积累的关注度，也使得人们开始研究和应用其底层的区块链技术，区块链技术逐渐走向新一代信息技术的最前沿。2016 年 7 月，比特币区块奖励第二次减半为 12.5 个。比特币价格在感知期内保持稳中有小幅增长的趋势。

---

① 比特币系统中创世区块的生成时间为 2009 年 1 月 3 日 18:15:05(UTC 时间)，即北京时间 2009 年 1 月 4 日 02:15:05。

```
Block Height 0 Blocks at depth 0 in the bitcoin blockchain

Summary
Height                          0 (Main chain)
Hash                            000000000019d6689c085ae165831e934ff763ae46a2a6c172b3f1b60a8ce26f
Previous Block                  0000000000000000000000000000000000000000000000000000000000000000
Next Blocks                     00000000839a8e6886ab5951d76f411475428afc90947ee320161bbf18eb6048
Time                            2009-01-03 18:15:05
Difficulty                      1
Bits                            486604799
Number Of Transactions          1
Output Total                    50 BTC
Estimated Transaction Volume    0 BTC
Size                            0.285 KB
Version                         1
Merkle Root                     4a5e1e4baab89f3a32518a88c31bc87f618f76673e2cc77ab2127b7afdeda33b
Nonce                           2083236893
Block Reward                    50 BTC
Transaction Fees                0 BTC
```

图 1-2 比特币创世区块

3．狂热期

狂热期即2017年初至2018年末。比特币在此阶段经历了一轮暴涨和暴跌，并保持着稳中有降的趋势。2017年初，由于市场对比特币认知度的升高以及人们对后市预期普遍持积极态度，比特币价格呈持续上涨态势，涨幅不断创新高。技术方面，2017年7月20日，比特币矿工投票激活了 BIP 91(Bitcoin Improvement Proposal，比特币改进协议)，启动实施隔离见证(Segregated Witness)；2017年8月1日，比特币正式分叉，产生同源分叉币——比特币现金。同年9月，中国人民银行等七部委联合发布《关于防范代币发行融资风险的公告》，要求严管数字货币及其 ICO(Initial Coin Offering，初次代币发行)活动，并要求国内的数字货币交易所停止所有交易活动，中国多个矿场相继停止了虚拟货币交易业务。然而，这也没能阻挡比特币价格的上涨势头，币价甚至呈现出"垂直上涨"状态，并创下了约20 000美元的历史新高。2018年2月起，随着市场逐渐回归理性以及一些政府监管政策的效应逐渐显现，比特币价格开始暴跌。2018年12月，比特币价格下跌到4000美元左右。

比特币系统运行在完全去中心化的 P2P 网络上，由分布在全球各地的节点连接组成，各个节点根据不同的功能有不同的分工。一般来说，比特币网络的每个节点都参与路由功能，其中拥有完整区块链数据账本的节点称为全节点。全节点具有独立校验比特币转账交易数据的功能。除了全节点，还有一些轻量级节点被称为"SPV 节点"，其中 SPV 是 Simple

Payment Verification（简化支付验证，详见第 2.3.3 节）的简写。SPV 节点和全节点的区别是 SPV 节点只保留区块链的一部分数据，主要是保存所有的区块头，其功能是"支付验证"。由于全节点的功能主要是验证全网交易数据，所以一定程度上，全节点的数量对维护比特币系统安全性起到了很重要的作用：全节点数量越多、节点分布越分散，比特币系统的去中心化程度越高，安全性也相对来说更高。

比特币（以及以比特币为代表的区块链系统）一般有五个关键要素：即公共的区块链账本、分布式的 P2P 网络系统、去中心化的共识算法、适度的经济激励机制以及可编程的脚本代码。比特币底层的 P2P 网络允许节点随时加入，无须通过可信第三方注册认证。节点使用公钥的哈希值作为自己的数字假名，也被称为地址，具备一定的伪匿名性。交易是比特币网络中传播和存储的基本数据实体，常利用数字签名实现代币等数字资产所有权的转移。交易不仅要经过验证，还要在打包成区块后经由全网节点达成共识，才会被记录到比特币的区块链中。

比特币的发行过程不依赖特定的中心化机构，而是依赖于分布式网络节点共同参与一种称为工作量证明（Proof of Work,PoW）的共识过程以完成比特币交易的验证与记录，从而保证网络中各节点共同维护一份相同的区块链账本。PoW 算法的实质是求解一个满足部分碰撞的哈希值的原像。节点竞争完成 PoW 求解的过程被形象地称为"挖矿"，这些节点则被称为"矿工"。矿工通过挖矿来竞争每个区块的记账权，即对区块链进行写操作的权限。矿工挖矿成功后，可以将其打包好的且经过其他矿工验证的交易区块连接到区块链末尾，并获得一笔比特币奖励（以 Coinbase 格式保存在区块中）。比特币系统每产生 2016 个区块，就会根据这些区块的生成速率来调整 PoW 算法的难度，保证平均每 10 分钟生成一个区块。比特币区块链上的第一个区块被称为创世区块，也是区块链的头部和所有区块的共同祖先，最新链接到区块链上的则为尾部。挖矿生成区块的过程也是比特币的发行过程，每个比特币记作 1 个 BTC，其最小面值或单位则是聪（Satoshi），每个比特币相当于 10^8 聪；因此，比特币的实际可用总量为 2100 万亿聪，足以应对全球支付的需求。

随着比特币的普及和发展，全节点的运行要求逐渐提高，普通的计算机已经很难满足这个要求。目前，美国、德国、法国拥有的比特币全节点数量最多。2019 年 1 月 3 日，全球比特币全节点国家分布情况如表 1-1 所示。

表 1-1 比特币全节点的分布情况

排名	国家	节点数	排名	国家	节点数
1	美国	2480(24.16%)	6	加拿大	398(3.88%)
2	德国	1937(19.22%)	7	英国	346(3.37%)
3	法国	720(7.01%)	8	新加坡	312(3.04%)
4	荷兰	487(4.74%)	9	其他国家	273(2.66%)
5	中国	460(4.48%)	10	俄罗斯联邦	262(2.55%)

由表 1-1 可见，中国的全节点数量占全球全节点数量的比例为 4.48%，全球排名第五。由于比特币网络节点是动态变化的，过去的两年间，全节点数产生了显著的增长。图 1-3 显示了截止到 2019 年 1 月的过去两年内可探测到的全节点数量，从上到下依次显示 IPv4、IPv6 以及 .onion 的全节点数量。Bitnodes statistics 的数据显示，2017 年 11 月 7 日，全节点

数达到高峰值为 12 770 个，随后下降并处于相对稳定的 10 000 个左右。

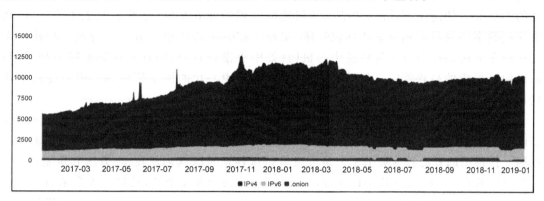

图 1-3　比特币全节点

btc.com 统计数据显示，截止到 2018 年 12 月 31 日，比特币全网算力达到了 40.16EH/s 左右，全网难度值在 6T 左右。随着全球算力的不断增长，比特币全网难度也呈现出不断上升的趋势，如图 1-4 所示。

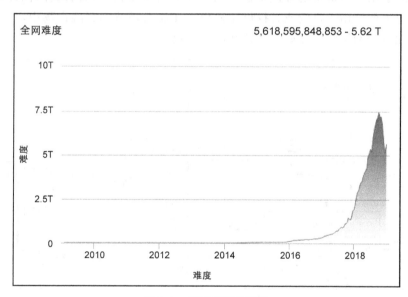

图 1-4　比特币难度系数

1.2.2　生态系统

比特币底层的区块链技术解决了数字货币领域长期以来必须面对的两个重要问题，即双重支付问题和拜占庭将军问题。双重支付问题又称为"双花"问题，即利用货币的数字特性两次或多次使用"同一笔钱"完成支付。传统金融和货币体系中，现金（法币）因是物理实体，能够自然地避免双重支付；其他数字形式的货币则需要可信的第三方中心机构（如银行）来保证。区块链技术的贡献是在没有第三方机构的情况下，通过分布式节点的验证和共识算法解决了去中心化系统的双重支付问题，在信息传输的过程中同时完成了价值转移。拜占庭将军问题是分布式系统交互过程中普遍面临的难题,即在缺少可信任的中央节点的情况下,分布式节点如何达成共识和建立互信(详见第4.2.4节)。区块链通过数字加密技术和分布式共识算法,实现了在无须信任单个节点的情况下构建一个去中心化的可信任系统。与传统中心机构(如中央银行)的信用背书机制不同的是,比特币区块链形成的是软件定义的算法信用,这标志着中心化的国家信用向去中心化的算法信用的根本性变革[2]。

比特币凭借其先发优势,目前已经形成体系完备的涵盖发行、流通和金融衍生市场的生态圈与产业链(如图1-5所示),这也是其长期占据绝大多数数字加密货币市场份额的主要原因。比特币的开源特性吸引了大量开发者持续性地贡献其创新技术、方法和机制;比特币各网络节点(矿工)提供算力以保证比特币的稳定共识和安全性,其算力大多来自于设备商销售的专门用于PoW共识算法的专业设备。比特币网络为每个新发现的区块发行一定数量的比特币以奖励矿工,部分矿工可能会相互合作建立收益共享、风险共担的矿池,以便汇集算力来提高获得比特币的概率。比特币经发行进入流通环节后,持币人可以通过特定的软件平台(如比特币钱包)向商家支付比特币来购买商品或服务,这体现了比特币的货币属性;同时由于比特币价格的涨跌机制使其完全具备金融衍生品的属性,因此出现了比特币交易平台以方便持币人投资或者投机比特币。在流通环节和金融市场中,每一笔比特币交易都会由比特币网络的全体矿工验证并记入区块链。

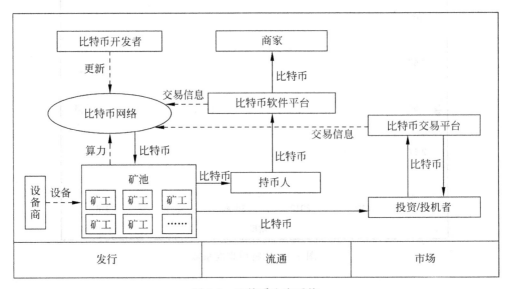

图1-5 比特币生态系统

比特币是区块链技术赋能的第一个"杀手级"应用。然而,区块链作为未来新一代的底层基础技术,其应用范畴势必将超越比特币和数字加密货币而延伸到金融、经济、科技和政务等其他领域。比特币的现有技术、模式和机制,将会对区块链在新应用领域的发展提供有益的借鉴,而新领域的区块链创新也势必反过来促进解决比特币系统现存的问题。因此,比特币和区块链技术存在着协同进化、和谐共生而非相互竞争的良性反馈关系。

1.2 区块链技术

随着比特币近年来的快速发展与普及,区块链技术的研究与应用也呈现出爆发式增长态势,被认为是继大型机、个人电脑、互联网、移动/社交网络之后计算范式的第五次颠覆式创新,是人类信用进化史上继血亲信用、贵金属信用、央行纸币信用之后的第四个里程碑。区块链技术有望像互联网一样彻底重塑人类社会活动形态,并实现从信息互联网向价值互联网的转变。

1.2.1 概念与定义

目前,区块链技术尚处于早期发展阶段,尚未形成行业公认的定义。为方便读者全面理解区块链技术的概念和内涵,本节给出如下三个具有代表性的定义。

维基百科的定义:区块链是持续增长的、采用密码学方法链接的区块列表。每一区块都包含上一区块的密码学哈希值、时间戳、交易数据(通常采用默克尔树的组织形式)。区块链可防止数据篡改,是一种能够以可验证和持久化的方式高效记录双方交易的开放和分布式的账本。当用作分布式账本时,区块链通常是一个遵循节点间通信和新区块验证协议的P2P网络;一旦上链,任何区块中的数据都不能被回溯篡改,除非能够篡改该区块之后的所有后续区块,而这需要网络大多数节点的共识。

权威机构的定义:美国国家标准与技术研究院(National Institute of Standards and Technology,NIST)也给出了区块链技术的非正式描述,认为区块链是将密码学签名的交易分组封装入区块而形成的分布式数字账本。每个区块在经过验证和共识决策之后,都会以密码学方式与前一区块相连接。随着新区块的生成,旧区块越来越难以篡改。新区块被复制到区块链网络的所有账本上,任何冲突都会采用已建立的规则自动地消解。

学术文献的定义:2016年,袁勇和王飞跃在发表于《自动化学报》的"区块链技术发展现状与展望"一文中给出了区块链的狭义和广义定义[2]。狭义来讲,区块链是一种按照时间顺序将数据区块以链条的方式组合成特定数据结构,并以密码学方式保证的不可篡改和不可伪造的去中心化共享总账(Decentralized Shared Ledger,DSL),能够安全存储简单的、有先后关系的、能在系统内验证的数据。广义的区块链技术则是利用加密链式区块结构来验证与存储数据、利用分布式节点共识算法来生成和更新数据、利用自动化脚本代码(智能合约)来编程和操作数据的一种全新的去中心化基础架构与分布式计算范式。

1.2.2 历史与现状

一般认为,区块链技术起源于2008年中本聪的奠基性论文"比特币:一种点对点电子现金系统"。但实际上,该论文虽然以比特币为例完整阐述了区块链的技术要素和原理,但并没有明确出现"Blockchain"一词,而只出现了"Chain of Blocks"。2016年前后,国内相关机构曾经组织公开投票为Blockchain选择合适的中文译名,备选名称包括直译的"区块链"和意译的"公信链""公正链""信用链"等。最终,"区块链"在诸多候选名称中胜出并获得大多数从业者的认可。

1. 区块链大事记

本节将按照时间顺序阐述区块链发展历程中若干具有重要意义的事件。

(1) 2008年11月1日,中本聪发表比特币的创世论文——"比特币:一种点对点电子现金系统",提出了基于分布式P2P网络、非对称加密、时间戳、工作量证明共识算法的电子现金系统的构架理念。尽管这些区块链技术要素都有很长的研究历史,但通常认为比特币创世论文的发表,标志着区块链作为一项完整的集成创新技术正式诞生。

(2) 2013年末,以太坊(Ethereum)创始人维塔利克·布特林(Vitalik Buterin)发布以太坊白皮书"以太坊:一个下一代加密货币和去中心化应用平台",区块链技术自此可集成图灵完备(Turing Complete)的智能合约技术,业界认为这标志着区块链2.0时代的到来;2015年8月,以太坊平台发布新版本,并宣布可以实现任意基于区块链的应用。

(3) 2014年10月,侧链白皮书正式发布,其提出的"楔入式侧链"(Pegged Sidechains)可以实现不同区块链间资产的互相转移。

(4) 2015年9月,全球银行业巨头组建成立R3 CEV区块链联盟,成员包括摩根士丹利、高盛、汇丰等,致力于探索区块链技术在金融行业的应用产品。以部分去中心化为典型特征的联盟链技术逐渐获得广泛关注。

(5) 2015年12月,Linux基金会发起超级账本项目(Hyperledger),IBM、Intel、摩根大通等企业加入,致力于企业级区块链应用平台的研发。

(6) 2015年12月,英国政府科学顾问向英国政府提交了《分布式账本技术:超越区块链》,预测区块链将引起新一轮技术变革,建议加快区块链理论推广与应用开发进程。

(7) 2016年1月,中国人民银行召开数字货币研讨会,探讨采用区块链技术发行法定数字货币的可行性,以提高金融活动的效率、便利性和透明度。

(8) 2016年3月,《自动化学报》发表"区块链技术发展现状与展望",国内区块链学术研究开始起步并快速发展。该文章是中国知网(www.cnki.net)区块链领域最高引用和下载量的学术论文。截至本书完稿时,已获得1000余次引用和5万余次下载。

(9) 2016年4月,为推进区块链技术的研究和应用,国内先后成立了中国分布式总账基础协议联盟和中关村区块链产业联盟等产业机构,重点关注区块链的技术创新和应用推广。

(10) 2016年4月,基于以太坊的"The DAO"项目开启众筹。在短短28天时间里,累计筹集了价值超过1.5亿美元的以太币(ETH),成为当时历史上最大的众筹项目。同年6月,黑客利用The DAO程序中的"递归调用漏洞",成功盗取了价值超过5000万美元的360万枚以太币。智能合约和区块链的安全性与隐私保护逐渐引起业界重视。

(11) 2016年7月,以太坊区块链在第192 000个区块处实施硬分叉以追回被盗的以太币,并获得超过85%的以太坊全网算力支持,以太坊硬分叉成功。这次硬分叉引起业内广泛争议,部分社区成员认为硬分叉违背了区块链去中心化和不可篡改的基本原则,从而引发社区分裂。硬分叉形成的两条同源分叉子链均存活下来,分别称为以太经典(ETC)和以太坊(ETH)。

(12) 2016年9月,国际标准化组织(International Organization for Standardization, ISO)成立专注于区块链领域的标准技术委员会ISO/TC307,中国成为全权成员,标准的加快制定将进一步推动中国区块链市场稳步发展。

(13) 2016年10月,由工业和信息化部信息化和软件服务业司指导的中国区块链技术和产业发展论坛在北京召开,并发布《中国区块链技术和应用发展白皮书(2016)》,对区块链产业发展具有重要指导意义。

(14) 2016 年 12 月,国务院印发并实施《"十三五"国家信息化规划》,明确指出要加强区块链等技术的基础研发和前沿布局,正式从国家科技战略层面肯定了区块链的技术与社会价值。世界经济论坛也对区块链在金融场景下的应用进行预测分析,认为区块链将在跨境支付、保险、贷款等多方面重塑金融市场基础设施。

(15) 2017 年 9 月 4 日,中国人民银行联合七部委发布《关于防范代币发行融资风险的公告》,将 ICO 定性为未经批准的非法融资行为。以比特币为代表的数字加密货币体系开始受到严格监管。

(16) 2018 年 5 月,党和国家领导人在中国科学院和中国工程院院士大会上首次提到区块链技术,指出以人工智能、量子信息、移动通信、物联网、区块链为代表的新一代信息技术加速突破应用。区块链技术发展步入快车道。

2. 区块链发展现状

近年来,区块链技术的发展和普及速度之快超出许多专家学者的预期。2015 年,区块链的关注者仍局限于少数比特币爱好者;2016 年,区块链技术就已经快速攀升到 Gartner 技术成熟度曲线的顶端,即过高期望的峰值期(Peak of Inflated Expectations);2018 年,区块链技术已经进入泡沫化的低谷期(Trough of Disillusionment),这意味着业界已经逐渐从泡沫化的概念炒作回归到落地应用实践,并向着稳步爬升的光明期(Slope of Enlightenment)快速演进。与此同时,区块链领域的相关技术,例如共识机制、去中心化应用(Decentralized Applications,DAPPs)、智能合约、跨链技术等处于该曲线中的快速上升期,如图 1-6 所示。

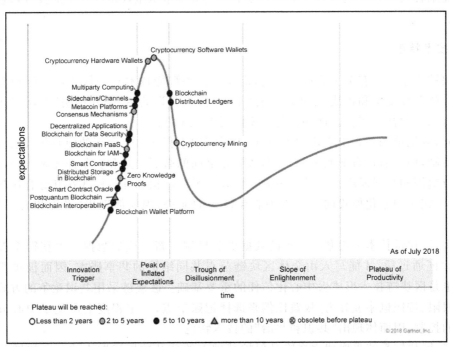

图 1-6　区块链及相关技术的成熟度曲线(图片来自 Gartner)

2018年10月，Gartner发布2019年十大战略性技术趋势，区块链技术位列其中，对其的认识是：虽然相关技术和概念并不成熟、在关键任务型规模化业务运营中的效果未经证实，但"具有强大的颠覆性潜力"。

2016年末，国务院印发的《"十三五"国家信息化规划》明确指出要加强区块链等技术的基础研发和前沿布局；各国中央银行也开始高度重视区块链技术，通过借鉴研究或直接应用区块链来设计各自的法定数字货币。

区块链领域的学术研究也处于快速发展的态势。就现状而言，国内区块链研究大多由市场实践驱动，呈现出"零散、不成体系"的特点和明显的"学术研究滞后于市场实践，国内研究滞后于国外研究"的发展态势。与国际区块链研究加速发展的态势相比，特别是国际上不断涌现的高质量工作论文和白皮书相比，国内区块链研究虽然已从2015年学术论文的"不毛之地"发展为目前的"辽阔草原"，但仍缺乏高质量、引领性的学术研究和模式创新，距离"茂密森林"尚有不小的距离。从学术论文的统计数据来看，截至2016年2月，以中国知网CNKI平台为中文数据源、以Web of Science和EI Village为英文数据源的文献检索结果显示：篇名包含关键词"区块链/Blockchain"的仅有2篇中文和9篇英文文献；而截至2018年12月，中文文献和英文文献的数量已分别达到4015篇和1567篇。国内相对丰富的应用场景和积极的产业环境对于促进区块链技术研究和发展起到了重要的推动作用。

1.2.3 特色与特点

作为一种全新的去中心化基础架构与分布式计算范式，区块链技术能够为信息化、自动化和智能化相关产业的发展奠定坚实的数据安全和信任基础，助力打造去中心化、安全可信和可灵捷编程的新型产业生态。本节将介绍区块链技术所呈现出的鲜明的技术特色以及技术优势。

1. 技术特色

区块链生来就带有鲜明的技术特色，代表着新兴智能技术对于传统社会组织和运作方式的一种颠覆性变革和挑战，是迈向具有"平等自由、共识共治、公开透明"的新产业形态的一次极有意义的社会实验。这些特色主要体现在三个方面[3]。

首先，区块链采用去中心化的组织方式，系统中不存在自上而下的中心化或层级结构的管理与控制，而是通过自下而上的、分布式节点之间的微观交互和竞争博弈来实现宏观系统的自适应组织和高层涌现。这种组织方式代表着系统结构和计算模式在其分合循环与演变过程中，由完全中心化模式向完全去中心化模式的演进，因而体现出"平等和自由"的技术特色。

其次，区块链技术采用基于共识的数据更新机制。新生成的数据必须获得全部或大多数节点验证通过后，才能写入由全体区块链节点共同维护的共享账本，因而极难篡改和伪造。这也是区块链技术形成去中心化信任的重要基础。区块链采用共识竞争的方式确定节点记账权限、按照概率或算力/权益比例来选择记账节点，一定程度上避免了中心节点对共享账本的控制，因而体现出"共识和共治"的技术特色。

第三，区块链系统采取建立在隐私保护基础上的公开数据读取方式。区块链系统数据受密码学技术保护，且带有不同程度的匿名性，但数据在写入区块前需全体节点验证，写入后也可以零成本方式向全体节点公开查询,从而有助于消除信息优势、降低系统节点的信任成本,因而体现出"公开和透明"的技术特色。

由此可见,区块链的上述三个技术特征实际上更适用于"乌托邦"式的社会形态和应用场景,而这与现实社会的内在运行规律势必存在着或多或少的矛盾和冲突,因而极有可能限制区块链技术的应用场景和范围,并在一定程度上阻碍区块链技术的发展。学术研究和产业实践相关人员已经开始思考甚至质疑"现实社会是否真正需要这三个特色的区块链技术"。这无疑是区块链技术引发的一次理想与现实的博弈,而此博弈目前的"均衡状态"则是激进的区块链新技术向传统技术的妥协与折中,并由此衍生出诸多针对现实应用场景的、融合传统技术的区块链解决方案。

例如,与中心化集权体制的计算模式相比,去中心化的区块链分权体制虽然有着更好的鲁棒性和安全性,但不可避免地会导致其共识控制的效率低下,因而这种"失控"状态的区块链系统目前尚难以全面应用于类似金融系统等关系国计民生的重要领域。为此,多中心化甚至完全中心化的联盟链和私有链相继出现(详见第1.2.4节),旨在通过削弱系统的去中心化程度来增强区块链"主权"的控制能力。目前,这些形态的区块链技术正在快速发展,并涌现出以超级账本(Hyperledger)等为代表的相对成熟的企业级应用解决方案。然而,这类针对特定应用需求"改造"后的区块链技术是否还是真正的"区块链"目前仍然尚存争论。

再如,区块链系统强调全体节点的共识,并以此维护历史数据的不可(或极难)篡改性,这种基于集体智慧的民主共治思想和价值观通常会在节点决策失误或历史数据存在问题时陷入窘境。例如,2016年6月,基于区块链技术的以太坊众筹项目The DAO由于其智能合约存在重大缺陷而遭受攻击,以太坊社区在是否维护"区块链数据不可更改"这一本质特征的争论中未能达成共识,通过硬分叉方式形成两条独立运行的区块链。这次分叉无疑是区块链理想向现实妥协的例证。

最后,区块链技术公开和透明的特点使其特别适合精准扶贫、慈善捐款等政务领域。然而,对于强调隐私保护和通过构筑信息优势获利的商业领域来说,区块链可能并非其最佳解决方案。

综上,区块链被产业界视为引发新产业革命的核心要素之一,其技术特色、发展前景乃至对现实社会带来的深刻影响都已经获得广泛认可。然而迄今为止,区块链的"杀手级应用"仍然是比特币和以太坊等局限于纯虚拟经济体系的加密货币,现实社会中解决实际需求的区块链系统虽为数众多、百花齐放,但均是小规模探索和尝试,成功者寥寥无几。毫无疑问,区块链与生俱来的革命性技术特色所引发的理想与现实的博弈正在成为限制其脱虚向实的一道鸿沟。如何充分利用区块链的新技术特色,发掘适合区块链技术的现实场景,并从区块链底层技术创新取得突破,促使区块链技术真正落地,是目前亟待解决的关键问题。

2. 技术特点

区块链技术具有诸多技术优势,业界经常提及的包括去中心化、去中介化、极难篡改、可追溯性、可编程性和安全可信等。

1) 去中心化

去中心化是区块链发展伊始最显著的技术优势。区块链数据的验证、记账、存储、维护和传输等过程均是基于分布式系统结构,采用纯数学算法而不是中心机构在海量无信任的分布式节点间建立信任关系,实现基于去中心化信任的点对点交易、协调与协作,从而为解决中心化系统普遍存在的高成本、低效率和数据存储不安全等问题提供了全新的解决方案。

去中心化可以从网络、控制和功能三个视角加以理解[①]。

(1) 网络视角:从网络拓扑结构的视角来看,去中心化系统是指通信网络中不存在影响其他节点相互连接的中心节点。例如,星型网络是典型的中心化网络,其中心节点失效后整个网络将无法通信;目前主流的 P2P 网络则是典型的去中心化网络,任何节点的失效不会影响其他节点之间的相互连接。实际上,关于去中心化网络的研究至少可以追溯到 1964 年美国兰德公司的报告"On Distributed Communications",该报告将去中心化网络定义为一系列中心化星型网络和无中心的分布式网格的组合,因而从这个意义上来讲,完全无中心的网络和部分多中心的网络都可以称为"去中心化网络"。关于去中心化网络的详细辨析可参见第 3.1 节。

(2) 控制视角:从控制权的视角来看,去中心化系统是指系统中不存在具有超级权限、可控制其他节点的"中心节点"。系统节点及其计算资源的控制权分散归属于不同的所有者 (Owner),每个节点都可以独立地决策并呈现出多样化的行为。通俗来讲,"去控制中心化"系统是可分叉的 (Forkable),每个节点都有对整体系统"说不"的权力,并在其不认可某个区块链系统"游戏规则"的时候,可以自由地退出或者切换到其他系统。

事实上,现阶段区块链系统最难以实现的就是控制层面的去中心化。高性能矿机和大型矿池的出现,使得区块链算力的所有权越来越集中到少数人手中。例如,截止到 2018 年 11 月 20 日,比特币各大矿池中,位列前三的矿池总算力占比为 47.6%,而前五位矿池的总算力则达到 69.1%,足以发动 51% 攻击而控制比特币系统。

(3) 功能视角:从功能视角来看,去中心化系统是指节点承担的功能是对等的,不存在具有特殊功能、不可或缺的"中心节点"。因此,整体系统节点的任何子集所构成的子系统均可以独立运转,不会因为损失部分节点(例如出现网络分区时)而出现整体系统的失效。

2) 去中介化

区块链技术的去中心化特点在一定程度上导致了区块链生态系统中呈现出的去中介化形态。《经济学人》杂志称区块链技术为"信任机器"(Trust Machine),其含义为区块链技术可像机器生产产品一样,自动化地生产人对数据的客观信任。因此,区块链系统中不再需要基于中心化机构或者平台的信用评估与担保,而是可以剔除实施增信功能的中介机构,基于共识和信任实现点对点的直接价值传输。

3) 极难篡改

区块链技术是一种全民参与记账、共同参与记录和存储交易信息的方式,共同维护交易数据库,因而具有极难篡改、不可否认和不可伪造等特点。其中,不可篡改性和不可否认性指交易等数据一经验证达成共识被写入区块链后,任何人无法对数据进行修改和抵赖。不可伪造性则指任何人无法通过有效手段伪造通过矿工验证的交易,更无法伪造整条交易变更记录。相比于传统的中心化数据库,区块链利用哈希函数的单向性、数字签名的防伪认证

[①] 2017 年,以太坊创始人维塔利克·布特林在文章 "The Meaning of Decentralization" 中也阐述了去中心化的含义,认为可以从架构去中心化 (Architectural Decentralization)、政治去中心化 (Political Decentralization) 和逻辑去中心化 (Logical Decentralization) 三个角度来理解去中心化。

功能和分布式共识的容错能力，极大增加了攻击者恶意篡改、伪造和否认数据操作的攻击难度和成本。

4）可追溯性

区块链采用带有时间戳的链式区块结构存储数据，从而为数据增加了时间维度，具有极强的可验证性和可追溯性。时间戳可以作为区块数据的存在性证明，不仅有助于形成不可篡改和不可伪造的区块链数据库，同时交易的每次变更都会按照时间顺序记录在区块链上，前后关联，可以方便地检索交易从发布源头到最新状态间的整个变更流程。该特点为区块链应用于公证、知识产权注册等时间敏感的领域奠定了基础。更为重要的是，时间戳为未来基于区块链的互联网和大数据增加了时间维度，使得通过区块数据和时间戳来重现历史成为可能。

5）可编程性

区块链技术可提供灵活的脚本代码系统，支持用户创建高级的智能合约或其他去中心化应用。例如，以太坊平台即提供了图灵完备的脚本语言以供用户来构建任何可以精确定义的智能合约或交易类型。用户可以通过建立智能合约，将预定义规则和条款转化成可以自动执行的计算机程序，高效地解决了传统合约中依赖中介等第三方维系、合约执行成本高等问题，降低了合约参与方的违约风险和诚实合约方的经济损失。

6）安全可信

区块链技术采用非对称密码学技术对交易各方的敏感信息进行加密，仅有权限节点才能访问或使用；同时，借助零知识证明、同态加密等密码学工具，以及分布式节点的共识算法形成的强大算力来抵御外部攻击，从而可以保证区块链数据具有较高的安全性且有效保护用户隐私。

1.2.4 分类与比较

一般来说，业界通常按照如下两种分类体系来对区块链系统进行分类，二者大同小异。

第一种分类体系主要根据区块链运行过程中是否需要中心节点或者权限优势节点授权，可将区块链划分为无许可区块链（Permissionless Blockchain）和许可区块链（Permissioned Blockchain）两类。无许可区块链是一种完全去中心化的分布式账本技术，允许节点自由加入和退出，无须通过中心节点注册、认证和授权。网络节点地位平等，共享整个区块链账本，可自由选择是否参与数据验证、挖矿等维护系统稳定的关键环节。无许可区块链不依赖中心节点提供安全保障，需要大量网络节点自主参与，提供数据冗余。因此，无许可区块链要具备支持大规模网络和数据扩展的能力，对共识机制的扩展性、容错率和效率能耗等方面提出了更高的要求。一般地，无许可区块链缺乏身份认证机制和隐私保护机制，还需要依靠经济激励机制来激励网络节点自发地维护系统，面临安全隐患多、匿名性弱、激励机制不相容等问题。无许可区块链适用于完全公开的、全民监督的、全网自治的应用场景，比特币和以太坊就是典型的无许可区块链应用案例。

相比于无许可区块链，许可区块链中则存在一个或多个节点具有较高权限，这些节点可以是可信第三方，也可能节点之间仍然互不信任、需要协商制定区块链维护规则和访问控制权限，只有经过相应功能授权的节点才可访问数据、参与系统维护。许可区块链是一种受限的共享分布式账本技术，具有维护成本低、共识效率高、匿名性强、数据吞吐量大等优势。但是,许可区块链往往面临高权限节点易受攻击、信任缺失等问题。多数许可区块链共识不依赖复杂的计算问题,计算敏感度低,降低了攻击者的攻击成本。许可区块链适用于小范围的、数据交互频繁的组织间共享数据服务等应用场景,如跨行清算、医疗保险理赔等。在英格兰银行的建议下,由英国伦敦大学学院提出的法定数字货币框架 RSCoin 方案是典型的许可区块链,由央行作为中心节点负责身份认证、下层节点分组和区块链数据整合等操作。

第二种分类体系则按照去中心化程度,将区块链划分为公有链(Public Blockchain)、联盟链(Consortium Blockchain)和私有链(Private Blockchain)三类。公有链即对应于无许可区块链,其典型代表是比特币、以太坊等广为人知的数字加密货币型区块链,是完全去中心化的区块链,分布式系统的任何节点均可参与链上数据的读写、验证和共识过程,并根据其贡献获得其相应的经济激励;联盟链则是部分去中心化(或者称多中心化)的区块链,适用于多个实体构成的组织或联盟,其数据读写权限受到预定义的一组节点控制,例如生成区块需要获得 10 个预选的共识节点中的 5 个节点确认;国际上多家大型银行联合建立的 R3 CEV 区块链联盟是典型的联盟链代表;私有链则是完全中心化的区块链,适用于特定机构的内部数据管理与审计等,其写入权限由中心机构控制,而读取权限可视需求有选择性地对外开放。因此,也有学者提出可进一步根据是否对外开放服务将私有链分为两类,即读写权限均对内的私有链以及对外开放读取权限的私有链。

公有链、联盟链和私有链的比较如表 1-2 所示。值得一提的是,公有链依靠共识算法产生参与节点之间的信任,其本质是基于众包机制来完成区块链数据的大规模验证与存储任务,因而必须有激励机制以吸引大规模节点的参与;与此同时,正是因为共识过程需要以去中心化的方式由大规模节点共同完成,因而其性能相对较低,例如,比特币的承载能力最高只有每秒 7 笔交易。与公有链相比,联盟链则是基于多个中心机构集体背书产生信任,因而激励机制是可选项,且性能可获得极大提高;私有链是完全中心化的区块链,其信任机制为中心机构自行背书,因而不需要激励机制,且其性能可实现远超联盟链和公有链。

表 1-2 各类区块链的比较

	私 有 链	联 盟 链	公 有 链
参与者	个体或公司内部	特定人群	任何人自由进出
信任机制	自行背书	集体背书	全民共识
记账人	自定	参与者协商决定	所有参与者
激励机制	不需要	可选	需要
中心化程度	中心化	多中心化	去中心化
突出的优势	透明和可追溯	效率和成本优化	信用的自建立
典型应用场景	审计	清算	数字加密货币
承载能力	强	较强	弱

1.2.5 架构与模型

2016 年,袁勇和王飞跃在文献[2]中首次提出了区块链基础架构的"六层模型",如图 1-7 所示。一般说来,区块链系统由自底向上的数据层、网络层、共识层、激励层、合约层和应用层组成。其中,数据层封装了底层数据区块以及相关的数据加密和时间戳等技术;网络层则包括分布式组网机制、数据传播机制和数据验证机制等；共识层主要封装网络节点的各类共识算法；激励层将经济因素集成到区块链技术体系中来，主要包括经济激励的发行机制和分配机制等；合约层主要封装各类脚本、算法和智能合约，是区块链可编程特性的基础；应用层则封装了区块链的各种应用场景和案例。该模型中，基于时间戳的链式区块结构、分布式节点的共识算法、基于共识算力的经济激励和灵活可编程的智能合约是区块链技术最具代表性的创新点。本书就是以"六层模型"为参照，在第 2 章至第 6 章分别阐述区块链系统的数据结构、通信网络、共识算法、经济激励以及智能合约五个层次中的基础理论与方法。

如果我们将区块链系统比作一辆汽车的话，那么数据层相当于汽车的基础硬件配件、网络层相当于电路和油路等传导系统、共识层相当于引擎和动力系统、激励层相当于汽油和润滑系统、合约层相当于高级自动化功能，而应用层则是具体的使用场景。由此也可看出，共识算法和激励机制是区块链系统的核心驱动力。

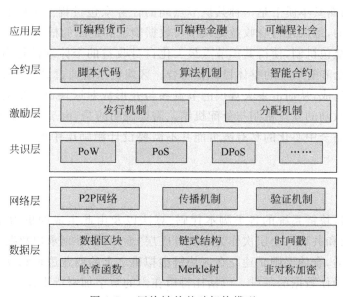

图 1-7　区块链的基础架构模型

1. 数据层

狭义的区块链即去中心化系统各节点共享的数据账本。每个分布式节点都可以通过特定的哈希算法和默克尔（Merkle）树数据结构，将一段时间内接收到的交易数据封装到一个带有时间戳的数据区块中，并链接到当前最长的主区块链上，形成最新的区块。数据层即封装了该过程所涉及的数据区块、链式结构、时间戳、哈希函数、Merkle 树和非对称加密等要素。

2. 网络层

网络层封装了区块链系统的组网方式、消息传播协议和数据验证机制等要素。结合实际应用需求，通过设计特定的传播协议和数据验证机制，区块链系统中每一个节点都能参与区块数据的校验和记账过程,仅当区块数据通过全网大部分节点验证后,才能记入区块链。

3. 共识层

如何在分布式系统中高效地达成共识是分布式计算领域的重要研究问题。与社会系统中"民主"和"集中"的对立关系相似,决策权越分散的系统达成共识的效率越低,但系统稳定性和满意度越高;而决策权越集中的系统更易达成共识,但同时更易出现专制和独裁。区块链技术的核心优势之一就是能够在决策权高度分散的去中心化系统中,使得各节点高效地针对区块数据的有效性达成共识。共识层封装了区块链系统使用的各类共识算法。

4. 激励层

区块链共识过程通过汇聚大规模共识节点的算力资源来实现共享区块链账本的数据验证和记账工作,因而其本质上是一种共识节点间的任务众包过程。去中心化系统中的共识节点本身是自利的,最大化自身收益是其参与数据验证和记账的根本目标。因此,必须设计激励相容的合理众包机制,使得共识节点最大化自身收益的个体理性行为与保障去中心化区块链系统的安全和有效性的整体目标相吻合。区块链系统通过设计适度的经济激励机制并与共识过程相集成,从而汇聚大规模的节点参与并形成对区块链历史的稳定共识。激励层即封装了经济激励的发行机制与分配机制。需要说明的是,由于去中心化程度不同,多中心化的联盟链和完全中心化的私有链可能并不需要设计激励层中的经济激励,形成所谓的"无币区块链"。

5. 合约层

合约层封装区块链系统的各类脚本代码、算法以及由此生成的更为复杂的智能合约。如果说数据、网络和共识三个层次作为区块链底层"虚拟机"分别承担数据表示、数据传播和数据验证功能的话,合约层则是建立在区块链虚拟机之上的商业逻辑和算法,是实现区块链系统灵活编程和操作数据的基础。包括比特币在内的数字加密货币大多采用非图灵完备的简单脚本代码来编程控制交易过程,这也是智能合约的雏形。随着技术的发展,目前已经出现以太坊等图灵完备的、可实现更为复杂和灵活的智能合约的平台,使得区块链能够支持宏观金融和社会系统的诸多应用。这些脚本代码、算法机制和智能合约均封装在合约层中。

6. 应用层

区块链技术是具有普适性的底层技术框架,这使得区块链技术不仅可以成功应用于数字加密货币领域,同时在经济、金融和社会系统中也存在广泛的应用场景。按照目前区块链技术的发展脉络,一般认为区块链技术将会经历以可编程数字加密货币体系为主要特征的区块链 1.0 模式、以可编程金融系统为主要特征的区块链 2.0 模式和以可编程社会为主要特征的区块链 3.0 模式。这些模式实际上是平行而非演进式发展的。例如,区块链 1.0 模式中的数字加密货币体系仍然远未成熟,距离其全球货币一体化的愿景实际上更远、更困难。

1.2.6 内涵辨析

本节探讨几个与区块链技术紧密相关的概念。

1. 区块链与分布式账本

顾名思义,分布式账本技术(Distributed Ledger Technology,DLT)是一种分布式记账技术,其底层账本是由所有用户共同负责记录和更新的。从这一点来讲,分布式账本技术与区块链技术有较高的相似度,因而许多区块链研究者认为二者是可以互换使用的等价概念。同时,也有研究者认为二者存在细微的差别,分布式账本的概念内涵更广,而区块链则是实现分布式账本的可选技术之一。本书更倾向于认同第二种观点。

2016 年,英国政府首席科学顾问报告"Distributed Ledger Technology:Beyond Blockchain"在标题中就旗帜鲜明地指出分布式账本技术是一种超越区块链的技术,该技术尚处于发展初期,区块链是实现分布式账本的第一种,也是目前最重要的一种技术。该报告认为,分布式账本实质上是一种可在多个站点、地理位置或者机构组成的网络中共享的资产数据库。网络中的所有参与者都可以拥有一份完整和相同的账本备份,对于账本的任何改变都可以在数分钟甚至数秒钟之内传播和同步到其他备份账本中。账本资产可以是金融资产、法律资产、实体资产或者是电子资产等形式,其安全性和准确性采用密码学方式加以维护,使用密钥和签名来控制谁可以在共享账本中做什么。根据网络达成共识的规则,账本数据可以由一个、多个或者全体参与者来加以更新。

现有文献中关于分布式账本和区块链的异同点的阐述较少,而在这些论述中能够形成共识的内容则更是鲜见。总体来说,大多数研究者认同所有的区块链技术都是分布式账本,而反之并非所有的分布式账本都是区块链。二者的关键区别可以从如下两个层面概括。

1) 数据结构

分布式账本技术不一定采用区块链底层的链式数据结构。分布式账本更为强调"分布式",而不过于强调具体技术实现方式,因此任何采用分布式记账技术实现的共享账本都可以称之为分布式账本。相对应地,区块链则更为强调该技术的底层实现是数据区块首尾相接而形成的单向链条。从这种意义上说,基于有向无环图(Directed Acyclic Graph,DAG)和哈希图(Hash Graph)等图结构的新型记账技术都可以归类为分布式账本技术。

2) 去中心化

部分研究者认为区块链就是以比特币为典型代表的公有链,而部分去中心化的联盟链和完全中心化的私有链违背了区块链技术"去中心化"的技术精髓,因此也被归类为分布式账本。从这种意义上说,区块链是分布式账本的一种"去中心化"实现方式。值得一提的是,这种说法并未获得广泛共识。

本书第 10 章将进一步详细阐述若干典型分布式账本的实现原理。

2. 区块链与数据库

另一个与区块链密切相关的概念是数据库。如果从狭义的区块链定义来看,区块链是一种以链式结构存储数据的数据库技术,同时也是一种全节点高冗余备份的分布式数据库技术。

区块链与传统数据库和分布式数据库的异同点如表 1-3 所示。

表 1-3　区块链与数据库技术的异同点

	传统数据库	分布式数据库	区　块　链
架构	中心化	多中心化	去中心化
操作	增删查改	增删查改	增查，不可删改
容错	非拜占庭容错	非拜占庭容错	拜占庭容错
安全	单点故障风险	较安全	较安全
性能	较高	高	低
数据	数据保密，仅保存最新状态	数据保密，仅保存最新状态	数据向全网公开，且永久保留历史数据

首先，就架构层面而言，传统数据库是中心化控制，而分布式数据库则是基于中心化控制的分布式存储和多重数据备份，二者通常存在全局层面的数据库管理员。区块链则是典型的去中心化的数据库技术，系统中不存在全局管理员。在理想情况下，全网数据同时存储于去中心化系统的所有（或大多数）节点上，即使部分节点失效，只要仍存在正常运行的节点，区块链主链数据就可完全恢复而不会影响后续区块数据的记录与更新。

其次，就操作层面而言，传统数据库和分布式数据库同时支持数据的增加、删除、查询和更改操作；而区块链则不支持删除和更改，仅支持数据的增加和查询，这种看似并不灵活的操作限制赋予了区块链技术不可篡改、不可伪造等优良特性，使其成为随着时间先后顺序记录事实的"真相机器"（Truth Machine）。

第三，就容错层面而言，传统数据库和分布式数据库一般假设系统中不存在恶意节点，从而只能容纳一般的非拜占庭错误（详见第 4.2.1 节），例如节点宕机或者节点间通信延迟等错误；区块链则假设系统内部节点均不可靠，但诚实节点占据大多数，当系统内部存在恶意的拜占庭节点时，区块链技术采用共识算法保证账本数据的一致性和安全性，从而能够在可能存在恶意节点的动态、开放、无信任的环境下运行。

第四，就安全层面而言，传统数据库因中心化架构而不可避免地存在安全性方面的风险，例如单点故障风险、黑客攻击风险等；分布式数据库通过数据的多重冗余备份部分地提高了数据库的安全性，但仍不可避免内部恶意节点的攻击；区块链则通过去中心化设计和全网共识算力维护，使得底层账本的安全性大大提高。诚然，这里提到的安全与否都是相对而言的，例如仅有小算力保护的区块链未必比大型机构重点维护的中心化数据库来得安全；同时，区块链目前仍面临着形形色色的安全威胁与攻击（详见本书第 8 章）。

第五，就性能层面而言，区块链（特别是公有链）的性能非常低，例如比特币每秒仅支持最多 7 笔交易，这比起传统数据库和分布式数据库将会是数量级的差距。

最后，就数据层面而言，传统数据库和分布式数据库里的数据通常都是对外保密的，必须有特定的数据读取和写入权限才能访问数据库；同时，数据写入通常触发更新操作，即将对应字段更新为最新状态，而不会保留数据更改的历史；区块链数据则通常向全网公开，所有人都有读取和写入的权限，但需要通过共识竞争确定每一轮共识由谁来执行写操作；写入数据将作为新区块链接到主链，历史数据将会永久保存且不可篡改。

第2章 数据结构与相关技术

本章主要介绍区块链数据层的数据结构与关键技术,首先给出区块链上数据区块的数据结构;然后结合区块链的运行实例介绍交易池管理、手续费定价、难度调整等一系列区块链体系内的重要元素;最后详细阐述时间戳、哈希函数、默克尔树、非对称加密和数字签名等若干数据层的关键技术。

2.1 区块结构

数据区块是区块链的基本元素。区块的物理存储形式可以是文件(如比特币),也可以是数据库(如以太坊)。相比之下,文件存储更方便日志形式的追加操作,而数据库存储则更便于实现查询操作。区块链系统的交易和区块等基础元素一般都用哈希值加以标识,因此还会选择键值对(Key-Value)数据库作为支撑。

现有的主流区块链平台在逻辑数据结构的具体实现细节上虽略有差异,但整体架构和要素基本相同。为便于读者深入了解区块结构的细节,这里以比特币系统为例描述区块结构的基本要素,如表 2-1 所示。

表 2-1 比特币系统的区块结构

数 据 项	数据说明	大 小
Block Size	区块大小	4 字节
Block Header	区块头	80 字节
Transaction Counter	交易数量	1~9 字节
Transactions	交易列表	可变

如图 2-1 所示,比特币系统的每个数据区块主要由区块头(Block Header)和区块体(Block Body)两部分组成,其中区块头记录当前区块的元数据,而区块体则存储封装到该区块的实际交易数据。

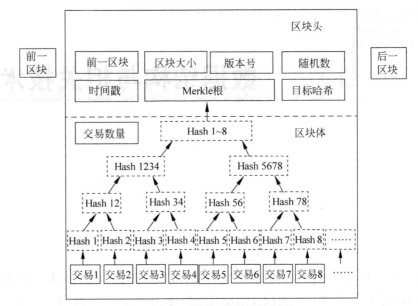

图 2-1 比特币系统的区块结构

2.1.1 区块头

比特币系统的区块头主要封装了当前版本号(Version)、前一个区块的地址(Prev-block)、当前区块的目标哈希值(Bits)、当前区块 PoW 共识过程的解随机数(Nonce)、Merkle 根(Merkle-root)以及时间戳(Timestamp)等信息,如表 2-2 所示[①]。这些信息大体上可以分为三类:首先是引用父区块哈希值的数据 Prev-block,这组数据用于将当前区块与前一区块相连,形成一条起始于创世区块且首尾相连的区块"链条";第二组是当前区块链所有交易经过哈希运算后得到的 Merkle 根;第三组由目标哈希值、时间戳与随机数组成,这些信息都与共识竞争相关,是决定共识难度或者达成共识之后写入区块的信息。

表 2-2 比特币系统区块头的数据项及说明

数据项	说明	更新时间	大小
Version	版本号,表示本区块遵守的验证规则	版本升级时	4 字节
Prev-block	引用区块链中父区块的哈希值	创建一个新区块时	32 字节
Bits	压缩格式的当前目标哈希值	当挖矿难度调整时	4 字节
Nonce	32 位数字(从 0 开始)	共识过程中实时更新	4 字节
Merkle-root	基于一个区块中所有交易的哈希值	交易列表发生变化时	32 字节
Timestamp	该区块产生的近似时间,精确到秒的 Unix 时间戳	构建区块时	4 字节

1. 区块标识符

每个比特币区块的主标识符是区块头的哈希值,即通过 SHA256 哈希算法对区块头进

---

① https://en.bitcoin.it/wiki/Block_hashing_algorithm

行两次 SHA256 哈希运算之后得到的数字摘要。例如,截止到本章定稿时,比特币系统共生成 558 859 个区块,其基本信息如图 2-2 所示。

```
Block Height 558859  Blocks at depth 558859 in the bitcoin blockchain

Summary
Height                              558859 (Main chain)
Hash                                0000000000000000002cb4fbb24ed9d2dd725f57a0f7d27cb795acc533fda762
Previous Block                      00000000000000000000604670e69a340956bb16d967281921001ce9a4461fae7
Next Blocks                         00000000000000000001700b1d88497bfa56ea3023aee59c6a6b2cd3ede731578
Time                                2019-01-17 04:43:11
Difficulty                          5,883,988,430,955.41
Bits                                389010995
Number Of Transactions              2465
Output Total                        4,326.55321847 BTC
Estimated Transaction Volume        622.8768482 BTC
Size                                1033.844 KB
Version                             0x20000000
Merkle Root                         e82ed4d49fc2890b04405534997d22355c406d76a6d0db999c76db1878b4881a
Nonce                               572760437
Block Reward                        12.5 BTC
Transaction Fees                    0.13823693 BTC
```

图 2-2 比特币区块♯558859 的基本信息

显然, 0000000000000000002cb4fbb24ed9d2dd725f57a0f7d27cb795acc533fda762 (即 Hash 字段值)就是第 558859 个区块的哈希值。区块的哈希值可以唯一、明确地标识一个区块,任何节点都可以通过简单计算获得某个特定区块的哈希值。因此,区块的哈希值可以不必实际存储,而是由区块接收节点计算出来。

区块链系统通常被视为一个垂直的栈。创世区块作为栈底的首区块,随后每个区块都被放置在前一区块之上。如果用栈来形象地表示区块依次叠加的过程,就会引申出一些术语,例如通常使用"区块高度"来表示当前区块与创世区块之间的距离,使用"顶部"或"顶端"来表示最新添加到主链的区块。例如,图 2-2 所示即高度为 558 859 的区块,记为区块♯558859。

由此可见,区块一般通过两种方式加以标识,即区块的哈希值或者区块高度。两者的不同之处在于,区块的哈希值可以唯一确定某个特定的区块,而区块高度并不是唯一的标识符:如果区块链发生短暂分叉时,两个或者更多区块可能有相同的高度。

比特币区块可以采用哈希值和高度两种方式在众多区块链浏览网站中查阅。例如在主流的比特币网站 https://www.blockchain.com 中,可使用哈希值查阅图 2-2 所示的区块,即 https://www.blockchain.com/btc/block/0000000000000000002cb4fbb24ed9d2dd725f-57a0f7d27cb795acc533fda762;也可以使用区块高度查阅,即 https://www.blockchain.com/zh/btc/block-height/558859。

2. 创世区块

比特币的创世区块创建于 2009 年 1 月 3 日，中本聪在位于芬兰赫尔辛基的一个小型服务器上挖出了比特币的第一个区块，该区块是比特币系统中所有其他区块的共同祖先；从任意高度的区块回溯，最终都将到达该创世区块。中本聪在创世区块的 CoinBase 交易中写入了一个附加信息，即"The Times 03/Jan/2009 Chancellor on brink of second bailout for banks"。这是比特币上线当天《泰晤士报》的头版文章标题。中本聪写入这句话，既是对该区块产生时间的说明，也是对金融危机巨大压力下旧有的脆弱银行系统的嘲讽。

比特币网络中的每个完整节点（称为全节点）都会保存一份从创世区块到当前最新区块的本地完整副本。随着新区块的不断产生，完整节点将会逐渐扩展本地的区块链条。为将新区块添加到主链，比特币节点将会检查新区块的区块头并寻找该区块的"前一区块哈希值"，并通过该字段将当前区块连接到父区块，实现现有区块链的扩展。

2.1.2 区块体

区块体包括当前区块的交易数量，以及经过验证的、区块创建过程中生成的所有交易记录。交易是在以比特币为代表的区块链网络中传输的最基本的数据结构，所有有效的交易最终都会被封装到某个区块中，并保存在区块链上。表 2-3 所示为比特币交易的数据结构[①]。

表 2-3 比特币交易的数据结构

数 据 项	数 据 描 述	大 小
Version No	版本号，目前为 1，表示这笔交易参照的规则	4 字节
In-counter	输入数量，正整数 VI = VarInt	1~9 字节
list of inputs	输入列表，每区块的第一个交易称为"Coinbase"交易	\<in-counter\>-许多输入
Out-counter	输出数量，正整数 VI = VarInt	1~9 字节
list of outputs	输出列表，每区块第一个交易的输出是给矿工的奖励	\<out-counter\>-许多输出
lock_time[②]	锁定时间，如果非 0 并且序列号小于 0xFFFFFFFF，则是指块序号；如果交易已经终结，则是指时间戳	4 字节

下文将结合比特币历史上著名的"披萨交易"加以说明。这笔交易发生于 2010 年 5 月 22 日，当时佛罗里达州的程序员拉斯洛·汉耶茨（Laszlo Hanyecz）使用 1 万个比特币购买了价值 25 美元的披萨优惠券。

如图 2-3 所示，交易主要可以分成三部分：元数据、一系列的输入和一系列的输出。除了第一笔 Coinbase 交易是矿工的挖矿收入之外，其他每一笔交易都有一个或多个输入，以

---

① https://en.bitcoin.it/wiki/Transaction
② 锁定时间(lock_time)定义了当前交易可以被发送到比特币网络的最早时间。大多数交易都将该数据项设置为 0，表示立即执行，也就是交易一旦创建好就可立即发送到比特币网络。如果锁定时间被设置为 1 亿~5 亿，则被视为区块高度，即该交易只会被添加到区块高度大于或等于锁定时间（高度）的区块。如果锁定时间大于 5 亿，则被视为一个 Unix 纪元时间戳，表示从 1970 年 1 月 1 日开始计算，加上 lock_time 秒之后的某个时间点，如果交易被创建的时间早于该时间点，则交易不会被发送到比特币网络。

及一个或多个输出。Coinbase 交易没有输入，只有输出。

```
         {
           "hash": "cca7507897abc89628f450e8b1e0c6fca4ec3f7b34cccf55f3f531c659ff4d79",
           "ver": 1,
元数据 {   "vin_sz": 1,
           "vout_sz": 2,
           "lock_time": 0,
           "size": 300,
           "in": [
             {
               "prev_out": {
                 "hash": "a1075db55d416d3ca199f55b6084e2115b9345e16c5cf302fc80e9d5fbf5d48d",
输入 {            "n": 0
               },
               "scriptSig": "30450221009908144ca … 042e930f39ba62c6534ee98ed20ca989 … "
             }
           ],
           "out": [
             {
               "value": "577700000000",
               "scriptPubKey": "OP_DUP OP_HASH160 df1bd49a6c9e34dfa8631f2c54cf39986027501b OP_EQUALVERIFY OP_CHECKSIG",
               "address": "1MLh2UVHgonJY4ZtsakoXtkcXDJ2EPU6RY",
               "next_in": {
                 "hash": "3b8328fe7e53a8162cf023738a53c85a3cbf21efe517ab878e8cfecc3a2e22db",
输出 {            "n": 0
               }
             },
             {
               "value": "422300000000",
               "scriptPubKey": "04cd5e9726e6afeae357b1806be25a4c3d … OP_CHECKSIG",
               "next_in": {
                 "hash": "9e744590d196b63d02a1dd7ef596fd6082286f84295d66da411a9ffebfdd1957",
                 "n": 10
               }
             }
           ]
         }
```

图 2-3 著名的比特币"披萨交易"的 JSON 可视化格式示例

1. 元数据

主要存放一些内部处理的信息，包含版本号、这笔交易的规模、输入的数量、输出的数量、交易锁定时间，以及作为该交易独一无二的 ID 的哈希值。其他区块可以通过哈希指针指向这个 ID。

2. 交易输入

每笔交易的所有输入排成一个序列，每个输入的格式相同，当交易被序列化以便在网络上传播时,输入将被编码为字节流,如表 2-4 所示。输入需要明确说明之前一笔交易的某个输出,因此它包括之前那笔交易的哈希值,使其成为指向那个特定交易的哈希指针。这个输入部分同时包括之前交易输出的索引和一个签名:必须有签名来证明我们有资格去支配这笔比特币。例如图 2-3 所示的交易的输入是从交易 a1075db55d416d3ca199f55b6084-e2115b9345e16c5cf302fc80e9d5fbf5d48d 的索引为 0 号的输出中导入了 10000 个比特币。借助前一笔交易的哈希指针,所有交易构成了多条以交易为结点的链表,每笔交易都可一直向前追溯至源头的 Coinbase 交易(即挖矿过程中新发行的比特币),向后可延展至尚未花费的交易。如果一笔交易的输出没有任何另一笔交易的输入与之对应,则说明该输出中的比特币尚未被花费,这种未花费的交易输出称为 UTXO(Unspent Transaction Outputs)。通过收集当前所有的 UTXO,可以快速验证某交易中的比特币是否已被花费。

表 2-4 比特币交易输入的序列化格式

数 据 项	描 述	大 小
Previous Transaction hash	指向交易包含的未花费的 UTXO 的哈希指针	32 字节
Previous Txout-index	未花费的 UTXO 的索引号,第一个是 0	4 bytes
Txin-script length	解锁脚本长度	1~9 字节(可变整数)
Txin-script / scriptSig	一个达到 UTXO 锁定脚本中的条件的脚本	变长
sequence_no	目前未被使用的交易替换功能,通常设成 0xFFFFFFFF	4 字节

3. 交易输出

每笔交易的所有输出也排成一个序列,其数据格式如表 2-5 所示。每个输出的内容分成两部分,一部分是特定数量的比特币,以"聪"为单位(最小的比特币单位),另一部分是锁定脚本,即提出支付输出所必须被满足的条件以"锁住"这笔总额。需要说明的是,交易的所有输出金额之和必须小于或等于输入金额之和。当输出的总金额小于输入总金额时,二者的差额部分就作为交易费支付给为这笔交易记账的矿工。以图 2-3 所示的交易为例,该交易中输入的 10000 个比特币,在两个输出中分别发送 5777 和 4223 个比特币到相应的比特币地址。需要注意的是,一个交易中输出的币,要么在另一个交易中被完全消费掉,要么就一个都不被消费,不存在只消费部分的情况。例如,如果希望花费 100 个比特币里面的 50 个,则比特币系统将创建 2 个输出,第一个输出 50 比特币发往接收方地址,第二个输出 50 比特币发往发送方的某个地址(称为"找零",通过自己发送给自己的方式)。任何输入中作为交易费的比特币都不能被赎回,并且将被生成这个区块的矿工得到。

表 2-5 比特币交易输出的序列化格式

数 据 项	描 述	大 小
value	用"聪"表示的比特币值	8 字节
Txout-script length	锁定脚本长度	1~9 字节(可变整数)
Txout-script / scriptPubKey	定义了支付输出所需条件的脚本	变长

2.1.3 交易类型

比特币交易通常有三种类型,即生产交易、通用地址交易和合成地址交易。交易类型的具体描述如下。

1. 生产交易

一般而言,每个区块的第一笔交易都是生产新币的交易。该交易没有输入地址,仅有一个输出地址,其作用是将系统新生成的加密货币奖励给创造当前区块的矿工。例如哈希值为 a7b0661d201852815e3b47801d4fb58660ab45caa3a0778bba4cef5ddbf4c1f8 的比特币交易(区块高度 537769)。生产交易是区块链系统中所有加密货币的源头。例如,比特币系统中所有的新比特币都是由称为 Coinbase(币基)的生产交易创造的。这些比特币沿着诸多交易形成的交易链条在网络中流动,从一个比特币地址流动到另一个比特币地址,最终汇集并存储在所有的 UTXO 中。

2. 通用地址交易

这是区块链系统中最常见的交易,由 N 个输入和 M 个输出构成,其中 $N,M>0$。根据 N 和 M 的不同取值,可以进一步细分为一对一转账交易、一对多分散交易、多对一聚合交易和多对多转账交易,如图 2-4 所示。

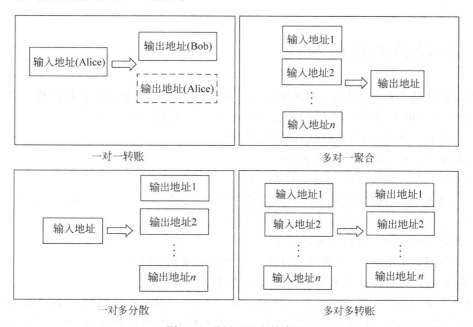

图 2-4 通用地址交易类型

如图 2-4 所示,一对一交易即付款方地址(Alice)向收款方地址(Bob)发起转账交易,根据需要可以增加一个付款方的地址作为找零地址,例如哈希值为 25de8a54e77053b78b73d-5f39e3a93a7c2f1108640df27807a983fb06da3a1d6 的比特币交易(区块高度 557863);多对一聚合交易则是将同一付款方的多个小额地址(例如找零地址)或者多个不同付款方的地址中的加密货币聚合起来,发送到一个收款方地址,例如哈希值为 6b9d684c8d5910096c69328b-85fb8156ce882229c8333ad2ed4c1ee03652960a 的比特币交易(区块高度 557863);一对多分散交易是将某一地址中的加密货币分散发送给同一接收方的多个地址或者不同接收方的多个地址,例如哈希值为 9161d2e2a9dfa605621d99cda831b0fb6293a55abba79a75539f030c19096752 的比特币交易(区块高度 557863);多对多转账则是多个发送地址的加密货币聚合后,同时分散发送给多个接收地址,例如哈希值为 45755b32dd29974167f667bf246cd03f4309c773c-435938dc7bd311a9230bc36 的比特币交易(区块高度 557863)。

3. 合成地址交易

合成地址交易是一类特殊交易,其接收地址不是通常意义的地址,而是一个以 3 开头的合成地址。合成地址一般是 M of N 模式的多重签名地址,其中 $1 \leqslant N \leqslant 3$、$1 \leqslant M \leqslant N$,通常选择 $N=3$。合成地址的交易构造、签名和发送过程与普通交易类似,但其地址创建过程需要三对公钥和私钥,其中公钥用于创建地址、私钥用于签名。例如:

(1) 如果 $M=1$ 且 $N=3$,则 3 个私钥中任意 1 个都可以签名使用该地址上的币,这种私钥冗余可防止私钥丢失,即使其他 2 个私钥丢失也不会造成损失。

(2) 如果 $M=2$ 且 $N=3$,则 3 个私钥中必须有 2 个同时签名才可使用该地址的币,常见于三方中介交易场景。

(3) 如果 $M=N=3$,则必须 3 个私钥同时签名才可使用该地址的币,常见于多方资产管理场景。

2.2 区块链的运行流程

本节以比特币系统为例,说明区块链的内在运行过程以及相关的数据结构与要素。一般说来,从交易的生命周期视角来说,比特币系统的交易流程由如下步骤组成:

(1) 源节点创建交易,并验证目的节点的地址;
(2) 源节点对交易进行签名加密;
(3) 源节点将该交易广播至全网其他节点;
(4) 全网节点接收交易并验证其有效性,直到该交易被全网大多数节点验证和接受;
(5) 交易暂存于节点内存池,并判断是否孤立交易;
(6) 交易被打包至节点本地区块中;
(7) 全网共识结束后,获胜节点将其本地区块追加到主链;
(8) 交易在主链上被越来越多的后续区块确认。

图 2-5 所示为三个节点组成的比特币系统示意图,图片来自文献[4]。图 2-5(a)为初始状态,每个节点维护一个仅包含创世区块(标识为 GB)的本地区块链,其下方括号中所示为该节点当前内存池(Memory Pool,简记为 Mempool)中存储的待确认交易,初始为空集;每个子图的右上角为该系统当前全局视图中的区块链状态。由图 2-5 可知,比特币系统中区块链的运行过程大体上可以分为交易生成、网络传播与验证、共识出块以及激励分配四个主要环节,同时在运行过程中需要处理可能出现的区块链分叉和难度调整。

本节将逐一介绍这些主要环节。

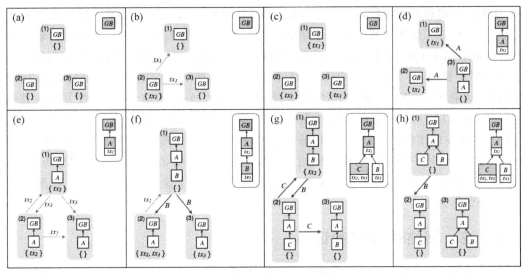

图 2-5　比特币网络的运行过程示意图（以三个节点为例）

2.2.1　交易生成

假设源节点希望将自己的一个比特币转账给目的节点。源节点的钱包将会创建一个新的交易，该交易中使用的比特币来自于源节点的一个或者多个 UTXO。源节点将目的节点的公钥作为交易的参数，同时使用自己的私钥对生成的新交易进行签名。如图 2-6 所示为比特币白皮书对交易结构的描述：当 Owner 1 希望向 Owner 2 转账时，Owner 1 构造的交易（图 2-6 居中的交易）需要包含接收方 Owner 2 的公钥、上一交易 UTXO（图 2-6 居左的交易）的哈希值以及 Owner 1 的私钥签名。这里私钥签名的目的是向比特币网络的其他节点证明这笔交易确实是由源节点 Owner 1 创建并发送的，而封装目的节点 Owner 2 的公钥则使得比特币网络中只有对应私钥的接收方 Owner 2 才能使用这笔交易中的比特币；其他节点虽然能够接收和验证这笔交易，但是由于没有对应的正确私钥，因而并不能动用这笔比特币。这种设计可以增加比特币系统的安全性。

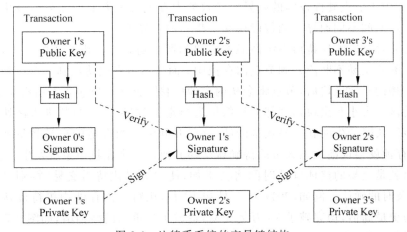

图 2-6　比特币系统的交易链结构

这里需要解释的是比特币的 UTXO。UTXO 是比特币交易模型中的核心概念和重要数据结构。与以太坊等区块链系统采用的账户模型不同,比特币系统并没有账户和余额的概念,而是采用 UTXO 来记录比特币资产的归属和计算账户的余额。用户每次创建新转账交易时,都会消耗其一定数量的 UTXO,同时生成新的 UTXO,这也使得比特币从旧的 UTXO 流入新的 UTXO。新 UTXO 将会使用接收方的公钥锁定,只有接收方使用其私钥才能花费该 UTXO 的比特币。因此,每个用户"账户"中有多少余额,取决于该用户当前锁定的 UTXO 中的比特币数量,通过扫描聚合区块链上该用户所有 UTXO 中比特币的总额,即可计算获得该用户当前的余额。同时,UTXO 记录了比特币在系统中的转账历史,每个交易的输入都必须来自以前一个或者多个交易的 UTXO 输出。以此类推,直至回溯到 Coinbase 交易为止。

2.2.2 网络传播与验证

交易被创建后,就由源节点广播发送至比特币网络,如图 2-5(b)所示。由于比特币网络是 P2P 网络,交易的传播采用 Gossip 协议,由源节点首先发送至其相邻节点,这些相邻节点再次将交易转发给他们的相邻节点。以此类推,一笔交易可以在极短时间内以指数级扩散的速度在全网传播,直到所有连接到网络的节点都接收到它,从而最终传递到目的节点。

每个比特币节点在接收到一笔交易之后,都会独立地对交易的有效性进行验证,验证交易的详细规则请参见第 3.1.4 节。如果交易有效,则继续向其他节点转发交易;如果交易无效,则丢弃该交易。由此可见,一个异常交易的传播路径不会超过一个节点,这使得比特币网络能够有效地抵御恶意交易的传播、避免垃圾信息的传播和拒绝服务攻击。

2.2.3 交易池管理

节点验证交易后,会将有效的交易添加到自己的内存池中,如图 2-5(c)所示。内存池是节点维护的一份未确认交易的临时列表,其主要功能是暂时存放那些已在网络中广播但尚未打包到区块中的待确认有效交易;这些交易将会在内存池中等待矿工将它们打包,封装到下一个区块中。内存池存储在节点本地内存而不是硬盘中,不同节点的内存池可能有很大差异,例如由于节点硬件设施的差异而导致的内存池容量方面的差异以及由于节点启动时间或者重启时间不同而导致的待确认交易集合的差异等。

内存池管理是影响比特币系统性能的重要问题。随着比特币系统的运行,大量实时产生的待确认有效交易不断流入到节点内存池中;而当该节点成功挖到一个区块或者接收到其他节点传播的有效区块后,节点将会从内存池中移除该区块所包含的所有交易。显然,由于比特币的区块大小和出块速度都大致保持为恒定的常量,如果封装进入区块的交易数量小于挖掘该区块时产生的新交易数量的话,这段时间流入内存池的交易数量就会大于流出的数量,内存池就会逐渐积累大量的待确认交易并使得整个比特币系统发生交易拥堵现象,其直接后果就是交易的整体确认时间将会增加,使得大量比特币交易(特别是低手续费交易)得不到及时的确认。例如,2017 年 5 月和 12 月,比特币内存池中等待确认的交易数量两次达到历史最高值,均突破了 18 万笔交易,造成了严重的网络拥堵,如图 2-7 所示。

需要说明的是,除内存池之外,有些节点还会维护一个独立的孤立交易池。当一条如

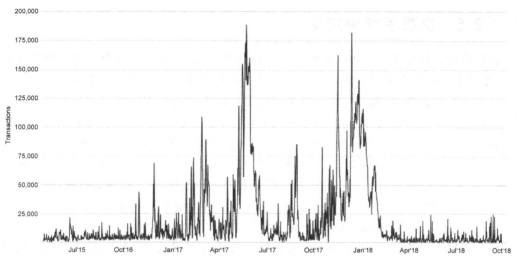

图 2-7　比特币系统的待确认交易数量(2016.04 至 2018.10)

图 2-6 所示的交易链被整个网络传送的时候,这些交易并不总是能够按照顺序到达目的节点,有时子交易会在父交易之前到达,从而产生暂时缺失父交易的孤立交易。这些交易将会暂时存放到孤立交易池中,一旦接收到父交易之后,所有与这个交易创建的 UTXO 有关的孤立交易都将从孤立交易池中释放出来,经过验证后添加到内存池中,形成一条完整的交易链。与内存池相似,孤立交易池也是存储于节点内存而非硬盘中。当节点启动时,两个交易池均为空,且随着新交易的不断生成而逐渐被填充。与此同时,孤立交易池的规模存在最大值 MAX_ORPHAN_TRANSACTIONS,默认为 100,即孤立交易池最多可容纳 100 个孤立交易,这样做的目的是为了防止比特币节点可能发起的拒绝服务攻击。

2.2.4　交易优先级排序

当内存池交易数量多于下一区块可容纳的交易数量时,比特币节点优先选择哪些交易封装到下一区块中便成为一个至关重要的决策,一般称之为交易排序问题。该问题对比特币矿工的收益乃至整个比特币经济生态的可持续性都有重要的意义,因而引起了众多比特币爱好者和研究人员的广泛兴趣。比特币系统的做法是为每个交易计算一个优先级,并按照交易优先级顺序由高到低逐个打包进区块体中。交易的优先级取决于该交易的输入对应的 UTXO 的数量、创建时间和交易额的大小,以及交易本身的字节长度。具体说来,交易优先级可以使用如下公式计算:

$$交易优先级 = \frac{\sum_{每个输入对应的UTXO}(UTXO 交易额 \times UTXO 存在时间)}{交易的字节长度}$$

显然,交易输入 UTXO 的交易额越大、UTXO 的创建时间越早,该交易的优先级越高。通常来说,UTXO 的存在时间按照创建该 UTXO 的交易所在的区块高度与当前区块高度之差来计算。由上式可知,如果希望提高交易的优先级,就需要尽可能地避免使用大量小额 UTXO,解决方案是可以将钱包中零散的小额比特币汇总到一个 UTXO 输出地址,以节省手续费;还可以在交易的输入中加入大额的、存在时间较长的"老"UTXO,以提高交易优先级并实现免费交易。

2.2.5 交易手续费定价

比特币对交易征收手续费以鼓励矿工打包交易的行为,这是比特币系统激励矿工贡献算力、维持整个网络安全和生态系统可持续性的重要手段之一。比特币系统采用 0.576 作为交易的基准优先级,如果交易优先级小于该基准优先级则会被收费。这里的基准优先级是由长度为 250 字节的交易,其交易额为 1 个比特币且存在时间为 1 天(即已有 144 个区块的确认)时,按照第 2.2.4 节的交易优先级公式所计算得出的"标准"优先级数值。同时,比特币客户端会检查交易的字节长度:如果交易长度超过 10 000 字节但是优先级符合免费标准,则这笔交易可以免费,否则将按照每千字节收费(不足 1000 字节的交易按照 1000 字节计算),单位费用默认为 0.0001 个比特币。交易长度可以根据下式计算:

$$交易字节长度 = 148 \times 输入数量 + 34 \times 输出数量 + 10$$

比特币的历史版本实际上并不需要每个交易都包含手续费。只要交易的优先级足够高,绝大多数矿工都愿意打包免费的交易。然而,随着比特币的不断普及、交易量的持续增长以及交易内存池拥堵问题的频繁出现,目前矿工普遍希望优先打包高手续费的交易。同时,为避免内存池过大造成的系统崩溃,节点在其内存池过大时可能会调整交易费的阈值,并将交易费低于该阈值的交易丢弃以节省内存池空间。此时,更高的手续费意味着交易可以更早打包到区块中并获得确认,交易优先级就成为交易排序的补充手段,而较低的优先级则被用来识别和过滤垃圾交易。当然,这并不意味着零手续费交易不能获得被打包到区块的机会。由交易优先级的计算公式可知,在 UTXO 交易额和交易字节长度不变的前提下,随着交易在内存池中等待时间的增长,其优先级也会逐渐增加;这使得即使是零手续费的交易,也会因为优先级的增长而最终被打包进区块中。比特币区块的前 50 个字节将会保留给这些高优先级交易。这种设计同时兼顾了高手续费和高优先级交易,在提高矿工收益的同时,保证了系统不会出现因低手续费而无法进入区块的交易。

2.2.6 共识竞争与构建区块

比特币采用工作量证明(Proof of Work,PoW)共识算法,其核心思想是通过引入分布式节点的算力竞争来保证数据一致性和共识的安全性。比特币系统中,各矿工节点基于各自的计算机算力相互竞争来共同解决一个求解复杂但验证容易的 SHA256 数学难题(即挖矿),最快解决该难题的节点将获得区块记账权和系统自动生成的比特币奖励。该数学难题可表述为:根据当前难度值,通过搜索求解一个合适的随机数(Nonce)使得区块头各元数据的双 SHA256 哈希值小于或等于目标哈希值。比特币系统通过灵活调整随机数搜索的难度值来控制区块的平均生成时间为 10 分钟左右。一般说来,PoW 共识中每个矿工都重复性地完成如下步骤 1 至步骤 4,最快搜索到符合要求的随机数 Nonce 的矿工获胜并取得记账权。

步骤 1:搜集当前时间段的全网未确认交易,并增加一个用于发行新比特币奖励的 Coinbase 交易,形成当前区块体的交易集合;

步骤 2:计算区块体交易集合的默克尔根记入区块头,并填写区块头的其他元数据,其中随机数 Nonce 置零;

步骤 3：随机数 Nonce 加 1；计算当前区块头的双 SHA256 哈希值，如果小于或等于目标哈希值，则成功搜索到合适的随机数并获得该区块的记账权；否则继续步骤 3 直到任一节点搜索到合适的随机数为止；

步骤 4：如果一定时间内未成功，则更新时间戳和未确认交易集合，重新计算默克尔根后继续搜索。

符合要求的区块头哈希值通常由多个前导零构成，目标哈希值越小，区块头哈希值的前导零越多，成功找到合适的随机数并"挖"出新区块的难度越大。据区块链实时监测网站 Blockchain.info 显示，截止到 2018 年 12 月，符合要求的区块头哈希值一般有 19 个前导零（十六进制）。按照概率计算，每 16 次随机数搜索将会找到一个含有一个前导零的区块哈希值，因而比特币目前 19 位前导零的哈希值要求 16^{19} 次随机数搜索才能找到一个合适的随机数并生成一个新的区块。这使得比特币的共识过程必须付出巨大的算力投入，同时也使得恶意攻击者实施双花攻击时必须拥有极大的算力资源，从而保障了比特币系统的安全。

2.2.7 难度调整机制

难度是区块链系统（特别是 PoW 类型的公有链系统）的重要参数，用来度量矿工成功挖到下一个区块的难易程度。例如，比特币系统中有一个全局的网络难度。根据比特币协议，从创世区块起，每产生 2016 个区块（大约 14 天），网络中的所有节点都会自动调整难度，以保证比特币网络的出块速度保持在 10 分钟/区块的恒定速度。难度的调整是在每个完整节点中独立自动发生的。比特币的全网难度随区块头目标值（Target）的变化而变化，目标值越小，难度值越大。

如图 2-8 所示，比特币区块头中的 Bits 字段标识了当前区块头哈希运算之后要小于或者等于的目标值。目标值是一个 256 位的数值，被压缩成一个 4 字节（32 位）的值（Bits）并存储在区块头中。Bits 可以通过一个计算公式换算成目标值。

以 2019 年生成的第一个区块（高度为 556 459）为例，在 blockchain.info 网站查询其 Bits 值为 0x173218a5（十进制为 389159077）。这个值存储格式为指数/系数形式，前两位十六进制数字为幂，接下来的六位十六进制数字为系数。在这个区块里，0x17 为幂（Exponent），而 0x3218a5 为系数（Coefficient），目标值的计算公式为：

$$\text{Target} = \text{Coefficient} \times 256^{\text{Exponent}-3}$$

因此，区块 #556459 的目标值为：

$$\text{Target} = 0x3218a5 \times 256^{0x17-3} = 3\,283\,109 \times 256^{20}$$

计算出当前区块的目标值之后，就可以利用如下公式进一步计算当前区块的难度值：

$$\text{Difficulty}_{\text{当前区块}} = \frac{\text{Target}_{\text{创世区块}}}{\text{Target}_{\text{当前区块}}}$$

其中：$\text{Target}_{\text{创世区块}}$ 是创世区块的目标值，是一个固定值；$\text{Target}_{\text{当前区块}}$ 是当前区块的目标值，可以根据上文中 Target 公式利用当前区块头的 Bits 字段值计算得出。创世区块中，定义 Bits 值为 0x1d00ffff 时，难度值为 1。根据 Bits 值，$\text{Target}_{\text{创世区块}}$ 的计算公式为：

$$\text{Target}_{\text{创世区块}} = 0x00ffff \times 256^{0x1d-3} = 65\,535 \times 256^{26}$$

图 2-8 比特币区块难度

Summary	
Height	556459 (Main chain)
Hash	000000000000000000002479aed3082c1694f68173646a86a6e9b750009eb2ad32
Previous Block	0000000000000000000c351d88e917a179853750b57925cf6f181dc95421ec40
Next Blocks	0000000000000000000cb442b2944c5d176096c0e25c5fd8311e2dee166bff8e
Time	2019-01-01 00:03:10
Received Time	2019-01-01 00:03:10
Relayed By	BitFury
Difficulty	5,618,595,848,853.28
Bits	389159077
Number Of Transactions	946
Output Total	3,263.17177298 BTC
Estimated Transaction Volume	2,038.46010943 BTC
Size	728.024 KB
Version	0x20000000
Merkle Root	3351928351b35b828c2c998481cf953715c325899543b91edfa21a9bdb13e488
Nonce	1584471910
Block Reward	12.5 BTC
Transaction Fees	0.0524382 BTC

因此,区块♯556459的难度计算公式为:

$$\text{Difficulty}_{556459} = \frac{0\text{x00ffff} \times 256^{26}}{0\text{x3218a5} \times 256^{20}}$$

$$= \frac{65\,535}{3\,283\,109} \times 256^6$$

$$\approx 5\,618\,595\,848\,853.28$$

区块链的网络难度并非一成不变,而是根据网络算力的情况不断调整,例如比特币网络要动态调整难度以保证平均每10分钟的区块生成速度,这是比特币新币发行和交易完成的基础,需要在长期内保持相对稳定。由于近些年来挖矿设备不断更新和升级,矿工不断加入和流失,全网算力保持实时变化,但整体来看在不断提高。在网络难度不变的情况下,全网算力越大,出块时间越快。因此,为了保证比特币的平均出块时间稳定在10分钟左右,难度也呈现出逐渐提高的趋势。

难度调整逻辑被写在比特币代码中,在每个完整节点中独立自动发生。每产生2016个区块,网络中的所有全节点都会独立自动调整难度。难度是根据实际最新的2016个区块的花费时长与20160分钟(约14天,即区块以10分钟一个的速率产生2016个区块所期望花费的总时长)的比值进行相应调整(或变难或变易)。简单来说,如果网络发现区块产生速率比10分钟要快时会增加难度。反之,如果发现比10分钟慢时则降低难度。因此难度调节公式可以表示为:

新难度=旧难度×(过去2016个区块的实际时间/20 160分钟)

另外,为了防止难度变化过快,每个调整周期在调整的时候,如果需要调整的幅度超过4倍或者低于1/4,也只会按照原来难度的4倍或1/4来调整。

2.2.8 分叉处理与主链判定

如图2-5(g)所示,如果多个矿工节点在同一时间段内成功搜索到符合哈希结果要求的随机数,则这些矿工都将认为自己在共识竞争中获胜并向比特币网络中广播其构造的区块,从而产生在同一区块高度出现多个不同的有效区块的情况,即产生分叉现象。为保证区块链系统中仅有唯一的主链,必须定义合适的主链判定准则来从多个分叉链中选择符合条件的唯一主链,此时不在主链上的区块将成为"孤块",发现孤块的矿工节点也不会得到相应的比特币奖励。正是由于孤块的存在,区块链的形状并非单一的"链条",而是如图2-9所示的树状结构,其中每个共识轮次对应的时间点上仅有唯一区块是有效的,因而树状结构中也仅有唯一的主链条。

图2-9 区块链分叉示意图

比特币系统采用"最大工作量原则"作为主链判定规则,该原则可体现为多种形式,即当主链出现多个分支区块子链时:

步骤1:如果不同分支的区块高度不同,则选择最长区块高度的分支为主链;

步骤2:如果高度一致,则选择难度系数最大的分支作为主链;

步骤3:如果高度和难度系数均相同,则选择接受时间最早的分支为主链;

步骤4:如果上述所有评判系数均相同,则等待新区块产生并连接到某个或者多个分支,区块高度增加后,重复步骤1~步骤3直至选出主链。此时,生成新区块的节点即可对当前多个分支子链进行"投票",并链接至最有可能成为主链的分支子链上。

除上述因共识过程产生的"自然分叉"外,区块链还可能出现人为的硬分叉和软分叉(详情请参见第3.1.6节)。

2.3 数据层的关键技术

本节重点介绍区块链数据层封装的关键技术,包括时间戳、哈希函数、默克尔树、非对称加密和数字签名。

2.3.1 时间戳

时间戳(Time Stamp)是区块链不可篡改特性的重要技术支撑,在数字内容和版权保护领域有着广泛的应用。维基百科将时间戳量化地定义为格林威治时间自1970年1月1日0时0分0秒(北京时间1970年1月1日8时0分0秒)至当前时间的总秒数,其意义在于将用户数据与当前准确时间绑定,凭借时间戳系统(一般源自国家权威时间部门)在法律上的权威授权地位,产生可用于法律证据的时间戳,用来证明用户数据的产生时间,达到不可否认或不可抵赖的目标。

1991年,斯图尔特·哈伯(Stuart Harber)和斯科特·斯托尼塔(Scott Stornetta)发表

论文"How to Time-stamp a Digital Document"(如何为数字文档加上时间戳),设计了基于文档时间戳的数字公证服务以证明各类电子文档的创建时间,由此保证数据的可追溯与不可篡改。时间戳服务器对新建文档、当前时间及指向之前文档签名的哈希指针进行签名,后续文档又对当前文档的签名再进行签名,如此形成了一个基于时间戳的证书链,该链反映了文件创建的先后顺序,且链中的时间戳极难篡改。

区块链的时间戳技术借鉴和发展了以上工作,要求获得记账权的节点必须在当前数据区块头中加盖时间戳,以表明区块数据的写入时间。因此,主链上各区块是按照时间顺序依次排列的。时间戳可以为区块链数据提供数字公证服务,证明该数据在特定时间点上的存在性;但与传统公证服务不同的是,区块链时间戳不需要可信的第三方。去中心化和共识驱动的区块链系统本身就具有可信第三方的全部特征:例如能够支持安全的在线交易,加盖时间戳的交易具有极难篡改性等。这些特性有助于形成极难篡改和伪造的区块链数据库,从而为区块链应用于公证、知识产权注册等时间敏感的领域奠定了基础。

1. 时间戳的理论基础

1978 年,莱斯利·兰伯特(Leslie Lamport)发表经典论文"Time, Clocks and the Ordering of Events in a Distributed System"(分布式系统中的时间、时钟和事件顺序),详细论述了分布式系统中的时间戳原理。分布式系统中,不同节点之间的物理时钟可能会有偏差,从而会为分布式网络通信过程中的事件时间和顺序标定带来偏差。该问题的一个潜在解决方案是设置一个中心化的全局时钟,当节点完成数据更新或者事件执行之后,向全局时钟请求一个时间戳。这种中心化方案虽然可以方便地实现分布式节点的时钟同步,然而全局时钟可能出现单点失效故障,并且其同步开销较大,从而影响整个系统的效率和可用性。兰伯特在论文中提出的时间戳策略可以很好地解决该问题。这种时间戳并不依赖任何单个节点及其物理时钟,因而可视为逻辑上的时钟,并通过时间戳版本的更新在分布式系统中生成一个全局有序的逻辑关系。

假定消息的发送或者接收是进程(或节点)中的事件,令符号"→"表示分布式系统事件集中的先后关系。例如,事件 a 发生在事件 b 之前,则有 a→b。这种先后关系需要满足如下三个条件[①]。

(1) 如果事件 a 和事件 b 是同一进程中的事件,并且 a 在 b 之前发生,则有 a→b。

(2) 如果事件 a 是某消息发送进程中的事件,事件 b 是该消息接收进程中接收该消息的事件,则有 a→b。

(3) 如果有 a→b 和 b→c,则有 a→c。

如果不能确定 a→b,也不能确定 b→a,则称事件 a 和 b 同时发生。举例说明,如图 2-10 所示,实线表示进程上的事件轴,虚线表示进程之间的消息通信。显然,同一进程 P 中,事件 p_2 发生在 p_1 之后,因此有 $p_1→p_2$;对于不同进程 P 和 Q 之间的消息通信,由于存在从 p_1 到 q_2 的消息传递,故有 $p_1→q_2$;由于事件 q_3 发生在 q_2 之后,故有 $q_2→q_3$,进而有 $p_1→q_3$。需要说明的是,这个例子中只能确定两个事件 p_3 和 q_3 是发生在 q_4 之前以及 p_1 和 q_1 之后,却无法确定两者的逻辑先后顺序;因此,尽管在物理时间上 q_3 发生于 p_3 之前,但二者在逻

---

① https://blog.csdn.net/dellme99/article/details/16845991

辑关系上认为是同时发生的。

在此基础上，可以引入系统时钟的概念，为每一个进程 P_i 定义一个时钟 C_i，该时钟能够为任意事件 a 分配一个时钟值 $C_i(a)$。同时，假定存在全局时钟 C，且该时钟可以对任意事件 b 分配时钟值 C(b)。如果事件 b 发生在进程 P_i 上，则有 $C(b)=C_i(b)$。全局时钟 C 满足如下条件：

C0：如果对于事件 a 和事件 b，有 a→b，那么 C(a)<C(b)。

条件 C0 意味着如果事件 a 先于事件 b，则 a 的全局逻辑时间要早于 b。然而，条件 C0 反过来并不成立，即事件 a 的逻辑时钟值小于事件 b 的逻辑时钟值并不意味着 a→b，因为有可能二者同时发生（例如图 2-10 中的 p_3 和 q_3）。同时，如图 2-10 所示，p_2 和 q_3 同时发生，p_3 和 q_3 也是同时发生，但这并不意味着 p_2 和 p_3 同时发生，实际上显然有 $p_2 \to p_3$。因此，可以在 C0 的基础上给出如下两个限制条件：

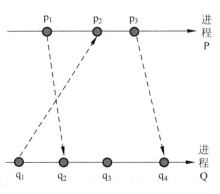

图 2-10　分布式系统的进程间通信与时间戳示意图

C1：如果事件 a 和事件 b 是同一个进程 P_i 中的事件，并且 a 在 b 之前发生，则有 $C_i(a)<C_i(b)$；

C2：如果 a 是进程 P_i 上某消息发送事件，b 是进程 P_j 上该消息接收事件，则有 $C_i(a)<C_j(b)$。

如果将上述理论分析应用到区块链等分布式系统中，就可以假定每个分布式节点 i 均包含一个时钟 Ci。系统中包含两类事件，即节点本地的数据更新以及节点之间的消息通信或者数据同步。因此，为满足条件 C1，分布式系统需要遵循如下规则。

IR1：对于同一节点上任意的连续事件来说，该节点上的时钟只需要保证较晚发生事件的时钟值大于较早发生事件的时钟值即可。

条件 C2 涉及分布式节点的消息通信，当节点发送消息 m 时，需要同时附带发送消息 m 的时间戳，条件 C2 要求接收方在接收到消息 m 时所产生的时间戳要大于消息 m 所携带的时间戳。然而，这样并不足以保证时间戳的正确性。举例说明，节点 A 向节点 B 发送消息 m，发送时刻节点 A 的本地时钟为 15：33：30，则假定消息 m 携带的时间戳为 T_{m-a}＝153 330。节点 B 接受到 m 后，按照条件 C2 只需设置时间戳 T_{m-b}＝153 400 即可满足要求；然而，由于机器之间的物理时间误差，节点 B 的本地时间可能为 15：50：05，如果节点 B 恰好在接收消息 m 之前的 15：45：15 时刻发生数据更新事件 n 且设置其时间戳为 T_{n-b}＝154 515，则会导致节点 B 上先发生事件 n，后发生消息接收事件 m，但其时间戳 $T_{m-b}<T_{n-b}$，从而引发时间上的逻辑错误。因此，为满足条件 C2，分布式系统需要遵循如下规则。

IR2：如果事件 a 代表节点 N_i 发送消息 m，那么消息 m 将携带时间戳 T_m，且 $T_m=C_i(a)$；节点 N_j 接收到消息 m 后，将设置该事件的时钟 C_j 大于等于该节点上一事件的时钟，并且大于等于 T_m。

2. 比特币系统的时间戳设计

回到区块链和比特币系统中，2008 年中本聪在比特币白皮书中提出了时间戳服务器的方案[1]。时间戳服务器通过对以数据区块形式存在的一组比特币交易实施哈希运算并加盖时间戳,并将该哈希值广播到比特币网络中。显然,时间戳能够证实特定区块数据必然在某个特定时间点上是确实存在的,因为只有数据在该时刻存在才能得到相应的哈希值。每个时间戳将前一个时间戳纳入其哈希值,使得每一个随后生成的时间戳都对之前的时间戳进行增强,形成一个完整的、环环相扣的时间戳链条(见图2-11)。如果想篡改某一区块的时间戳,必须同时篡改其后生成的所有时间戳,因而链条越长、安全性越好。

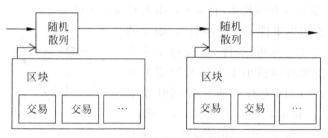

图 2-11　比特币系统的时间戳

由于比特币(以及大多数区块链系统)是去中心化的分布式网络,节点可以随意更改本地时间,因此比特币系统设定两个规则以防止节点的恶意行为。首先,比特币节点会与其连接上的所有其他节点进行时间校正,且要求连接的节点数量至少为5个,然后选择这群节点的时间中位数作为时间戳,该中位数时间(称为网络调整时间)与本地系统时间的差别不超过70分钟,否则不会更改并会提醒节点更新本机的时间;由此可见,比特币系统实际上并没有上述理论模型中的全局时钟,而是代之以节点的网络调整时间。其次,合法的时间戳必须大于前11个区块的中位数,并且小于比特币节点的网络调整时间+2小时[①]。换言之,比特币节点会拒绝接收时间戳不在此时间范围内的区块。

需要注意的是,比特币交易的数据结构里并没有时间戳字段,也就是说没有生成交易的确切时间;当该交易打包封装进区块的时候,也是为交易盖上时间戳的时候,因此区块里交易的时间实际为区块生成的时间。常用的比特币实时数据网站 blockchain.info 中的交易时间实际是节点接收到该交易的时间,不一定是交易实际发生时间。此外,区块头的时间戳并非写入之后就固定不变。在比特币早期,矿工通过遍历随机数(Nonce)不断猜测谜题,获得符合要求的哈希值。Nonce 是 32 位数字,大概可以进行 42 亿余次尝试。如果还未发现符合要求的哈希值怎么办?因为时间戳是区块头的一部分,它的变化可以让矿工再次遍历一遍随机数,因此可以把时间戳延后一点点,不过不能延后太多,避免区块无效。除此之外,现在的解决方案,加入了 Coinbase 字段作为额外随机数的来源,8个字节的额外空间,加上4个字节标准随机数,若尝试所有可能未果,才考虑修改时间戳来解决。同时,Coinbase 字段是 2~100 字节,有额外空间为将来随机数扩展做足准备。

2.3.2　哈希函数

哈希函数(Hash Functions)也称散列函数或杂凑函数,是区块链技术体系的重要组成部分,也是现代密码学领域的重要分支,在身份认证、数字签名等诸多领域有着广泛的应用。

---

① https://en.bitcoin.it/wiki/Block_timestamp

深刻理解哈希函数的实现原理和细节,对于区块链系统的设计和实现至关重要。本节将介绍哈希函数的技术特性、应用模式和常见哈希函数的实现原理。

哈希函数可以在有限且合理的时间内,将任意长度的二进制字符串映射为固定长度的二进制字符串,其输出值称为哈希值(Hash Value)或者数字摘要(Digital Digest)。一般而言,哈希函数的数学表达形式如下:

$$h = H(m)$$

其中 m 表示任意长度的输入消息,H 表示哈希函数的具体实现,h 则表示固定长度的输出哈希值。

显然,由于固定长度字符串构成的输出空间一般要比任意长度字符串构成的输入空间小很多,因此根据鸽巢原理可知:可能存在多个不同的输入数据映射到同一输出哈希值的情况,因此哈希函数一般是多对一映射函数(Many-to-One Mapping Functions)。例如对于输入和输出长度分别为 1000 位和 128 位二进制字符串的哈希函数来说,每一个输出值平均对应 $2^{1000-128} = 2^{872}$ 个输入值。如果出现两个不同的输入 m 和 m' 使得 $H(m) = H(m')$ 时,称为发生一次哈希碰撞(Hash Collision)。

理论上,哈希碰撞是不可避免的:假设哈希函数的输出空间容量为 S,则通过遍历输入空间的每一组可能数据,至多 $S+1$ 次尝试即可获得一次哈希碰撞;根据生日悖论问题的研究结论[①],平均意义上仅需要 $\sqrt{S}$ 次尝试即可大概率获得哈希碰撞。然而在实际中,可以通过增加输出字符串的长度来大幅扩展输出空间的容量,从而使得发生哈希碰撞的概率极低,且从计算上获得哈希碰撞是不可行的。例如,对于输出长度为 256 位二进制字符串的哈希函数来说,每一次哈希碰撞约需要 $\sqrt{2^{256}} = 2^{128}$ 次哈希运算。即使采用 2018 年最先进的超级计算机(浮点运算速度峰值为 20 亿亿次每秒),也需要大约 1072 亿年才能完成,因此在计算上不可行。在哈希碰撞几乎不可能发生的前提下,可以认为哈希值是原始输入数据唯一的"数字指纹"。

哈希函数通常具有如下技术特征。

- 抗原像性(Pre-Image Resistance):也称单向性,即对任意给定的 y 来说,找到任意原像 x' 使得 $H(x') = y$ 在计算上是不可行的。换句话说,对任意预定义的输出数据,无法反推其输入数据。因此,哈希函数可以看作是一类只有加密过程而没有解密过程的"单向"加密函数。
- 抗第二原像性(Second Pre-Image Resistance)或称弱抗碰撞性(Weakly Collision-Free):即给定输入数据 x 时,寻找其他数据 $x' \neq x$ 使得 $H(x) = H(x')$ 在计算上是不可行的。
- 强抗碰撞性(Collision Resistance):寻找任意两个不同的输入 x 和 x' 使得 $H(x) = H(x')$ 在计算上是不可行的。
- 谜题友好性(Puzzle Friendly):对于任意 n 位输出 y 来说,假设 k 是从具有较高不

---

① 生日悖论(The Birthday Paradox)本身并非严格意义上的逻辑悖论,而是令人"难以置信"的数学事实:即任意 23 个人中出现两人生日相同的情况的概率超过 50%,而对于 60 个人来说这个概率将超过 99%。生日悖论的实质是多对一映射函数中,随着输入端随机尝试次数的增多,两个不同输入映射到同一输出的概率的增长速度将会比"直觉上"更快。利用生日悖论问题背后的概率论与数学原理来实施的密码学攻击称为生日攻击。

可预测性的高阶最小熵分布中选取的,则无法找到有效方法可在比 2 的 n 次方小很多的时间内找到 x,使得 $H(k|x)=y$ 成立。
- 雪崩效应:输入数据发生任何细微变化,哪怕仅有一个二进制位不同,也会导致输出结果发生明显改变。
- 定长/定时性:不同长度输入数据的哈希过程消耗大约相同的时间且产生固定长度的输出。

鉴于上述优良性质,哈希函数在区块链和数字加密货币体系中获得了广泛的应用,常见的应用模式包括:
- 完整性校验:哈希函数的单向性和抗碰撞性通常可以用于校验消息的完整性,以防止消息在传输和存储的过程中出现未经授权的篡改。区块链系统中,哈希函数的一个重要作用就是校验交易数据和区块数据在网络传输中的完整性,因为这些数据一经篡改,则其对应哈希值就会发生显著变化,就可以方便地识别出来。这也保证了区块链是极难篡改的分布式账本,除非发动 51% 攻击来控制节点共识过程和结果,否则单方面篡改数据不会影响整个区块链系统的安全。
- 数据要素管理:哈希函数的抗碰撞性使其可以作为任意数据的"数字指纹",从而可以利用数据的哈希值来对其进行高效管理。例如,区块链系统的公钥、私钥、地址、交易 ID、区块 ID 等要素均是通过哈希算法生成并加以标识;区块链数据的重要组织方式——默克尔树(Merkle Tree,详见第 2.3.3 节)的叶结点也并非存储实际交易数据,而是存放交易的哈希值,其非叶结点和默克尔根也均是存放其下一层节点数据的哈希值;此外,区块链系统的数字签名等主要操作也均是利用哈希函数来完成。
- 共识竞争:大多数区块链系统,特别是基于 PoW 共识的公有链系统,都是利用大量的哈希函数运算来确定共识过程中获胜的矿工;这主要是利用哈希函数的谜题友好性,使得矿工除了付出大量算力资源执行哈希运算之外,没有其他捷径可以对 PoW 共识过程进行求解。

目前,主流的哈希算法包括 MD 系列和 SHA 系列,而区块链和数字加密货币体系中常见的哈希算法包括 SHA256、RIPEMD、Scrypt、Ethash 以及 Equihash 等。限于篇幅,本节将重点介绍 MD5 和 SHA-256 两种哈希算法的设计原理,其他算法仅作简要介绍。

1. MD 系列算法

MD 系列算法是一类较为成熟的哈希算法,其中 MD 是消息摘要(Message Digest)的缩写。MD 类算法的家族成员包括 MD2、MD4 和 MD5 算法,由麻省理工学院的罗纳尔多·李维斯特教授(Ronald L. Rivest,美国密码学家、图灵奖获得者、RSA 算法的第一设计者"R")分别于 1989 年、1990 年和 1992 年设计提出,可将输入数据映射为 128 位的哈希值。虽然这些算法的安全性逐渐提高,但均被证明是不够安全的。2004 年,中国密码学家王小云教授在美国加州圣巴巴拉召开的国际密码学会议 Crypto 2004 上宣布找出了 MD5 算法的碰撞实例,从而证明了 MD5 不具备"强抗碰撞性"。MD5 算法被破解后,Ronald L. Rivest 教授在国际会议 Crypto 2008 上提出了更为完善的 MD6 算法,但并未得到广泛使用。因此,本节以 MD5 算法为例介绍其实现原理。

如图 2-12 所示，MD5 算法设计采用的是密码学领域的 Merkle-Damgard 构造法，这是一类采用抗碰撞的单向压缩函数来构造密码学哈希函数的通用方法，于 1979 年由拉尔夫·默克尔（Ralph Merkle，Merkle 树结构的提出者）在其博士论文中提出。

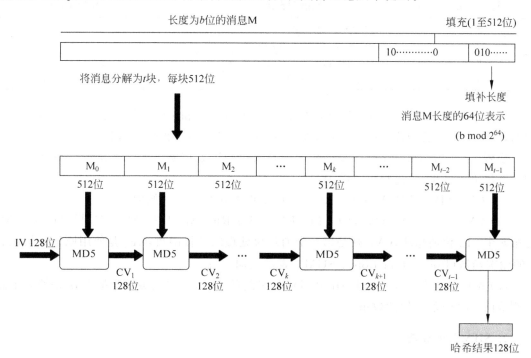

图 2-12　MD5 算法的实现原理

具体说来，MD5 算法的具体流程包括五个步骤。

步骤 1：填充数据。假设输入消息 M 的长度为 b 位，通过填充数据使其长度满足 $b \bmod 512 = 448$。填充方法是在 M 之后的第一位填充"1"，其余位置填充"0"。例如，如果 $b=447$，则只需在 M 之后的第一位填充"1"即可；而如果 $b=448$，则需要填充 512 位至 960 位。由此可见，数据填充是必需的步骤，其最低和最高填充位数分别为 1 位和 512 位。

步骤 2：填充消息长度。将原始消息 M 的长度表示为 64 位二进制数据后追加到第一步产生的消息末尾。如果原始消息 M 的长度超过 2^{64}，则只使用其低 64 位的值（即消息长度对 2^{64} 取模）。添加消息长度之后，原始消息 M 的长度将变为 512 位的整数倍。

步骤 3：初始化缓冲区。MD5 算法采用 128 位的缓冲区（分为 A、B、C 和 D 共 4 个 32 位缓冲区）来存放中间结果和最终结果，这些缓冲区被初始化为如下以 16 进制表示的 32 位数值（称为字，Word）：

　　　　A=0x67452301、B=0xefcdab89、C=0x98badcfe 和 D=0x10325476

这些字以小端字节序（Little-Endian Format）加以存储，即按照从最低有效字节到最高有效字节的顺序加以存储。因此缓冲区的初始值显示为：

　　　　A=0x01234567、B=0x89abcdef、C=0xfedcba98 和 D=0x76543210

步骤 4：迭代消息处理。本步骤包含 64 个子步骤迭代运算，分为 4 轮近似相同的处理过程。每一轮处理的区别在于使用不同的原语逻辑函数，表示为 F、G、H 和 I，如表 2-6 所示。每一个原语逻辑函数都以 32 位字为输入并产生 32 位输出。

表 2-6 MD5 哈希算法的原语逻辑函数

轮次	原语逻辑函数	步骤(64)
1	$F(X,Y,Z)=(X\wedge Y)V(\sim X\wedge Z)$	$0<=j<=15$
2	$G(X,Y,Z)=(X\wedge Z)V(Y\wedge \sim Z)$	$16<=j<=31$
3	$H(X,Y,Z)=(X\oplus Y\oplus Z)$	$32<=j<=47$
4	$I(X,Y,Z)=(Y\oplus(XV\sim Z)$	$48<=j<=63$

如图 2-12 所示,每一轮都以当前的 512 位消息块 M_k 和 128 位缓冲值 ABCD 作为输入数据,并产生更新后的称为链接变量 CV_k(Chaining Variable)的输出数据。

步骤 5:输出结果。最后一轮的输出即是通过顺序处理所有的 512 位消息块之后获得的 128 位哈希结果,其过程可总结为:

(1) $CV_0=IV$,其中 IV 是步骤 3 定义的缓冲区 ABCD 的初始值;

(2) $CV_{k+1}=SUM_{32}(CV_k, RF_I[M_k, RF_H[M_k; RF_G[M_k, RF_F[M_k, CV_k]]]])$,其中 M_k 是第 k 个 512 位消息块,CV_k 则是第 k 个消息块处理的链接函数,RF_x 是使用原语逻辑函数 x 的轮次函数(Round Function);SUM_{32} 表示模加 2^{32};

(3) $MD5SUM=CV_t$,其中 MD5SUM 是最终的 MD5 哈希值或消息摘要,t 是原始消息分割成的 512 位消息块的数量。

2. SHA 系列算法

SHA 是安全哈希算法(Secure Hash Algorithm)的缩写,是由美国国家安全局(National Security Agency,NSA)设计、美国国家标准与技术研究院(National Institute of Standard and Technology,NIST)发布的密码学哈希算法族,其家族成员包括 SHA-1、SHA-224、SHA-256、SHA-384 和 SHA-512 等。1993 年,NIST 发布了 SHA 系列算法的首个实现(通常被称为 SHA-0)但很快被撤回。随后,SHA-1 算法于 1995 年提出,其设计原理采用 MD4 和 MD5 算法的 Merkle-Damgard 构造法,输出长度为 160 位哈希值。SHA-1 算法已被证明不具备"强抗碰撞性"。2005 年,美国召开的国际信息安全 RSA 研讨会宣布,中国密码学家王小云教授在理论上破解了 SHA-1 哈希算法[①],证明了 160 位 SHA-1 算法只需要大约 2^{69} 次计算就可找到碰撞,远低于理论值 2^{80} 次。

为了提高安全性,NIST 陆续发布了 SHA-256、SHA-384、SHA-512 以及 SHA-224 算法(统称为 SHA-2),这些算法都是按照输出哈希值的长度命名,例如 SHA-256 算法将输入数据转换为长度为 256 位的二进制哈希值。虽然这些算法的设计原理与 SHA-1 相似,但至今尚未出现针对 SHA-2 的有效攻击。因而,比特币在设计之初即选择采用了当时公认最安全和最先进的 SHA-256 算法,并且除生成比特币地址的流程中有一个环节采用了 RIPEMD-160 算法之外,其他需要做哈希运算的地方均是采用 SHA-256 算法或者 SHA-256D 算法(即连续做两次 SHA-256 算法),例如计算区块 ID、计算交易 ID、创建地址、PoW 共识过程等。2007 年,NSA 正式宣布在全球范围内征集新一代 SHA-3 算法设计,并于

---

① 理论破解是指已提出有效算法,使得可以使用低于理论值的枚举次数来找到碰撞实例。

2012年公布评选结果：Keccak算法由于符合NIST设置的易实现、保证安全、公开审查和代码多样性共四项条件，因而成为唯一官方标准SHA-3算法；由于迄今为止SHA-2算法尚未出现明显的安全问题，因此SHA-3的设计目的并非取代SHA-2,而是作为与SHA-2共存的一种不同的、可替代的算法版本。

本节以比特币采用的SHA-256算法为例介绍其设计原理。与MD5算法类似,SHA-256算法也由如下五个步骤组成。

步骤1：数据填充。该步骤与MD5算法相同,即通过填充数据使得原始消息M的长度满足对512取模后的余数为448。

步骤2：消息长度填充。该步骤与MD5算法相同,通过添加64位消息长度数据,使得原始消息M的长度变为512位的整数倍,记为$M^{(1)}$至$M^{(N)}$,其中N为消息块的数量。对于第i个512位的消息块来说,每32位划分为一组,分别记为$M_0^{(i)}$至$M_{15}^{(i)}$。

步骤3：初始化缓冲区。SHA256算法采用256位的缓冲区(分为H1至H8共8个32位缓冲区)来存放中间结果和最终结果,这些缓冲区被初始化为如下以16进制表示的32位数值(字)：

$H_1^{(0)} = 0x6a09e667$、$H_2^{(0)} = 0xbb67ae85$、$H_3^{(0)} = 0x3c6ef372$、$H_4^{(0)} = 0xa54ff53a$

$H_5^{(0)} = 0x510e527f$、$H_6^{(0)} = 0x9b05688c$、$H_7^{(0)} = 0x1f83d9ab$、$H_8^{(0)} = 0x5be0cd19$

与MD5不同的是,这里采用大端字节序(Big-Endian Format)存储,$H_1^{(0)}$至$H_8^{(0)}$分别是自然数中前8个质数(2,3,5,7,11,13,17,19)的平方根的小数部分取前32位而得来。

步骤4：迭代消息处理。本步骤使用6种原语逻辑函数,每个函数都以32位的字作为输入,并产生32位的字作为输出。这些函数定义如表2-7所示。

表2-7 SHA-256算法的原语逻辑函数

$Ch(x,y,z) = (x \wedge y) \oplus (\neg x \wedge z)$	$\oplus$ 按位异或
$Maj(x,y,z) = (x \wedge y) \oplus (x \wedge z) \oplus (y \wedge z)$	$\wedge$ 按位与
$\Sigma_0(x) = S^2(x) \oplus S^{13}(x) \oplus S^{22}(x)$	$\vee$ 按位或
$\Sigma_1(x) = S^6(x) \oplus S^{11}(x) \oplus S^{25}(x)$	$\neg$ 按位补
$\sigma_0(x) = S^7(x) \oplus S^{18}(x) \oplus R^3(x)$	$+$ 模2^{32}加
$\sigma_1(x) = S^{17}(x) \oplus S^{19}(x) \oplus R^{10}(x)$	R^n 右移n位
	S^n 右旋转n位

定义64个扩展消息块(Expanded Message Blocks),记为W[0]至W[63]。对于每一个原始消息块$M^{(i)}$来说,扩展消息块的计算方式以伪代码形式表示如下：

```
For j = 0 to 15
    W[j] = M_j^(i)
For j = 16 to 63
    W[j] ← σ_1(W[j-2]) + W[j-7] + σ_0(W[j-15]) + W[j-16]
```

同时,SHA-256算法定义了64个16进制常量,记为K[0]至K[63],分别为自然数中前64个质数的立方根的小数部分取前32位。

```
428a2f98, 71374491, b5c0fbcf, e9b5dba5, 3956c25b, 59f111f1, 923f82a4, ab1c5ed5,
d807aa98, 12835b01, 243185be, 550c7dc3, 72be5d74, 80deb1fe, 9bdc06a7, c19bf174,
e49b69c1, efbe4786, 0fc19dc6, 240ca1cc, 2de92c6f, 4a7484aa, 5cb0a9dc, 76f988da,
983e5152, a831c66d, b00327c8, bf597fc7, c6e00bf3, d5a79147, 06ca6351, 14292967,
27b70a85, 2e1b2138, 4d2c6dfc, 53380d13, 650a7354, 766a0abb, 81c2c92e, 92722c85,
a2bfe8a1, a81a664b, c24b8b70, c76c51a3, d192e819, d6990624, f40e3585, 106aa070,
19a4c116, 1e376c08, 2748774c, 34b0bcb5, 391c0cb3, 4ed8aa4a, 5b9cca4f, 682e6ff3,
748f82ee, 78a5636f, 84c87814, 8cc70208, 90befffa, a4506ceb, bef9a3f7, c67178f2.
```

在此基础上，SHA-256算法依次处理每一个原始消息块 $M^{(i)}$，处理过程包含64步迭代运算，其处理流程的伪代码形式如下：

```
For i = 1 to N (N = 填补后的消息块数)
{
    # 利用(i-1)ˢᵗ 这样的中间哈希值(即 i = 1 时的初始化哈希值)初始化寄存器 a,b,c,d,e,f,g,h
    a ← H₁^{i-1}
    b ← H₂^{i-1}
    ...
    h ← H₈^{i-1}
    # 应用SHA-256压缩函数更新寄存器 a,b,....,h
    For j = 0 to 63
    {
        # 计算 Ch(e,f,g), Maj(a,b,c), Σ₀(a), Σ₁(e) 与 Wⱼ
        T₁ ← h + Σ₁(e) + Ch(e, f, g) + Kⱼ + Wⱼ
        T₂ ← Σ₀(a) + Maj(a, b, c)
        h ← g
        g ← f
        f ← e
        e ← d + T₁
        d ← c
        c ← b
        b ← a
        a ← T₁ + T₂
    }
    # 计算 iᵗʰ 中间哈希值 Hⁱ
    H₁^{[i]} ← a + H₁^{[i-1]}
    H₂^{[i]} ← b + H₂^{[i-1]}
    ...
    H₈^{[i]} ← h + H₈^{[i-1]}
}
H^{{N}} = (H₁^{{N}}, H₂^{{N}}, ..., H₈^{{N}}) 就是 M 的哈希值
```

其中，每一轮迭代的函数处理流程如图2-13所示。

步骤5：输出结果。最后一轮的输出即是通过顺序处理所有的512位消息块之后获得的256位哈希结果。

3. RIPEMD算法

RIPEMD(RACE Integrity Primitives Evaluation Message Digest，RACE 原始完整性

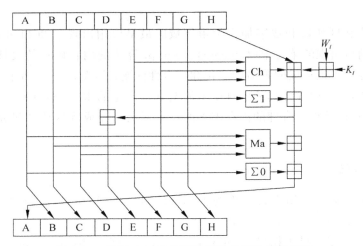

图 2-13　SHA-256 哈希算法的迭代函数处理流程

校验消息摘要）是 1996 年由鲁汶大学的汉斯·多贝尔廷（Hans Dobbertin）、安东·波塞拉尔斯（Antoon Bosselaers）和巴特·普拉尼（Bart Prenee）三人组成的 COSIC 研究小组基于 MD4 和 MD5 算法提出来的。RIPEMD 家族成员有 RIPEMD-128、RIPEMD-160、RIPEMD-256 和 RIPEMD-320，对应输出长度分别为 128 位、160 位、256 位和 320 位，其中 RIPEMD-160 是最常见的版本。比特币系统的公钥——地址转换过程就是利用 SHA-256 ＋ RIPEMD-160 双哈希算法，将 65 字节的公钥转换为 20 字节的摘要结果，再经过 SHA-256 哈希算法和 Base58 转换过程，形成长度为 33 字节的比特币地址（详见第 2.3.4 节）。RIPEMD 算法以 MD 算法为基础，其处理数据的方式与 MD5 算法类似，此处不再赘述。

4. Scrypt 算法

SHA-256 算法在比特币系统中获得了广泛应用，使得比特币成为迄今为止最安全和成熟的数字加密货币系统。然而，随着高性能 GPU（Graphic Processing Units，图形处理单元）、FPGA（Field Programmable Gate Array，现场可编程门阵列）和 ASIC（Application Specific Integrated Circuit，专用集成电路）矿机及矿池的出现，比特币算力的中心化趋势日趋明显，比特币及其底层区块链系统的"去中心化"设计初衷面临着严重挑战。究其原因，一般认为是基于 SHA-256 的 PoW 共识算法容易导致专用矿机和大型矿池的出现，因此许多研究者将创新方向由"计算密集型"哈希算法转向"内存困难型"（Memory-Hard）哈希算法。莱特币的 Scrypt 算法就是在这种背景下被设计提出的。

Scrypt 算法最初是由著名的 FreeBSD 黑客科林·珀西瓦尔（Colin Percival）开发的一种基于密码的密钥导出函数（Password-based Key Derivation Functions，PBKDF），用于其在线备份服务 Tarsnap。最初设计目的是使执行大规模定制硬件攻击时必须使用大量的内存资源，从而提高其成本。由于早期 PBKDF 的资源需求较低，这意味着其不必使用大量的硬件和内存，就可以较低成本方便地在 ASIC 甚至 FPGA 等硬件上实现。因此，资源充足的攻击者可以轻易地发动大规模的并行攻击。Scrypt 算法运行过程中将产生占用大量内存资源的伪随机位串向量，从而同时需要大量的内存资源和计算资源，这在一定程度上将 SHA-256 造成的算力竞争转化成为算力＋内存的资源竞争，使得针对 Scrypt 算法的并行攻击非常困难。

Scrypt 算法在区块链和数字加密货币领域的最早应用出现于 2011 年的 Tenebrix 和 Fairbrix，以及随后出现的莱特币（Litecoin）。Scrypt 算法的内存困难的设计思路特别适合解决加密货币专业矿机造成的算力中心化和安全性问题；然而，Scrypt 是计算困难，同时验证亦困难的算法，当其内存计算的困难度增加至真正安全的水平，相应地，验证的困难度也随之增加。目前，设计更为合理的内存困难的哈希算法已经成为区块链研究和应用的一个重要方向。

5. Ethash 算法

Ethash 实际上是以太坊平台采用的工作量证明函数，其在实现过程中采用了 Keccak 哈希算法以及 Dagger-Hashimoto 算法。

Keccak 是由吉多·贝尔托尼（Guido Bertoni）、琼·德门（Joan Daemen）、米克尔·彼得斯（Michael Peters）以及吉尔斯·范阿什（Giles Van Assche）设计提出的哈希算法，2012 年 10 月被 NIST 选为官方标准的 SHA-3 算法。Keccak 采用创新的"海绵引擎"哈希消息文本，具有设计简单、安全、快速和方便硬件实现等特点。迄今为止尚未发现 Keccak 的严重弱点。以太坊系统中的账户地址生成、共识算法的种子数据处理等多个步骤中都采用了 Keccak 哈希算法。

Dagger-Hashimoto 是 Ethash 算法的前身，于以太坊 Ethereum 1.0 版本中提出，其目的是抵制 ASIC 矿机、轻客户端验证和全链数据存储。Dagger-Hashimoto 的基础是 Dagger 和 Hashimoto 算法。前者由维塔利克·布特林（Vitalik Buterin）发明，利用有向无环图（Directed Acyclic Graph, DAG）实现了内存困难但易于验证的特性，这种特性使其优于 Scrypt 算法；后者由撒迪厄斯·追亚（Thaddeus Dryja）创造，旨在通过 IO 限制来抵制矿机，例如在挖矿过程中，利用内存读取作为限制因素。Hashimoto 算法使用区块链作为数据源，同时满足抵御矿机和全链数据存储等要求。

Dagger-Hashimoto 算法不是直接将区块链作为数据源，而是使用一个 1GB 的自定义生成的数据集 cache。这个数据集基于区块数据，每 N 个块就会更新。该数据集是使用 Dagger 算法生成的，允许对每个 Nonce 特定的子集进行有效计算，用于轻客户端验证算法。同时，Dagger-Hashimoto 克服了 Dagger 的缺陷，它用于查询区块数据的数据集是半永久的，只有在偶然的间隔才会被更新（例如每周一次）。这意味着生成数据集将非常容易，所以可以解决塞尔吉奥·莱纳（Sergio Lerner）的共享内存加速问题。

Dagger-Hashimoto 算法的基本流程如下[①]。

(1) 对于每一个区块，先计算出一个种子。种子的计算只依赖于当前区块的信息，例如 block number 以及 block headers。

(2) 使用种子产生 32MB 的伪随机数据集，称为 cache。轻客户端需要保存 cache。

(3) 基于 cache 再生成一个 1GB 大小的数据集，称为 the DAG。这个数据集中的每一个元素都只依赖 cache 中的某几个元素，换句话说，只要有 cache 就可以快速计算出 DAG 中指定位置的元素。完整的可挖矿的客户端需要保存 DAG。

---

① https://www.8btc.com/course/1916

（4）挖矿可以概括为从 DAG 中随机选择元素然后对其进行 hash 的过程。验证的过程也是一样，只不过不是从 DAG 里面选择元素，而是基于 cache 计算得到指定位置的元素，然后验证这个元素集合的 hash 结果小于某个值。由于 cache 很小，而且指定位置的 DAG 元素很容易计算，因此验证过程只需要普通 CPU 和普通内存即可完成。

（5）cache 和 DAG 每一个周期更新一次，一个周期的长度是 1000 个块。也就是说这 1000 个块产生的 cache 和 DAG 是完全一样的，因此挖矿的主要工作在于从 DAG 中读取数据，而不是更新 cache 和 DAG。

6. Equihash 算法

Equihash 算法是由卢森堡大学安全、可靠性和信任跨学科研究中心的亚历克斯·比约科夫（Alex Biryukov）和德米特里·科瓦托维奇（Dmitry Khovratovich）设计的面向内存的工作量证明算法，其在 2016 年圣地亚哥召开的网络与分布式系统安全研讨会上被提出，并被集成到了著名的数字加密货币 ZCash 中，以提高其安全性、隐私性和抗 ASIC 矿机性。

Equihash 的理论基础是计算机科学和密码学领域的广义生日悖论问题，其基本思路是在每一轮 PoW 共识过程中，以矿工构造的区块头作为输入，通过 ZCash 系统的 Equihash Generator 生成特定的二进制字符串组成的列表，并试图在此列表中找到满足要求数量的完全相等的元素（即碰撞）。这种 PoW 共识与比特币系统搜索满足要求的随机数不同，是将 PoW 共识过程转化成为一个广义生日悖论问题。Equihash 的设计者通过对密码学家瓦格纳（Wagner）提出的算法加以优化，提出了 OptimisedSolve 算法以解决该 PoW 共识过程中的广义生日悖论问题（详见第 8.5.1 节）。Equihash 也是内存（RAM）依赖型算法，机器算力大小主要取决于其内存规模，其他采用 Equihash 的竞争币包括 Bitcoin Gold、Komodo、ZClassic 和 ZenCash 等。

7. 混合哈希算法

混合哈希算法是多种单一哈希算法通过"串行"或者"并行"的方式相互组合形成的一种组合算法。例如，2013 年出现的夸克币（Quark）设计提出了基于 6 种加密算法（BLAKE、BMW、GROESTL、JH、KECCAK 和 SKEIN）和 9 轮运算的多轮哈希算法，对输入数据串行的执行 9 次哈希运算来完成操作，其中前一轮哈希的输出结果作为后一轮哈希的输入数据；2014 年出现的达世币（原名为暗黑币）则提出 X11 算法，利用串接的 BLAKE、BMW、GROESTL、JH、KECCAK、SKEIN、LUFFA、CUBEHASH、SHAVITE、SIMD 和 ECHO 共计 11 种算法处理数据。基于串行思路的混合哈希算法实际上并没有明显提高安全性，在算法链条中的任何一种算法被破解后都可能对整体哈希过程产生安全威胁，因此产生了基于并行思路的混合哈希算法。

并行混合哈希算法的总体思路是同时采用不同的哈希算法对输入数据执行哈希运算，然后再以某种方式将输出结果组合为完整的哈希值。例如，Heavycoin（HVC）设计的算法即是首先使用 HEFTY1 哈希算法对输入数据执行一次哈希运算，以其输出结果 d1 作为输入，再依次进行 SHA-256、KECCAK-512、GROESTL-512 和 BLAKE-512 运算，分别获得输出 d2、d3、d4 和 d5；分别提取 d2～d5 的前 64 位，经混淆后形成最终的 256 位 Hash 结果。

2.3.3 默克尔树

默克尔树(Merkle Tree,也称为梅克尔树或者哈希树)是比特币和大多数主流区块链系统的数据组织方式,其概念是由拉尔夫·默克尔(Ralph Merkle)提出并以其名字来命名的。1979年,Ralph Merkle获得了默克尔树的专利权(于2002年过期),将其概括描述为"该发明包含了一种提供信息验证的数字签名的方法,该方法利用单向的认证树对密码数字进行校验"。维基百科对默克尔树的定义为:在密码学和计算机科学中,默克尔树是一种特殊的树结构,其每个非叶子节点通过其子节点的标记或者值(当子节点为叶节点时)的哈希值来进行标注。默克尔树为大型的数据结构提供了高效安全的验证手段,可以理解为哈希列表和哈希链表的泛化产物。综合以上描述,可以将默克尔树简单地定义为一类基于哈希值的二叉树或多叉树,其叶子节点上的值通常为数据块的哈希值,而非叶子节点上的值是该节点的所有子节点串联字符串的哈希值。

默克尔树对于区块链这类P2P网络系统的数据组织和完整性校验具有十分重要的作用。众所周知,P2P技术出现之前,如果网络中仅有唯一的文件下载源,则整个文件必须全部从文件源服务器上下载,这在下载数量较大时将会极大地增加源服务器的压力。为解决此问题,BitTorrent基于架构在TCP/IP协议之上的P2P文件传输协议实现了多个数据源节点的同时下载。在BitTorrent网络中,数据文件分散存放在多个服务器上,某用户从源服务器下载文件后,即可"做种"方便其他用户下载,因此下载用户越多、速度越快。同时,文件将被划分为许多小块,每块文件可以从不同的节点下载,如果某个小块文件出错,则只需重新下载这块文件即可。这无疑极大地提高了P2P文件传输的速度和效率。

为保证数据在P2P网络传输过程中的正确性或者不被恶意节点篡改,通常会计算各文件块的哈希值,并以某种方式将这些哈希值汇总起来,形成唯一的根哈希值。如图2-14所示的即是称为哈希列表(Hash List)的数据结构,其首先计算数据块的哈希值,然后将所有哈希值串接后计算根哈希值。在传输过程中,通常首先从可信节点下载根哈希值,然后从各个P2P网络节点中分散下载所有数据块,只有数据块哈希值和根哈希值都能匹配,才可确保传输过程的正确性。然而,当源文件非常大导致数据块数量较多时,哈希列表也会非常大,而文件的完整性校验必须下载整个哈希列表。默克尔树即是该问题的解决方案之一。

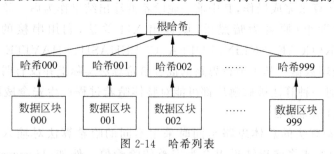

图2-14 哈希列表

默克尔树可以视为哈希列表的泛化结构①,其叶子节点同样是各数据块的哈希值,但与哈希列表直接计算第二层根哈希不同的是,默克尔树将相邻的两个哈希值合并成为一个字

---

① https://en.wikipedia.org/wiki/Merkle_tree

符串,然后计算其哈希值作为第二层非叶子节点的值,以此类推,最终形成一棵以根哈希值为顶点的倒挂的树,其根哈希值称为默克尔根(Merkle Root),如图 2-15 所示。因此,哈希列表实际上可以看作是树高为 2 的多叉默克尔树。

默克尔树是区块链系统最重要的底层数据结构之一,其作用是快速归纳和校验区块数据的存在性和完整性。最常见的默克尔树是比特币采用的二叉默克尔树,其每个哈希节点总是包含两个相邻的数据块或其哈希值,其他变种则包括以太坊的默克尔帕特里夏树(Merkle Patricia Tree,MPT)。默克尔树有诸多优点:首先是使得区块头只需包含根哈希值而不必封装所有底层数据,这极大地提高了区块链的运行效率和可扩展性,使得哈希运算可以高效地运行在智能手机甚至物联网设备上;其次是默克尔树可支持"简化支付验证"(Simplified Payment Verification,SPV)协议,即在不运行完整区块链网络节点的情况下,也能够对(交易)数据进行校验。这将极大地降低区块链运行所需的带宽和验证时间,并使得仅保存部分相关区块链数据的轻量级客户端成为可能。

理论上讲,区块链可以脱离默克尔树结构而正常运行,只需要将每一笔交易数据封装进区块即可,但这势必会大幅增加区块的体积,导致区块链低效运行的同时也降低了可扩展性,使其只能运行在有足够算力和存储资源的节点上,从而进一步导致区块链系统逐渐趋于中心化。因此,默克尔树对区块链系统至关重要。

1. 默克尔树在比特币中的应用

比特币系统采用二叉默克尔树来组织每个区块中的所有交易。这些交易本身并不存储在默克尔树中,而是每个交易作为一个独立的数据块,计算其哈希值并存储在默克尔树的叶子节点。然后,将相邻两个叶子节点的哈希值串接起来,再次计算其哈希值作为父节点,以此类推,直至生成默克尔根并存储在区块头中。比特币采用 SHA256 算法来对交易数据进行哈希运算,因此默克尔树的每个节点均为 256 位(32 字节)哈希值。举例来说,如图 2-15 所示的默克尔树总共包括由 A 至 P 共 16 个交易,首先计算其哈希值 H_A 至 H_P,并作为叶子节点;然后再次分组配对进行哈希运算,生成 H_{AB} 至 H_{OP} 共 8 个非叶子结点;以次类推,直至形成唯一的根节点。由于比特币的默克尔树是二叉哈希树,因此如果交易数量为奇数个,则系统会将最后一个交易复制一份以形成偶数个交易节点,然后进行默克尔树的构造过程。

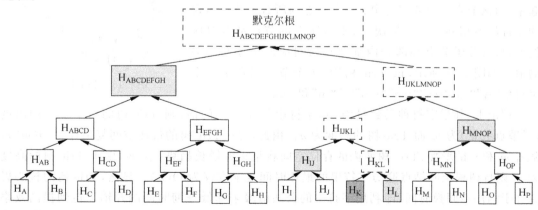

图 2-15 比特币系统的默克尔树示例

在比特币系统中，默克尔树除了用来归纳交易并生成整个交易集合的默克尔根之外，同时也提供了校验某个区块中是否存在特定的交易的一种高效的途径，即默克尔路径。默克尔路径是由从默克尔根到叶子节点所经过的节点组成的路径。一般说来，在 N 个交易组成的区块中确认任一交易的算法复杂度（体现为默克尔路径长度）仅为 $\log_2 N$。如图 2-15 所示，如果区块中封装了共 16 笔交易，要找到该区块中任意一笔交易，则搜索该交易的默克尔路径只需要 4 步即可。例如，为验证图 2-15 中的交易 H_K，一个没有下载完整区块链数据的轻客户端可以通过向其他全节点索要包括从交易 H_K 哈希值沿默克尔树上溯至默克尔根哈希值的哈希序列（即哈希节点 H_L、H_{IJ}、H_{MNOP} 和 $H_{ABCDEFGH}$）来快速确认交易的存在性和正确性，并在得到该哈希序列后，首先计算 H_K 和 H_L 的哈希值 H_{KL}，然后再利用 H_{IJ} 计算 H_{IJKL}，以此类推，利用 H_{MNOP} 和 $H_{ABCDEFGH}$ 计算出默克尔根。如果最终得出正确的默克尔根，则证明交易 H_K 存在于默克尔树中。图中虚线框表示的非叶子结点即是长度为 4 的默克尔路径。如果交易哈希值的长度为 32 字节，那么当区块大小由 16 笔交易增加至 4096 笔交易时，默克尔路径长度增长极其缓慢，仅仅从 128 字节增长到 384 字节。因此，通过默克尔路径，基于 SPV 技术的轻节点只需很小的开销就可以快速定位一笔交易。

2. 默克尔树在以太坊中的应用

以太坊系统中的默克尔树结构称为默克尔帕特里夏树（Merkle Patricia Tree，MPT），1968 年由唐纳德·莫里森（Donald R. Morrison）首次提出。其中，Patricia 是 Practical Algorithm to Retrieve Information Coded In Alphanumeric 的首字母缩写。MPT 树是在改进比特币默克尔树的基础上，通过融合默克尔树和 Patricia 树（与 Trie 树）两种数据结构的优点，而形成的一种基于加密学的、自校验、防篡改的数据结构，是以太坊中用来组织管理账户数据、生成交易集合哈希的重要数据结构。MPT 树结构可以解决比特币默克尔树无法表征交易状态（如数字资产的持有、名称注册、金融合约状态等）的问题。

MPT 树本质上是一类 Trie 树。Trie 树又称为字典树、前缀树、单词查找树或者键树，其名称来源于"retrieval"中间的四个字母，是一种多叉结构的变种哈希树，其中的键通常是字符串。Trie 树通常有三种基本性质，即根节点不包含字符（即对应空字符串），除根节点外的每一个子节点都只包含一个字符；从根节点到某一节点，路径上经过的字符连接起来，为该节点对应的字符串；每个节点的所有子节点包含的字符都不相同。一般情况下，不是所有的节点都有对应的值，只有叶子节点和部分内部节点所对应的键才有相关的值。如图 2-16 所示，该 Trie 树用 11 个节点保存了 8 个字符串"A""to""tea""ted""ten""i""in"和"inn"。

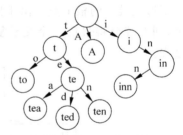

图 2-16 Trie 树示例

理论上，如果字符种类数量为 m，字符串长度为 n 的话，则 Trie 树的每个节点的出度（子节点数量）为 m 而 Trie 树的高度为 n。由此可见，Trie 树的最坏空间复杂性为 $O(m^n)$，随着 m 和 n 的增加，Trie 树所需的存储空间将呈指数增长趋势；然而，由于 Trie 树的高度为 n，则自树根至叶结点遍历字符串的最坏时间复杂度仅为 $O(n)$。显然，Trie 树的核心思想在于利用空间换时间，即利用字符串的公共前缀来降低查询时间的开销以达到提高效率的目的。Trie 树通常用于搜索引擎系统的文本词频统计、搜索提示等场景，其优势是最大限度地减少无谓的字符串比较,查询效率比较高。如果要存储的字符串大部分都具有相同的前缀,则 Trie 树结构可以在节省大量内存空间的同时,大幅提高查询拥有共同前缀的数据时的效率。相反,如果系统中的字符串大多没有公共前缀,则利用 Trie 树结构将会非常消耗内存资源、降低运行效率。

Patricia 树是一种更为节省空间的 Trie 树,其中不存在只有一个子节点的节点。换言之,如果某个节点只有一个子节点,则将该节点与其子节点合并。Patricia 树和 Trie 树的异同点如图 2-17 所示。

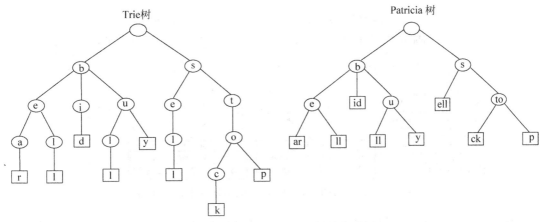

图 2-17 Trie 树和 Patrica 树结构示例

以太坊采用的 MPT 树是在将默克尔树 Merkle Tree 和帕特里夏树 Patricia Tree 相结合的基础上,进行了如下改进。

一方面,MPT 树中的节点通过其哈希值被引用,这可以改进传统 Trie 树采用内存指针来连接节点以及节点值以明文存储等带来的安全性问题。MPT 树采用 RLP(Recursive Length Prefix)编码来组织数据,其非叶结点存储在 LevelDB 关系型数据库中,数据库中的 key 是节点的 RLP 编码的 SHA3 哈希值,value 则是节点的 RLP 编码。

另一方面,MPT 树引入包括空节点、叶子节点(Leaf)、扩展节点(Extension)和分支节点(Branch)在内的多种节点类型,以尽量压缩整体的树高,降低操作的复杂度。如图 2-18 所示,其中:空节点表示一个空串;叶子节点表示为键值对[key,value],其中 key 是对应插入数据的十六进制前缀编码(Hex-Prefix Encoding),value 则是对应插入数据的 RLP 编码;扩展节点也是键值对[key,value],用来处理具有共同前缀的数据,通过扩展节点可以扩展出一个多分叉的分支节点,其 key 值存储的是共同前缀部分的十六进制前缀编码,value 值存储的是扩展出的分支节点的哈希值;分支节点表示 MPT 树中所有拥有超过 1 个子节点以上的非叶子结点,其 key 表示为长度为 16 的数组,其数组下标对应 16 进制的 0～F,用来扩展不同的分叉,数组中存储的是分叉节点的哈希值以及 value,所以分支节点是长度为 17 的 List。在不具备共同前缀时,可以通过分支节点进行分叉以扩展不同前缀的节点。最后一个元素 value 一般为空,如果一个键值在这个分支终止了,那么最后的一个元素表示为一个值。分支节点既是搜索的终止,也可是路径的中间点[①]。

---

① https://blog.csdn.net/weixin_41545330/article/details/79370198

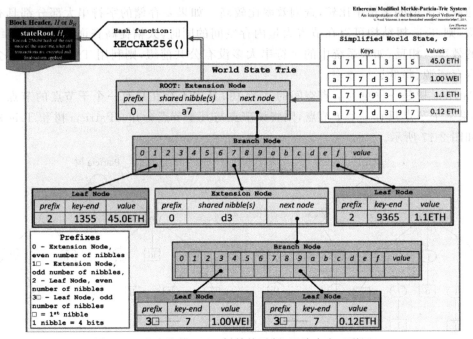

图 2-18　以太坊的 MPT 树结构示例（图片来自互联网）

基于上述数据结构，以太坊区块链中包含三棵 MPT 树，分别对应交易、收据与状态三种对象[①]，其默克尔根 transactionRoot、stateRoot 和 receiptRoot 均存储在以太坊的区块头中，如图 2-19 所示。每个以太坊区块都有一棵独立的交易 MPT 树。与比特币相似，以太坊的交易 MPT 树中的交易排序只有在该区块被"挖出"后才由相应的矿工决定，并且区块一旦被挖出后，交易 MPT 树就不再更新；状态 MPT 树则存储以太坊系统的全局状态，且随着时间不断更新；状态 MPT 树节点的 Key 是地址，Value 包括账户的声明、余额、随机数、代码以及每一个账户的存储。

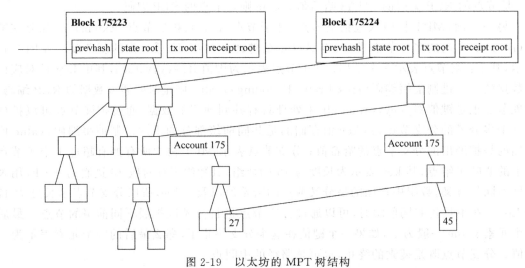

图 2-19　以太坊的 MPT 树结构

---

① https://blog.ethereum.org/2015/11/15/merkling-in-ethereum/

以太坊的 MPT 树结构可以使得轻客户端轻松地实现如下类型的查询：
（1）这笔交易是否包含在特定的区块中？
（2）某地址在过去 30 天中，发出 X 类型事件的所有实例（例如，一个众筹合约完成了它的目标）；
（3）某账户的当前余额是多少？
（4）某账户是否存在？
（5）如果在合约中运行某笔交易，它的输出会是什么？

以太坊的交易 MPT 树可以处理第一类查询（与比特币系统类似），收据 MPT 树可以处理第二类查询，而状态 MPT 树则可以处理第三、第四和第五类查询。这些查询任务在比特币系统中是相对困难的。

3. 简化支付验证

简化支付验证（Simplified Payment Verification，SPV）是基于区块链和默克尔树结构的特点而设计的一种即使没有完整交易记录，也能够方便、安全和快速地验证支付的方法。一般来说，区块链全节点需要同步大量数据才能正常运行，例如 2018 年比特币数据量已经超过 200GB，并且还在持续增长。显然，并非每个区块链节点都有能力下载和存储完整的区块链数据，特别是对于智能手机、平板电脑和物联网设备等轻量级移动终端来说更是如此。

SPV 技术可以使区块链节点在不需下载和存储完整区块链数据的情况下方便地验证支付。中本聪在比特币白皮书中简要介绍了 SPV 技术：SPV 使得不必运行比特币网络的全节点也能够验证支付。用户只需要保存一份最长的工作量证明链条的区块头即可。SPV 节点虽然不能自己验证交易，但如果能够从区块链的某处找到相符的交易，就可以确认区块链网络已经认可这笔交易以及这笔交易获得了多少确认。SPV 技术可以极大地节省区块链的存储空间，减轻网络节点的负担。以比特币为例，无论交易量如何变化，每个区块的区块头始终为 80 字节，目前 60 万个区块的总量约为 45MB；同时，按照每 10 分钟生产一个区块的速度计算，每年新增的存储需求约为 4MB，这极大地减轻了节点的数据存储负担，使得各种轻量级设备可以方便地运行区块链。需要说明的是，SPV 技术的设计目标强调的是验证"支付"，而非验证"交易"；前者主要包括验证某一笔交易是否存在于区块链中以及是否获得足够多的网络确认，而后者则需要验证账户余额是否足够支出、是否存在双花交易、交易脚本是否正确等（具体验证清单见第 3.1.4 节）。简单说来，交易验证是要检验这个交易是否合法，而支付验证则仅验证这笔交易是否已经存在。

SPV 节点验证支付的基本思路是首先根据待验证交易信息向区块链网络发起查询请求（称为默克尔区块消息，Merkle Block Message）；其他有完整区块链数据的节点收到该请求后，利用待验证交易信息在其本地区块链数据库中查询，并将获得的验证路径返回给 SPV 节点；SPV 节点利用该验证路径再做一次校验，如果确认无误，即可认为该交易是可信的。SPV 节点验证支付的具体步骤如下。

步骤 1：SPV 节点获得待验证交易信息，向区块链网络发起 Merkle Block Message 查询请求。

步骤 2：其他有完整区块链数据的节点收到请求之后，执行如下步骤。

（1）定位包含该交易的区块。

(2) 检查该区块是否属于整个网络中的最长链。

(3) 取出所有交易生成默克尔树,利用 getProof 方法获得待验证交易的验证路径。

(4) 将验证路径发送回请求源 SPV 节点。

步骤 3：SPV 节点获得验证路径后,执行如下操作。

(1) 同步区块链,确保是整个网络中最长的一条。

(2) 先拿默克尔根去区块链中查找,确保该默克尔根哈希是在链条中。

(3) 利用获得的验证路径,再进行一次默克尔哈希校验,确保验证路径全部合法,则交易真实存在。

(4) 根据该交易所在区块头的位置,确定该交易已经得到多少个确认。

4. 布隆过滤器

SPV 技术使得比特币客户端可以仅下载和存储少量数据,而在必要时向网络中的全节点请求相关数据。这在极大提高区块链存储效率的同时,也带来了 SPV 节点的隐私保护问题。例如,最常见的场景之一就是比特币用户希望查询自己钱包的当前余额是多少,这项查询需要获得该用户钱包地址相关的所有 UTXO。显然,完成该查询任务有若干种方式。

(1) 第一种是该用户下载完整的区块链账本(成为全节点),这样不必向网络中其他节点请求信息即可在本地查询所有 UTXO,也就不必向其他节点透漏其钱包的地址,因而可以有效地保护该用户的隐私;然而,这种方式对轻量级的 SPV 节点并不适用。

(2) 第二种方式是直接向网络中的全节点告知其钱包的所有地址,并由全节点返回与地址相关的 UTXO。这种方式更为精准,需要下载的数据量最少;然而,这种方式直接暴露了该用户的钱包地址,因此有一定的安全风险。

(3) 第三种方式是前两种方式的折中方案,即仅告知其他全节点一部分关于钱包地址的信息,并由全节点返回有可能相关的所有 UTXO(与钱包地址实际相关的所有 UTXO 都将包含在内)。这种方式能够兼顾隐私保护和数据存储空间与带宽限制。

比特币改进协议 BIP-0037 中提出采用布隆过滤器(Bloom Filter)来实现第三种方式。布隆过滤器是 1970 年由伯顿·霍华德·布隆(Burton Howard Bloom)提出的,是一种基于概率的数据结构,可以用来判断某个元素是否在集合内,具有运行速度快(时间效率)和占用内存小(空间效率)等特点;布隆过滤器的缺点在于其存在一定的误识别率,即它能够确定某个元素一定不在集合内或者可能在集合内,而不能完全确定某个元素一定在集合内;随着数据量的增加,布隆过滤器的误识别率将随之增加。另外,布隆过滤器中增加某个数据相对容易,但删除该数据比较困难。通过在比特币中采用布隆过滤器,可以为 SPV 节点过滤掉大量无关数据,减少不必要的数据下载,提高 SPV 查询的效率和隐私保护性能。

例如,在比特币钱包余额查询的例子中,SPV 节点可以设置布隆过滤器,通过选择适当的"精度"来向网络中的全节点透漏自己的钱包地址信息。显然,没有通过布隆过滤器的 UTXO "一定"不属于该钱包地址,而通过布隆过滤器的 UTXO "可能"属于该钱包地址,也可能不属于该钱包地址。随着钱包交易的 UTXO 增加,通过布隆过滤器但实际并不属于该钱包地址的 UTXO 相应地增加,从而提高了误报率。通俗来讲,布隆过滤器只会"多报"而不会"漏报"。比特币的实际应用中,可以通过适当控制"精度"在更好的隐私保护、更少的数据存储和带宽之间取得权衡。

布隆过滤器的基本原理是通过一组哈希函数来将特定的输入数据压缩映射并存储为向量中的一个点。如果输入数据对应的点存在,则表示该数据"可能"在集合内(因为可能存在多个输入数据对应同一点的"碰撞"现象);反之,则表示该数据"一定"不在集合内。形式上,布隆过滤器由一个基于 m 位的比特向量 $\boldsymbol{B}=(B_1,B_2,\cdots,B_m)$ 和一系列哈希函数 $H=(H_1,H_2,\cdots,H_k)$ 组成。比特向量的初始值全部设置为 0,任意输入数据经过哈希函数运算后的哈希值范围在 $[1,m]$ 之内。

以图 2-20 为例,布隆过滤器由 $m=10$ 位向量和 $k=3$ 个哈希函数组成。假设输入数据集合 $X=\{x_0,x_1\}$ 经过哈希函数运算后映射为 $H(x_0)=(2,3,7)$ 和 $H(x_1)=(4,7,9)$,因此将向量 $\boldsymbol{B}$ 的第 2、3、4、7 和 9 位设置为 1。数据集合 X 输入布隆过滤器之后,如果查询 x_0 或者 x_1 是否在集合 X 内,则可发现经过哈希运算后的对应位置均为 1,这表明 x_0 或者 x_1 可能而非一定在集合 X 内,因为相应位置可能是由其他输入数据设置为 1 的;同时,如果查询数据 $H(y_0)=(1,4,7)$ 和 $H(y_1)=(2,7,9)$,则可发现由于 $H(y_0)$ 对应的第 1 位为 0,因此 y_0 肯定不在集合 X 中;y_1 对应位置均为 1,因此 y_1 可能在(而实际并不在)集合 X 中,这种情况称为假阳性误报(False Positive)。显然,随着输入集合 X 的增大,各位置上为 1 的概率增大,布隆过滤器将因为逐渐被"填满"而提高假阳性误报率。可从理论上证明,当比特向量 $\boldsymbol{B}$ 的半数空间被填满时,布隆过滤器的假阳性误报率将达到最低值。

回到比特币场景中,SPV 节点可以选择合适的假阳性误报率以达到数据精度和带宽存储之间的权衡。具有较好带宽资源和存储空间的 SPV 节点可以选择较高的误报率,使得更多的数据通过布隆过滤器,从而使得其他网络节点无法精确获得 SPV 节点的隐私数据;相反,带宽和存储资源受限的 SPV 节点可以选择较低的误报率,使得更少、更相关的数据通过布隆过滤器,这在提高效率的同时牺牲了隐私保护,使得其他网络节点可以更为准确地获知该 SPV 节点的相关信息。

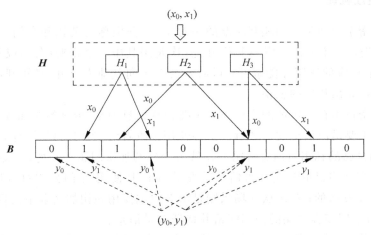

图 2-20 布隆过滤器示例

2.3.4 非对称加密

密码学是区块链技术体系的重要组成部分。1949 年,信息论的鼻祖克劳德·埃尔伍德·香农(Claude Elwood Shannon)发表了密码学领域的奠基性论文"Communication

Theory of Secrecy System"(保密系统的通信理论),从而使得古老的密码研究与应用正式成为一门科学。

传统密码学主要研究对称加密,即在加密和解密过程中使用相同的密钥或规则,其优势在于算法公开、计算量小、加密速度快且加密效率高;然而,对称加密需要发送和接收双方共享同一密钥,因而难以实现有效的密钥分发和安全存储是其最大的缺点;同时,每一对发送和接收方都需要使用一个密钥,这在大规模通信网络中将会产生大量密钥,从而增加用户在密钥管理方面的负担。1976 年,图灵奖得主惠特菲尔德·迪菲(Whitfield Diffie)和马丁·赫尔曼(Martin Hellman)的经典论文"New Directions in Cryptography"(密码学的新方向)提出了 Diffie-Hellman 密钥交换算法[5],使得加密和解密可以使用不同的密钥和规则,从而第一次使没有共享密钥的双方能够安全地通信。这项划时代的工作奠定了公钥密码学的基础,使得密码学的研究和实践从传统走向了现代,非对称加密也因此成为密码学的主流方向和一门蓬勃发展的新学科。

1977 年,IBM 经美国联邦政府批准公布并实施了全新的商用密码学方案 DES(Data Encryption Standard,数据加密标准),并被美国联邦政府的国家标准局确定为联邦资料处理标准,授权在非密级政府通信中使用。密码学研究和应用自此从秘密走向公开,引起了大量学者的广泛研究兴趣,并催生了 RSA 算法(1978 年)和 ECC 椭圆曲线密码学(1985 年)等主流的非对称加密算法。密码学的研究热潮也催生了 20 世纪 90 年代的密码朋克(Cypherpunk)和赛博朋克(Cyberpunk)等概念,使得利用密码学来保护个人隐私和自由的观念深入人心。同时,数字加密货币的初期研究也借势蓬勃发展,诞生了密码学匿名现金系统 eCash(1990 年)、分布式电子加密货币 B-money(1998 年)、哈希现金 HashCash(2002 年)等数字加密货币的雏形,为后来比特币的诞生提供了实践上的指导。

1. 密钥生成机理

非对称加密系统通常使用相互匹配的一对密钥,分别称为公钥和私钥。这对密钥具有如下特点:首先是一个公钥对应一个私钥;其次是用其中一个密钥(公钥或私钥)加密信息后,只有另一个对应的密钥才能解开;最后是公钥可向其他人公开,私钥则保密,其他人无法通过该公钥推算出相应的私钥。

非对称加密技术在区块链的应用场景主要包括信息加密、数字签名和登录认证等,其中信息加密场景主要是由信息发送者(记为 A)使用接收者(记为 B)的公钥对信息加密后再发送给 B,B 利用自己的私钥对信息解密。比特币交易的加密即属于此场景;数字签名场景则是由发送者 A 采用自己的私钥加密信息后发送给 B,B 使用 A 的公钥对信息解密,从而可确保信息是由 A 发送的;登录认证场景则是由客户端使用私钥加密登录信息后发送给服务器,后者接收后采用该客户端的公钥解密并认证登录信息。

以比特币系统为例,其非对称密钥对的生成机理如图 2-21 所示:比特币系统一般通过调用操作系统底层的随机数生成器来生成 256 位随机数作为私钥。比特币私钥的总量可达 2^{256},极难通过遍历全部私钥空间来获得存有比特币的私钥,因而密码学是安全的。为便于识别,256 位二进制形式的比特币私钥将通过 SHA256 哈希算法和 Base58 转换,形成 50 个字符长度的易识别和书写的私钥提供给用户;比特币的公钥是由私钥首先经过 Secp256k1 椭圆曲线算法生成 65 字节长度的随机数。该公钥可用于产生比特币交易时使用的地址,其生成过程为首先将公钥进行 SHA256 和 RIPEMD160 双哈希运算并生成 20 字节长度的摘要结果（即 hash160 结果），再经过 SHA256 哈希算法和 Base58 转换形成 33 字符长度的比特币地址。公钥生成过程是不可逆的，即不能通过公钥反推出私钥。比特币的公钥和私钥通常保存于比特币钱包文件中，其中私钥最为重要。丢失私钥就意味着丢失了对应地址的全部比特币资产。现有的比特币和区块链系统中，根据实际应用需求已经衍生出多私钥加密技术，以满足多重签名等更为灵活和复杂的场景。

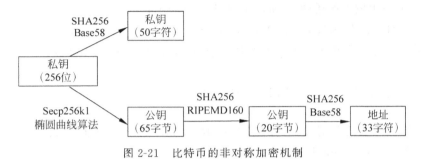

图 2-21　比特币的非对称加密机制

非对称加密算法的核心基础之一是单向限门函数（One Way Trapdoor Function），即具有"正向计算容易，逆向计算非常困难且必须付出一定工作量才能完成"特性的函数。举例来说，日常生活中，打碎一块玻璃非常容易，但使其重新拼接复原就非常困难；将一堆大米和小麦混合起来非常容易，但再将二者分离开来就非常困难，必须付出一定的工作量。构造良好的单向限门函数对于非对称加密算法设计来说至关重要。目前常用的限门函数分为三类，即质因数分解、椭圆曲线离散对数计算以及素数域内的离散对数计算，这构成了目前非对称加密体系三大支柱：RSA 加密算法、椭圆曲线加密算法和离散对数加密算法。

本节将重点阐述三类代表性算法。

2. RSA 加密算法

RSA 算法于 1977 年由麻省理工学院的罗纳德·李维斯特（Ronald Rivest）、阿迪·萨默尔（Adi Shamir）和莱昂纳多·阿德尔曼（Leonard Adleman）共同提出，根据三人姓氏首字母的组合来命名。RSA 算法的发明者见图 2-22。实际上，1973 年，英国政府通信总部数学家克利福德·科克斯（Clifford Cocks）也在内部文件中独立提出了相同的算法，但由于被列入机密一直不为人知，直到 1997 年才得以发表。

RSA 算法是第一个比较完善的公开密钥算法，也是目前最有影响力的公钥加密算法之一，既能用于加密，也能用于数字签名。目前，世界上还没有可靠的针对 RSA 算法的攻击方式。只要使用足够长的密钥长度，经 RSA 算法加密后的信息基本上被认为是无法被破解的。目前被破解的最长 RSA 密钥就

图 2-22　RSA 算法的发明者
（自左至右：Ron Rivest、Adi Shamir 和 Leonard Adleman，照片来源于互联网，摄于 1978 年）

是768位，实际应用一般取1024位，重要场合甚至达2048位。

RSA算法的基本思想是基于数论中质因数分解问题的简单事实：获得两个大质数的乘积非常容易，但是想要对该乘积进行因式分解却是极其困难。如果记公钥为(N,e)，私钥为(N,d)，则RSA算法的密钥生成方式如下：

> 第1步：随机选择两个不相等的质数p和q，计算$N=p \cdot q$；N的长度为密钥长度，实际应用中可使用较大的质数p和q，且越大越难破解；
>
> 第2步：计算欧拉函数$r=\varphi(N)=\varphi(p)\varphi(q)=(p-1)(q-1)$；
>
> 第3步：选择一个小于r并与r互质的整数e，计算e关于r的模反元素d（e通常取65537）；
>
> 第4步：将N和e封装成公钥，N和d封装为私钥。

在上述算法生成的公钥和私钥的基础上，RSA算法的加解密过程为：

加密：密文＝明文^e mod N

解密：明文＝密文^d mod N

即明文的e次方对N取模即可获得密文；相对应地，密文的d次方对N取模就是明文。举例说明，假如Alice需要将明文"key"通过RSA算法加密后传递给Bob[①]，则过程如下：

> 第1步：生成密钥对，令$p=3$，$q=11$，计算得公钥$(33,3)$和私钥$(33,7)$；
>
> 第2步：假定明文"key"中英文字母编码为下表所示的按字母顺序排列的数值，则参照编码表可得原文的数字化信息为"11,05,25"；
>
> | 字母 | a | b | c | d | e | f | g | h | i | j | k | l | m |
> |------|---|---|---|---|---|---|---|---|---|---|---|---|---|
> | 码值 | 01 | 02 | 03 | 04 | 05 | 06 | 07 | 08 | 09 | 10 | 11 | 12 | 13 |
> | 字母 | n | o | p | q | r | s | t | u | v | w | x | y | z |
> | 码值 | 14 | 15 | 16 | 17 | 18 | 19 | 20 | 21 | 22 | 23 | 24 | 25 | 26 |
>
> 加密过程：利用公钥$(33,3)$将数字化的明文加密，即
>
> $$密文＝"11,05,25"^3 \bmod 33="11,26,16";$$
>
> 解密过程：利用私钥$(33,7)$将密文转换为明文，即
>
> $$明文＝"11,26,16"^7 \bmod 33="11,05,25";$$
>
> 结合编码表即可获得明文"11,05,25"对应的原文"key"。

RSA算法具有较高的安全性。显然，破解RSA算法的关键是在已知公开信息N和e的前提下，计算私钥中的未知元素d。由于d是已知信息e关于r的模反元素，而$r=\varphi(N)=(p-1)(q-1)$、$N=p \cdot q$，因此计算d必须首先求解p和q，此时问题转化为如何从N作因式分解得出p和q。根据数论知识可知，对大数N进行因式分解获得p和q是困难的。这就保证了RSA算法的安全性。

[①] 为了便于计算，实例中只选取小数值的质数p、q以及e。

RSA 算法的运行速度是一直以来的缺陷，通常是对应同样安全级别的对称密码算法的 1/1000 左右，因而一般只用于少量数据加密。实际应用中一般首先使用一种对称算法来先加密信息，然后用 RSA 算法来加密比较短的对称密码，最后将用 RSA 加密的对称密码和对称算法加密的消息送给对方。这种对称加密和非对称加密相结合的方式通常称为混合加密。

3. 椭圆曲线加密算法

椭圆曲线密码学(Elliptic Curve Cryptography,ECC)是 1985 年由尼尔·科布里茨(Neal Koblitz)和维克托·米勒(Victor S. Miller)分别独立提出的基于椭圆曲线数学的公钥密码学方法。与 RSA 算法基于质因数分解问题的困难性不同，ECC 算法的安全性基础是椭圆曲线离散对数问题这一广泛承认的数学难题，即给定椭圆曲线上的一个点 G，任意选取整数 k，求解椭圆曲线的另一点 $K=k \cdot G$ 非常容易；但反过来，给定椭圆曲线上的两个点 G 和 K，求解整数 k 是非常困难的。这里 G 称为椭圆曲线上的基点，整数 k 则是私钥(通常选择较大的整数)，经过 $k \cdot G$ 运算后得到的点 K 是公钥。

ECC 加密算法主要由一条椭圆曲线和定义在椭圆曲线上的运算法则组成。椭圆曲线的点集合与运算法则共同构成了一个阿贝尔群。本节主要介绍 ECC 算法的基本知识，关于椭圆曲线的理论基础与详细数学推理可以参考相关文献。

1) 椭圆曲线的形式

ECC 算法采用一类可用魏尔施特拉斯(Weierstrass)公式加以描述的椭圆曲线 E[①]，即：

$$E = \{(x,y) \mid y^2 + A_1 y = x^3 + A_2 x^2 + A_3 x + A_4\}$$

其中参数 A_1 至 A_4 的不同取值决定椭圆曲线在坐标系中的形状。实际应用中常见的形式是一类称为魏尔施特拉斯标准式(Weierstrass Normal Form,WNF)的简化形式，即：

$$E = \{(x,y) \mid y^2 = x^3 + ax + b\}$$

由于 ECC 算法运算过程中需要使用 WNF 曲线的切线，因此为使 WNF 曲线没有奇异点，即处处光滑可导，需要满足其判别式不为零，即：

$$\Delta = 4a^3 + 27b^2 \neq 0$$

同时，定义射影平面上的无穷远点，记为 0。无穷远点是所有曲线在无穷远处的交点，也被称为理想点。因此，完整的 WNF 椭圆曲线公式为：

$$E = \{(x,y) \in R^2 \mid y^2 = x^3 + ax + b, \Delta = 4a^3 + 27b^2 \neq 0\} \cup \{0\}$$

如图 2-23 所示即为不同参数取值时的一组 WNF 椭圆曲线的示意图。WNF 椭圆曲线有两个典型特点：首先，WNF 曲线是关于 x 轴水平对称的；其次，任何不垂直的直线穿过 WNF 曲线后最多有三个交点。显然，WNF 曲线的形状并不是椭圆，之所以称之为椭圆曲线，主要是因为其描述方程类似于计算椭圆的周长方程。

---

① 实际应用中，定义在实数域上的、连续的椭圆曲线 E 并不适合加密，因为计算机运算浮点数(小数)的速度较慢，更重要的是四舍五入浮点数会产生误差，导致多次加密解密操作后原始消息不能被还原。因此，考虑到算法的可实现性，必须将椭圆曲线离散化，即把椭圆曲线定义在有限点集组成的有限域 F_p 上，其中 p 为素数，表示集合中离散点的数量。

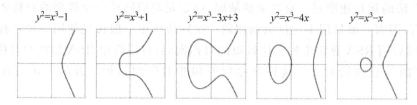

图 2-23　WNF 椭圆曲线示意图

2) 椭圆曲线的运算法则

定义椭圆曲线的"+"操作为：任意选择椭圆曲线上的两点 P 和 Q 作直线交于椭圆曲线的另一点 R'，过 R' 作 y 轴的平行线，与椭圆曲线相交于 R，则定义 $P+Q=R$。

如果 P 和 Q 两点重合，则作 P 点的切线，此时记为 $P+P=R$；如果是 P 与其关于 x 轴的对称点 P' 的连线，则认为与椭圆曲线相交于无穷远点 0，记为 $P+P'=0$；如果 P 与无穷远点 0 的连线与椭圆曲线相交于 P'，则过 P' 作 y 轴的平行线交于 P，记为 $P+0=P$，如图 2-24 所示。

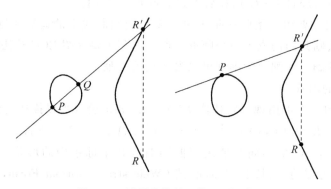

图 2-24　椭圆曲线的运算法则示例

椭圆曲线的"+"运算可以形象地想象为台球撞击后的运行轨迹。例如图 2-24 中假设 P 点为母球，当母球从 P 点出发撞击到 Q 点处的球时，Q 点的球会沿着直线 PQ 继续运行，再次遇到椭圆曲线时立即垂直转向，从 R' 点运行到水平对称的 R 点，这一过程称为"打点"。

例如，图 2-25 中假设从点 A 和 B 开始，第一次打点运算可得 $A+B=C'$；将 C' 与 A 相连，交点 D 的水平对称点为 D'，即 $A+C'=D'$；继续将 D' 与 A 相连接，交点 E 的水平对称点为 E'，即 $A+D'=E'$；以此类推，$A+E'=F'$、$A+F'=G'$，即由点 A 和 B 出发，经过 5 次打点运算后得到最终点 G'。由此可见，已知初始点 A、B 以及"打点"运算的次数，求解打点后的最终点 G' 的坐标是非常容易的，然而已知初始点 A、B 和最终点 G'，求解打点运算的具体次数却是非常困难的，除了从初始点开始正向尝试所有可能性之外并无有效的方法。

正是基于椭圆曲线离散对数问题的这种特性，ECC 算法从 WNF 椭圆曲线的基点 G 出发，沿着切线方向不断"打点"，经过 k 次之后"球"会停在 WNF 曲线上的点 K 处，并将 K 作为公钥、k 作为私钥。如果存在最小的正整数 n，使得 $nG=0$，即从基点 G 出发经过 n 次打点后得到无穷远点 0，则称 n 为点 G 的阶；若 n 不存在，则称点 G 是无限阶的。

3) ECC 算法的加解密过程

ECC 算法的具体步骤如图 2-26 所示。

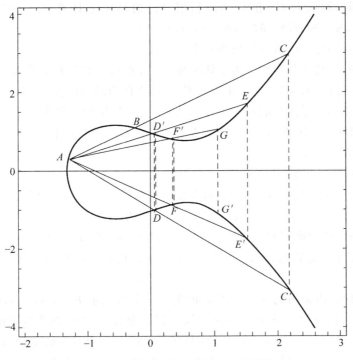

图 2-25 椭圆曲线上的"打点"示意图

步骤 1：Alice 选定一条椭圆曲线 E，选择椭圆曲线上一点作为基点 G；

步骤 2：Alice 选择一个私钥 k，并生成公钥 $K=kG$；

步骤 3：Alice 将椭圆曲线 E、基点 G 和公钥 K 发送给 Bob；

步骤 4：Bob 接收到信息后，将待传输的明文编码到椭圆曲线 E 上的一点 M，并产生一个随机整数 r；

步骤 5：Bob 计算点 $C_1=M+rK$；$C_2=rG$；

步骤 6：Bob 将 C_1、C_2 传给 Alice；

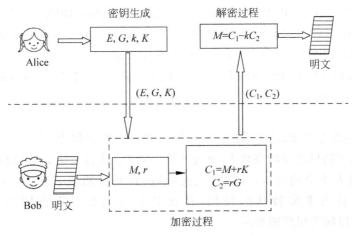

图 2-26 ECC 算法的加解密过程

步骤 7：Alice 接收到 C_1 和 C_2 后，利用自己的私钥 k 计算 C_1-kC_2 可得 M。因为 $C_1-kC_2=M+rK-k(rG)=M+rK-r(kG)=M$。

步骤 8：Alice 对点 M 进行解码即可获得明文。

上述过程中，步骤 1 和步骤 2 为密钥生成过程，步骤 4 和步骤 5 为加密过程，步骤 7 为解密过程。通信过程中，Alice 向 Bob 公开传输的信息为椭圆曲线 E、基点 G 和公钥 K，通过 G 和 K 求解私钥 k 是困难的；而 Bob 向 Alice 公开传输的信息为密文 C_1 和 C_2，同样地，通过 C_2 和 G 求解 r 是困难的，这也进一步使得通过 C_1、K 和 r 求解 M 是困难的。这就证明了 ECC 算法的安全性。

4）比特币系统中的 ECC 算法

比特币系统就是采用 ECC 算法来实现加解密和数字签名，其采用的是一类特殊的称为 Secp256k1 的 Koblitz 曲线，而非 NIST（美国国家标准与技术研究院）推荐的 Secp256r1 曲线。与其他类型的椭圆曲线相比，Secp256k1 曲线加密有两个明显的优点：首先是可以占用非常少的带宽和存储资源，密钥长度较短；其次是可以让所有用户都使用同样的操作完成域运算。

具体说来，比特币采用的 Secp256k1 曲线是一个六元组 $E=(p,a,b,G,n,h)$，其中 p 为有限域 F_p 中点的数量，a 和 b 为椭圆曲线方程的参数，G 为椭圆曲线上的基点，n 为基点 G 的阶；h 称为余因数（Cofactor），用以控制椭圆曲线离散化时点的密度，且 $h=\#E(F_p)/n$，$\#E(F_p)$ 表示基于有限域 F_p 的椭圆曲线域 $E(F_p)$ 中的元素个数。上述参数的具体设置为①：

(1) $p=2^{256}-2^{32}-2^9-2^8-2^7-2^6-2^4-1=$ FFFFFFFF FFFFFFFF FFFFFFFF FFFFFFFF FFFFFFFF FFFFFFFF FFFFFFFE FFFFFC2F

(2) $a=$ 00000000 00000000 00000000 00000000 00000000 00000000 00000000 00000000

(3) $b=$ 00000000 00000000 00000000 00000000 00000000 00000000 00000000 00000007

(4) $G=$ 02 79BE667E F9DCBBAC 55A06295 CE870B07 029BFCDB 2DCE28D9 59F2815B 16F81798（压缩形式）或者 $G=$ 04 79BE667E F9DCBBAC 55A06295 CE870B07 029BFCDB 2DCE28D9 59F2815B 16F81798 483ADA77 26A3C465 5DA4FBFC 0E1108A8 FD17B448 A6855419 9C47D08F FB10D4B8（非压缩形式）

(5) $n=$ FFFFFFFF FFFFFFFF FFFFFFFF FFFFFFFE BAAEDCE6 AF48A03B BFD25E8C D0364141

(6) $h=01$

显然，由上述设置可知，比特币的 Secp256k1 椭圆曲线方程为 $y^2=x^3+7$；比特币的私钥是从 $[1,n-1]$ 中随机选择的整数 k，通过计算 $K=kG$ 获得公钥 K，因此比特币系统内的私钥取值范围最大不会超过 n。同时，上述参数（特别是曲线系数 $a=0$ 和 $b=7$）使得 Scep256k1 曲线具有非常特殊的结构，从而具有高效的计算自同态性（Computable Endomorphism）以便实现性能加速。

---

① https://en.bitcoin.it/wiki/Secp256k1

5) ECC 与 RSA 的比较

ECC 和 RSA 是目前常用的公钥密码学加密算法。相比之下,RSA 算法的特点是数学原理简单,在工程应用中易于实现。然而,ECC 算法在许多方面的性能都超出 RSA 算法,主要体现在抗攻击性强、处理速度快、内存使用少等,因此许多加密货币都选择使用 ECC 算法①。

(1) 抗攻击性强:利用国际公认的针对 RSA 的有效攻击方法"一般数域筛"(NFS)来破译和攻击 RSA 算法,其难度是亚指数级的;而利用国际公认的针对 ECC 算法的有效攻击方法"Pollard rho"来破译和攻击 ECC 算法,其难度基本上是指数级的;因而 ECC 算法的抗攻击性更强,单位安全强度更高。

(2) 处理速度快:ECC 算法加解密的计算量小、CPU 占用少、处理速度快。例如在同样性能的 CPU 饱和度测试中,3072 位 RSA 算法可承受 500 次请求/秒,2048 位 RSA 算法可承受 1300 次请求/秒,而 256 位 ECC 算法(与 3072 位 RSA 同等安全)则可以承受 2800 次请求/秒。

(3) 内存使用少:为达到同样的安全强度,ECC 算法所需使用的密钥长度远比 RSA 要低,因此占用的存储空间更少。例如,163 位 ECC 密钥的安全性相当于 1024 位 RSA 密钥的安全性;更为重要的是,随着安全等级的增加,RSA 密钥长度近乎指数增长,而 ECC 则基本上是线性增长,例如 512 位 ECC 密钥的安全性相当于 15360 位 RSA 密钥的安全性。

ECC 的这些特点使它有可能取代 RSA,成为通用的公钥加密算法。例如 SET 协议的制定者已把它作为下一代 SET 协议中缺省的公钥密码算法。

4. Elgamal 算法

Elgamal 算法是 1985 年由塔希尔·盖莫尔(Taher Elgamal)提出的基于 D-H 密钥交换的非对称加密算法,其安全性基础是求解有限域上离散对数问题的困难性。Elgamal 算法既适用于非对称加密也适用于数字签名,具有高度的安全性和实用性。美国的数字签名标准(Digtial Signature Standard,DSS)的数字签名算法(Digitial Signature Algorithm,DSA)就是经过 Elgamal 算法演变而来。在介绍 Elgamal 算法之前,首先简要介绍 D-H 密钥交换算法。

D-H 是 Diffie-Hellman 的缩写,是 Whitfield Diffie 和 Martin Hellman 在 1976 年提出的密钥交换协议。D-H 算法主要解决对称加密算法面临的密钥交换难题,可以在通信双方完全没有对方任何预先信息的条件下,通过不安全信道建立起一个共享密钥,该密钥可以在后续的通信中作为对称密钥来加密通信内容。D-H 算法基于离散对数难题,其定义如下。

离散对数:定义素数 p 的原始根是能生成 $1 \sim (p-1)$ 之间所有数的一个数,设 g 为 p 的原始根,则 $g \bmod p, g^2 \bmod p, \cdots, g^{p-1} \bmod p$ 是各不相同的数,且以某种排列方式组成了从 1 到 $p-1$ 的所有整数②。对于任意数 b 和素数 p 的原始根 g,可以找到一个唯一的指数 i,满足 $b = g^i \bmod p$,其中 $0 \leqslant i \leqslant p-1$,则指数 i 称为 b 的以 g 为基数的模 p 的离散对数。

离散对数难题:当已知大素数 p 和它的一个原始根 g 后,对于给定的 b,要计算出 i 被认为是很困难的,而给定 i 计算 b 却相对容易。

---

① https://blog.csdn.net/zzstack/article/details/7528213

② 例如 $a=2$ 和 $p=5$ 时,$\{a \bmod p, a^2 \bmod p, \cdots, a^{p-1} \bmod p\} = \{2,4,3,1\}$,此时称 2 是 5 的原始根。

D-H 算法的流程如下：

> **步骤 1**：Alice 和 Bob 首先约定好大素数 p 及其原始根 g；
> **步骤 2**：Alice 在 $[1, p-1]$ 内随机选取一个数 x，计算 $X = g^x \bmod p$ 并发给 Bob；
> **步骤 3**：Bob 在 $[1, p-1]$ 内随机选取一个数 y，计算 $Y = g^y \bmod p$ 并发给 Alice；
> **步骤 4**：Alice 计算共享密钥 $k = Y^x \bmod p$；
> **步骤 5**：Bob 计算共享密钥 $k' = X^y \bmod p$。

由于 $k = Y^x \bmod p = (g^y)^x \bmod p = (g^x)^y \bmod p = X^y \bmod p = k'$，因此执行 D-H 算法后 Alice 和 Bob 获得了相同的共享密钥 k 和 k'；在此过程中，网络窃听者只能得到 g、p、X 和 Y，而共享密钥 k 并没有出现在网络上。由于离散对数难题，对于大素数 p 来说，计算离散对数 x 和 y 是非常困难的，因而 D-H 算法是安全的。

基于 D-H 密钥交换算法，Elgamal 算法由密钥生成、加密过程与解密过程三个部分组成①。

> **密钥生成**：
> **步骤 1**：Alice 通过大素数 p 和生成元 g 定义一个循环群 G；
> **步骤 2**：Alice 从集合 $\{1, 2, \cdots, p-1\}$ 中随机选择一个整数 x；
> **步骤 3**：Alice 计算 $h = g^x \bmod p$；
> **步骤 4**：Alice 将 $\{p, g, h\}$ 作为公钥发布，x 作为私钥妥善保存。
>
> **加密过程**：
> Bob 通过 Alice 的公钥 $\{p, g, h\}$ 对明文 m 加密。
> **步骤 1**：Bob 从集合 $\{1, 2, \cdots, p-1\}$ 中随机选择一个整数 y，并计算 $c1 = g^y \bmod p$；
> **步骤 2**：Bob 根据 $s = h^y \bmod p = g^{xy} \bmod p$ 计算得到共享密钥；
> **步骤 3**：Bob 将明文 m 映射为群 G 中的一个元素 m'；
> **步骤 4**：Bob 计算 $c2 = m' \cdot s \bmod p$；
> **步骤 5**：Bob 将密文 $(c1, c2) = (g^y, m' \cdot h^y) = (g^y, m' \cdot g^{xy})$ 发给 Alice。
>
> **解密过程**：
> Alice 使用私钥 x 对密文 $(c1, c2)$ 进行解密，步骤如下。
> **步骤 1**：Alice 计算共享密钥 $s = c1^x \bmod p$；
> **步骤 2**：Alice 计算 $m' = c2 \cdot s^{-1} \bmod p$，并将其还原为明文。

举例说明，假设 Alice 选择 $p = 5$、$g = 2$ 以及私钥 $x = 4$，则其公钥为 $\{p = 5, g = 2, h = 1\}$。如果 Bob 希望采用 Elgamal 算法将明文 $m = 1024$ 传递给 Alice，则 Bob 首先选择随机数 $y = 3$，计算 $c1 = 2^3 \bmod 5 = 3$ 并得到共享密钥 $s = 1^3 \bmod 5 = 1$；同时，Bob 通过某种映射 f

---

① 循环群（Cyclic Group）是指能由单个元素生成的群。生成循环群的单个特殊元素 g 称为生成元，群中元素的个数称为阶。根据在群上所定义的运算，可以构成乘法循环群，形如 $\{g^0, g^1, g^2, \cdots, g^{p-1}, \}$，其中 g^0 称为生成元。

将明文 m 映射为群 G 中的元素 m',例如 $m'=f(m)=4$;则 Bob 进一步计算 $c2=4\times 1$ mod $5=4$ 并将密文$(c1=1,c2=4)$发送给 Alice;Alice 接收到密文后,计算共享密钥 $s=1^4$ mod $p=1$ 并计算出 $m'=4\times 1^{(-1)}$ mod $5=4$,并可进一步还原出明文 $m=f^{-1}(m')=1024$。在此过程中,Alice 和 Bob 通过 D-H 密钥交换方式实现了一个共享密钥 s,网络通信过程中仅出现$\{p,g,h\}$,而在已知$\{p,g,h\}$的前提下,求解私钥 x 是困难的。

2.3.5 数字签名

数字签名(Digital Signature)是一种证明数字消息、文档或者资产的真实性的数学方案,其作用是使得接收者有理由相信其接收到的内容是由已知的发送者发出的(身份认证),且发送者无法否认其曾经发送过(不可抵赖);同时,该内容在传输过程中未被篡改(完整性)。ISO7498-2 标准将数字签名定义为"附加在数据单元上的一些数据,或是对数据单元所做的密码变换,这种数据和变换允许数据单元的接收者用以确认数据单元来源和数据单元的完整性,并保护数据,防止被人进行伪造"。

1976 年,Whitfield Diffie 和 Martin Hellman 首次描述了数字签名方案的概念,并猜想这样的方案在陷门单向置换(Trapdoor One-way Permutation)函数的基础上是存在的。随后不久,RSA 算法就被提出并可用来生成数字签名,其他早期的数字签名方案包括 Lamport 签名、Merkle 签名(即默克尔树或者哈希树)和 Rabin 签名等。1984 年,莎菲·戈德瓦瑟(Shafi Goldwasser)、西尔维奥·米卡利(Silvio Micali)和罗纳德·李维斯特(Ronald Rivest)等首次严格定义了数字签名方案的安全需求,描述了签名方案的层次化攻击模型并提出了 GMR 数字签名方案(GMR 是三人姓氏首字母排序)。直到 1989 年,才出现了第一个广泛使用的可提供数字签名的市场化软件包,即基于 RSA 算法的 Lotus Note 1.0。

1. 数字签名的模型与流程

数字签名方案的模型通常可以表示为七元组(M,S,SK,PK,Gen,Sign,Verify),如图 2-27 所示,其中:

(1) M:某字母表中串的集合组成的明文消息空间,即待发送消息内容集合;

(2) S:可能的签名空间;

(3) SK:签名密钥空间,即用于生成签名的私钥集合;

(4) PK:验证密钥空间,即用于验证签名的公钥集合;

(5) Gen:$N\to SK\times PK$:密钥生成算法,可生成一对匹配的公钥 pk 和私钥 sk;

(6) Sign:$M\times SK\to S$:签名算法,利用私钥 sk 生成消息 m 的签名 s;

(7) Verify:$M\times S\times PK\to\{True,False\}$:验证算法,利用公钥 pk 验证消息 m 的签名 s 是否正确。

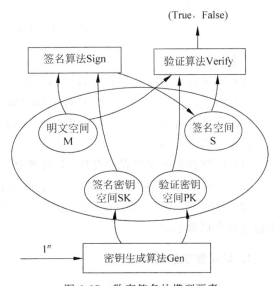

图 2-27 数字签名的模型要素

一个有效的数字签名方案必须满足两个性质：首先是正确性，即利用特定的私钥对某消息生成的数字签名，可以使用其对应的公钥进行验证；其次是安全性，即没有正确私钥的攻击者不可能(计算上不可行)生成被攻击者的有效数字签名。

数字签名方案通常需要使用非对称加密技术和数字摘要技术，其一般流程通常包括签名和验证两个阶段，如图 2-28 所示。

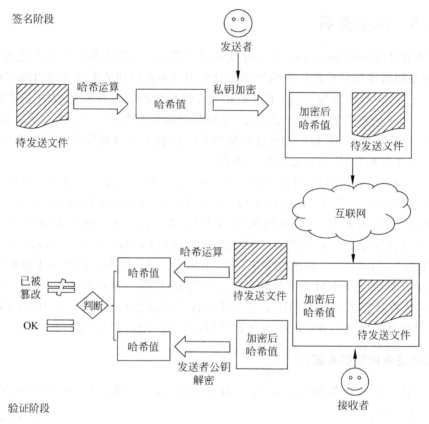

图 2-28 数字签名的一般流程

签名阶段 Sign：
(1) 发送者运用哈希函数等数字摘要技术，获得待发送消息 m 的哈希值 H(m)；
(2) 然后，发送者使用私钥 sk 对 H(m)加密，生成数字签名 Sign[H(m),sk]→s；
(3) 发送者将数字签名 s 和待发送消息 m 一起发送给接收者。

验证阶段 Verify：
(1) 接收者使用发送者的公钥 pk 对签名 s 解密，还原出哈希值，记为 $H_1(m)$；
(2) 同时，采用相同的哈希算法，重新生成接收消息 m 的哈希值，记为 $H_2(m)$；
(3) 判断 $H_1(m)$ 和 $H_2(m)$ 是否相等；如果相等则证明信息未被篡改，否则证明信息在传输过程中已被篡改。

2. 常见数字签名算法

本节列出了目前常见的数字签名算法，以及这些算法的设计原理、优点和缺点、应用场景等,如表 2-8 所示①。

表 2-8 常见数字签名算法概述

名　　称	设 计 原 理	优劣势分析
RSA	质因数分解问题的难解性	优点:方便公钥分发;大规模网络所需的密钥数量少 缺点:速度较慢;提高加密强度、抵御篡改攻击而带来的高计算成本;对乘法攻击敏感,即不知道私钥的恶意用户可以通过计算已签名文档的哈希值来产生新文档的合法签名
Elgamal	有限域离散对数问题的难解性	优点:概率性加密,高强度加密级别;能够使用一个密钥为大量消息生成数字签名 缺点:与初始文本相比,加密文本长度加倍,导致了更长的计算时间和对通信信道安全性的更严格要求
DSA	有限域离散对数问题的难解性	优点:DSA 是 Elgamal 加密算法的一种改进;同等加密强度时,签名长度更短;较低的签名计算速度;减少存储空间需求 缺点:验证签名必须使用复杂的求余数操作,因而阻碍了最快的可能操作
ECDSA	椭圆曲线离散对数计算问题的难解性	优点:ECDSA 是 DSA 算法的改进版;与 DSA 算法相比,可在更低的域中操作;没有应用性能问题;快速的签名和验证过程;兼容不断增长的保护需求;支持国家信息保护标准 缺点:可能出现选择私钥导致不同文档生成相同签名的错误情况(需要大量计算)
GOST R 34.10-2012	椭圆曲线离散对数计算问题的难解性	优点:是描述数字签名生成和验证算法的俄罗斯标准;不包含建议使用的曲线,只包含一组曲线所需满足的需求;无论何时出现关于弱类型椭圆曲线的新结果,都允许标准保持不变 缺点:因缺乏建议的参数,需要付出额外努力来选择、验证和推广这些参数
Schnorr	有限域离散对数问题的难解性	优点:是 Elgamal 加密和 Fiat-Shamir 签名方案的改进;较小的签名大小、时空效率高 缺点:不常用
Rapid	有限域离散对数问题的难解性	优点:简化计算,提升性能水平 缺点:有待进一步研究;仅限于匹配配对方法
GMR	质因数分解问题的难解性	优点:基于 RSA 的改进算法;免受自适应选择消息的攻击 缺点:一是签名方案并非完全"无记忆",二是基于质因子分解实现的签名过程太慢
Rabin	质因数分解问题的难解性	优点:是具有可证明强度等级的签名方案,比 RSA 更高的运行速度 缺点:需要从四种可能的信息中选择真实信息;易受基于所选密文的攻击,并没有得到广泛的应用
EdDSA	椭圆曲线离散对数计算问题的难解性	优点:高速;随机数生成器的独立性;高性能 缺点:采用 Schnorr 算法和椭圆曲线的签名方案;依赖基于 SHA-512/256 和 Curve25519 的 Ed25519 签名方案

---

① https://dzone.com/articles/digital-signature-2

此外，根据数字签名算法的应用模式，还有盲签名、环签名、群签名、多重签名等多种形式。本节重点介绍多重签名，其他模式请见第8.4节。

3. 多重签名

多重签名（Multi Signature）是数字签名技术的重要应用模式，常用于多个参与者对某个消息、文件和资产同时拥有签名权或者支付权的场景。正如同现实生活中一份文件需要多个部门联合签字方可生效，多重签名场景通常需要 N 个参与者之中至少有 M 个参与者联合签名，其中 $N \geq M \geq 1$。当 $N=M=1$ 时，多重签名退化为传统的单人签名。根据签名过程的不同，多重签名方案可以分为两类，即有序多重签名和广播多重签名。对前者来说，签名者之间的签名次序是一种串行的顺序，而对后者来说，签名者之间的签名次序是一种并行的顺序。

多重签名被认为是区块链和比特币发展历史上的重要里程碑之一，不仅可以极大地提升比特币的安全性，同时也衍生出许多新型的商业模式。比特币系统中，数字签名的对象就是比特币交易本身，其使用的多重签名技术依托于比特币的 P2SH（Pay to Script Hash）协议，一般采用"N 选 M"的形式，即该多重签名地址共有 N 个私钥，至少需要其中 M 个私钥共同签名才能从这个地址中转账，常见形式有 3 选 1、3 选 2 或者 3 选 3 模式。显然，多重签名使得同一笔比特币交易需要多方共同签名之后才能获得全网节点的认可并记录进区块链。因此，恶意的攻击者必须同时获得所有签名方的私钥才能盗用这笔比特币，这无疑增加了攻击成本，同时也降低了用户因无意间泄露私钥而带来的风险和损失。

比特币系统中的多重签名地址可以通过如下方式生成：以 3 选 2 多重签名为例，打开网站 http://ms-brainwallet.org/，将参与管理的三方各自的公钥地址依次输入到 Public Key(SEC)文本框，就可以自动生成一个 3 选 2 的多重签名地址，即图 2-29 中的"Address：

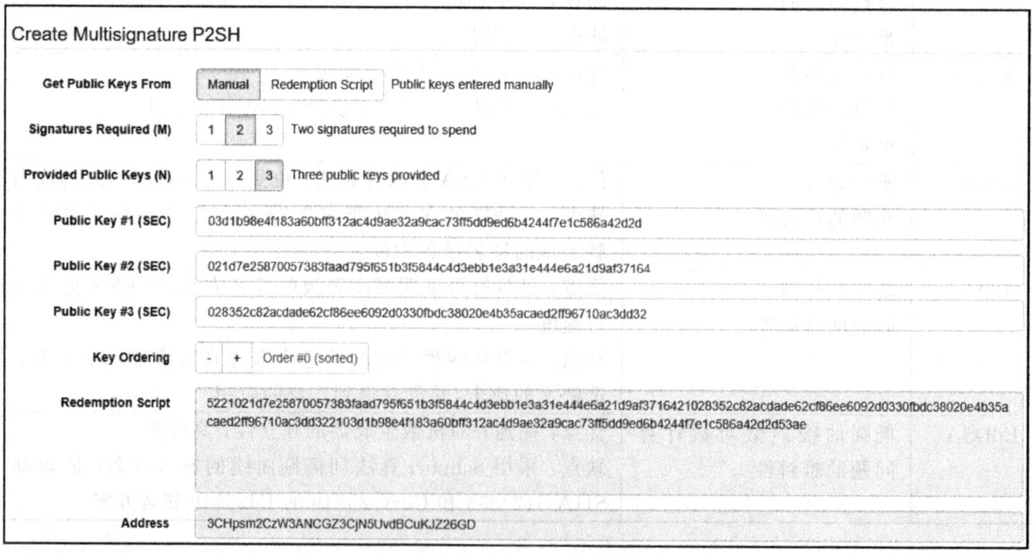

图 2-29 比特币多重签名的生成

3CHpsm2CzW3ANCGZ3CjN5UvdBCuKJZ26GD"。与普通比特币地址相比，比特币多重签名地址是以数字 3 开头（普通的比特币地址以数字 1 开头），除此之外对于用户而言在接收比特币时并无不同之处。当需要发送多重签名的交易时（例如从多重签名地址向普通地址转账），操作过程则先需要提供称为 Redeem Script（在生成多重签名地址的时候便一同生成）的赎回脚本，通过其生成交易信息，并用足够的私钥签名后才能被比特币网络接受。由于这是一个 3 选 2 的多重签名地址，从三个私钥中随机选择两个签署交易，即可完成多重签名交易的成功发布。

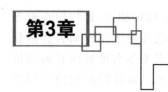

第3章 区块链网络与跨链技术

区块链的网络层封装了区块链系统的组网方式、数据传播协议和数据验证机制等要素。本章将重点讨论区块链底层的网络结构与通信协议，以及实现多条区块链之间互操作的跨链技术。

3.1 区块链网络

区块链系统通过其内置的激励机制组织起大量分布式的计算节点来共同完成特定的计算任务，并共同维护分布式数据账本的安全性、一致性和不可篡改性。从这种意义上来说，区块链符合分布式系统的狭义定义，即"网络连接的计算机系统中，每个节点独立地承担计算或者存储任务，节点间通过网络通信协同工作"。从广义角度来看，分布式系统的判定取决于观察者的视角。正如莱斯利·兰伯特（Leslie Lamport）所言，"对于坐在键盘前的用户来说，他的 IBM 计算机并非分布式系统，然而对于在计算机电路板上的跳蚤或者设计该电路板的工程师来说，这台计算机又是典型的分布式系统"。区块链亦是如此，从微观计算节点的角度来看是分布式系统，而从宏观视角来看，大量区块链节点通过共识算法对外提供统一的服务，因而亦可视为非分布式系统。本书旨在探究区块链系统的内在微观运行机理，因而认为区块链是一类典型的分布式系统。

区块链的网络结构继承了计算机通信网络的一般拓扑结构，可以分为如图 3-1 所示的中心化网络、多中心化网络和去中心化网络三类。一般来说，以比特币和以太坊为代表的非授权区块链（Permissionless Blockchain）大多采用图 3-1（c）所示的去中心化网络，其网络节点一般具有海量、分布式、自治、开放可自由进出等特性，因而大多采用对等网络（Peer-to-Peer Network，P2P 网络）来组织散布全球的参与数据验证和记账的节点。P2P 网络中的每个节点都地位对等且以扁平式拓扑结构相互连通和交互，不存在任何中心化的特殊节点和层级结构，每个节点均会承担网络路由、验证区块数据、传播区块数据、发现新节点等功能；随着区块链技术的发展，近年来有些区块链系统尝试采用 Mesh 网络（即网状网）来组织区块链的计算节点。与非授权区块链相比，授权区块链（Permissioned Blockchain）系统大多采用图 3-1（a）和图 3-1（b）所示的中心化星型网络或者多中心网络结构，例如联盟链大多采用多中心网络,而私有链则可能采用完全中心化的星型网络。

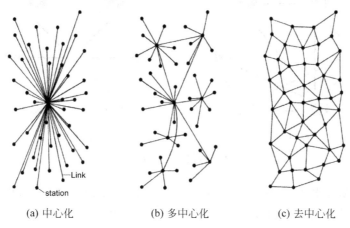

(a) 中心化　　　　(b) 多中心化　　　　(c) 去中心化

图 3-1　区块链系统的网络拓扑结构示意图

许多区块链书籍和文章都将图 3-1(b)和图 3-1(c)分别称为去中心化和分布式网络。事实上,这种说法(以及图 3-1 本身)源自于 1964 年美国兰德公司的一份有关分布式通信的报告"On Distributed Communications"。该报告认为大多数网络拓扑结构理论上都可以分解为"中心化星型网络"和"分布式网格或者网状网",即图 3-1(a)和图 3-1(c)。这两类网络拓扑又可以通过组合构成所谓的"去中心化网络"(Decentralized Network),例如图 3-1(b)所示的网络结构就是一系列星型结构和分布式结构组合而成的层级结构,这类网络的特点是并不总是依赖单一节点,然而破坏少量中心节点也可以摧毁整个网络的通信。显然,兰德报告的"去中心化网络"实际上是完全中心化网络和完全去中心化网络的中间状态,任何由完全中心化到完全去中心化网络的过渡状态实际上都是这两类网络形态的层次化组合。由此可见,兰德报告的"分布式网络"实际上就是中文语境中常见的去中心化网络。因此,本书认为将图 3-1 所示的三类网络拓扑分别称为中心化、多中心化和去中心化更为合适。

实际上,是否分布式与是否去中心化是两个不同的维度,分布式系统同样可以有中心化和去中心化两种设计和实现方式。此外,完全去中心化网络实际上是一种理想形态,在实际网络系统中较少存在,更多的是不同程度上的多中心化。例如,比特币网络的理论模型是完全去中心化网络,但实际比特币网络中的全节点(中心节点)数量远小于所有节点数量,造成事实上的多中心化。

3.1.1　P2P 网络

P2P 网络的全称为 Peer to Peer Network,即"点对点"或者"端对端"网络,学术界常称之为"对等网络",其常见的定义是"一种分布式应用体系结构,用于在对等节点之间划分任务或负载。在网络中,对等节点拥有同等特权,就此形成一个点对点网络。对等节点将其部分资源(如处理能力、存储能力或网络带宽)直接提供给其他网络参与者,而不需要中央服务器进行集中协调"。P2P 网络中的参与者既是资源(内容和服务)提供者(Server),又是资源获取者(Client),如图 3-2(a)所示,网络节点以扁平拓扑结构相连,彼此交互运作、协同处理,网络整体可靠、开放、去中心化。

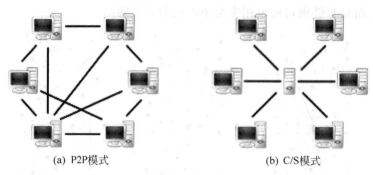

(a) P2P模式　　　　　　　　(b) C/S模式

图 3-2　P2P 网络结构与 C/S 网络结构

P2P 模式一般是相对于中心化的客户端/服务器(Client/Server,简称 C/S)模式而言,C/S 模式的显著特点是一台服务器连接多个客户端,如图 3-2(b)所示。C/S 模式在实际系统中更为常见(Browser/Server 模式可以看作 C/S 模式的一种特例)。例如,微信朋友圈发布的图片和文字,首先会上传至微信的中央服务器,由服务器推送至相应好友。这种网络结构还可以类比为铁路网,中央服务器就是铁路网上的大型交通枢纽,管理着资源的调配与分发。随着网络规模的扩大,中央服务器模式的弊端日益凸显,这种方式最大的隐患在于中央服务器本身的单点故障问题。例如海量客户端请求会使中央服务器失效,近年来社会热点事件屡屡导致微博系统瞬间瘫痪;再如中央服务器病毒入侵,会迅速扩散至终端用户,服务器级别越高,社会危害越大。

与 C/S 模式相比,P2P 模式是去中心化的,网络中每个节点的地位是对等的。节点可以自由地加入和退出,网络扩展性强;新节点的加入,可能为系统带来新的资源,整体的多样性得以扩充,服务能力也同步增加,有利于网络的负载均衡;单点故障不会影响整体系统,因而网络的健壮性和可用性高;所有节点都具备中继转发功能,大幅提高通信匿名性,个人隐私得到保护。基于上述优势,P2P 网络在分布式存储、计算能力共享、流媒体等领域具有广阔的应用前景。

根据网络体系结构,一般可以把 P2P 网络分为三类[6]。

1. 混合式对等网络

它是 C/S 和 P2P 两种模式的混合,反映了早期网络从 C/S 到 P2P 的过渡。混合式对等网络最具影响力的代表是 Napster,Napster 是一个为音乐迷们提供交流 MP3 文件的平台,最典型的特点就是存在维护共享文件索引与提供查询的服务端(C/S 模式),但具体内容存储在用户硬盘中,内容的传送只在用户节点间进行(文件交换是 P2P 的)。由于服务端的存在,从这个角度来说,早期的 P2P 网络不是完全去中心化的。

2. 无结构对等网络

这种网络的特点是无固定网络结构图,无中心节点;每个节点既是客户端又是服务端,节点地址没有统一标准,内容存放位置与网络拓扑无关,对等节点间通过客户端软件搜索网络中存在的对等节点,并直接交换信息。典型的无结构 P2P 网络协议如 Gnutella,它是纯粹意义上的 P2P 网络[7]。

3. 结构化对等网络

它以准确、严格的结构来组织网络,一般采用哈希函数将节点地址规范为标准的标识,内容的存储位置与节点标识之间存在映射关系,可以实现有效的节点地址管理,精确定位节点信息。因为所有节点按照某种结构进行有序组织,所以整个网络呈环状或者树状。其最具代表性的经典模型和应用体系如 Chord、Pastry 等。

Napster 是 P2P 技术在文件分享领域的最先尝试,得益于 P2P 模式的天然优点,Napster 迅猛发展。它的创新点在于通过构建存储音乐文件索引与存放位置的信息的 Napster 服务器,实现文件查询与文件传输的分离。用户需要某个音乐文件时,首先与 Napster 服务器相连,检索信息,根据返回的存放节点择优再进行下载。这种模式查询与下载并行,大幅提高了系统整体带宽利用效率,当然,尽管 Napster 服务器只是一个索引和搜索的轻服务,但中心化终归是隐患,不可避免地带来了系统瓶颈、单点故障等问题。

BitTorrent 是 Napster 架构的衍生强化版,分布式的思想在其网络中得到更深层次的渗透。BitTorrent 网络中共享同一文件的用户形成一个独立的子网,从而将服务端分散化了,不会因为单点故障影响整体网络。文件的持有者将文件发送给其中一名用户,再由这名用户转发给其他用户,用户之间相互转发自己所拥有的文件部分,直到每个用户的下载都全部完成。这种方法特点是下载的人越多,下载速度越快。原因在于,每个下载者将已下载的数据提供给其他下载者下载,并通过一定的策略保证上传速度越快,下载速度也越快。然而,不管是 Napster 还是 BitTorrent 都存在一个共同的问题:人们大多只愿意免费"获取",而不愿耗费资源去"共享"。这就催生了后来引入强制共享机制的电驴——eDonkey。

区块链激励机制则给出了更好的答案。区块链网络层大多是选择 P2P 模式作为其组网模型,其理念就是去中心化和去中介化,不要依赖任何第三方来完成自身系统的运转,而 P2P 网络天然的全网对等的属性与区块链不谋而合,再加上 P2P 已经是发展成熟、经过考验的技术,二者的结合几乎是必然的。

3.1.2 节点类型

比特币网络由多种类型的节点组成,其功能集合一般包括网络路由(Network Route,简写为 N)、完整区块链(Full Blockchain,简写为 B)、矿工(Miner,简写为 M)、钱包(Wallet,简写为 W)。每个区块链节点都参与全网路由,同时也可能包含其他功能。根据节点提供的功能不同,主要分为如下几种,如图 3-3 所示[8]。拥有全部功能集的称为核心客户端(Bitcoin Core);不参与挖矿,仅提供完整区块链数据与参与全网路由的节点称为完整区块链节点;拥有完整区块链数据,并参与挖矿与路由的节点称为独立矿工;仅提供钱包功能与参与全网路由的节点称为轻量(SPV)钱包。除了这些主要节点类型外,还有一些节点运行其他协议,如挖矿协议,因而网络中还有矿池协议服务器、矿池挖矿节点、Stratum 钱包节点等。

拥有完整的、最新区块链数据的节点也称为"全节点",这样的节点能够独立自主地校验所有交易;只保留区块头数据,通过"简易支付验证"方式完成交易验证的节点为"SPV 节点"/"轻量级节点",它们没有区块链的完整拷贝。随着比特币生态的发展,比特币 P2P 协议、Stratum 协议、矿池协议以及其他连接比特币系统组件相关协议综合构成了现在的比特

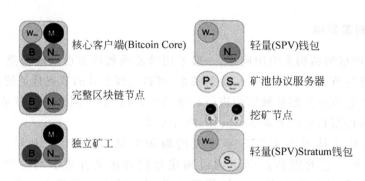

图 3-3 比特币网络的节点类型

币网络,我们称之为"扩展比特币网络"(Extended Bitcoin Network),扩展比特币网络包含了多种类型的节点(如核心客户端、完整区块链节点等)、网关服务器、边缘路由器、钱包客户端以及它们互相连接所需要的 P2P 协议、矿池挖矿协议、Stratum 协议等各类协议(矿池协议参见 3.1.5 节),如图 3-4 所示[8]。

新区块链节点启动后,如何发现网络中其他节点并获知其地址是区块链组网的重要环节,一般通过如下五种方式实现①。

1. 地址数据库

网络节点的地址信息会存储在地址数据库 peers.dat 中。节点启动时,由 address manager 载入。节点第一次启动时,无法使用这种方式。

2. 通过命令行指定

用户可以通过命令方式将指定节点的地址传递给新节点,命令行传递参数格式形如 -addnode <ip> 或者 -connect <ip>。

3. DNS 种子

当 peers.dat 数据库为空,且用户没有使用命令行指定节点的情况下,新节点可以启用 DNS 种子,默认 DNS 种子有 seed.bitcoin.sipa.be、dnsseed.bluematt.me、dnsseed.bitcoin.dashjr.org、seed.bitcoinstats.com、seed.bitcoin.jonasschnelli.ch、seed.btc.petertodd.org。

4. 硬编码地址

如果 DNS 种子方式失败,还有最后的手段,即硬编码地址。需要注意的是,需要避免 DNS 种子和硬编码种子节点的过载。因此,通过他们获得其他节点地址后,应该断开与这些种子节点的连接。

5. 通过其他节点获得

节点间通过 getaddr 消息和 addr 消息交换 IP 地址信息,具体交互过程详见第 3.1.3 节。

---

① https://en.bitcoin.it/wiki/Bitcoin_Core_0.11_(ch_4):_P2P_Network

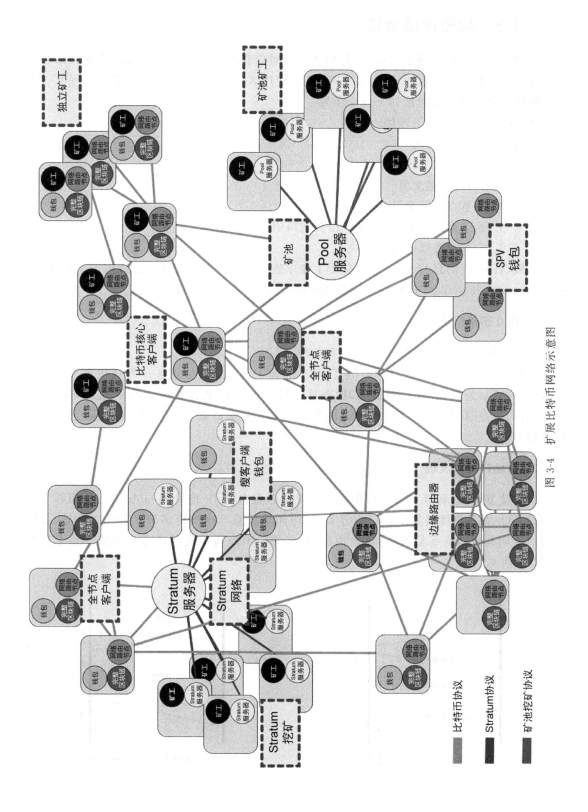

图 3-4 扩展比特币网络示意图

3.1.3 数据传播协议

一般新节点由初始种子启动,再与相邻节点通信获得更多连接。下面将详细介绍节点之间是如何通信的。节点通常采用 TCP 协议,使用 8333 端口与其他对等节点交互。一个通用的区块链网络一般包括如下核心场景。

- 节点入网建立初始连接
- 节点地址传播发现
- 矿工、全节点同步区块数据
- 客户端创建一笔交易
- 矿工、全节点接受交易
- 矿工、全节点挖出新区块,并广播到网络中
- 矿工、全节点接收广播的区块

一般,version 消息和 verack 消息用于建立连接;addr 和 getaddr 消息用于地址传播;getblocks、inv 和 getdata 消息用于同步区块链数据,tx 消息用于发送交易。

1. 建立初始连接

建立连接始于"握手"通信,这一过程如图 3-5 所示[8]。

比特币节点之间的握手过程类似 TCP 三次握手,节点 A 向节点 B 发送包含基本认证内容的 version 消息,节点 B 收到后,检查是否与自己兼容,兼容则确定连接,返回 verack 消息,同时向节点 A 发送自己的 version 内容,如果节点 A 也兼容,则返回 verack,至此连接成功建立。

2. 地址广播及发现

一旦建立连接,新节点将向其相邻节点发送包含自身 IP 地址的 addr 消息。相邻节点则将此 addr 消息再度转发给各自相邻节点,进而保证新节点被更多节点获知。此外,新接入节点还向其相邻节点发送 getaddr 消息,获取邻居节点可以连接的节点列表。整个过程如图 3-6 所示[8]。

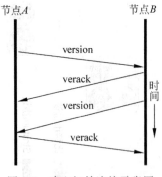

图 3-5 建立初始连接示意图

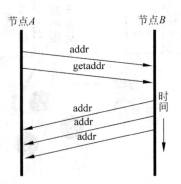

图 3-6 地址广播与发现示意图

3. 同步区块数据

新入网节点只知道内置的创世区块,因此需要同步最新区块。同步过程始于发送 version 消息,该消息含有节点当前区块高度(BestHeight 标识)。具体而言,连接建立后,双方会互相发送同步消息 getblocks,其包含各自本地区块链的顶端区块哈希值。通过比较,区块数较多的一方向区块较少的一方发送 inv 消息。需要注意的是,inv 消息只是一个清单,并不包括实际的数据。落后方收到 inv 消息后,开始发送 getdata 消息请求数据,具体如图 3-7 所示[8]。

需要补充一点的是,我们在 2.3.3 节讨论了简化支付验证技术——SPV,SPV 节点同步的不是区块数据,而是区块头,使用 getheaders 消息,如图 3-8 所示[8]。

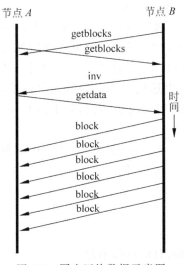

图 3-7 同步区块数据示意图

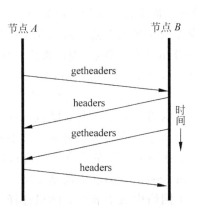

图 3-8 SPV 节点同步区块头示意图

4. 交易传播

交易数据的广播是更为常见的场景:假定有节点要发送交易,那么首先会发送一条包含该交易的 inv 信息给其邻居节点。邻居节点则通过发送 getdata 消息请求 inv 中所有交易的完整信息。如果发送方接收到 getdata 响应信息,则使用 tx 发送交易。接收到交易的节点也将以同样的方式转发交易(假定它是个有效的交易)。比特币系统的交易数据传播协议包括如下步骤:

(1) 比特币交易节点将新生成的交易数据向全网所有节点进行广播;
(2) 每个节点都将收集到的交易数据存储到一个区块中;
(3) 每个节点基于自身算力在区块中找到一个具有足够难度的工作量证明;
(4) 当节点找到区块的工作量证明后,就向全网所有节点广播此区块(block 消息);
(5) 仅当包含在区块中的所有交易都是有效的且之前未存在过的,其他节点才认同该区块的有效性;
(6) 其他节点接受该数据区块,并在该区块的末尾制造新的区块以延长该链条,而将被接受区块的随机哈希值视为先于新区块的随机哈希值。

5. 检测节点存活

ping 消息有助于确认接收方是否仍处于连接状态。通过发送 ping 消息,可以检测节点是否存活。接收方通过回复 pong 消息,告诉发送节点自己仍然存在。默认情况下,任何超过 20 分钟未响应 ping 消息的节点会被认为已经从网络中断开。

6. Gossip 传播协议

Gossip 协议最初是由艾伦·德默斯(Alan Demers)、丹·格林(Dan Greene)等于 1987 年在论文"Epidemic Algorithms for Replicated Database Maintenance"(用于复制数据库维护的流行病学算法)中提出的。Gossip 协议是一种计算机-计算机通信方式,受启发于现实社会的流言蜚语或者病毒传播模式。Gossip 协议也被称为反熵(Anti-entropy)。熵是物理学中一个概念,代表无序、错乱,而反熵则是在杂乱中寻求一致,这形象地体现了 Gossip 协议的特点:在一个有界网络中,每个节点随机地与邻居节点通信,每个节点都遵循这样的操作,经过一番交错杂乱的通信后,最终所有节点状态达成一致。这种最终一致性是指保证在最终某个时刻所有节点一致对某个时间点前的所有历史达成一致。虽然冗余通信,但具有天然的分布式容错优点,因而被广泛用于分布式系统的底层通信协议,如 Facebook 开发的 Cassandra,就是通过 Gossip 协议维护集群状态。

一般而言,Gossip 协议可以分为 Push-based 和 Pull-based 两种。前者工作流程如下。

(1) 网络中某个节点 v 随机选择其他 n 个节点作为传输对象。

(2) 节点 v 向其选中的 n 个节点传递消息。

(3) 接收到信息的节点重复进行相同的操作。

Pull-based Gossip 协议则相反。

(1) 网络中某个节点 v 随机选择其他 n 个节点询问有没有新消息。

(2) 收到询问的节点回复节点 v 其最近收到的消息。

为了提高性能,也有结合 Push-Pull 的混合协议。Gossip 协议一般是基于 UDP 协议实现。

在区块链领域,Gossip 协议也有广泛应用。面向企业联盟链的超级账本 Fabric 就采用 Gossip 作为其 P2P 网络的传播协议[9],由 Gossip 协议负责维护新节点的发现、循环检查节点、剔除离线节点、更新节点列表。随着区块链技术的发展,目前涌现出若干新兴的分布式账本数据结构,将单一链式结构的技术范畴拓展为基于图结构的分布式账本,例如哈希图(HashGraph)即采用了 Gossip 协议(详见第 10 章)。

3.1.4 数据验证机制

当新区块在区块链网络传播时,每个接收到区块的节点都将对区块进行独立验证,验证通过的区块才会进行转发,以此尽早杜绝无效或者恶意数据在网间传播,预防小部分节点串通作恶导致无效区块被网络接受,尽最大可能保证网络中传播区块的正确性。以比特币网络为例,节点接收到邻近节点发来的数据后,其首要工作就是验证该数据的有效性。矿工节点会收集和验证 P2P 网络中广播的尚未确认的交易数据,并对照预定义的标准清单,从数据结构、语法规范性、输入输出和数字签名等各方面校验交易数据的有效性,并将有效交易数据整合到当前区块中。

具体而言，数据验证清单主要包括[①]。

(1) 验证区块大小在有效范畴。

(2) 确认区块数据结构（语法）的有效性（参见2.1节区块结构）。

(3) 验证区块至少含有一条交易。

(4) 验证第一个交易是coinbase交易（Previous Transaction hash 为 0 且 Previous Txout-index 为 −1），有且仅有一个。

(5) 验证区块头部有效性（参见2.1.1节区块头）。

① 确认区块版本号是本节点可兼容的。

② 区块引用的前一区块是有效的。

③ 区块包含的所有交易构建的默克尔树是正确的。

④ 时间戳合理（参见2.3.1节时间戳）。

⑤ 区块难度与本节点计算的相符。

⑥ 区块哈希值满足难度要求（参考2.1.1节区块头中的区块标识符）。

(6) 验证区块内的交易（参见2.1.2节区块体）有效性，具体检查列表如下。

① 检查交易语法正确性。

② 确保输入与输出列表都不能为空。

③ lock_time 小于或等于 INT_MAX，或者 nLockTime 和 nSequence 的值满足 MedianTimePast（当前区块之前的11个区块时间的中位数）。

④ 交易的字节大小大于等于100。

⑤ 交易中签名数量小于签名操作数量上限（MAX_BLOCK_SIGOPS）。

⑥ 解锁脚本（scriptSig）只能够将数字压入栈中，并且锁定脚本（scriptPubkey）必须要符合 isStandard 的格式（拒绝非标准交易）。

⑦ 对于 coinbase 交易，验证签名长度为2～100字节。

⑧ 每一个输出值，以及总量，必须在规定值的范围内（不超过全网总币量，大于0）。

⑨ 对于每一个输入，如果引用的输出存在内存池中任何的交易，该交易将被拒绝。

⑩ 验证孤立交易：对于每一个输入，在主分支和内存池中寻找引用的输出交易，如果输出交易缺少任何一个输入，该交易将被认为是孤立交易。如果与其匹配的交易还没有出现在内存池中，那么将被加入到孤立交易池中。

⑪ 如果交易费用太低（低于 minRelayTxFee 设定值）以至于无法进入一个空的区块，则交易将被拒绝。

⑫ 每一个输入的解锁脚本必须依据相应输出的锁定脚本来验证。

⑬ 如果不是 coinbase 交易，则确认交易输入有效，对于每一个输入：

- 验证引用的交易存于主链；
- 验证引用的输出存于交易；
- 如果引用的是 coinbase 交易，确认至少获得 COINBASE_MATURITY(100) 个确认；

---

① https://en.bitcoin.it/wiki/Protocol_rules

- 确认引用的输出没有被花费；
- 验证交易签名有效；
- 验证引用的输出金额有效；
- 确认输出金额小于等于输入金额（差额即为手续费）。

⑭ 如果是 coinbase 交易,确认金额小于等于交易手续费与新区块奖励之和。

如果数据有效,则按照接收顺序存储到交易内存池以暂存尚未记入区块的有效交易数据,同时继续向邻近节点转发。如果数据无效,则立即废弃该数据,从而保证无效数据不会在区块链网络中继续传播。

3.1.5 矿池网络协议

上文我们提及比特币 P2P 主网络上连接着许多矿池服务器以及协议网关,下面将简述矿池挖矿协议。

Getwork 协议可以认为是最早的挖矿协议——实现区块链数据与挖矿逻辑剥离,拥有完整数据的节点构造区块头(参考 2.1.1 节区块头),即 Version、Prev-block、Bits 和 Merkle-root 这 4 个字段必须由节点客户端提供。挖矿程序主要是递增遍历 Nonce,必要时候可以微调 Timestamp 字段。

对于 Getwork 而言,矿工对区块一无所知,只知道修改 Nonce 这 4 个字节,共计 2^{32} 大小的搜索空间,显然不符合迅猛发展的比特币矿机算力。如果继续使用 Getwork 协议,矿机需要频繁调用 RPC 接口,显然不合时宜。如今比特币和莱特币节点都已经禁用 Getwork 协议,转向更高效的 Getblocktemplate 协议。该协议诞生于 2012 年,其最大的不同点是:Getblocktemplate 协议让矿工自行构造区块。因为由矿工构建 coinbase 交易(参考 2.3.1 节时间戳最后一段基于 coinbase 字段的随机数扩展),这种方式所带来的搜索空间巨大。

Getblocktemplate 协议虽然扩大了搜索空间,但正常的一次 Getblocktemplate 调用节点都会返回 1.5M 左右的数据,因为要把区块包含的所有交易都交给矿工,数据负载过大。Stratum 协议巧妙解决了这个问题。Stratum 协议是为了扩展支持矿池挖矿而编写的挖矿协议,于 2012 年底出现,是目前最常用的矿机和矿池之间的 TCP 通信协议之一,数据采用 JSON 格式封装,矿机与矿池通信过程一般如图 3-9 所示。

Stratum 协议利用 Merkle 树结构特性,从 coinbase 构造 hashMerkleroot,无须全部交易,只要把与 coinbase 涉及的默克尔路径上的 hash 值返回即可。假如区块包含 N 笔交易,这种方式数据规模将压缩至 $\log_2(N)$,大大降低了矿池和矿工交互的数据量。Stratum 协议不但保证给矿工增加足够的搜索空间,而且仅需很少的数据

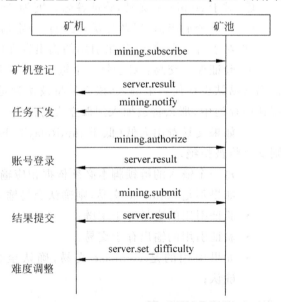

图 3-9 stratum 协议的基本通信接口

交互,这就是该协议最优雅的地方。

3.1.6 区块链分叉

分叉(Fork),是软件开发中常见的一个概念,一般代表"复制并修改"。例如开源项目常见新群体 fork 了一个项目,项目就产生分叉,拆分为两个项目,新群体将沿着这个 fork 向另外的方向独立发展这个项目。

我们以比特币为例讨论区块链分叉,可以从两个层面理解:一种是自然分叉,另一种则是人为的分叉。

1. 自然分叉,即机器共识过程产生的临时分叉

比特币网络是一个去中心化的 P2P 网络。固有的节点地域分布、网络传输延迟,造成节点接收新区块存在一定的时间差异。当两个不同节点近乎同时挖掘出新区块 A、B 并进行广播的时候,就会造成后继区块链分叉的发生。区块 A、B 都是有效的,有些节点先接收到 A,其他节点则先接收到 B。节点会把先接收到的区块加入自己的主链,把晚收到的区块加到由主链分叉出来的支链上,临时的分叉由此产生。当后续再发现新区块 C,而 C 所指向的父区块是 A 的时候,网络中的节点有两种选择:原本主链最后一个区块是 A 的节点,自然正常将区块 C 加入主链,而主链最后是区块 B 的节点,则先在支链上将区块 C 加至区块 A 后面,并且将支链切换为主链。随着区块 C 在全网的转播,最终比特币全网节点的区块链又趋于一致,始终保持算力最大的为主链。在比特币网络中发生一次临时分叉很常见,连续 6 次产生分叉的情况,从概率上来说近乎为 0,这也是为什么区块确认是一般是 6 块之后。

2. 人为分叉,即人的共识失败产生的分叉

区块链的每一次升级都将导致分布式网络中的节点根据其是否接受升级而运行不同规则,于是人为的分叉就会产生。以比特币为例,比特币系统的改进都是通过 BIP 方式进行,现在比特币社区已经累计有数百条 BIP,这是"人的共识"达成的过程,具体又可以分为"软分叉"和"硬分叉"。

1) 软分叉

"软分叉"是向前兼容的分叉。新规则下产生的区块可被未升级的旧节点所接受,旧节点只是无法识别、解析新规则。新、旧版本互相兼容,软分叉对整个系统的影响较小。新的交易类型一般以软分叉的方式升级,例如 P2SH(Pay-to-Script-Hash)以及隔离见证。

根据由谁主导"激活"新的提议过程,又可分为矿工激活软分叉(Miner-Activated Soft Fork,MASF)与用户激活软分叉(User-Activated Soft Fork,UASF)。这里挖矿的节点被称为"矿工",其他不挖矿的普通节点被称为"用户"。

软分叉在比特币发展过程中多次发生,是一种逐步升级的过程,以 BIP-34 为例:我们在 2.3.1 节提到基于 coinbase 字段的随机数扩展,coinbase data 大小在 2~100 字节,原本可任意定制,但 BIP-34 要求必须在开头包含块高度且更新块版本信息。其升级过程如下:

(1) 初始矿工将块版本号设置为"2",表示其准备好升级,但此刻并不要求 coinbase data 包含块高度;

(2) 当最近 1000 个区块中超过 75% 的版本号是"2"时,整个系统开始强制要求版本号设置为"2",且要求 coinbase data 包含块高度,但此时版本号为"1"的区块仍被接受;

(3) 当最近 1000 个区块中超过 95% 的版本号是"2"时,版本号为"1"的区块将不被接受,迫使最后一小部分节点进行升级。

软分叉是在现有结构基础上进行改进,不增加新字段,分叉过程不影响系统的稳妥运行,但是存在升级空间受限的缺点,硬分叉则相反。

2) 硬分叉

"硬分叉"是不向前兼容的,旧版本节点不会接受新版本节点创建的合法区块,于是新旧版本节点开始在不同的区块链上运行,由于新旧节点可能长期并存,不像软分叉是临时的,硬分叉是有可能会长期存在的,分叉链的存活在于其算力的大小。如果原区块链称为 A 版本,硬分叉产生的同源分叉链称为 B 版本,则具体可以分为如下几种情况。

(1) A 版本仍然被广泛支持,B 版本因算力不足而消亡,即还是保留原链。

(2) B 版本获得广泛支持,A 版本因算力不足而消亡,即保留新链。

(3) A、B 版本都有相当比例的矿工的支持,同时并存,这种情况是最为符合严格意义上的硬分叉,例如 ETH 与 ETC,两者都有其代币,这种分叉存在一定的门槛。

(4) A 版本仍然被广泛支持,B 版本通过代码调整难度,小部分节点也能够让它存活。这种分叉币几乎没有门槛,人人可以分叉。

(5) B 版本获得支持,A 版本调整代码,小算力也可存活。

硬分叉的过程一般经历如下几个阶段。

(1) 软件分叉:新的客户端发布,新版本改变规则且不被旧客户端兼容,首先客户端出现了分叉。

(2) 网络分叉:接受新版的节点在网络运行,其发现的区块将被旧版节点拒绝,旧版节点断开与这些新版节点的连接,因此网络进一步出现了分叉。

(3) 算力分叉:运行不同客户端版本的矿工的算力将逐渐出现分叉。

(4) 链分叉:升级的矿工基于新规则挖矿,而拒绝升级的矿工仍基于旧规则,导致整个区块链出现了分叉。

每一种区块链的背后都有其对应的社区、开发者、矿工等利益、信仰共同体,链的硬分叉同时也会带来对应社区的分裂,受关注度最高当属 2016 年因"The DAO 事件"出现的以太坊经典,2017 年催生出的比特币现金以及 2018 年比特币现金的进一步分叉。例如,2017 年针对扩容问题的意见分歧导致 8 月 1 日比特币的首次硬分叉,比特币社区的分裂催生了比特币现金;2018 年 11 月 15 日比特币现金社区再现分裂,分叉为 Bitcoin ABC 和 Bitcoin Satoshi's Vision(BSV)。由此可见,社区的分裂才是主导区块链分叉的因素。

值得注意的是,2017 年 8 月 1 日,比特币的硬分叉让大量的比特币持有者凭空地增加了一种新的数字货币,即比特币现金(BCH)。这种硬分叉,没有减少资产,反而让人手里多了一种资产,于是区块链分叉就成了一种资产凭空增加的方式。硬分叉这种创造货币的方式和 ICO(Initial Coin Offering,首次代币发行)非常类似,于是一个新的名词诞生了——IFO(Initial Fork Offering,首次分叉发行)。矿工团队在创造分叉的同时,可以在分叉发生的区块中,利用自己的特权,分配一些货币给自己或其他人(直接写成 CoinBase 交易即可),然后再开放让所有人都可以参与挖矿。

3.2 跨链技术

随着区块链技术的广泛应用,形形色色的"链"大量出现,但大多数的链却都是独立的、封闭的,链与链之间高度异构,难以互通,无法对话,各自的数据与价值都局限于各自的"数据孤岛"之中,这种困局与早期的 Internet 非常相似。Internet 由一种支持异构网络互连的 TCP/IP 协议破局,从互不通信的单机逐步走向大规模网络,任何用户在任何地方,只要通过互联网服务提供商,都可以访问到世界任何一个角落的互联网信息。同样,当前区块链之间的互通性和互操作性已经极大地制约着区块链的发展,区块链网络迫切需要能够使众多区块链协同工作的标准化协议,多链互通相关技术已经被认为是区块链未来发展的制高点,跨链技术就在这样的背景下应运而生。正如 TCP/IP 协议之于互联网,跨链技术必将促使区块链向真正的价值互联网演进。

跨链技术最早可以追溯到 2012 年的 Ripple 公司,其致力于建立一套适用于所有记账系统,能够包容所有记账系统差异性的协议;2014 年,BlockStream 团队首次提出楔入式侧链(Pegged Sidechains)方案以寻求与其他区块链的互操作;2015 年 10 月,Ripple 公司进一步引入了一种跨链价值传输的 Inter-Ledger Protocol(ILP)[①],是跨链转账的首次尝试,其目标是打造全球统一支付标准,创建统一的网络金融传输的协议;2016 年 9 月,以太坊创始人维塔利克·布特林(Vitalik Buterin)为 R3 区块链联盟写了一份关于跨链互操作的报告"Chain Interoperability"(链互操作性)[②],对区块链互操作性问题做了深度分析,并提出三种实现跨链的策略:公证人机制(Notary schemes)、侧链/中继(Sidechains/Relays)、哈希锁定(Hash-locking)。

随后,闪电网络(Lightning network)提出基于微支付通道构建跨链方案,BTC-Relay 基于中继跨链方式实现从比特币到以太坊的单向流通,万维链(Wanchain)则利用多方计算和门限密钥共享方案,实现公有链间的跨链交易,而以 Polkadot 和 Cosmos 为代表的跨链技术,更多关注的是跨链基础设施建设。第 3.2.3 节将重点介绍若干典型的跨链平台与项目。

从跨链的发展历程中,可以看到其离不开侧链的身影,从早期的 Blockstream 的开源侧链项目元素链,这可以看作是跨链技术实现的雏形之一;到后来基于智能合约的 BTC-Relay,实现从比特币到以太坊单向流通。侧链与跨链的概念交错耦合,两者技术内容方面是具有共性的,简言之,两者技术天然相通,应用的侧重点不同。一般侧链服务于主链,侧重币币的兑换,而如今跨链所涵盖的范畴已经扩大,链与链之间的关系不仅仅是主侧关系,也可以是对等的,跨链通信不限于转账,更多关注打通不同区块链之间的信息、资产、状态,跨链旨在链之间价值、服务与功能的连通,跨链的应用场景比侧链更为丰富。

3.2.1 概念与定义

1. 跨链技术所在层级

在深入讨论跨链技术之前,首先分析一下未来基于去中心化服务的 Web 3 愿景(如

---

① https://interledger.org/interledger.pdf
② https://www.r3.com/wp-content/uploads/2017/06/chain_interoperability_r3.pdf

图 3-10 所示),以便直观感受跨链在整个技术栈中的位置。

(1) Layer 0 层是数据传输层,主要指 P2P 网络和传播机制,侧重区块链与传统网络的结合。

(2) Layer 1 层是 On-Chain 层,侧重底层账本公链自身,包括数据存储协议(如 IPFS)、去信任协议(如比特币)等。

(3) Layer 2 层是 Off-Chain 层,链下的意思是脱离公链,侧重扩展性延伸和链上链下打通。

(4) Layer 3 层主要包括开发 API 和语言,如 Web3.js、Solidity 等。

(5) Layer 4 层主要包括协议可扩展的用户接口,如 Metamask、Parity 等。

通过上述的分析,可以看出跨链技术处于 Layer 2,不影响公链本身情况下扩展现有区块链,是重要的基础协议。

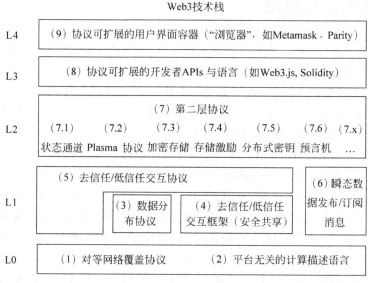

图 3-10 Web 3 技术栈概念图

2. 互操作性

互联网技术使得全世界的计算机设备能够互相通信与相互操作。正是这种"互操作性",使得计算机集群成为一个整体。1988 年,美国 DARPA(Defense Advanced Research Projects Agency,国防高级研究计划局)在"The design philosophy of the DARPA Internet protocols"中指出互联网三大基本目标为:

(1) 可生存性(Survivability):尽管网络或网关受损,互联网通信仍必须能够继续进行;

(2) 服务类型的多样性(Varieties of Service Types):互联网必须支持多种类型的通信服务;

(3) 网络的多样性(Varieties of Networks):互联网必须可以承载各种各样的网络。

如果区块链系统要成为未来全球经济的重要基础设施,成为全球商业与价值分布式网络,那么其体系结构也必须满足互联网的基本目标,区块链系统间互操作性将是一个核心需求。

麻省理工学院连接科学实验室(MIT Connection Science)首席技术官托马斯·哈德约诺(Thomas Hardjono)在论文"Towards a Design Philosophy for Interoperable Blockchain Systems"中提出一个可互操作的区块链架构应具备的特征[①]：可互操作的区块链体系结构是可区分的区块链系统的组合,每个区块链系统代表一个分布式数据账本,其中交易执行可能跨越多个区块链系统,并且其中记录在一个区块链中的数据可以通过语义兼容的方式被另一种可能来自外部的交易访问和验证。

一般来说,区块链的互操作性可以满足以下场景需求。

(1) 便携式资产(Portable Assets)：即资产转移场景,数字加密货币或资产可以在不同链之间来回转移。

(2) 银货两讫(Payment-versus-delivery)：即一手交钱一手交货,强调链间资产的同时交换,即原子互换(Atomic Swap)概念。同步交收(Payment-versus-payment)也是类似意思。

(3) 跨链预言机(Cross-chain Oracles)：链 A 上的智能合约的触发和执行依赖另一条链 B 上的预言机的证据,即具备他链信息或事件的读取与验证能力。

(4) 资产留置(Asset Encumbrance)：链 A 上的资产被锁定,解锁条件取决于链 B 的行为。如金融衍生品的抵押品,破产追回,法院命令和涉及保证金的各种场景。

(5) 通用跨链合约(General Cross-chain Contracts)：根据链 A 上的资产证明在链 B 上分发股息。

3. 跨链的定义

跨链技术目前尚未形成行业公认的定义,结合跨链设计目标,跨链是指实现区块链账本之间资产的互操作,即在可以引入第三方但不改变原生链的前提下实现区块链之间资产的互换、转移。因此,目前对跨链的研究主要集中在资产互换与资产转移两个场景。

(1) 资产互换：通常指发生在两条链之间不同用户间的资产互换。与在中心化交易所中的币币兑换类似,只是这个过程是在链上进行的。例如用户 A 和 B 在比特币和以太坊两条链上都有相应账户,其中用户 A 在比特币区块链上有 10 个比特币,用户 B 在以太坊区块链上有 300 个以太币。假设当时 1 个比特币等值于 30 个以太币,他们不想在中心化交易所进行,希望彼此能够直接在链上、点对点、不通过第三方进行交换,则资产互换场景使得用户 A 换得 300 个以太币,用户 B 获得 10 个比特币,两条链上的资产总量不发生变化,只是相应资产的所有权发生转换。这个过程中突出的问题是任何一方违背交易,如何保障另一方的利益?

(2) 资产转移：通常指发生在两条链之间单用户的资产迁移,可以分为单向或者双向,例如用户 A 想将比特币区块链上的 10 个比特币兑换成以太币,即将资产转移到以太坊区块链上。那么,与资产互换不同之处在于没有用户 B 去承接这 10 个比特币,这些币原则上是要被销毁或冻结,两条链上的资产总量不再保持不变,各自是需要相应地增加或减少的。

---

① https://arxiv.org/pdf/1805.05934.pdf

3.2.2 难点与解决方案

跨链交易提供了一种链间清算机制，清算的本质就是精确记账，因此跨链传递的不仅是信息流，更在于其背后对应的需要精确记录的价值。结合当前区块链自身的特点，要实现跨链交易，首先需要解决两个难题。

一是如何实现对交易的确认。一方面，区块链系统自身缺乏主动获取外界信息的机制，而原链上的交易状态对于另一条链来说就是外部信息但又不可或缺，如何获得正确的原链上的交易状态信息是跨链交易的关键；另一方面，许多区块链（如 PoW 共识算法）对交易的确认是有等待时间的，需要获得足够算力才能保障交易的有效，因为理论上任一笔交易都有可能被撤销。一个交易被确认之后依然有可能作废，如何验证交易将加大跨链交易的难度。

二是如何保证交易的原子性。跨链交易要么全发生，要么都不发生，始终保持两条链上的账本的同步性，确保账本的变动的一致性。如果发生错误，要有相应的回滚机制，保障交易双方的利益，系统回到交易前的状态。回撤机制是跨链交易发生异常的重要保障。

1. 难点一：如何实现对交易的确认

区块链系统是彼此封闭的。两个独立的、不兼容的系统要做到信息的互通，则需要"中间人"的角色来搭线以实现对交易的确认。"中间人"这个机制可以有多种实现方式，可以是中心化方式，也可是去中心化，中间人节点可以是单个的也可以是集群。根据交易信息传输和验证方式不同，具体方案可分为公证人机制、中继机制以及侧链机制[①]。

1）公证人机制

公证人机制是一种直接和自然地实现跨链的思路，其最大的特点是不用关注所跨链的结构，因此也是较通用与成熟的模式。在双方无法互信的场合下，就需要一个中间人进行监督和公证。此时的"中间人"一般是可信第三方，担任"中立方"的角色，除了收集交易状态数据，还负责交易的验证。根据中心化程度，又可分为单签名公证人机制、多签名公证人机制以及分布式签名公证人机制。

（1）单签名公证人机制：单签名公证人机制也称为中心化公证人机制（Centralized Notary Schemes），公证人通常由单一指定的节点或者机构担当，在交易过程充当交易确认者和冲突仲裁者的角色。以中心化的机构保障信用，实现最为简易，交易处理速度快，兼容性好，跟日常生活中支付宝承担的角色很类似。该机制一般被区块链交易所采纳。其缺点也很明显，即过度依赖于公证人的可靠性，高度的中心化会带来安全隐患、性能瓶颈。

（2）多签名公证人机制：为了改善单签名公证人机制的过度中心化问题，多重签名公证人机制（Multi-signature Notary Schemes）引入多位公证人共同签名达成共识后才能确认交易。该机制约定只要达到一定的公证人签名数量或者比例，交易就能被确认，因此，少数公证人作恶或者被攻击不影响系统的运行，安全性提高。公证人选取方式可以多种，如随机选择、可信联盟的可信节点等。实践中一般利用多重签名脚本实现，所以该机制要求跨链交易的双方链本身支持多重签名功能。

---

① https://www.8btc.com/article/294037

(3) 分布式签名公证人机制：分布式签名技术综合利用分布式密钥生成、门限签名等密码学算法，从最底层密码学算法层面解决跨链去中心化交易确认问题，使得跨链过程中的资产保管人角色由全网节点承担，而不是少数第三方。相较于多重签名，安全性更高，但实现更复杂。

公证人机制技术架构简单，对原链基本没影响，中心化程度越低，安全性越高，实现越复杂，需综合场景需求进行权衡。

2) 中继机制

中继的概念在生活中常见于通信场景，基站与基站之间搭建中继节点，以满足信号的多次转发。在跨链中，中继机制不依赖可信的第三方帮助其进行交易验证，"中间人"仅仅负责交易相关数据的收集与转发，目标链可以在拿到发送链的数据后自行验证。需要注意的是，两条链不能同时验证对方的交易，否则会陷入互为等待对方交易确认的死循环。整个过程中，"中间人"更多体现的是桥接的功能。因此相比于其他跨链技术，中继方案松耦合、更加灵活且易于扩展，具有多种实现形式，如 Cosmos 中的 Hub，Polkadot 中的 Relay Chain 等。

3) 侧链机制

侧链被定义为可以验证来自其他区块链数据的区块链，实现数字资产在多个区块链间的转移。侧链和中继的技术基础存在一定共性。一般说来，链 A 能够读懂链 B，那么表示 A 是 B 的侧链，主链可以不知道侧链的存在，但侧链必须知道主链，中继则必须知道两条链；侧链一般锚定主链，中继不存在这种从属关系，只负责数据传递；侧链一般基于 SPV 证明（参见 2.3.3 节中的简化支付验证）验证数据，需要同步所有的区块头，只能验证交易是否发生，中继一般不需要下载所有区块头。

早期的侧链方案基本都是针对比特币提出的，重构比特币的基础框架以弥补当初的设计缺陷（如吞吐量低、不支持图灵完备的智能合约）是极具风险的，因而利用侧链技术间接地扩展比特币的性能与功能，因此侧链受到主链的技术限制较多，可认为是一种强耦合结构的跨链模式，而中继机制更像是从各主链抽离出来的一个松耦合操作层。

对于交易的最终确定性，即应对交易可能撤销的场景（例如 PoW 共识只有概率确定性，存在分叉可能）的常见方案如下：

(1) 等待足够多的确认，这种方案的不足在于拉长了处理周期；

(2) 区块纠缠，令两个链之间建立依赖关系，当一个链上区块被撤销时，级联撤销关联链上相关区块；

(3) 使用强一致性的共识算法，如 PBFT 等。

以上只是概念范畴的辨析，实际应用中会根据项目愿景、应用场景进行各方权衡，组合使用各种技术，核心在于把握原链交易信息是如何传递、接受链如何对交易进行验证，最终确认交易。

2. 难点二：如何保证交易的原子性

跨链交易包含不同链上的多个子交易，这些子交易集构成一个事务，所有子交易要么都成功，要么都失败。跨链事务管理是实现跨链的关键技术，当前保证交易原子性的解决方案离不开"原子互换"，基于"原子互换"概念的具体实现是"哈希时间锁定合约"与其延伸的"哈希时间锁定协议"。

1) 原子互换（Atomic Swaps）

原子跨链交换是一种实现多方跨多个区块链交换资产的分布式协调任务。原子性是计算机领域非常重要的概念，原子操作是不可分割的，在执行完毕之前不会被任何其他任务或事件中断，整个操作要么成功、要么失败，不存在中间状态。在区块链领域，原子互换已经在不断探索与尝试。2017年11月，Lightning Labs 宣布它成功完成比特币和莱特币之间的首次链下原子互换。原子互换以去中心化的方式实现资产交易，在点对点的基础上实现两种加密货币的交换，无须第三方介入，也不存在交易一方在交易中违约的风险。原子互换是保障区块链间跨链交易原子性的基础协议，协议的具体实现有多种方式，下面设定一个交换场景，通过实例来理解原子互换的一般流程。

场景：两人想要以不通过中心化交易所的方式进行比特币与以太币的交换，在兑换比率达成一致后，用户 A 与 B 即可互换。然而，由于区块链上交易不可逆转，如果 A 先发送给 B 比特币，于 A 不利，因为并不确定 B 会发送给他以太币。因此，为了能使这种场景的交易履约进行，需要设计一种机制能够确保 A 和 B 都不会违背交易。原子互换通过"定时智能合约"（Timed Smart Contracts）来解决这种问题[①]，实现思路如图 3-11 所示。

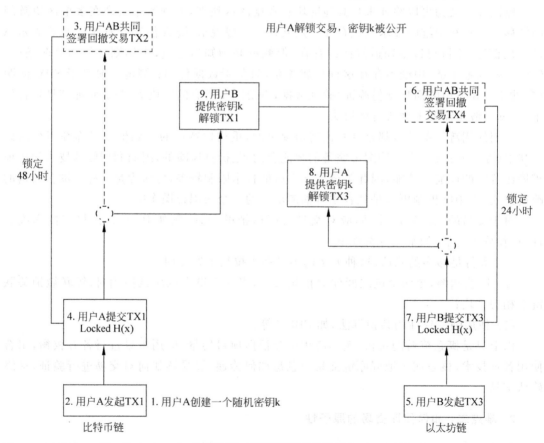

图 3-11　原子互换交易示例

---

① https://en.bitcoinwiki.org/wiki/Atomic_Swap

(1) 用户 A 创建一个随机密钥 k,该密钥只有用户 A 知道。

(2) 用户 A 在比特币链上创建交易 TX1:"Pay w BTC to <B's public key> if (k for Hash(k) known and signed by B)",即用户 A 发起了向用户 B 转 w 个比特币的交易,解锁条件是提供密钥 k 与用户 B 的签名。

(3) 在 TX1 广播之前,用户 A 先在比特币链上广播一个回撤交易 TX2:"Pay w BTC from TX1 to <A's public key>,locked 48 hours in the future,signed by A",即如果 48 小时内未有人解锁 TX1,那么将 w 比特币返还给用户 A。TX2 需要双方共同签名,才能生效。用户 B 同意交易,便签署 TX2,并返回给用户 A。

(4) 用户 A 在比特币链上提交 TX1,向全网广播。

(5) 用户 B 在以太坊币链上创建交易 TX3:"Pay v ETH to <A-public-key> if (k for Hash(k) known and signed by A)",解锁条件是提供密钥 k 与用户 A 的签名。

(6) 同样,TX3 广播之前,用户 B 先在以太坊链上广播一个需要双方共同签名的回撤交易 TX4:"Pay v ETH from TX3 to <B's public key>,locked 24 hours in the future, signed by B",即如果 24 小时内未有人解锁 TX3,那么将 v 以太币返还给用户 B。用户 A 看到用户 B 发起的 TX4,附上自己的签名,返回给用户 B。

(7) 用户 B 在以太币链上提交 TX3,向全网广播。

(8) 用户 A 为了获得 v 个以太币,便在以太币链上提供密钥 k,并附上自己的签名以解锁 TX3,交易成功后,用户 A 获得 v 个以太币,用户 B 也知晓密钥 k。

(9) 用户 B 利用密钥 k 与自己的签名在比特币链上解锁 TX1,最终获得用户 A 的 w 个比特币。

整个过程的关键在于用户 A 和用户 B 商定一个"定时智能合约"并先后锁定待转账的资产,"定时智能合约"约定如下:

(1) 条件 a:如果有人能在 T 小时内向智能合约输入随机密钥 k',并且能够验证 Hash(k')==m,那么用户 B 锁定的以太币将发送给用户 A,超时则将以太币返还用户 B;

(2) 条件 b:如果有人能在 $2T$ 小时内将原始密码 k 发送给智能合约,则用户 A 的比特币将自动转给用户 B,否则返还给用户 A。

条件 a 是约束用户 A 的,密钥只有 A 唯一知道,只要他提供密钥 k,合约验证肯定通过,只要不超时便可获得用户 B 被锁定的以太币。同时,密钥 k 被公开。用户 B 便可拿着公开的密钥 k,在 T 到 $2T$ 小时内发给合约,依照条件 b 获得用户 A 锁定在合约中的比特币。

依照流程,交易可以成功完成,我们再分析一下其他情况。

(1) 如果用户 A 始终不提供密钥 k,那么超时后锁定资产返回原所有者。

(2) 如果用户 A 在 T 至 $2T$ 时段提供密钥 k,那么用户 B 不仅会获得用户 A 的资产,原本锁定的资产也会返回。

(3) 如果用户 B 未在 T 至 $2T$ 时段提供密钥 k,那么用户 B 会丢失自己的以太币,而且也拿不到用户 A 的比特币。

情况(2)和情况(3)都包含着强约束,即"时间限制"和"强制执行交易"的机制迫使用户 A、B 理性选择,交易原子性可以获得保证。

2) 哈希时间锁定合约

哈希时间锁定合约可以看作是原子互换的一种具体实现。哈希时间锁定合约（Hashed Timelock Contract，简称 HTLC）包含哈希锁定（Hashlock）以及时间锁定（Timelock）两个部分，这两个锁定机制保障了交易的原子性。HTLC 的典型代表就是比特币的闪电网络，其通过微支付通道（一种离链 off-chain 策略）来提升比特币交易处理能力。利用哈希锁定将发起方的交易代币予以锁定，再结合时间锁定，让接收方在某个约定时刻前生成支付的密码学证明，如果与先前约定的哈希值一致，则可完成交易。

(1) 哈希锁定：我们在原子互换实例中提及的交易条件中出现了 Hash 函数，这种函数是单向，用户 A 可以用 Hash 函数对密钥 k 作计算得到摘要 m，但无法通过 Hash 函数与 m 反向计算得到 k，因此，Hash 函数与 m 都可以告诉用户 B。只要用户 A 公开密钥 k'，则用户 B 就可以利用 Hash 函数与 m 验证其提供的 k' 是否就是真实的密钥 k。在比特币系统中，哈希计算操作通常用 OP_SHA256 或 OP_HASH160 来实现。

(2) 时间锁定：我们在原子互换实例中还提及了回撤交易，只要交易未在指定时间范围内生效，则自动返回锁定的资产。时间锁定在比特币系统中有两种实现方式。

① OP_CHECKLOCKTIMEVERIFY：该操作码通常简称为 CLTV，是在 BIP-0065 中提出的，将特定事务冻结到将来的某个特定点，即允许在特定时间内冻结比特币交易。限定的时间是绝对时间，有两种表达方式，一种是时间戳，另一种是块高度。一般与 nLockTime 字段结合使用，当该操作码被调用时，会检查 nLockTime 字段，只有当 nLockTime 的时间大于或者等于 CLTV 参数指定的时间时，交易才会被完整执行。

② OP_CHECKSEQUENCEVERIFY：该操作码通常简称为 CSV，是在 BIP-0112 中提出的，相对于 CLTV 锁定的是绝对时间，CSV 锁定的是相对时间，例如：一年之后币可用。该码与 nSequence 字段配合使用，系统会检查 nSequence 字段，若其表示的相对时间大于或者等于 CSV 参数的时间，则交易开始执行。

3) 哈希时间锁定协议

哈希时间锁定协议（Hashed Timelock Agreement，HTLA）可以看作是 HTLC 概念的泛化，可以用来在不支持 HTLC 的账本间执行 HTLC，跨的不仅是链，中心化或者去中心化账本都支持，在 Interledger 中应用了该理念。Interledger（ILP）是由 Ripple 发起的一个跨账本协同的协议，专注于实现连接各个账本不同资产的统一支付标准。支持的账本不仅包括区块链，还有银行、金融相关的各类传统中心化账本。在付款方和收款方中间，起到核心作用的是一系列的连接器（Connector），每个连接器犹如路由器节点一般试图将 ILP 数据包转发到更接近终点的地方，最终收敛到终点。付款方和连接器之间，连接器之间，连接器和收款方之间都是通过哈希时间锁定的概念来完成有条件的转账，并且可以扩展到支持多跳支付。每个参与者只需要信任直接对接的上下家即可。整个过程详情可以参见 3.2.3 节。

综上所述，第 3.2.2 节所有内容实际上对应着维塔利克·布特林（Vitalik Buterin）提出的三种跨链技术：公证人机制、中继/侧链、哈希锁定机制。下面就上述三种主要的跨链策略从互操作支持类型、信任模型、支持跨链资产互换、支持跨链资产转移等 7 个维度进行比较，如表 3-1 所示。

表 3-1　三种主要跨链策略对比

	公证人机制 （Notaries）	中继 （Relays）	哈希锁定机制 （Hash-locking）
互操作支持类型	全部	全部（需要两条链上都有中继，否则仅支持单向的）	只支持交叉依赖
信任模型	大多数公证人诚实	链不宕机或者遭受"51%攻击"	链不宕机或者遭受"51%攻击"
支持跨链资产互换	是	是	是
支持跨链资产转移	是（但是要求共同的、长期公证人可信）	是	否
支持跨链预言机	是	是	不直接支持
支持跨链资产质押	是（但是要求长期公证人可信）	是	多数情况下支持，但是有难度
实现难度	中	高	低

3.2.3 典型跨链案例

跨链技术最早可以追溯至 2012 年，Ripple 公司致力于建立一套包容所有记账系统差异性的协议；随后，2014 年 BlockStream 团队首提侧链方案以寻求与其他区块链的互操作；再者有了 Ripple 对公证人机制、BTC-Relay 对中继机制的综合实践，再到现在 Cosmos、Polkadot 和万维链等关注跨链基础设施建设的不懈努力。下面将重点介绍若干典型的跨链平台与项目。

1. Interledger Protocol

Ripple 的 Interledger Protocol(ILP)是公证人机制的典型代表，ILP 让 Ripple 账本既可以连接其他区块链系统，也可以连接银行、自动交换中心（Automatic Clearing House，ACH）等传统金融机构的账本，其定义是"一个在不同分类账之间转移价值的协议"。该协议规定了 Sender(发起付款的一方)、Connector(转发数据包的，介于发送者和接收者之间的媒介)以及 Receiver(支付的最终接收者)三种角色(如图 3-12 所示)，以及数据交换的顺序和内容。

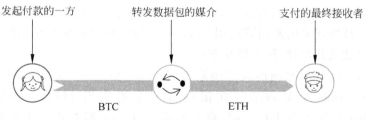

图 3-12　ILP 协议中 3 种角色示意图

该协议的核心之一就是 ILP packet，是上述三种角色通信最基础的数据结构。ILPv4 规定了三种 packet 类型：Prepare、Fulfill 与 Reject，大致对应请求、响应和错误消息。

Connector 转发从 Sender 到 Receiver 的 Prepare 数据包，Connector 回复从 Receiver 到 Sender 的 Fulfill 或者 Reject 数据包。

再者，"在不同分类账之间转移价值"这是将跨链的范畴扩大，不再局限于两个区块链账本间的资产互操作，而是任意账本之间（包含了中心化的银行账本等形式），旨在构建全球统一支付标准以解决银行间转账与汇款的高昂手续费用问题。

Interledger Protocol 包括以下核心内容。

1）协议簇

ILP 不是单个"Interledger Protocol"大型协议，而是由负责各种精细功能的协议簇组成，包含：

（1）Interledger Payment Request Protocol(IPR)，支付申请；

（2）Pre-Shared Key Transport Protocol(PSK)，负责预共享密钥传输；

（3）Simple Payment Setup Protocol(SPSP)，负责简单付款设置；

（4）Interledger Quoting Protocol(ILQP)，报价协议，也就是手续费；

（5）Connector-To-Connector Protocol(CCP)，负责 connector 间的连接。

2）地址和路由

每一个账号在 ILP 网络中都有对应的唯一地址，地址是由"."字符分隔的段组成的分层结构字符串，这是在 ILP 上识别账号的机制，形式与互联网的地址比较类似，例如：

g.crypto.xrp.ra5Kc69XKen6AHvsdFTKHfpG8VcrvUm9E8

这种地址称为目标地址，即接受付款的完整地址，这个地址与分类账中的账户是一一对应的，不可以以"."符号结尾。此外，还有一种地址称为"地址前缀"，是一种模糊匹配的模式，代表一组账户、一类账户或者一个分区账户等。这类地址必须以"."符号结尾，如 g.us.。这种地址是不可以接受付款的。

Connector 维护整个网络的路由表，当连接器接受查询时，会按照最长前缀匹配项原则基于若干连接器的路由表递归查找。Connector 基于路由表与数据包中目的地 ILP 地址进行数据包的转发。

3）报价

主要是估算向连接器支付的费用，即转账手续费，Interledger Quoting 协议详细规定了相关估算方法。

4）哈希时间锁定协议（HTLA）

哈希时间锁定协议上文已经提及，ILP 是依据资金托管设置的条件和时间限制来保障交易原子性。该协议采用密码算法用 Connector 为这两个记账系统创建资金托管，当所有参与方对交易达成共识时，便可相互交易。

下面以 Alice 与 Bob 之间的支付场景为例，Alice 是 Sender，在区块链上有一个实现 HTLCs 的账户，Bob 是 Receiver，在银行有一个不实现 HTLCs 的账户，Chloe 是 Connector。Alice 有比特币账户，Bob 有美元账户，Chloe 拥有比特币账户和美元账户。Alice 只有比特币，想给 Bob 转账，但 Bob 只接受美元。

Interledger 转账流程如下所示（见图 3-13）。

（1）Alice 和 Bob 商议一个共享密钥（也许基于 Pre-Shared Key Transport Protocol）。

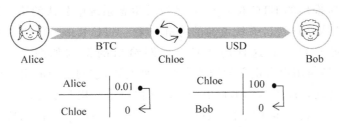

图 3-13　Interledger 转账示例

（2）Chloe 也许是一个流动性提供商，Alice 向 Chloe 咨询比特币与美元之间的汇率，假设是 0.01∶100，同时 Chloe 收取一定手续费，最终 Alice 获知需要向 Chloe 支付 0.010 000 01 个比特币。

（3）Alice 构建 ILP 数据包，目标地址为 Chloe，数量是 0.010 000 01 个比特币，并附上基于共享密钥生成的托管条件以及超时时间，并在比特币账本系统发起"托管"操作。

（4）Chloe 监测到涉及自己的"托管"操作，解析获知自己需向 Bob 转 100 美元，因此，将 ILP 数据包中目标地址改为 Bob。

（5）Chloe 基于与 Bob 共享的 trustline 发起一个"托管"操作，设置了步骤（3）中的"托管"条件以及一个超时时间（要求小于步骤（3）中的超时时间）。

（6）Bob 监测到涉及自己的"托管"操作，在设定超时时间之前提供"共享密钥"，以通过"托管"操作携带的"条件"。

（7）Bob 确定后在 trustline 上发起一个"托管"确认操作，附上共享密钥，trustline 上的"托管"交易完成，Bob 获得 100 美元。

（8）Chloe 监测到涉及自己的"托管"确认操作，解析后获得共享密钥。

（9）Chloe 在比特币账本系统发起一个"托管"确认操作，附上共享密钥，比特币账本系统上的"托管"交易完成，Chloe 获得 0.010 000 01 个比特币。

对于没有直接支付通道的两个账本系统，还可以通过多跳间接跨账本交易，如图 3-14 所示。

图 3-14　多跳间接跨账本交易示意图

传统的中心化交易所其实也属于公证人机制，在交易双方都信任交易所的前提下，由交易所背书进行交易。这种方式适用性广，交易速度快，因此，仍然是目前最广为接受的方式，未来在跨链交易中，中心化交易所还是不可或缺的。

不过，完全中心化潜在的安全问题不可忽视，因此，去中心化交易所的概念不断被提出、践行，如 0x Project、Loopring 等项目。其核心在于由智能合约承担公证人角色，自动撮合交易。

2. BTC-Relay

侧链机制最初是为了扩展比特币功能而提出的，一般情况下，比特币为主链，作为侧链是要求能够读懂主链状态的。侧链机制可以看作比特币与其他区块链跨链交易的有益尝试，ConsenSys 团队推出的 BTC-Relay[①] 是区块链生态系统中公认的第一条侧链，它是一种让比特币能够在以太坊区块链系统流通的跨链方案。BTC Relay 的本质其实是以太坊的一个智能合约，扮演了 Oracle 这样的角色。官网给出的架构如图 3-15 所示，图中涉及 Relayer、比特币交易与用户自定义的智能合约三种实体，它们之间的交互如下所述：

1) Relayers 持续往以太坊的 BTCRelay 提交比特币区块头信息；
2) 以太坊上只需花费很少的手续费就可以通过 BTCRelay 验证比特币交易的有效性；
3) 交易验证通过与否的信息会中继至用户自定义的智能合约。

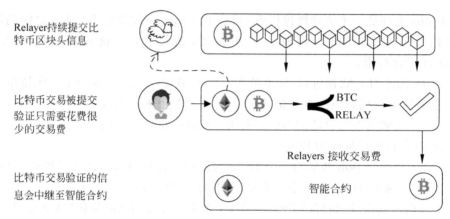

图 3-15　BTCRelay 示意图

BTC-Relay 跨链的实现是基于智能合约与 SPV 证明。这种部署在以太坊上的特殊的智能合约，能够让用户在以太坊上不通过任何第三方媒介就能够安全验证比特币交易，可以支持用户在以太坊 dApp 中使用 BTC 支付。这种特殊的智能合约与 SPV 证明之间离不开一个称为 Relayer 的角色，由其调用该智能合约，从而将最新的有效的比特币区块头信息不断地存入智能合约，并且设置了激励机制，每次调用验证比特币的交易，发起者都需要向提供交易的区块头的 Relayer 支付一笔手续费。为了防止 Relayer 要求过高的手续费，其他 Relayer 可以提供更低手续费来替换前者。因为任何人都可以向这个智能合约提交比特币区块头，这就存在合法性验证问题。该合约采用比特币一样的主链验证方法。当有新区块头提交，会先找到该区块头的父亲，进而计算整条链的工作量，只有累积工作量大于当前链的工作量，该新区块头才被接收。

下面以一个具体例子来阐述基于 BTC-Relay 跨链的流程，如图 3-16 所示。

场景是 Alice 有 BTC，想从 Bob 那儿换点 ETH，因此两人在以太坊区块链上构建一个"BTCSwap"的智能合约，Bob 将他的以太币发送给"BTCSwap"合约，并将之锁定。

（1）Alice 在比特币区块链上将 BTC 发送给 Bob，同时，她希望"BTCSwap"这个合约能够知晓这笔交易，并将 Bob 冻结的 ETH 转给她；

（2）Alice 基于比特币上的交易信息与"BTCSwap"合约地址来调用 BTCRelay.relayTx()；

（3）BTCRelay 首先调用 verifyTx 方法验证比特币交易有效性；

（4）调用 BTCRelay 验证比特币，需要向提供相关比特币区块头的 Relayer 支付一些手续费；

---

① https://github.com/ethereum/btcrelay

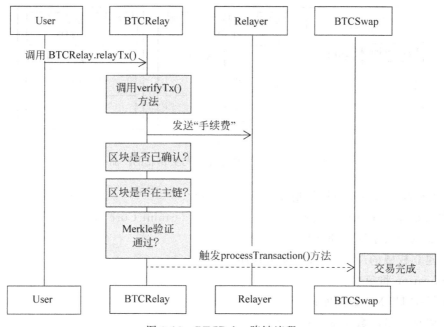

图 3-16 BTCRelay 跨链流程

（5）一旦通过"区块是否已确认，区块是否在主链"等规则验证，将触发 BTCSwap 合约里面的 processTransaction() 方法；

（6）BTCSwap 合约被触发后首先确认这个 BTCRelay 的合法性，通过后将解冻之前 Bob 的 ETH，整个交易完成。

受限于比特币的脚本语言，BTC-Relay 是单向解决方案，且由于 Relayer 提交区块头需要耗费一定的手续费(gas)，假如调用 Relay 交易的奖励无法覆盖该手续费，从成本角度来讲较难持续。尽管如此，BTC-Relay 作为跨链通信的先驱者，对跨区块链通信做出了一次积极有意义的尝试，也启发了后来的一批项目，如双向锚定的元素链、非比特币的侧链 Lisk 等。

3. Cosmos

Cosmos 是由 Interchain 基金会(ICF)提供支持，Tendermint 团队发起的一个公有链项目，旨在构建"区块链的互联网"。

Tendermint 团队采用的是自下而上的设计方式，致力于构建底层的跨链基础设施，设立协议/标准，以便其他区块链能够便捷接入，实现天然具备跨链功能的平台。Tendermint 团队对区块链的业务逻辑进行了抽象，设计的框架如图 3-17(a) 所示。

共识引擎与网络层封装为 Tendermint Core（这部分由 Tendermint 团队维护），Tendermint Core 包含了区块链运转所必备的基本功能，使得区块链开发人员从底层脱离，侧重自身应用逻辑的编写（这部分是由各个区块链开发团队完成）。其中共识机制采用的是拜占庭 PoS 算法，P2P 网络采用的是 Gossip 协议，Core 与应用层之间通过 ABCI 接口交互。这个共识算法是拜占庭容错的，只要网络中小于 1/3 的验证人是拜占庭节点，区块链就不会分叉，具备即时最终性，不像 PoW 是基于概率的，而且 TPS 是千级别的。基于这种架构模

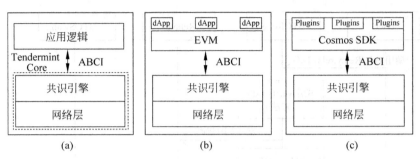

图 3-17　Cosmos 框架结构与实例化的产品

式,应用开发者可以迅速便捷地搭建自己的区块链。

如果我们基于上述框架实现比特币,那么,Tendermint Core 将实现:

(1) 节点间共享区块和交易;

(2) 建立权威的/不可更改的交易顺序。

Application 将负责:

(1) 维护 UTXO 数据库;

(2) 验证交易的数字签名;

(3) 阻止无效交易(如试图花费从不存在的交易输出);

(4) 允许客户端查询 UTXO 数据库。

其次,Tendermint 团队基于该框架实现了以太坊的逻辑,该产品称为 Ethermint(Ether 与 Tendermint 的合成词),此产品更换了原先以太坊底层的 PoW 共识机制,替换为高效 PoS 机制,而以太坊原先的智能合约等其他逻辑都可以迁移至应用层,Ethermint 的逻辑结构如图 3-17(b)所示。

此外,为了方便开发者实现基于 PoS 的区块链,Tendermint 团队还推出了 Cosmos SDK——一个可以快速开发区块链的工具套件,区块链相关常见功能都封装在 SDK 中,开发者只需专注应用逻辑的开发,如需定制化开发,SDK 提供 Plugin 机制进行扩展。Cosmos SDK 产品架构如图 3-17(c)所示。

基于上述统一标准化的框架或者工具套件,各自专注实现各自的业务逻辑,各个区块链之间以 IBC 交互,就会形成 Cosmos 生态系统,如图 3-18 所示。

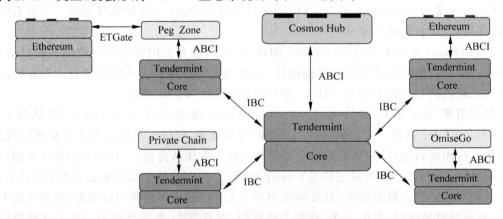

图 3-18　Cosmos 生态系统

在 Cosmos 中称一系列独立的区块链为"Zone",这些 Zone 可以是 Ethermint,基于框架实现的私有链、联盟链,或者基于 Peg Zone 桥接的现有链(如基于 PoW 共识的),这些区块链依附于一个成为"Hub"的中心区块链,Zone 与 Hub 之间通过 IBC(Inter-Blockchain Communication)通信协议交互。

综上,可以认为 Cosmos 的架构支持以下 3 大基本功能:
(1) 实现了区块链的网络以及共识机制(Tendermint Core);
(2) 支持各个应用(区块链)之间的 Token 的互换(IBC);
(3) 兼容现有区块链,支持以 Peg Zone 方式接入。

下面将重点阐述跨链实现的关键——IBC 协议[①],Hub 与 Zone 之间的交互就遵循这个协议,并且 Token 的跨链转移也是通过它来实现的。假设现在有 3 个区块链:"Zone A""Zone B"以及"Hub","Zone A"生成了一个数据包想通过"Hub"发送给"Zone B"。为了让数据包可以从一个区块链转移到另一个区块链,那么就需要在接收方区块链上发布一个证明,以明确发送链已经发起了一个到宣称目的地的数据包。接收方为了验证这个证明,就必须和发送方区块头保持一致。这种机制就与侧链采用的机制类似,它需要两个相互作用的链,通过双向的存在证明数据流(交易),来"知晓"另一方的情况。

因此,IBC 协议定义了两种交易类型的数据包:一种是 IBCBlockCommitTx,它允许区块链向任何观察员证明其最新区块哈希值,实际上是把发起链的当前最新区块头发送给目标链;另一个数据包类型是 IBCPacketTx,它不仅传递了跨链转 Token 的交易信息,还可以证明某个数据包确实是由发送者发布,通过默克尔证明机制(Merkle-proof)验证的。

其实,数据包从 Zone A 传到 Hub,再由 Hub 传到 Zone B,这里面涉及一个很重要的模式——中继,两个不同区块链之间的交互由一个第三方中继实现,它负责从发起链生成 Merkle Proof 并组装数据包,然后将其转发到目标链上,大致流程如图 3-19 所示[②]。

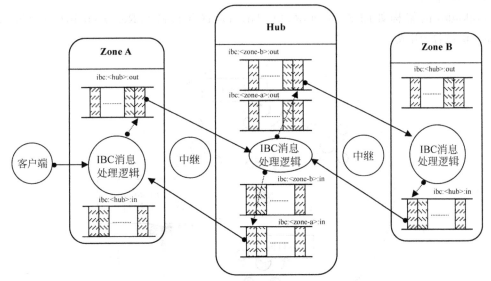

图 3-19 Cosmos 上跨链交易示意图

---

① https://github.com/cosmos/cosmos/blob/master/WHITEPAPER.md#inter-blockchain-communication-ibc
② https://xw.qq.com/cmsid/20180124A0QLPV

假设客户端想发起一个从 Zone A 到 Zone B 的一些 Token 的转移。消息先广播到 Zone A 处，Zone A 对消息进行处理，然后通过中继生成一个 Merkle Proof 并传送至 Hub，在 Hub 中进行验证后再通过中继传递至 Zone B，反之亦然。

Cosmos 的 IBC 协议不仅实现了数字 Token 跨链转移，其 IBC 协议中的 Payload 预留扩展机制，理论上可以传输其他类型的数据结构。Irisnet 将其扩展为一个跨链服务基础协议，让大家可以跨链调用不同的服务。

4. Polkadot

Polkadot 是 Web3 基金会支持，由以太坊前任 CTO 加文·伍德（Gavin Wood）主导的团队（开发以太坊钱包 Parity 的团队）研发的跨链项目。Polkadot 字面意思是 Polka dot（波尔卡点），是一种均匀分布的圆点图案，寓意多链的并行存在。此外，Polka 还有另外一层寓意，它还指波尔卡舞，在 Tendermint 白皮书共识章节的配图中就有跳波尔卡舞的，可以看出 Polkadot 一定程度受到 Tendermint 的影响，两者都致力于实现万链互联的宏愿。具体而言，Polkadot 是一种可扩展的异构多链技术，它提供了一套通用的跨链协议，只要兼容此协议的区块链系统都可以实现跨链互联，Polkadot 所构想的是一种新型的区块链形态，它不只是一种区块链，而是一种新的范式——"链网"，由单独的中继链去统一管理共识安全和数据交互，用百花齐放的并行链技术去满足各种应用需求，进一步分离共识和状态转换，旨在解决当前区块链技术的伸缩性（Scalability）和隔离性（Isolatability）问题，以提供众多异构区块链系统之间去信任、去中心化的通用的互访问性、互操作性为目标。Polkadot 宣称是未来 Web 3 时代的基础设施之一（参见图 3-10 Web 3 技术栈概念图），是一个未来"区块链互联网"的基础协议。

1）总体框架

Polkadot 的架构如图 3-20 所示，由 Parachain（并行链）、Relay chain（中继链）以及 Bridge（桥接器）组成。

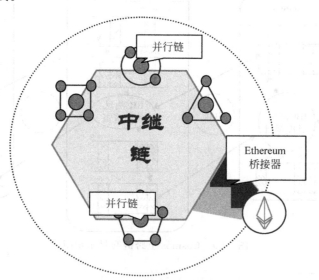

图 3-20 Polkadot 架构示意图

Relay chain 是核心，是一个功能类似 Cosmos Hub 的枢纽连接器，主要负责协调共识、并行链间跨链交易转发。Polkadot 受 Tendermint 和 HoneyBadgerBFT 启发[①]，采用了一种异步拜占庭容错算法以达成区块的共识。此外，为了激励验证人参与系统，还额外使用 PoS 共识机制选取验证人。Relay chain 本身不包含任何应用，这些均在 Parachain 上实现。

Parachain 是 Parallelizable Chain 的缩写，意思是可并行化的链，是指多条收集和处理交易并且传送至 Relay chain 的成员区块链，它们的安全性是附着于 Relay chain 的，每个参与的 Parachain 专注于特定领域的应用，这与 Cosmos Zone 较为类似，它们都是符合 Polkadot 规定标准/协议的新型区块链系统；Bridges 是兼容现有区块链（例如以太坊这类具有独立共识系统的链）的机制，当以太坊需要与 Polkadot 交互，则需要先针对以太坊开发相应的桥接器，这样以太坊的数据就可以转为 Polkadot 所需的交互格式。它的作用同 Cosmos Peg Zone 类似，Cosmos 和 Polkadot 都希望在启动时能够快速连接到以太坊主网。

因此 Polkadot 平台要求必须具备的特征如下所示。

(1) 最小化（Minimal）：Relay chain 功能越少越好。

(2) 简单性（Simple）：基础协议尽可能简单，尽量将功能推至 Parachain。

(3) 通用性（General）：不该对加入的 Parachain 设置限制或先决条件，尽可能用抽象的模型来优化 Polkadot。

(4) 健壮性（Robust）：Polkadot 需要提供一个稳定的基础层。

综上，Polkadot 只有保持最小的功能性，尽量把复杂的应用逻辑推至并行链，保持通用的跨链协议，核心在于保障基础层的安全与健壮性，才能让兼容此协议的外围链通过 Polkadot 互通互联，专注于自身的业务与创新。

为了支撑中继链，网络中设置了四种角色：收集人（Collator）、钓鱼人（Fisherman）、提名人（Nominator）、验证人（Validator）。

提名人是持有 Token（DOT）的权益群体，他们将手中的 Token 投票给候选人，其中得票最高的上百个候选人将成为验证人，验证人拥有最高权力——全系统出块权。同时，验证人需要抵押足够多的押金（Token），如果不履行职责，押金可能扣减或者全部丧失。当然，出块也有奖励，与之关联的提名人也会根据他们入金比例同奖同罚。收集人负责采集并行链的信息并把信息打包提交给验证人，他们是帮助验证人创造有效区块的群体，一般他们会运行某个并行链的全节点，他们为了更多的手续费，竞争性地收集信息。与验证人、收集人不同，钓鱼人并不直接参与区块打包相关的过程，他只负责监督系统内的非法行为，检查出来获得奖励。非法行为包括在并行链上批准一个无效的区块等。成为钓鱼人也是需要支付一定押金的，押金不多，主要用于预防浪费验证人计算时间和资源的女巫攻击。四种角色的关系如图 3-21 所示。

具体而言，经选举后中继链上会有 100 多个验证人（一般 144），中继链上包含了所有并行链的协议，能够识别并行链的交易格式，如比特币 UTXO 格式，还能解析并行链交易相关的证明数据。对于每一个区块，验证人都先随机分组，各个小组负责不同的并行链。每条并行链都有相关的收集人，他们把交易收集到区块里，并附上一个非交互的零知识证明（Noninteractive Zero-knowledge Proof），用来证明本子块的父块是有效的，一起交给负责该并行链的验证人

[①] https://polkadot.network/PolkaDotPaper.pdf

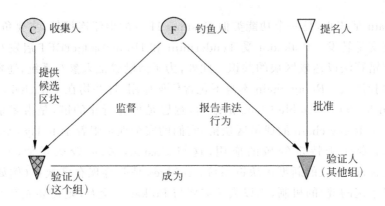

图 3-21 Polkadot 中 4 种角色交互示意图

小组,验证人小组随机选定候选块进行验证,共识出该高度的并行链区块。待所有并行链区块都确认,全体验证人再把消息路由至相应目的并行链,之后再共识中继链区块。下一周期,验证人再度打散,并行链将一致性让渡给中继链,自身只负责交易有效性,如此循环。

2) 跨链流程

Polkadot 上跨链交易示意图如图 3-22 所示。有了 Relay chain 对全系统的安全性保障,Polkadot 上的链间通信就相对简单了:每个 Parachain 会维护一个出口(egress)以及入口(ingress)交易队列,队列利用 Merkle 树来保证数据真实。当一个 Parachain(A)向另一个 Parachain(B)发起跨链交易时,该交易会被推送到 A 的出口队列,然后由 Relay chain 把 A 的出口队列中的交易传送到 B 的入口队列,然后再由 B 自行处理其入口队列中的交易。

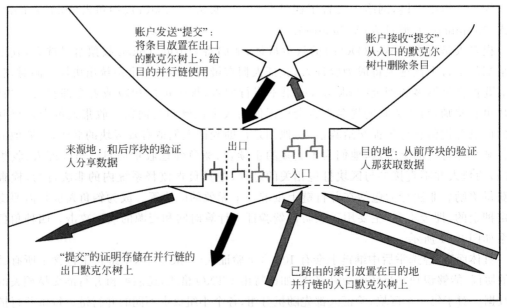

图 3-22 Polkadot 上跨链交易示意图

3) Substrate

类似 Cosmos 中 Cosmos SDK,Substrate 是面向区块链开发者的一个用于构建区块链的工具套件,使得开发者可以更方便地在网络上创建自己的区块链。

Substrate 主要提供如下功能：
(1) 共识机制：提供拜占庭容错机制的功能；
(2) P2P 网络：例如 P2P 节点的搜索、同步等；
(3) WebAssembly 虚拟机：可以运行智能合约；
(4) 轻客户端：支持低性能设备的直接接入；
(5) 多语言版本：官方将提供 Rust、JS 的全协议客户端。

Polkadot 网络建立在 Substrate 之上，就像 Cosmos 网络建立在 Cosmos SDK 之上。开发者不用关心共识，而只要专注于区块链应用本身。

5．Wanchain

Cosmos 和 Polkadot 是设立标准/接口，其他区块链遵循，以主动兼容的方式去实现跨链交互，而 Wanchain(万维链)则是一条条去适配现有的异构链，将其纳入 Wanchain 平台，Wanchain 3.0 已打通了比特币、以太坊之间的跨链交易。

万维链项目由国内企业发起，旨在建立一个分布式的"银行"，一个可随意交易所有数字资产的未来银行。正如传统银行是现代金融的基础设施一样，万维链致力构建一个全新的、分布式的数字资产金融基础设施，以去中心化的方式完成不同区块链网络的连接及价值的交换。万维链的整体模型如图 3-23 所示[①]。

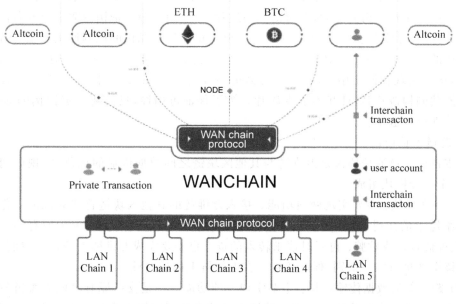

图 3-23 万维链的模型

从图 3-23 我们可以看出万维链主要面向两种区块链：一是现有区块链，如比特币链、以太坊链；二是遵循万维链协议开发的区块链，即图 3-23 中所示的 LAN Chain，这是面向传统金融资产上链的形式，这样不同类型的资产能够链接起来。

---

① https://wanchain.org/files/Wanchain-Whitepaper-EN-version.pdf

万维链通过安全多方计算（Secure Multi-Party Computation）和门限密钥共享机制（Threshold Key Sharing Scheme）并结合多角色节点设计，来完成跨链锁定账号的分布式秘钥管理，在不改变原有链机制的基础上通过跨链通信协议实现最小代价接入，从而链接不同区块链网络及数字资产，实现多种资产在万维链网络中的自由流通。

万维链采用的是 PoS 共识，万币（WANCoin）是万维链的原生币，总量为 2.1 亿个。万维链设想的跨链场景是这样的：假设 Alice 要将 1 个 BTC 转移至万维链，那么首先她需要在比特币链上发送一个 BTC 到锁定账户；万维链验证完毕后，万维链上 Alice 的账户会生成等值的锚定币 WBTC（即万维链上特有的 BTC），Alice 可以使用锚定币在万维链上流通，例如在去中心化交易所买 Bob 的 10 个 WETH（ETH 的锚定币），WETH 也可以转至 Alice 以太坊上的账户，变成 ETH。一旦资产返回原链，WBTC 或 WETH 会被销毁。不同公链的锚定币可以与万币兑换，支持者越多，意味着万维链接入应用越广。

区块链中打包交易并进行交易验证的节点称为验证节点，在万维链中，验证节点又细分为普通验证节点（Validator）、跨链交易证明节点（Voucher）和锁定账户管理节点（Storeman）。其中 Voucher 负责在跨链交易过程中提供原有链账户与锁定账户之间交易的证明，前提是 Voucher 需要缴纳一定的保证金，保证金交得高，它所提供的证明被采纳的概率也越高，与此同时，若提供虚假证明，它的保证金将会被扣除并剥夺其身份；Voucher 验证原链交易确认后，向 Validator 发送"true"的信号，而后 Validator 通知 Storeman 对锁定账户进行相关操作，并完成万维链账本的记账操作。Storeman 负责控制锁定账户，该类节点掌握锁定账号私钥的份额，在跨链交易过程中，使用掌握的密钥份额生成签名份额并合成完整签名，进而对锁定账户进行相关操作。Storeman 管理私钥的机制使用安全多方计算＋门限密钥的技术，Storeman 必须共同参与计算才能生成锁定账号的公私钥，而私钥只是理论存在，从未出现在网络中，以碎片的方式分散在各 Storeman 手中，交易时参与方要再次合力才能共同构造签名，且互不泄露碎片。为了保证可用性，只需要一定比例的 Storeman 参与计算即可构造签名。

1）跨链通信协议

万维链的跨链通信协议是万维链与其他区块链之间数据传输的规范，实现链间数据流转，由三个功能模块组成。

（1）注册模块：主要实现两项功能。接入万维链的其他区块链首要完成的工作就是完成在万维链上的注册，万维链基于特定算法为原有链生成唯一标识，维护原有链标识注册表，避免虚假链造成欺骗；再者对请求转入的资产也需要完成万维链上的注册，确保万维链可以对该资产进行唯一识别，保证该资产在万维链上的流通性。

（2）跨链交易数据传输模块：主要实现三项功能。一是支持原有链向万维链发起跨链交易请求；二是万维链验证节点应对跨链交易请求并返回操作成功与否的回执；三是万维链验证节点向原有链发送合法交易，以实现原有链资产转回。

（3）交易状态查询模块：主要实现查询原有链状态数据的功能，以确认原有链上用户向万维链锁定账户转入资产的交易是否已被确认、万维链锁定账户向原有链上用户转回资产的交易是否已被确认。

2）跨链交易示例

万维链实现跨链的关键在于锁定账户，当资产从原链转到万维链时，原链上的资产必须被安全锁定；反之，当资产返回原链时，资产也能安全解锁。下面以以太坊为例详细说明公有链与万维链之间资产的转入转回，如图 3-24 和图 3-25 所示。

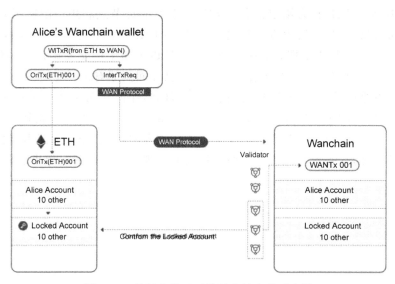

图 3-24　从以太坊至万维链跨链交易示意图

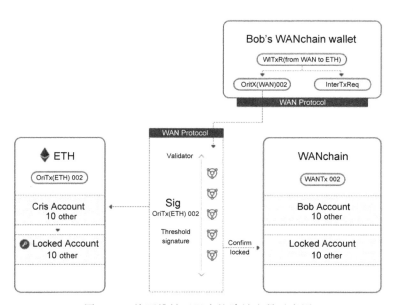

图 3-25　从万维链至以太坊跨链交易示意图

（1）转入过程：假设 Alice 和 Bob 在以太坊和万维链上都拥有账户，Alice 需要向 Bob 转移 10 个 ETH。首先 Alice 利用万维链钱包发起一个跨链交易请求，发送方是以太坊上的账户，接收方是万维链在以太坊上的跨链锁定账户（Locked Account）；万维链验证节点收到跨链交易请求并验证以太坊上该交易已完成记账，然后在万维链上创建一个新的智能合约代币 ETH'，ETH' 就是 Alice 需要跨链转移的 ETH 在万维链上的等价物，并将该资产链转移到 Bob 在万维链的账户中。

（2）转回过程：Bob 将从 Alice 处收到的 10 个 ETH 转给 Cris。Bob 使用他的万维链钱包向 ETH'资产合约发起一笔跨链交易，验证节点一旦收到该请求即将 Bob 的该笔资产对应的价值 10 个 ETH'转为锁定状态；成功锁定后，验证节点利用门限密钥共享机制构造出一笔以太坊交易，交易的转出方就是之前被锁定的 Alice 的锁定账户（Locked Account），转入方是 Cris 在以太坊上的账户；在验证节点验证以太坊上的交易确认后，将 Bob 账号下锁定的 10 个 ETH'将被清空，意味着等值的资产已经回到原有链。

上述基于万维链的整个跨链过程比较安全（密码学保证），无须第三方参与，原有链接入门槛较低，但是跨链的关键锁定账户的异常情况（如 Storeman 凑不齐密钥还原所需份额）处理还待完善。总之，万维链为跨链交易提供了新的方向，基于分布式密钥控制在跨链上实现锁定账户的管理，这是万维链不改变原链机制而实现万链互联的一个重要模式。

第4章

共识算法

本章主要介绍区块链共识算法的分布式计算基础知识,并简要概述区块链发展历程中出现的各类共识算法。

4.1 共识简史

共识问题是社会科学和计算机科学领域的经典问题,已经有很长的研究历史。目前有记载的文献至少可以追溯到 1959 年,兰德公司和布朗大学的埃德蒙·艾森伯格(Edmund Eisenberg)和大卫·盖尔(David Gale)发表的 *Consensus of Subjective Probabilities: The Pari-Mutuel Method*[10],主要研究针对某个特定的概率空间,一组个体各自有其主观的概率分布时,如何形成一个共识概率分布的问题。随后,共识问题逐渐引起各学科领域的研究兴趣。

本节将按时间顺序介绍共识问题的研究历史[11-13]。

4.1.1 传统分布式一致性研究

1975 年,纽约州立大学石溪分校的阿克云卢(E. A. Akkoyunlu)、埃卡纳德汉姆(K. Ekanadham)和胡贝尔(R. V. Huber)在论文 *Some Constraints and Tradeoffs in the Design of Network Communications* 中首次提出了计算机领域的两军问题及其无解性证明;1978 年,著名的数据库专家吉姆·格雷正式将该问题命名为"两军问题"(详见 4.2.3 节)。两军问题表明,在不可靠的通信链路上试图通过通信达成一致共识是不可能的,这被认为是计算机通信研究中第一个被证明无解的问题。两军问题对计算机通信研究产生了重要的影响,TCP/IP 协议的"三次握手"过程即被认为是为了解决两军问题不存在理论解而诞生的简单易行、成本可控的"工程解"。

分布式计算领域的共识问题于 1980 年由马歇尔·皮斯(Marshall Pease)、罗伯特·肖斯塔克(Robert Shostak)和莱斯利·兰伯特(Leslie Lamport)提出[14],该问题主要研究在一组可能存在故障节点、通过点对点消息通信的独立处理器网络中,非故障节点如何能够针对特定值达成一致共识。1982 年,他们在另一篇文章中正式将该问题命名为"拜占庭将军问题"[15]，提出了基于口头消息和基于签名消息的两种算法来解决该问题（详见 4.2.4 节）。拜占庭假设是对现实世界的模型化，强调的是由于硬件错误、网络拥塞或断开以及遭到恶意攻击，计算机和网络可能出现的不可预料的行为。此后，分布式系统的共识算法可以分为两类，即拜占庭容错和非拜占庭容错类共识。早期共识算法一般为非拜占庭容错算法，例如应用于分布式数据库的 Viewstamped Replication 和 Paxos，目前主要应用于联盟链和私有链；2008 年末，比特币等公有链诞生后，拜占庭容错类共识算法才逐渐获得实际应用。需要说明的是，拜占庭将军问题是区块链技术核心思想的根源，直接影响着区块链系统共识算法的设计思路和实现方式，因而在区块链技术体系中具有重要意义。

1985 年，迈克尔·费舍尔（Michael Fisher）、南希·林奇（Nancy Lynch）和迈克尔·帕特森（Michael Paterson）共同发表了论文 *Impossibility of Distributed Consensus with One Faulty Process*。这篇文章证明：在含有多个确定性进程的异步系统中，只要有一个进程可能发生故障，那么就不存在协议能保证有限时间内使所有进程达成一致。按照作者姓氏的首字母，该定理被命名为 FLP 不可能定理，是分布式系统领域的经典结论之一，并由此获得了 Dijkstra 奖。FLP 不可能定理同样指出了存在故障进程的异步系统的共识问题不存在有限时间的理论解，因而必须寻找其可行的"工程解"。为此，研究者们只能通过调整问题模型来规避 FLP 不可能定理，例如牺牲确定性、增加时间等；加密货币则是通过设定网络同步性（或弱同步性）和时间假设来规避 FLP 不可能性，例如网络节点可以快速同步，且矿工在最优链上投入有限时间和资源等。区块链共识算法的发展脉络如图 4-1 所示。

1988 年，麻省理工学院的布莱恩·奥奇（Brian M. Oki）和芭芭拉·里斯科夫（Barbara H. Liskov，著名计算机专家、2008 年图灵奖得主）提出了 Viewstamped Replication（以下简称 VR）一致性算法，采用主机-备份（Primary-backup）模式，规定所有数据操作都必须通过主机进行，然后复制到各备份机器以保证一致性。1989 年，莱斯利·兰伯特（Leslie Lamport）在工作论文"The Part-Time Parliament"中提出 Paxos 算法，由于文章采用了讲故事的叙事风格且内容过于艰深晦涩，直到 1998 年才通过评审，发表在 *ACM Transactions on Computer Systems* 期刊上[16]。Paxos 是基于消息传递的一致性算法，主要解决分布式系统如何就某个特定值达成一致的问题。随着分布式共识研究的深入，Paxos 算法获得了学术界和工业界的广泛认可，并衍生出 Abstract Paxos、Classic Paxos、Byzantine Paxos 和 Disk Paxos 四类变种算法，成为解决异步系统共识问题最重要的算法家族。实际上，VR 算法本质上也是一类 Paxos 算法。需要说明的是，VR 和 Paxos 算法均假设系统中不存在拜占庭故障节点，因而是非拜占庭容错的共识算法。

分布式一致性是分布式计算的根本问题之一。虽然共识（Consensus）和一致性（Consistency）在很多文献和应用场景中被认为是近似等价和可互换使用的，但二者含义存在着细微的差别：共识研究侧重于分布式节点达成一致的过程及其算法，而一致性研究则侧重于节点共识过程最终达成的稳定状态；此外，传统分布式一致性研究大多不考虑拜占庭容错问题，即假设不存在恶意篡改和伪造数据的拜占庭节点，因此在很长一段时间里，传统分布式一致性算法的应用场景大多是节点数量有限且相对可信的分布式数据库环境①。

---

① 随着相对中心化和可信环境的私有链和联盟链的出现，传统分布式一致性算法在区块链领域有了用武之地，这些算法也因此成为区块链共识的重要组成部分。

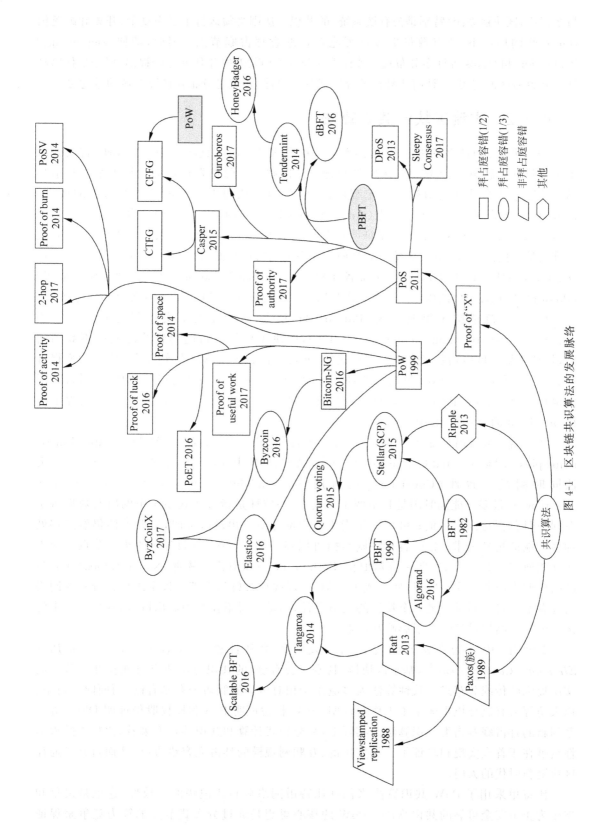

图 4-1 区块链共识算法的发展脉络

与之相比,区块链系统(特别是公有链系统)的共识算法则必须运行于更为复杂、开放和缺乏信任的互联网环境下,节点数量更多且可能存在恶意拜占庭节点。因此,即使 Viewstamped Replication 和 Paxos 等许多分布式一致性算法早在 20 世纪 80 年代就已经提出,但是如何跨越拜占庭容错这道鸿沟,设计简便易行的分布式共识算法,仍然是分布式计算领域的难题之一。

4.1.2 主流区块链共识算法

1993 年,美国计算机科学家、哈佛大学教授辛西娅·德沃克(Cynthia Dwork)首次提出了工作量证明思想,用来解决垃圾邮件问题。该机制要求邮件发送者必须算出某个数学难题的答案来证明其确实执行了一定程度的计算工作,从而提高垃圾邮件发送者的成本。1997 年,英国密码学家亚当·伯克(Adam Back)也独立地提出并于 2002 年正式发表了用于哈希现金(Hash Cash)的工作量证明机制。哈希现金也是致力于解决垃圾邮件问题,其数学难题是寻找包含邮件接受者地址和当前日期在内的特定数据的 SHA-1 哈希值,使其至少包含 20 个前导零。1999 年,马库斯·雅各布松(Markus Jakobsson)正式提出了"工作量证明"(Proof of Work,PoW)的概念。这些工作为后来中本聪设计比特币的共识机制奠定了基础。

1999 年,芭芭拉·里斯科夫(Barbara H. Liskov)等提出了实用拜占庭容错算法(Practical Byzantine Fault Tolerance,PBFT),解决了原始拜占庭容错算法效率不高的问题,将算法复杂度由指数级降低到多项式级,使得拜占庭容错算法在实际系统应用中变得可行。PBFT 实际上是 Paxos 算法的变种,通过改进 Paxos 算法使其可以处理拜占庭错误,因而也称为 Byzantine Paxos 算法,可以在保证活性(Liveness)和安全性(Safety)的前提下提供 $(n-1)/3$ 的容错性,其中 n 为节点总数。

2000 年,加利福尼亚大学的埃里克·布鲁尔(Eric Brewer)在 ACM Symposium on Principles of Distributed Computing 研讨会的特邀报告中提出了一个猜想:分布式系统无法同时满足一致性(Consistency)、可用性(Availability)和分区容错性(Partition Tolerance),最多只能同时满足其中两个。其中,一致性是指分布式系统中的所有数据备份在同一时刻保持同样的值;可用性是指集群中部分节点出现故障时,集群整体仍然能够处理客户端的更新请求;分区容忍性则是指可以容忍数据分区,不同分区的集群节点之间无法互相通信。2002 年,塞斯·吉尔伯特(Seth Gilbert)和南希·林奇(Nancy Lynch)在异步网络模型中证明了这个猜想,使其成为 CAP 定理或称布鲁尔定理。该定理使得分布式网络研究者不再追求同时满足三个特性的完美设计,而是不得不在其中做出取舍,这也为后来的区块链体系结构设计带来了影响和限制。

2008 年,中本聪在密码学邮件组中发表了奠基性论文 *Bitcoin:A Peer-to-Peer Electronic Cash System*[1],基于区块链(特别是公有链)的共识算法研究自此拉开序幕。前文所提到的传统分布式一致性算法大多应用于相对可信的联盟链和私有链,而面向比特币、以太坊等公有链环境则诞生了工作量证明 PoW、权益证明 PoS 和授权股份证明 DPoS 等一系列新的拜占庭容错类共识算法。实际上,从分布式计算和共识的角度来看,比特币的根本性贡献在于首次实现和验证了一类实用的、互联网规模的拜占庭容错协议,从而打开了通往区块链新时代的大门。

比特币采用了 PoW 共识算法来保证比特币网络分布式记账的一致性,这也是最早和迄今为止最安全可靠的共识算法。PoW 的核心思想是通过分布式节点的算力竞争来保证数据的一致性和共识的安全性。比特币系统的各节点（即矿工）基于各自的计算机算力相互竞争来共同解决一个求解复杂但是验证容易的 SHA256 数学难题（即挖矿），最快解决该难题的节点将获得下一区块的记账权和系统发行的比特币奖励。PoW 共识在比特币中的应用具有重要意义，其近乎完美地整合了比特币系统的货币发行、流通和市场交换等功能，并保障了系统的安全性和去中心性。然而，PoW 共识同时存在着显著的缺陷，其强大算力造成的资源浪费（主要是电力消耗）历来为人们所诟病，而且长达 10 分钟的交易确认时间使其相对不适合小额交易的商业应用[2]。

2011 年 7 月，一位名为 Quantum Mechanic 的数字货币爱好者在比特币论坛（www.bitcointalk.org）首次提出了权益证明（Proof of Stake，PoS）共识算法①。随后，Sunny King 在 2012 年 8 月发布的点点币（Peercoin，PPC）中首次实现该算法。PoS 由系统中具有最高权益而非最高算力的节点获得记账权，其中权益体现为节点对特定数量货币的所有权，称为币龄或币天数（Coin Days）。PPC 将 PoW 和 PoS 两种共识算法结合起来，初期采用 PoW 挖矿方式以使 Token 相对公平地分配给矿工，后期随着挖矿难度增加，系统将主要由 PoS 共识算法维护。PoS 一定程度上解决了 PoW 算力浪费的问题，并能够缩短达成共识的时间，因而比特币之后的许多竞争币都采用 PoS 共识算法。

2013 年 2 月，以太坊创始人维塔利克·布特林（Vitalik Buterin）在比特币杂志网站详细地介绍了 Ripple（瑞波币）及其共识过程的思路。Ripple 项目实际上早于比特币，2004 年就由瑞安·福格尔（Ryan Fugger）实现，其初衷是创造一种能够有效支持个人和社区发行自己货币的去中心化货币系统；2014 年，大卫·施瓦尔茨（David Schwartz）等提出了瑞波协议共识算法（Ripple Protocol Consensus Algorithm，RPCA）②，该共识算法解决了异步网络节点通信时的高延迟问题，通过使用集体信任的子网络（Collectively-Trusted Subnetworks），在只需最小化信任和最小连通性的网络环境中实现了低延迟、高鲁棒性的拜占庭容错共识算法。目前，Ripple 已经发展为基于区块链技术的全球金融结算网络。

2013 年 8 月，比特股（Bitshares）项目提出了一种新的共识算法，即授权股份证明算法（Delegated Proof-of-Stake，DPoS）③。DPoS 共识的基本思路类似于"董事会决策"，即系统中每个节点可以将其持有的股份权益作为选票授予一个代表，获得票数最多且愿意成为代表的前 N 个节点（N 一般为奇数）将进入"董事会"，按照既定的时间表轮流对交易进行打包结算，并且签署（即生产）新区块[2]。如果说 PoW 和 PoS 共识分别是"算力为王"和"权益为王"的记账方式的话，DPoS 则可以认为是"民主集中式"的记账方式，其不仅能够很好地解决 PoW 浪费能源和联合挖矿对系统的去中心化构成威胁的问题，还能够弥补 PoS 中拥有记账权益的参与者未必希望参与记账的缺点，其设计者认为 DPoS 是当时最快速、最高效、最去中心化和最灵活的共识算法。

2013 年，斯坦福大学的迭戈·翁伽罗（Diego Ongaro）和约翰·奥斯特豪特（John Ousterhout）提出了 Raft 共识算法。正如其论文标题"In Search of an Understandable Consensus Algorithm"所述，Raft 的初衷是为设计一种比 Paxos 更易于理解和实现的共识

---

① https://en.bitcoin.it/wiki/Proof of Stake
② https://ripple.com/files/ripple consensus whitepaper.pdf
③ http://docs.bitshares.org/bitshares/dpos.html

算法。要知道，由于 Paxos 论文难以理解，Lamport 于 2001 年曾专门写过一篇文章"Paxos Made Simple"，试图简化描述 Paxos 算法但效果不好，这也直接促使 Raft 的提出。目前，Raft 已经在多个主流的开源语言中得以实现。

4.1.3 共识算法的新进展

自 2014 年起，随着比特币和区块链技术快速进入公众视野，许多学者开始关注并研究区块链技术，共识算法也因此进入快速发展、百花齐放的时期。许多新共识算法在这段时间被提出，如图 4-1 和表 4-1 所示。它们或者是原有算法的简单变种，或者是为改进某一方面性能而做出的微创新，或者是为适应新场景和新需求而做出重大改进的新算法。需要说明的是，这些共识算法由于提出时间尚短，目前大多尚未获得令人信服的实践验证，有些甚至只是科研设想；但这些算法均具有明显的创新之处，具有一定的大规模应用的前景，因此我们写出来以飨读者，并期待能够启发后续的创新研究。

表 4-1 区块链共识算法一览表

名 称	提出年份	拜占庭容错	基础算法	代表性应用
Viewstamped replication	1988	否	无	BDB-HA
Paxos（族）	1989	否	无	Chubby
PBFT	1999	是（<1/3）	BFT	Hyperledger v0.6.0
PoW	1999	是（<1/2）	无	Bitcoin
PoS	2011	是（<1/2）	无	Peercoin, Nxt
DPoS	2013	是（<1/2）	PoS	EOS, Bitshares
Raft	2013	否	无	etcd, braft
Ripple	2013	是（<1/5）	无	Ripple
Tendermint	2014	是（<1/3）	PoS+PBFT	Monax
Tangaroa(BFTRaft)	2014	是（<1/3）	Raft+PBFT	—
Proof of activity	2014	是（<1/2）	PoW+PoS	Decred
Proof of burn	2014	是（<1/2）	PoW+PoS	Slimcoin
Proof of space	2014	是（<1/2）	PoW	Burstcoin
Proof of stake velocity(PoSV)	2014	是（<1/2）	PoW+PoS	ReddCoin
Casper	2015	是（<1/2）	PoW+PoS	Ethereum
Quorum voting	2015	是（<1/3）	Ripple+Stellar	Sawtooth Lake
Stellar(SCP)	2015	是（<1/3）	Ripple+BFT	Stellar
Algorand	2016	是（<1/3）	PoS+BFT	ArcBlock
Bitcoin-NG	2016	是（<1/2）	PoW	—
Byzcoin	2016	是（<1/3）	BTC-NG	—
dBFT	2016	是（<1/3）	PoS+pBFT	NEO
Elastico	2016	是（<1/3）	PBFT+PoW	—
HoneyBadger	2016	是（<1/3）	Tendermint	—
PoET	2016	是（<1/2）	PoW	Sawtooth Lake
Proof of luck	2016	是（<1/2）	PoW	Luckychain
Scalable BFT	2016	是（<1/3）	Tangaroa	Kadena
2-hop	2017	是（<1/2）	PoW+PoS	—

续表

名称	提出年份	拜占庭容错	基础算法	代表性应用
ByzCoinX	2017	是（<1/3）	ByzCoin+Elastico	OmniLedger
Proof of authority	2017	是（<1/2）	PoS	Parity
Proof of useful work	2017	是（<1/2）	PoW	—
Ouroboros	2017	是（<1/2）	PoS	Cardano
Sleepy consensus	2017	是（<1/2）	PoS	—

1. 主线一：PoW 与 PoS 算法的有机结合

研究者基于 PoW 和 PoS 算法的有机结合，相继提出了权益-速度证明（Proof of Stake Velocity，PoSV）[1]、燃烧证明（Proof of Burn，PoB）[2]、行动证明（Proof of Activity，PoA）[3] 和二跳（2-hop）共识算法[4]，致力于取长补短，解决 PoW 与 PoS 存在的能源消耗与安全风险问题。2014 年 4 月，拉里·雷恩（Larry Ren）在蜗牛币 Reddcoin 白皮书中提出了 PoSV 共识算法，针对 PoS 中币龄是时间的线性函数这一问题进行改进，致力于消除持币人的屯币现象。PoSV 算法前期使用 PoW 实现代币分配，后期使用 PoSV 维护网络长期安全。PoSV 将 PoS 中币龄和时间的线性函数修改为指数式衰减函数，即币龄的增长率随时间减少最后趋于零。因此新币的币龄比老币增长地更快，直到达到上限阈值，这在一定程度上缓和了持币者的屯币现象。2014 年 5 月发行的 Slimcoin 借鉴了比特币和点点币的设计，基于 PoW 和 PoS 首创提出了 PoB 共识算法。其中，PoW 共识被用来产生初始的代币供应，随着时间增长，区块链网络累积了足够的代币时，系统将依赖 PoB 和 PoS 共识来共同维护。PoB 共识的特色是矿工通过将其持有的 Slimcoin 发送至特定的无法找回的地址（燃烧）来竞争新区块的记账权，燃烧的币越多则挖到新区块的概率越高。2014 年 12 月提出的 PoA 共识也是基于 PoW 和 PoS，其中采用 PoW 挖出的部分代币以抽奖的方式分发给所有活跃节点，而节点拥有的权益与抽奖券的数量即抽中概率成正比。二跳共识于 2017 年 4 月提出，其设计初衷是为解决 PoW 潜在的 51% 算力攻击问题，解决思路是在 PoW 算力的基础上引入 PoS 权益，使得区块链安全建立在诚实节点占有大多数联合资源（算力+权益）的基础上。换句话说，拜占庭节点必须同时控制 51% 以上的算力和 51% 以上的权益，才能成功实施 51% 攻击，这无疑极大地提高了区块链的安全性。

2. 主线二：原生 PoS 算法的改进

原生 PoS 共识算法的改进目标主要是解决其固有的"无利害关系"（Nothing at Stake）问题，形成了 Tendermint[5]，以及由其衍生出的 Casper[6]、Ouroboros[7]、Tezos[8] 和

---

[1] https://assets.coss.io/documents/white-papers/reddcoin.pdf
[2] https://en.bitcoin.it/wiki/Proof of burn
[3] http://eprint.iacr.org/2014/452
[4] https://eprint.iacr.org/2016/716
[5] https://tendermint.com/static/docs/tendermint.pdf
[6] https://www.finder.com/ethereum-casper
[7] http://eprint.iacr.org/2017/573
[8] https://www.tezos.com/static/papers/position paper.pdf

Honeybadger[①]等新共识算法。原生 PoS 共识一般假设系统中的对等节点都是静态和长期稳定的,这在区块链环境中并不现实。2014 年提出的 Tendermint 的重大突破是使用区块、哈希链接、动态验证器集合和循环的领导者选举,实现了第一个基于 PBFT 的 PoS 共识算法。为解决无利害关系问题,Tendermint 节点需要缴纳保证金,如果作恶,保证金就会被罚没。Tendermint 是一种拜占庭容错的共识算法,具有抵御双花攻击的鲁棒性,并且可以抵御网络中至多三分之一的拜占庭故障节点的攻击。

2015 年提出的 Casper 是以太坊计划在其路线图中称为宁静(Serenity)的第四阶段采用的共识算法,尚在设计、讨论和完善阶段。目前 Casper 总共有两个版本,即由弗拉德·赞姆吉(Vlad Zamjir)领导的 Casper the Friendly Ghost (CTFG)[②]和由 Vitalik Buterin 带领实现的 Casper Friendly Finality Gadget (CFFG)[③]。前者是明确的 PoS 共识,而后者则是 PoW 和 PoS 共识的有机结合。同时,PoS 共识的两个主要原理分别是基于链的 PoS 和基于拜占庭容错的 PoS。Tendermint 是基于拜占庭容错的 PoS 设计。相比之下,CTFG 是基于链的 PoS 设计,而 CFFG 则是两者的结合。

2016 年提出的 HoneyBadger 共识是首个实用的异步拜占庭容错共识协议,可以在没有任何网络时间假设的前提下保证区块链系统的活性(Liveness)。该共识基于一种可实现渐进有效性的原子广播协议,能够在广域网的上百个节点上每秒处理上万笔交易。2017 年 8 月提出的 Ouroboros 共识是首个基于 PoS 并且具有严格安全性保障的区块链协议,其特色是提出了一种新的奖励机制来驱动 PoS 共识过程,使得诚实节点的行为构成一个近似纳什均衡,可以有效地抵御区块截留和自私挖矿等由于矿工的策略性行为而导致的安全攻击。

3. 主线三:原生 PoW 共识算法的改进

原生 PoW 共识算法的改进目标主要是实现比特币扩容或者降低其能耗。2015 年,康奈尔大学的伊泰·埃亚勒(Ittay Eyal)等提出一种新的共识算法 Bitcoin-NG,将时间切分为不同的时间段,在每一个时间段上由一个领导者负责生成区块、打包交易。该协议引入了两种不同的区块:用于选举领导者的关键区块和包含交易数据的微区块。关键区块采用比特币 PoW 共识算法生成,然后领导者可以使用小于预设阈值的速率(如 10 秒)在当前时间段生成多个微区块。Bitcoin-NG 可在不改变区块容量的基础上通过选举领导者生成更多的区块,从而辅助解决比特币的扩容问题。同年 8 月提出的 ByzCoin 共识算法借鉴了 Bitcoin-NG 这种领导者选举和交易验证相互独立的设计思想,是一种新型的可扩展拜占庭容错算法,使得区块链系统在保持强一致性的同时达到超出 Paypal 吞吐量的高性能和低确认延迟。2016 年提出的 Elastico 共识机制通过分片技术来增强区块链的扩展性,其思路是将挖矿网络以可证明安全的方式隔离为多个分片(Shard),这些分片并行地处理互不相交的交易集合。Elastico 是第一个拜占庭容错的安全分片协议。2017 年,OmniLedger 进一步借鉴 ByzCoin 和 Elastico 共识,设计并提出名为 ByzCoinX 的拜占庭容错协议。OmniLedger 通过并行跨分片交易处理来优化区块链性能,是第一种能够提供水平扩展性而不必牺牲长期

---

① https://eprint.iacr.org/2016/199.pdf
② https://blog.ethereum.org/2015/08/01/introducing-casper-friendly-ghost/
③ https://arxiv.org/pdf/1710.09437.pdf

安全性和去中心性的分布式账本架构。

为改进 PoW 共识算法的效率（能耗）和公平性，研究者相继提出了消逝时间证明（Proof of Elapsed Time，PoET）[1]和运气证明（Proof of Luck，PoL）[2]。PoET 和 PoL 均是基于特定的可信执行环境（Trusted Execution Environments，TEE，例如基于 Intel SGX 技术的 CPU）的随机共识算法。PoET 是超级账本 HyperLedger 的锯齿湖（Sawtooth Lake）项目采用的共识算法，其基本思路是每个区块链节点都根据预定义的概率分布生成一个随机数，来决定其距离下一次获得记账权的等待时间。每当一个新区块提交到区块链系统，SGX 即可帮助节点创建区块、生成该等待时间的证明，而这种证明易于被其他 SGX 节点验证。PoET 共识的意义在于使得区块链系统不必消耗昂贵算力来挖矿，从而提高了效率，同时也真正实现了"一 CPU 一票"的公平性。类似地，PoL 共识也采用 TEE 平台的随机数生成器来选择每一轮共识的领导者（记账人），从而可降低交易验证延迟时间和交易确认时间，实现可忽略的能源消耗和真正公平的分布式挖矿。

2014 年提出的空间证明（Proof of Space，PoSp）和 2017 年提出的有益工作证明（Proof of Useful Work，PoUW）[3]也是为解决 PoW 的能耗问题而提出的共识算法。PoSp 共识要求矿工必须出具一定数量的磁盘空间（而非算力）来挖矿，而 PoUW 则将 PoW 挖矿中毫无意义的 SHA256 哈希运算转变为实际场景中既困难又有价值的运算，例如计算正交向量问题、3SUM 问题、最短路径问题等。

4. 主线四：传统分布式一致性算法的改进

传统分布式一致性算法大多是非拜占庭容错的，因而难以应用于区块链场景（特别是公有链）。为此，克里斯托弗·科普兰（Christopher Copeland）等结合 Raft 和 PBFT 算法的优势，于 2014 年提出拜占庭容错的 Tangaroa 算法[4]。Tangaroa 继承了 Raft 简洁和容易理解的优势，同时在拜占庭错误环境下也能够维持安全性、容错性和活性[5]。受 Tangaroa 共识启发，2016 年，Github 平台的 Juno 项目提出一种拜占庭容错的 Raft 算法，此后该算法演变为一种称为 ScalableBFT 的专用拜占庭容错协议[6]，能够实现比 Tangaroa 和 Juno 更好的性能。

2015 年，Stellar. org 首席科学官大卫·马济耶尔（David Mazieres）提出了恒星共识协议（Stellar Consensus Protocol，SCP）[7]。SCP 是在联邦拜占庭协议和 Ripple 协议的基础上演化而来的，是第一个可证明安全的共识机制，具有分散控制、低延迟、灵活信任和渐进安全四个关键属性。同年，超级账本的锯齿湖项目将 Ripple 和 SCP 共识相结合，提出了法定人数投票（Quorum Voting）共识算法，以应对那些需要即时交易最终性的应用场景。2016 年，中国区块链社区 NEO（原名小蚁）提出一种改进的拜占庭容错算法 dBFT，该算法在

---

[1] https://themerkle.com/what-is-proof-of-elapsed-time/
[2] https://eprint.iacr.org/2017/249.pdf
[3] https://allquantor.at/blockchainbib/pdf/ball2017proofs.pdf
[4] http://www.scs.stanford.edu/14au-cs244b/labs/projects/copeland_zhong.pdf
[5] 需要说明的是，Tangaroa 算法论文并未正式发表，也未经严格的同行评审，因而 IBM 研究人员 Christian Cachin 指出 Tangaroa 并不能保证安全性和活性（Tangaroa is neither live nor safe）。
[6] http://kadena.io/docs/Kadena-ConsensusWhitePaper-Aug2016.pdf
[7] https://www.stellar.org/papers/stellar-consensus-protocol.pdf

PBFT 的基础上借鉴了 PoS 设计思路,首先按照节点的权益选出记账人,然后记账人之间通过拜占庭容错算法达成共识。该算法改进了 PoW 和 PoS 缺乏最终一致性的问题,使得区块链能够适用于金融场景。

2016 年,图灵奖得主、MIT 教授希维奥·米卡利(Sivio Micali)提出了一种称为 AlgoRand 的快速拜占庭容错共识算法[1]。该算法利用密码抽签技术选择共识过程的验证者和领导者,并通过其设计的 BA∗ 拜占庭容错协议对新区块达成共识。AlgoRand 只需极小计算量且极少分叉,被认为是真正民主和高效的分布式账本共识技术。2017 年,康奈尔大学提出了一种称为 Sleepy Consensus(休眠共识)的新算法[2]。这种共识针对的是互联网环境下大规模的共识节点中可能多数都处于离线状态,仅有少数节点在线参与共识过程的实际情况。该研究证明,传统共识算法无法在这种环境下保证共识的安全性,而采用休眠共识算法,只要在线诚实节点的数量超过故障节点的数量,即可保证安全性和鲁棒性。

4.2 共识系统基础

区块链系统是典型的分布式系统。为深入理解区块链共识算法的基础理论和技术,在具体介绍各种共识算法之前,有必要首先对分布式共识系统和共识过程的基础知识加以阐述。为此,本节将首先介绍分布式系统的模型,然后给出共识算法设计的理论约束——FLP 定理和 CAP 定理,并介绍最基础也是最重要的共识问题,即两军问题和拜占庭将军问题;在此基础上,本节将对现有的共识算法提炼出主流的共识过程模型和分类方法。

4.2.1 分布式系统模型

本节重点介绍对区块链共识算法设计至关重要的分布式系统时序模型和故障模型[17]。

1. 时序模型(Timing Model)

根据对时间的假设,一般可以将分布式系统分为同步系统和异步系统两类,前者对于时间有严格的假设,而后者则对时间没有假设,这里时间主要体现在进程执行速度、消息传递延迟和时钟漂移率。

同步系统中,进程执行每一步的时间都有明确的上限和下限,每一条消息会在已知的时间范围内确定被接收到,每个进程的本地时钟与实际时间的漂移率也在已知的范围内。在同步分布式系统中,由于消息传递时间的上限是已知的,因此可以根据超时(Timeout)来检测进程的(非拜占庭)故障,从而可以大大简化分布式系统设计。然而,实际上分布式情况下很少有真正同步的系统。同步模型的优势在于便于完成理论分析和测试,由于同步模型有时间限制和保证,因此,若在同步模型下都不能解决的问题,意味着没有时间保证的异步系统也不可能解决。

异步系统对进程执行速度、消息传递延迟和时钟漂移率都没有限制。换言之,进程每一

---

[1] http://eprint.iacr.org/2017/454
[2] https://eprint.iacr.org/2016/918.pdf

步执行时间可以是任意时间,消息可能在任意长的时间之后被接收到,时钟漂移率也可能是任意的。实际的分布式系统大多数是异步系统,例如互联网就是典型的异步系统。因此,尽管目前大多数区块链共识算法的理论验证采用同步系统假设,然而其实际运行环境一般都是异步系统。

此外,一些学术文献中还提出了部分同步系统(Partially Synchronous Systems)模型,这种模型对系统执行时间有一定的信息,但不一定准确。例如,部分同步系统的进程可以使用近似同步(almost-synchronized)的时钟,或者大概知道其每一步执行时间和消息传输延迟的上限或下限。与完全同步和完全异步系统相比,部分同步系统理论还不完善。

2. 故障模型(Failure Model)

分布式系统中的故障一般发生在计算节点和通信链路上,因而区块链系统大多讨论的是节点故障和信道故障两类。根据故障的性质,可以将其分为崩溃故障(Crash Failure)、遗漏故障(Omission Failure)、时序故障(Timing Failure)和拜占庭故障(Byzantine Failure)四类,如图 4-2 所示。

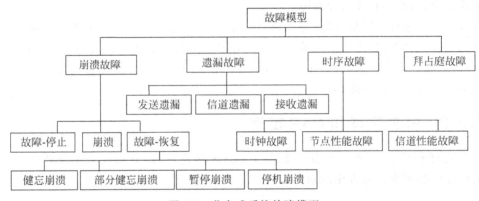

图 4-2 分布式系统故障模型

崩溃故障是相对简单的一类故障,通常有故障-停止(Fail-Stop)、崩溃(Crash)、故障-恢复(Fail-Recovery)等情形。节点正确运行直至崩溃,且一旦崩溃就不再恢复,如果其他节点可以检测到节点的这种崩溃故障,则为"故障-停止",而如果其他节点可能无法检测到,则称为"崩溃"。在同步系统中,由于消息传输时间有明确上限,因此,通常可以构造基于超时(Timeout)的故障检测器,定期让节点 Ping 访问该故障检测器,如果超过预设的超时时间未收到节点的 Ping 访问消息,则可认为该节点已经崩溃。如果节点能够在崩溃以后的某个时间点上恢复运行,则称为"故障-恢复"。根据节点是否能恢复到崩溃之前的状态,又可以分为健忘崩溃(Amnesia Crash,不记录崩溃前的状态,重新启动到初始状态)、部分健忘崩溃(Partial Amnesia Crash,部分记录崩溃前的状态)、暂停崩溃(Pause Crash,重新启动到崩溃前的状态)和停机崩溃(Halting Crash,不重新启动)。

遗漏故障是指节点或者信道未能执行本来应该执行的动作,部分研究者认为崩溃故障也是遗漏故障的主要形式之一。如图 4-3 所示,分布式系统中,节点通信过程一般可分为三个步骤:①发送节点将消息插入到它的外发消息缓冲区并执行发送动作;②通信链路将消息从发送节点的外发消息缓冲区传输到接收节点的接收消息缓冲区;③接收节点执行接收原语并从接收消息缓冲区取走消息。如果在这些步骤中出现缓冲区溢出或者传输错误等问题导致消息丢失,就会引发遗漏故障。Hadzilacos 和 Toueg 将这三个步骤中的消息丢失依次称为发送遗漏故障、信道遗漏故障和接收遗漏故障。

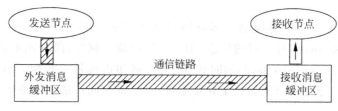

图 4-3 分布式系统的消息收发过程

时序故障是指节点虽能正确响应,但并未在指定的时间范围内(即过早或过迟的响应)。一般有三种时序故障:①时钟故障,节点的本地时钟超过了实际时钟漂移率的范围;②节点性能故障,节点执行时间超过了两个进程步之间的间隔范围;③信道性能故障,消息传递时间超出了规定的传输延迟范围。时序故障仅适用于同步系统,由于异步系统不存在对时间的显式假设,因此不存在时序故障。

拜占庭故障也称为随机故障,是指节点可能任意地、错误地,甚至是恶意地执行某些未经许可的动作。例如,拜占庭故障节点可能会设置或者返回错误的执行结果、执行错误的状态转换规则、篡改消息内容、发送伪造或者重复的消息等。因此,拜占庭故障被认为是分布式系统中最难以解决的故障形式。

4.2.2 FLP 定理和 CAP 定理

FLP 定理和 CAP 定理是分布式系统研究的著名定理,是分布式系统设计和区块链共识算法设计时必须重视的理论约束。

1. FLP 定理

FLP 定理于 1985 年由 Fischer、Lynch 和 Patterson 等发表,后来获得 Dijkstra 奖。FLP 定理的具体表述形式为:在含有多个确定性进程的异步系统中,只要有一个进程可能发生故障,那么就不存在协议能保证有限时间内使所有进程达成一致。值得一提的是,这里并没有考虑拜占庭故障,并且假设消息通信系统是可靠的,即节点可以正确地传输消息。然而,即使是在这样的假设下,单个进程的非拜占庭故障也足以导致任何异步分布式协议无法达成共识。因此,除非我们对计算环境做出进一步假设,或者对容错类型做出更严格的限制,否则此类分布式共识问题不会有鲁棒解。

异步系统假设是 FLP 定理的关键。该定理假设进程是完全异步的,没有任何关于进程处理速度或消息传输延迟的先验知识,进程也不能使用同步时钟,因此无法使用基于超时(Timeout)的算法;此外,定理还假设进程无法判断其他进程是处于完全停止状态还是仅运行缓慢。

简单举例说明,考虑如下的稻草人协议(Strawman Protocol):分布式异步共识系统中,每一个决策者(Decider)都会从所有的提议者(Proposer)处收集提案;如果收到多份提案,则选择其中最小的提案达成一致共识。显然,如果没有故障节点,这种共识协议是可行的,尽管速度上会受到最慢节点或网络连接的限制。然而，即使系统中只可能发生简单的崩溃故障，决策者也不会知道到底需要等待多长时间才能收集到"全部"提案，而此时即使使用超时检测方法也无法确知，因此他们除了等待别无他法。如果这样的系统中提议者发生故障，那么决策者们将会无休止地等待而无法达成共识。

2. CAP 定理

CAP 定理是由埃里克·布鲁尔（Eric Brewer）在 2000 年 PODC 会议上提出的猜想，并在 2002 年被证明成立。CAP 定理的具体表述形式为：网络服务不可能同时保证如下三个特点，即一致性、可用性和分区容错性（It is impossible for a web service to provide the three following guarantees: consistency, availability and partition-tolerance）。

1) 一致性（Consistency）

这里指强一致性（Strong Consistency），也称原子一致性（Atomic Consistency）或线性一致性（Linearizable Consistency），即分布式系统中的所有数据备份在同一时刻必须保持同样的值。如果系统对一个写操作返回成功，那么之后的读请求都必须读到这个新数据；如果返回失败，那么所有读操作都不能读到这个数据。

2) 可用性（Availability）

集群中部分节点出现故障时，集群整体仍然可以处理客户端的更新请求；所有读写请求在一定时间内得到响应，可终止，不会一直等待。

3) 分区容错性（Partition-tolerance）

在出现网络分区、不同分区的集群节点之间无法互相通信的情况下，被分隔的节点仍能正常对外服务。

CAP 定理表明，上述三个性质中，理论上最多只能同时满足其中两个：如果同时满足 C 和 A，即同时满足服务可用且节点间状态一致，则要求不能出现网络分区；如果同时满足 A 和 P，不同分区的节点同时对外服务，则可能导致状态的不一致；如果同时满足 C 和 P，不同分区的节点为实现状态一致，则必须等待而导致不满足 A。

CAP 定理在理论上给研究者设计系统提出了一个不可实现的理想结果，但定理中的特性都是非常苛刻的理论性质，因而 CAP 实际上描述的是无法同时构造具有完美一致性、完美可用性和分区容错性的理想系统。工程实践中，通常可以通过适当地放宽对特定性质的假设，来达成对三个性质的部分满足。

首先，分区容错性在 CAP 定理的正式表述为"允许丢失任意多的从一个节点发往另一个节点的消息"（In order to model partition tolerance, the network will be allowed to lose arbitrarily many messages sent from one node to another）。对于可能发生网络丢包、节点宕机的分布式系统，特别是可能存在正常故障节点和拜占庭故障节点的区块链系统来说，分区容错性是基本要求和必选项。因此，对于分布式系统实践而言，CAP 定理就转化为：在满足分区容错性基础上，不能同时满足一致性和可用性。

其次，在保证分区容错性的前提下，放宽约束后可以兼顾一致性和可用性，两者不是非此即彼。一方面，可以通过牺牲部分一致性来满足可用性；CAP 定理给出的一致性是强一致性，要求无论更新操作是在哪一个副本执行，之后所有的读操作都要能获得最新的数据。这种强一致性在实践中可以放宽为弱一致性（Weak Consistency），即用户读到某一操作对系统特定数据的更新需要一段时间(称为不一致性窗口)。区块链系统中常见的最终一致性(Eventually Consistency)即是弱一致性的表现形式之一。最终一致性允许区块链系统放宽对时间的要求,在数据更新操作完成之后的某个时间点,分布式节点的数据最终达成一致。例如,区块链系统允许在共识过程中,分布式节点的数据可能存在暂时的不一致性,但共识过程后的某个时间点,分布式节点最终将对区块链账本历史数据达成一致。另一方面,可以通过牺牲部分可用性来满足一致性:CAP定理的可用性要求所有读写操作必须要能终止,实际应用中从主调、被调两个不同的视角,可用性具有不同的含义。当出现网络分区时,主调可以只支持读操作,通过牺牲部分可用性达成数据一致。

区块链系统的设计与实现也必须遵从CAP定理。目前,以比特币为代表的大多数公有链系统通常以牺牲强一致性来同时满足最终一致性、可用性和分区容错性。此时,区块链节点可能处理不同的交易集合,也可能在分叉情况下暂时维护不同的区块链条;但是随着节点通信和共识过程进行,相互冲突的交易和区块集合中将会最终选出唯一的值并记录到区块链中,并随着区块获得越来越多的确认,达到最终一致性。同时,某些联盟链或私有链可能会以牺牲可用性来满足强一致性和分区容错性。例如,采用Paxos的区块链是强一致性共识系统,其在分区容错环境下,就不得不在可用性方面做出让步(例如Paxos可能会出现"活锁"问题而无法终止)。

4.2.3 两军问题

两军问题是计算机领域的一个思想实验,用来阐述在一个不可靠的通信链路上试图通过通信以达成一致是存在缺陷和困难的。

1. 两军问题及其证明

两军问题及其无解性证明于1975年首次提出,该问题可以如下表述。

山谷两侧各驻扎一支蓝军,将一支白军围困在一个山谷中,如图4-4所示。白军的实力比任何一支蓝军都要强,如果一支蓝军对白军单独发起进攻,则必然会被白军击败;而如果两支蓝军同时发起进攻,则可获得胜利。因此,两只蓝军希望同时发起进攻,但他们想要确定具体进攻时间的唯一方法就是派遣信使穿越白军所在的山谷(唯一信道)来传送消息,而信使在穿越山谷时,有可能会被俘虏而造成消息丢失。因此,要设计一种通信协议,使得两支蓝军能够通信确定攻击时间,并共同发起攻击、获得胜利。由此可见,两军问题的实质是在节点可靠的前提下(即节点不会叛变和传递虚假消息),如何在不可靠信道上通过通信达成一致共识。

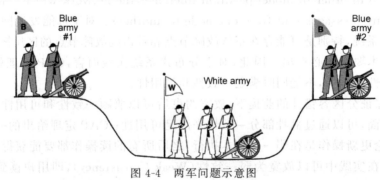

图4-4 两军问题示意图

假设第一支蓝军(♯1)向第二支蓝军(♯2)发送消息：我建议在9月1日凌晨发动攻击，请确认！如果该消息顺利传达到蓝军♯2，其指挥官同意这一建议，同时也向蓝军♯1发送反馈消息：攻击时间已确认！此时双方是否可以安全地同时进攻白军呢？答案是很可能不会，因为蓝军♯2指挥官并不知道他的信使是否已经顺利通过山谷并将确认消息传达到蓝军♯1。如果他的信使被俘虏而导致信息丢失，那么蓝军♯1将因为未收到确认信息而按兵不动，蓝军♯2贸然进攻必然会失败，如图4-5(a)所示。

再进一步假设通信过程是三次握手，即蓝军♯2的确认消息送达蓝军♯1，并且收到蓝军♯1的确认消息，如图4-5(b)所示。攻击行动仍然可能不会发生，因为蓝军♯1并没有准确地知道其确认消息是否已经送达蓝军♯2，倘若未送达，蓝军♯2可能会按兵不动。依此类推，如图4-5(c)所示，无论两支蓝军经过多少次通信，总是必然有一条确认消息未能被发送者确认送达对方，并由此导致至少有一方(通常是发送方)不愿冒着失败的风险单独进攻。因此，不存在使蓝军必胜的通信协议。

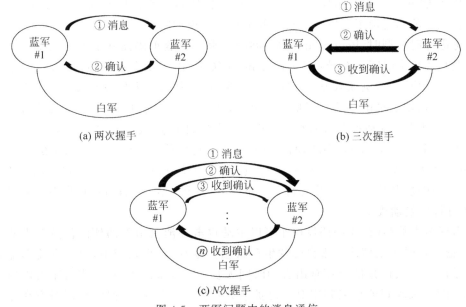

图 4-5 两军问题中的消息通信

事实上，我们可以证明不存在这样的通信协议：假设确实存在这种协议，那么协议中最后一条信息要么是必要的，要么不是。如果不是必要的，我们可以删除这条消息(以及任何其他不必要的消息)，直到剩余的每条信息都是必要的。此时，如果最后一条消息没有通过山谷中的白军送达对方，由于它是必要消息，则双方将不会进攻。由于最后信息的发送方永远不确定其消息是否安全送达，所以他不会贸然进攻。同理，消息接收方也知道这一点，所以同样不会贸然进攻。由此可见，确实无法设计可使蓝军必胜的通信协议。两军问题也因此成为计算机通信领域首个被证明无解的问题。

既然不存在理论解，那么寻找实际可行的"工程解"就是解决两军问题的必由之路。目前有多种思路可供借鉴。TCP协议就是两军问题的一种现实解决方案。TCP协议中，发送方向接收方发出随机数x，接收方收到x之后，返回给发送方另一随机数y和$x+1$，由于破解随机数x的可能性较小，所以发送方即可确认接收方已经收到x；然后发送方再发送

$y+1$给接收方,接收方即可确认发送方已经收到y。这样三次握手后,发送方与接受方就可以"彼此确信"对方已收到消息。然而,事实上发送方仍然并不能确信$y+1$确实送达接收方,因此 TCP 协议仅仅是一种成本可控、相对可行的"工程解"。

此外,还可以通过发送大量消息将信道的不可靠性降低到可接受的程度,从而将理论上的不可靠性转化为实际操作时"概率意义上"的可靠性。例如,发送方可以通过发送 100 个信使执行任务,由于所有信使均被俘虏的可能性非常低,所以发送方可以从"概率意义上"认为接收方必然能够接收到消息,从而不必等待接收方确认即可发起攻击。同时,接收方也知道这一点,因此只要收到一个信使的消息,就会发起攻击。

2. 两军问题的扩展讨论

显然,上述两军问题的讨论考虑的是存在信道故障时的情况,并没有考虑分布式系统的计时模型和节点错误模型。为此,库鲁里斯等著的《分布式系统:概念与设计》一书中将两军问题描述为"Pepperland 协定问题",并在假设信使每次都能顺利通过山谷的前提下(即不存在信道故障),讨论了考虑计时模型和节点错误模型时的情况。

当考虑计时模型时,Pepperland 协定问题要求两支蓝军协商确定由谁先发起对红军的进攻以及具体攻击时间。在异步 Pepperland 系统中,由于不存在信道故障,两支蓝军容易就谁先攻击达成一致,例如双方比较军队的力量,由较强的一方先发起攻击。然而就攻击时间而言,由于信使通过山谷的时间是不确定的,这就存在时间协调问题。例如蓝军♯1 发送消息"9 月 1 日凌晨发动攻击",蓝军♯2 可能很快收到消息,也可能攻击时间之后也未能收到。如果是同步 Pepperland 系统,两支蓝军就可知道信使通过山谷的时间存在上限 max 和下限 min,这样先攻击一方在发送"攻击"消息之后,等待 min 分钟之后即可发起攻击;而后攻击一方则在收到"攻击"消息后等待 1 分钟,即可发起攻击,并且可以保证在不晚于 max−min+1 分钟后发动攻击。

当考虑节点故障时,我们假设白军可以主动攻击并消灭山谷两侧的任意一支蓝军。为此,两支蓝军定时派出信使通报自己的生存状态。显然,异步系统中,每一支蓝军都无法确知对方是已被消灭还是信使穿越山谷的时间太长;同步系统中,每一支蓝军可以通过在给定时间范围内未收到消息来判定对方已被消灭;然而也存在这种情况,即对方在通报自己仍然存活的消息后,就立即被消灭了。

4.2.4 拜占庭将军问题

拜占庭系统研究起源于虚构的拜占庭将军问题(The Byzantine Generals Problem),这是现代分布式系统研究的经典问题之一。1982 年,在美国国家航空航天局 NASA 和军方项目资助下,莱斯利·兰伯特(Leslie Lamport)与同事罗伯特·肖斯塔克(Robert Shostak)、马歇尔·皮斯(Marshall Pease)合作研究,并在 *ACM Transactions on Programming Languages and Systems* 共同发表了拜占庭将军问题的论文[①]。

拜占庭帝国(395—1453 年)即东罗马帝国,其核心地带位于君士坦丁堡(今土耳其伊斯

---

① 兰伯特等曾在早期文献[Pease et al. 1980]中研究过拜占庭将军问题的初步理论模型,此后借鉴"中国将军问题"(即两军问题)的命名方法,于 1982 年正式提出并进一步研究了拜占庭将军问题。

坦布尔)。拜占庭将军问题的一般表述为:拜占庭帝国的将军们率领他们各自的军队围攻敌方的一座城池,每个将军只能控制自己的军队,并且通过信使来传递消息给其他的将军,以期就一个合理的战斗行动计划达成共识。然而,将军中可能存在叛徒,他们试图通过制定和传播错误的行动计划,来欺骗其他忠诚的将军,如图 4-6 所示。因此,拜占庭将军问题即如何找到一个可行的算法,使得忠诚的将军们能够在少数叛徒的扰乱行为下仍然能够达成共识。具体来说,忠诚的将军必须按照算法要求来行动,而叛徒则可以任意行动。此时,拜占庭将军算法必须保证忠诚将军的通信和决策同时满足一致性条件(A)和正确性条件(B)。

(A) 所有忠诚的将军必须按照相同的行动计划做出决策。

(B) 少数叛徒不能使得忠诚的将军采纳错误的行动计划。

需要说明的是,拜占庭将军问题解决的是同步网络和任意故障模型情况下的共识问题;且消息传递的信道是可靠的,即信使不会因为被截获而无法传递消息。显然,这种信道可靠而节点不可靠的拜占庭共识问题,与节点可靠而信道不可靠的两军问题恰好形成鲜明对比。

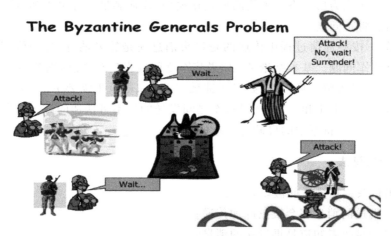

图 4-6　拜占庭将军问题示意图(图片来源于互联网)

1. 形式化模型

为研究拜占庭将军问题,必须对其通信和决策过程进行形式化表述。

令 v_i 表示第 i 个将军发送的命令。通信方面,每个将军都采用某种方式侦听其他将军的命令 $v_1, v_2, \cdots, v_n$ 并整合为一个完整的行动计划,其中 n 为将军的数量。显然,如果不存在叛徒,则理想情况下每个将军应收到同样的 v_i 集合,进而就同样的行动计划达成共识;而实际上,由于叛徒会欺骗将军们并发送不同的命令,各将军收到的 v_i 集合不一定相同。决策方面,忠诚的将军们采用少数服从多数的原则,即定义决策函数 majority$[v_1, v_2, \cdots, v_n]$ 来计算多数派将军的命令,并以此作为自己采用的命令。

拜占庭将军问题模型 1:一致性条件 A 和正确性条件 B 可以形式化表述为:

条件 1(一致性):每一个忠诚的将军必须得到相同的 $v_1, v_2, \cdots, v_n$ 命令集合。

条件 2(正确性):若将军 i 是忠诚的,其他忠诚的将军必须以他发送的命令作为 v_i。

条件 1 和 2 要求忠诚将军的决策依据(接收到的命令集合)必须相同,同时忠诚将军必须采纳而不能修改相互之间的命令。由于条件 1 是基于全体将军的分析视角,而条件 2 是基于单个将军的分析视角,为便于进一步形式化分析,可以将条件 1 等价地转换为基于单个将军视角的条件 1'。

条件 1':无论将军 i 是否忠诚,任意两个忠诚的将军均采用相同的 v_i 值。

上述转换使得分析对象聚焦到单个将军 i 及其命令 v_i。因此,我们可以基于将军 i 的视角,将拜占庭将军问题进一步形式化表述为司令-副官模式,即司令(Commanding General,即将军 i)如何向其副官们(Lieutenants,即其他将军)发送命令的问题。

拜占庭将军问题模型 2——司令-副官模式:司令必须向其 $n-1$ 个副官发送自己的命令,使得:

IC1:所有忠诚的副官遵循相同的命令。

IC2:如果司令是忠诚的,则每一个忠诚的副官均遵循他发送的命令。

IC1 和 IC2 称为交互一致性条件(Interactive Consistency conditions),分别对应拜占庭将军问题的一致性和正确性。显然,如果司令是忠诚的,则 IC1 可由 IC2 导出。至此,拜占庭将军问题完全转化为单个将军视角的形式化模型,任何满足条件 IC1 和 IC2 的算法,均可有效解决拜占庭将军问题。

兰伯特等[15]按照通信过程中传递的是口头消息还是签名消息,分别研究了司令-副官模式的拜占庭将军问题。基本结论是:如果将军之间发送口头消息,则若叛徒比例少于 1/3 时,拜占庭将军问题可解。换言之,如果叛徒数量为 m,则至少需要 $n=3m+1$ 个将军才能满足交互一致性条件 IC1 和 IC2;如果将军之间发送的是不可伪造的签名消息,则存在算法使得任意 $n>m+1$ 个将军中的忠诚将军达成共识。

2. 口头消息算法

首先给出口头消息满足的假设条件:

A1:每个发送的消息都会被正确地传递;

A2:消息的接收者知道是谁发送的消息;

A3:消息的缺失可以被检测到。

其中,A1 保证信道是可靠的,叛徒无法干扰忠诚将军之间发送消息,这是拜占庭将军问题与两军问题的重要区别;A2 保证消息来源是可判定的,因此叛徒无法通过引入虚假的伪造消息来迷惑其他将军;A3 则使得叛徒无法通过不发送消息来阻碍达成共识。在司令-副官模式下,如果司令是叛徒并且选择不发送任何消息,此时我们将副官接收的命令设置为某个缺省值(例如攻击或撤退命令中的撤退)。

首先考虑一种最简单的情形,即 3 位将军中有 1 位是叛徒,此时 $n=3$,$m=1$,如图 4-7 所示。假设副官 2 是叛徒,则司令发送"攻击"命令时,副官 2 将欺骗副官 1 说司令发送的是"撤退"命令。副官 1 此时收到的命令集合为{攻击,撤退},其决策函数为 majority{攻击,撤退}。假设司令是叛徒,且司令向两位副官分别发送"攻击"和"撤退"命令,副官 1 的决策函数仍为 majority{攻击,撤退}。显然,两种情况对副官 1 来说无差异,因此无法分辨司令是否忠诚。为满足条件 IC2,副官 1 必须在两种情况下都遵循司令的命令并选择"攻击"。由类似的分析可知,在第二种情况下忠诚的副官 2 须遵循司令的命令选择"撤退",这将导致忠诚的副官 1 和副官 2 无法达成共识,从而违背条件 IC1。由此可见,基于口头消息通信时,三模冗余系统无法实现拜占庭容错。

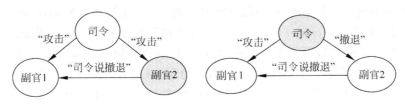

图 4-7　拜占庭将军问题：口头消息算法示例($n=3, m=1$)

兰伯特等提出一种口头消息（Oral Message）算法，记为 OM(m)，以解决包含 m 个叛徒的 $3m+1$ 个或更多将军情况下的拜占庭将军问题。该算法假设决策函数 $majority$ 具有如下特征，即如果大多数将军的命令值 $v_i = v$，则决策函数 $majority[v_1, \cdots, v_{n-1}] = v$。该决策函数有两个自然的选择，即占大多数的 v_i 值（若不存在则为默认值）或者 v_i 序列的中值（若 v_i 集合为有序集）。

在此基础上，OM(m) 算法可以表示为：

算法 OM(0)

(1) 司令向每一位副官发送命令。

(2) 每一位副官采用司令发来的命令，如果没有收到命令，则默认为"撤退"。

算法 OM(m), $m > 0$

(1) 司令向每一位副官发送命令。

(2) 对任意 i 来说，令 v_i 为副官 i 从司令处接收的命令，或者命令缺失时的默认值"撤退"。副官 i 将作为司令启动算法 OM($m-1$)，并向其他 $n-2$ 个副官发送命令 v_i。

(3) 对任意 i 和 $j \neq i$ 来说，令 v_j 为第(2)步 OM($m-1$) 算法中副官 i 从副官 j 处接收到的命令，或者命令缺失时的默认值"撤退"。副官将采用命令 $majority(v_1, v_2, \cdots, v_{n-1})$。

显然，OM(m) 算法是递归算法，共递归执行 $m+1$ 轮，每一轮都需要每个副官向其他人发送命令以便相互核实，因而算法复杂度是节点数的平方，即 $O(n^2)$，且主要集中于通信开销。为进一步理解 OM(m) 算法，我们以 $n=4, m=1$ 为例加以分析，如图 4-8 所示。读者可以依此自行验证 $m > 1$ 的情形，OM(m) 算法的有效性证明可以参见文献[15]。

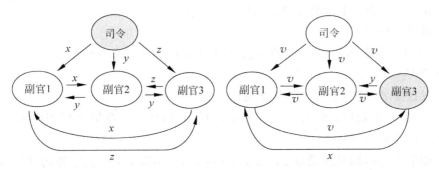

图 4-8　拜占庭将军问题：口头消息算法示例($n=4, m=1$)

不失一般性，首先假设副官 3 为叛徒。算法 OM(1) 步骤中，司令首先向三位副官发送命令 v；每位副官收到命令后，启动算法 OM(0) 向其他 2 位副官转发，其中假设副官 3 向副官

1和2分别发送不同的命令 x 和 y。算法执行后,副官1的决策函数为 $majority(v,v,x)=v$,副官2的决策函数为 $majority(v,v,y)=v$,同时满足条件 IC1 和 IC2,忠诚的副官们达成了共识。其次,如果我们假设司令为叛徒,且向三位副官分别发送命令 x、y 和 z。经过算法 OM(1) 和 OM(0) 步骤后,三位副官的决策函数均为 $majority(x,y,z)$,注意到此时仅需满足条件 IC1 且副官们可以分辨司令是否忠诚(因最多有1位叛徒),因此无论 x、y 和 z 如何取值,忠诚的副官们均已达成了共识。

3. 签名消息算法

拜占庭将军问题的复杂性源自于叛徒可以采取任意行动来欺骗忠诚的将军。因此,如何限制叛徒的行为就成为简化拜占庭将军问题的重要手段。其中,发送不可伪造的签名消息无疑可以快速核验、溯源和定位叛徒。此处,签名消息是指在假设条件 A1、A2 和 A3 的基础上,增加:

A4(a) 忠诚将军的签名不可伪造,对其签名消息的任何改变都可被发现;
（b）任何人都可验证签名的真实性

注意到此处我们并未对叛徒的签名作任何假设,即叛徒之间可以相互伪造签名,形成共谋。签名消息使拜占庭将军问题大为简化,下文将介绍一种签名消息(Signed Message)算法,使得含至多 m 个叛徒的任意 $n \geq m+1$ 个将军时,拜占庭将军问题可解[①]。该算法要求司令向其副官发送签名消息,副官收到消息后,在消息末尾追加自己的签名并发送给下一位副官,依此类推。将军们采用的决策函数定义为 choice,其主要功能是从一组命令集中返回一个命令,例如多数派值或中值。该函数可灵活定义,只需满足如下两个要求:

（1）如果命令集 V 包含唯一命令 v,则 $choice(V)=v$;
（2）若命令集 V 为空集,则 $choice(V)$ 为默认值(如撤退)。

简便起见,令 $x:i$ 表示将军 i 签名的命令 x,$v:j:i$ 表示将军 j 和将军 i 先后签名的命令 v,令将军0为司令。每位副官维护一个命令集 V_i,包含其接收到的全部正确签名的命令序列(而非命令)。至此,签名消息算法 SM(m) 可以表述为:

算法 SM(m)

初始化 V_i 为空集

1) 司令在其命令上签名并发送给每一位副官。
2) 对每一位副官 i:
　(1) 如果 i 接收到形如 $v:0$ 的消息,且尚未接收到任何命令序列,则
　　① 令 $V_i=\{v\}$;
　　② 发送签名消息 $v:0:i$ 给其他副官;
　(2) 如果 i 接收到形如 $v:0:j_1:\cdots:j_k$ 的消息,且 v 不在集合 V_i 中,则
　　① 增加 v 到 V_i 中;
　　② 如果 $k<m$,则发送消息 $v:0:j_1:\cdots:j_k:i$ 给除 $j_1:\cdots:j_k$ 外的其他副官。
3) 对每一位副官 i:当 i 不再接收到消息时,则执行命令 $choice(V_i)$。

---

① 当 $n=m+1$ 时,仅有1个忠诚的将军,此时讨论共识问题无意义。

与 OM(m) 算法不同的是，SM(m) 并不是递归算法，我们以 $n=3, m=1$ 为例说明其流程，如图 4-9 所示。由于忠诚将军的签名不可伪造，我们很容易证明副官为叛徒的情形。因此，假设司令是叛徒并分别向副官 1 和副官 2 发送攻击与撤退命令，则由算法 SM(1) 可知：$V_1 = V_2 = \{$攻击,撤退$\}$ 且 choice(V_1) = choice(V_2)，两位忠诚的副官达成了共识，此时符合条件 IC1。需要注意的是，副官 1 接收到的两个不同的命令序列"攻击": 0 和"撤退": 0:2 中都出现了司令 0 的签名，此时副官 1 可以判定司令为叛徒，副官 2 也可同理判定，这一点与图 4-7 不同。

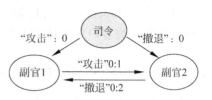

图 4-9　拜占庭将军问题：签名消息算法示例（$n=3, m=1$）

兰伯特等进一步证明，如果将军之间发送的是不可伪造的签名消息，则算法 SM(m) 可以使得任意 $n > m+1$ 个将军中的忠诚将军达成共识，具体证明过程可以参见文献[15]。

4. 拜占庭容错与区块链

拜占庭将军问题和分布式通信问题是相似的：分布式系统的每一个服务器节点可以看作是一位将军，服务器之间的消息传递可以视为发送信使传递消息，服务器节点可能会发生错误或者恶意行为而产生错误的消息传达给其他服务器。因此，拜占庭将军的解决方案可以自然地推广到分布式网络上缺乏信任的领域。例如，在互联网上，当需要与不熟悉的对手进行价值交换活动时，如何才能防止不会被其中的恶意破坏欺骗、迷惑从而做出错误的决策。此类问题可以称为拜占庭容错问题。

定义：拜占庭容错系统是指在一个拥有 n 台服务器的系统中，整个系统对于每一个请求需要满足如下两个条件：

(1) 所有非拜占庭服务器使用相同的输入信息，产生一致的结果。

(2) 如果输入的信息正确，那么所有非拜占庭服务器必须接受这个信息，并计算相应的结果。

兰伯特的拜占庭将军问题模型给出了理想状态下的容错解决方案和共识算法，然而在实际分布式系统或者区块链系统中，共识问题可能远比拜占庭将军问题要复杂得多。因此，在设计共识算法时，通常需要对区块链系统做出特定的限制，例如规范化区块链节点（将军）的行动次序和可行的动作集合，使得将军们能够以时间统一、步调一致和单点广播的方式达成共识。

以比特币 PoW 共识算法为例，PoW 将共识过程按照固定长度的时间段（大约 10 分钟）划分为不同的轮次，保证了当前轮次内所有矿工节点具有相同（或至少相似）的输入数据集，所有矿工可以时间统一、步调一致，避免了大量区块链节点无秩序、无限制、无休止地发送信息；在每一轮次中，通过分布式节点的算力竞赛选出唯一的获胜节点，确保在此轮共识中仅有一个节点有权生成和发送新区块以供其他节点验证，其他节点均无权发送区块，这种单点广播方式最大程度上简化了拜占庭将军的通信模型，避免了将军们互相发送消息的混乱。因此，PoW 以及其后提出的共识算法本质上都是基于拜占庭将军问题的思想来设计的。

在区块链系统的实际运行过程中，一般假设整个系统中发生拜占庭故障的服务器不超过 f 台，此时称该区块链系统及其共识算法的拜占庭容错性能为 f/n；共识算法一般需要满足两个共性指标。

(1) 安全性(Safety)：任何已经完成的请求都不会被更改，它可以被之后的请求看到。

(2) 活性(Liveness)：可以接受并且执行非拜占庭客户端的请求，不会被任何因素影响而导致非拜占庭客户端的请求不能执行。

4.2.5 共识过程的主流模型

随着比特币的普及和区块链技术的发展，越来越多的新共识算法被提出。为使读者更为深刻地理解不同的共识算法，本节给出区块链共识过程的一个主流模型。需要说明的是，该模型并非通用模型，可能无法涵盖所有种类的共识过程，但是可以体现大多数主流共识算法的核心思想。

如图 4-10 所示，区块链系统的全体数据节点集记为 P，一般分为生产数据或者交易的普通节点，以及负责对普通节点生成的数据或者交易进行验证、打包、更新上链等挖矿操作的"矿工"节点集合（记为 M），两类节点可能会有交集；矿工节点通常情况下会全体参与共识竞争过程，在特定算法中也会选举特定的代表节点代替

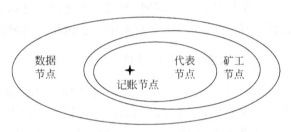

图 4-10 区块链共识节点的集合

他们参加共识过程并竞争记账权，这些代表节点的集合记为 D；通过共识过程选定的记账节点记为 A。共识过程按照轮次重复执行，每一轮共识过程一般重新选择该轮的记账节点。

共识过程的核心是"选主"和"记账"两部分，在具体操作过程中每一轮可以分为选主(Leader Election)、造块(Block Generation)、验证(Data Validation)和上链(Chain Updation，即记账)四个阶段。共识过程的输入是数据节点生成和验证后的交易或数据，输出则是封装好的数据区块及更新后的区块链。四个阶段循环往复执行，每执行一轮将会生成一个新区块，如图 4-11 所示。

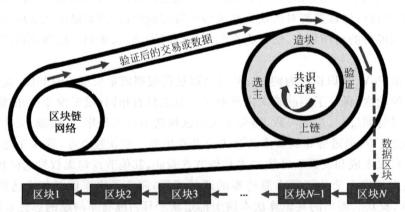

图 4-11 区块链共识过程的主流模型

第一阶段：选主

选主是共识过程的核心，即通过选举、证明、联盟、随机或者混合等方式（详见 4.2.6 节）从全体矿工节点集 M 中选出记账节点 A 的过程；我们可以使用公式 $f(M) \to A$ 来表示选主过程，其中函数 f 代表共识算法的具体实现方式。一般来说，$|A|=1$，即最终选择唯一的矿工节点来记账。

第二阶段：造块

第一阶段选出的记账节点根据特定的策略将当前时间段内全体节点 P 生成的交易或者数据打包到一个区块中，并将生成的新区块广播给全体矿工节点 M 或其代表节点 D。这些交易或者数据通常根据区块容量、交易费用、交易优先级、等待时间等多种因素综合排序后，依序打包进新区块。造块策略是区块链系统性能的关键因素，也是贪婪交易打包、自私挖矿等矿工策略性行为的集中体现。

第三阶段：验证

矿工节点 M 或者代表节点 D 收到广播的新区块后，将各自验证区块内封装的交易或者数据的正确性和合理性。如果新区块获得大多数验证/代表节点的认可，则该区块将作为下一区块更新到区块链。

第四阶段：上链

记账节点将新区块添加到主链，形成一条从创世区块到最新区块的完整的、更长的链条。如果主链存在多个分叉链，则需根据共识算法规定的主链判别标准，来选择其中一条恰当的分支作为主链。

4.2.6 共识算法的分类

迄今为止，研究者已经在共识相关领域做了大量研究工作，不同领域研究者的侧重点各不相同，甚至定位和提法也不尽相同。计算机学科通常称为共识算法或者共识协议，管理和经济学科则通常称为共识机制。细究之下，这些提法存在细微的差异：算法一般是一组顺序敏感的指令集且有明确的输入和输出；而协议和机制则大多是一组顺序不敏感的规则集。就区块链领域而言，本书认为比特币和以太坊等可认为是底层协议或机制，其详细规定了系统或平台内部的节点交互规则、数据路由和转发规则、区块构造规则、交易验证规则、账本维护规则等集合；而 PoW、PoS 等则是建立在特定协议或机制基础上的可灵活切换的算法，其规定了交易侦听与打包、记账人选举、构造区块、区块传播与验证、主链选择与更新等若干组顺序敏感的指令集合。因此，本书后续叙述均采用共识算法的提法。

现有研究中的共识问题实际上可以分为算法共识和决策共识两个分支，前者致力于研究在特定的网络模型和故障模型前提下，如何在缺乏中央控制和协调的分布式网络中确保一致性，其实质是一种"机器共识"；后者则更为广泛地研究无中心的群体决策中，如何就最优的决策达成一致的问题，例如关于比特币系统扩容问题和分叉问题的社区讨论与路线选择，其实质是"人的共识"。本章讨论的区块链共识算法研究应属于算法共识分支的子集，而决策共识则大多见于分布式人工智能、多智能体等研究领域。

拜占庭将军问题是分布式共识的基础，也是上述两个研究分支的根源。由 4.2.4 节可知，拜占庭将军问题有两个交互一致性条件，即一致性和正确性。由于大多数情况下，正确性涉及人的主观价值判断，很难施加到分布式机器节点上，因此算法共识采用的是"降级的正确性",即从"表达的内容是正确的"降级为"正确地表达",这就导致区块链的拜占庭共识实际上是一种机器共识,其本身等价于分布式一致性＋正确表达(不篡改消息)。与之相对的是,决策共识可以认为是人的共识,不仅要求一致性,而且要求所有节点相信"表达的内容是正确的",因而决策共识不仅要求内容的客观一致性,而且还要求其在共识节点间的主观正确性。由此可见,算法共识处理的是客观的二值共识,即对(唯一正确的账本)和错(所有存在错误的账本);而决策共识处理的是主观的多值共识,即意见 1(及其所属群体)、意见 2(及其所属群体)、…、意见 N(及其所属群体),各节点最终通过协调和协作过程收敛到唯一意见(共识),而此过程可能反复(改变主意)甚至可能失败(不收敛)。如无特殊说明,本书后续提到的区块链共识算法均指的是"算法共识"。

区块链共识算法可以根据其选主策略、容错类型、部署方式和一致性程度等从多个维度加以分类。

1. 选主策略

根据选主策略,可以大致将区块链共识算法分为选举类、证明类、随机类、联盟类和混合类共五种。

1) 选举类共识

矿工节点在每一轮共识过程中通过投票选举的方式选出当前轮次的记账节点,首先获得半数以上选票的矿工节点将会获得记账权;多见于传统分布式一致性算法,例如 Paxos 和 Raft 等。

2) 证明类共识

也可称为"Proof of X"共识。矿工节点在每一轮必须证明自己具有某种特定的能力,证明方式通常是竞争性地完成某项难以解决但易于验证的任务,在竞争中胜出的矿工节点将获得记账权;例如 PoW 和 PoS 等共识算法是基于矿工的算力或者权益来完成随机数搜索任务,以此竞争记账权。

3) 随机类共识

矿工节点根据某种随机方式直接确定每一轮的记账节点,例如 Algorand 和 PoET 共识算法。

4) 联盟类共识

矿工节点基于某种特定方式首先选举出一组代表节点,而后由代表节点以轮流或者选举的方式依次取得记账权,例如 DPoS 共识算法。

5) 混合类共识

矿工节点采取多种共识算法的混合体来选择记账节点,例如 PoW＋PoS 混合共识、DPoS＋BFT 共识等。

2. 容错类型

根据容错类型,可以将区块链共识算法分为拜占庭容错和非拜占庭容错两类。

1) 拜占庭容错共识

指能够容忍拜占庭故障的共识算法,例如 PoW 和 PBFT 等。

2) 非拜占庭容错共识

指不能容忍拜占庭故障的共识算法,通常只能容忍故障-停止或者故障-恢复等普通的崩溃故障，例如 Paxos 和 Raft 等。

3．部署方式

根据部署方式，可以将区块链共识算法分为公有链共识、联盟链共识和私有链共识三类。

1) 公有链共识

适用于公有链的共识算法，这类共识算法通常去中心化程度较高，可容忍拜占庭故障但技术效率偏低，例如 PoW 和 PoS 等。

2) 私有链共识

适用于私有链的共识算法；与公有链共识相反，这类共识算法通常是完全中心化的，不能容忍拜占庭故障但技术效率较高，例如 Paxos 和 Raft 等。

3) 联盟链共识

适用于联盟链的共识算法，在去中心化程度和技术效率等指标上都介于公有链共识和私有链共识之间，例如 PBFT 等。

此外，根据一致性程度，还可以将区块链共识算法分为强一致性共识和弱一致性共识等，这里不再赘述。

4.3　分布式一致性算法

分布式一致性研究已经有很长的历史，比较有代表性的一致性算法包括两阶段提交(Two-Phase Commit)、三阶段提交(Three-Phase Commit)、Viewstamp Replication、Paxos、Zab、Zyzzyva、Raft、Kafka 等。限于篇幅，本节重点介绍最具代表性的 Paxos 和 Raft 两类算法。

4.3.1　Paxos 算法

Paxos 算法在分布式一致性研究中具有重要地位，是目前公认的解决非拜占庭系统的分布式一致性的最有效算法之一。Paxos 算法于 1989 年由莱斯利·兰伯特(Leslie Lamport)等提出，并于 1998 年正式发表。在论文中，Lamport 采用了一个虚构的"兼职议会"故事来解释 Paxos 算法的模型与假设。

1．Paxos 算法的模型与假设

10 世纪初，爱琴海上有一个名为 Paxos 的小岛。Paxos 人民采用议会制来治理这个小岛，所有法规必须经过议会成员投票表决后才可以生效实施。与其他国家议会制度不同的是，Paxos 的议员们都是当地居民兼职，他们平时忙于生意，没有人愿意把所有时间都奉献给议会，因此 Paxos 议会不得不允许议员们随时自由地出入议会厅；每个议员随身携带一个小册子，记录目前已经通过的议案(不能被修改)及一些笔记(可以被涂改)；Paxos 议会厅非常嘈杂，谁也不能通过大声说话让其他人听到自己的声音，因此议员们需要通过服务员传递纸条来维持相互之间的通信；然而，服务员们也可能会中途离席，这样议员们有可能需要等待很长时间才能收到消息；服务员还很健忘，可能会重复传递纸条；服务员甚至可能一去不复返，导致议员们收不到消息；好在议员们都很善良而且彼此高度信任，因而他们不会反对其他议员提出的议题。

这就是 Leslie Lamport 在 *The Part-Time Parliament*（兼职议会）中虚构的场景——一个看起来组织十分松散的议会。不难看出，Lamport 是希望采用这种虚构的故事来阐释 Paxos 算法的适用场景和假设条件：Paxos 议会厅就像是分布式系统，其中议员代表分布式节点或者进程、服务员代表通信网络、议员中途离开代表节点故障或者进程失败、服务员中途离开代表网络故障。由议会场景可知，Paxos 算法隐含地做出了非拜占庭异步模型的假设：分布式节点或进程以任意的速度执行，可能因非拜占庭故障而停止，也可能会重启；系统中不存在恶意节点或进程，他们彼此通过网络进行通信，信息可能延迟、丢失、乱序或重复，但不会被篡改。

以 Paxos 兼职议会的故事为背景，Lamport 提出了第一个经过严格证明的一致性算法 Paxos，用来解决分布式系统的一致性问题，即如何在一个节点或信道不可靠的分布式系统中，快速且正确地在集群内部就某个数据的值达成一致，并且保证机器宕机或网络异常等非拜占庭故障不会破坏系统的一致性。Paxos 因难以理解而一直被读者诟病，Lamport 于 2001 年重新整理文字撰写了 *Paxos Made Simple*。需要说明的是，Paxos 算法并不考虑拜占庭将军问题，即节点或者进程只可能出现崩溃、遗漏等正常故障，而不会作恶来篡改或者伪造消息。在总共有 $2f+1$ 个节点或进程的 Paxos 系统中，可以容忍最多不超过 f 个进程同时发生故障。

2. Paxos 算法的基本思路

Paxos 算法将分布式系统的节点或进程（议员们）划分为三类角色，即提议者（Proposer）、接受者（Acceptor）和学习者（Learner）。Proposer 负责发起提案（Proposal），Acceptors 负责接受提案；如果一个提案被半数以上 Acceptors 接受，那么它就被选定了（Chosen），并由 Learners 负责执行选定的提案。实际应用中，每个节点或进程可能同时承担多个角色，比如同时承担上述三个角色。

提案是 Paxos 算法的重要概念。每个提案一般由两部分组成，即提案编号和提案值：提案编号通常由 Proposer 自行选择决定，一般是相互独立、不可重复的递增序列。换句话说，每个 Proposer 都不会使用比自己曾经用过的编号更小的编号。Lamport 提出一种简单的编号生成规则：假设总共有 M 个 Proposer，每个 Proposer 被分配一个 1 到 M 之间互不相同的数字；对于分配到数字 i 的 Proposer，其第 n 次提案的编号为 $M(n-1)+i$。提案值（Value）是等待达成共识的数据值，可以是任意二进制数据，例如一条日志或者命令等。

假设分布式系统中存在多个 Proposer、Acceptor 和 Learner 节点或进程[①]。Paxos 算法需要保证在多个被提出的 Value 中，只有一个 Value 被最终选定。显然，如果没有 Value 被提出，就不应该有 Value 被选定。因此，达到一致性需要满足以下条件。

A：只有被提出的值 Value 才可以被选定。

B：只有一个值 Value 可以被选定。

C：除非一个值 Value 被选定，否则它不会被执行。

[①] 显然，选定提案的最简单方式就是只允许一个 Acceptor 存在。Proposer 发送提案给 Accpetor，Acceptor 选择接收到的第一个提案作为被选定的提案。然而，此方式存在单点故障风险，如果 Acceptor 发生故障，整个系统将无法工作。此外，如果多个 Proposer 采用抢占式互斥锁方式访问单个 Acceptor，则当某个 Proposer 访问过程中因发生故障而没有及时释放互斥访问权时，其他 Proposer 无法再访问 Acceptor，系统将陷入死锁状态。因此，本书假设系统中存在多个 Acceptor。

显然,如果只有一个提案被提出的话,那么这个提案应该被最终选定,因此有:

P1:每个 Acceptor 必须接受它收到的第一个提案。

约束条件 P1 可能导致如下情形:如果每个 Proposer 分别提出不同的 Value,发送给各不相同的 Acceptor,则根据 P1,每个 Acceptor 分别接受自己收到的 Value,就会导致没有多数派形成决议,无法最终选定某个 Value。因此,Acceptor 必须能够接受多个不同的 Value,此时为区分这些 Value,需要给提案增加编号,这就是提案必须包括编号和值两部分的原因。在可以接受多个提案的情况下,必须保证所有被选定的提案都具有相同的 Value(否则无法达成一致共识),所以 Lamport 认为应有:

P2:如果一个提案(其值为 v)已经被选定,那么对于所有编号更大的被选定的提案,它们所提议的值也必须是 v。

约束条件 P2 规定任何提案一旦被选定后,此后不可选定其他提案值。然而,在实际运行环境中,约束条件 P2 仍不足以确保一致性,因此 Lamport 对约束条件 P2 逐步加以强化,提出了更为严格的约束条件 P2a、P2b 和 P2c,以求更高效地达成一致共识。其中,P2a 进一步规定任何提案一旦被选定,此后不可再接受其他提案值,而 P2b 则更为严格地限定提出其他提案值也不可以。

P2a:如果一个提案(其值为 v)已经被选定,那么对于任何 Acceptor 接受的编号更大的提案,它们的值也是 v。

P2b:如果一个提案(其值为 v)已经被选定,那么对于任何 Proposer 提出的编号更大的提案,它们的值也是 v。

P2c:对于任意的 v 和 n,如果提案(编号为 n,值为 v)被提出,那么存在一个由大多数 Acceptors 构成的集合 S,满足下述两个条件之一:①没有成员接受过小于 n 的提案;②成员接受过的提案中,编号最大者的值为 v。

上述约束条件的关系是 P2<P2a<P2b<P2c,即如果满足 P2c 就可以确保满足 P2。Paxos 算法就是建立在 P2c 上。

3. Paxos 算法流程

如图 4-12 和图 4-13 所示,Paxos 算法流程分为如下两个阶段。

1)第一阶段

(1)准备(Prepare):一个 Proposer 创建一个提案(编号 N),并向超过半数的 Acceptors 发送包含提案的 Prepare(N)消息。

(2)承诺(Promise):每个 Acceptor 收到消息后,检查提案的编号 N 是否大于它曾接受过的所有提案的编号,如果答案是肯定的,它会回应以 Promise(Nx,Vx)消息,承诺不会接受任何编号小于 N 的提案,否则它将不予回应;其中,Nx 和 Vx 是它曾接受过的提案中编号最大的提案编号与值,如果没有接受过提案,Nx 和 Vx 为 NULL。

2)第二阶段

(1)请求接受(Accept Request):如果 Proposer 收到了超过半数 Acceptors 的 Promise 消息,它需要先找到这些消息中编号最大的提案的值 Vn,然后向这些 Acceptors 发送 Accept(N,Vn)消息;如果所有 Promise 消息中 Nx 和 Vx 都为 NULL,则 Proposer 可以选择任意的值作为 V。

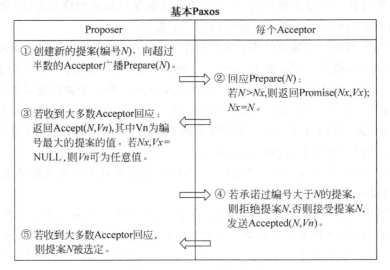

图 4-12　Paxos 算法流程

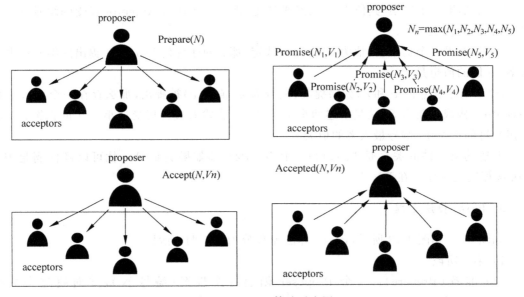

图 4-13　Paxos 算法示意图

（2）接受（Accepted）：当 Acceptor 收到 Accept(N,V) 消息，它首先检查是否已承诺过编号大于 N 的提案，如果答案是否定的，它就接受该提案。

Paxos 算法将会产生一系列被选定的提案以供 Learner 执行。为了获取被选定的提案值，Learner 必须确定该提案至少已经被半数以上的 Acceptor 接受。一般说来，Learner 可以通过如下三种方式学习（获取）被选定的 value。

方式一：Acceptor 每接受一个提案，就将该提案发送给所有 Learner。这种方式可以使得 Learner 快速获取被选定的 value，但是由于每个 Acceptor 都要与每个 Learner 通信，其所需的通信次数等于二者数量的乘积。

方式二：Acceptor 每接受一个提案，就将该提案发送给主 Learner；当提案值被最终选定后，再由主 Learner 发送给其他 Learner。这种方式将通信次数降低为 Acceptor 和 Learner 的数量之和，但是主 Learner 可能会发生单点故障问题，降低了系统可靠性。

方式三：Acceptor 每接受一个提案，就将该提案发送给一个 Learner 集合，该集合中的每个 Learner 都可以将选定的提案值发送给所有的 Learner。显然，这是方式一和方式二的折中方案，Learner 集合的数量越多，系统可靠性就越好，但通信复杂度也相应地越高。

4. Paxos 算法的异常情况

本节至此描述的一般称为基本 Paxos 算法（Basic Paxos），这种算法可能会出现活锁（Livelock）的异常情况，即两个 Proposer 持续地交替生成编号递增的一系列提案，但是没有提案会被最终选定。例如：Proposer ♯1 提出编号为 n1 的提案并且完成了 Paxos 算法的第一阶段后，另一个 Proposer ♯2 也提出编号为 n2（n2＞n1）的提案并执行完成第一阶段。此时，Proposer ♯1 后续第二阶段针对编号为 n1 的提案的所有 Accept 请求将被忽略，因为 Acceptor 已经承诺不再通过任何编号小于 n2 的提案。于是，Proposer ♯1 就会用一个新的编号 n3（n3＞n2）重新开始并完成第一阶段，而这又会导致 Proposer ♯2 在其第二阶段的所有 Accept 请求被忽略，如此循环往复，形成活锁。

解决活锁问题的主要途径是使得任意时刻只有唯一的 Proposor 提出提案，然而这会导致单点故障的风险。因此，当唯一的 Proposor 出现故障时，其他节点或进程需要检测到并再启动一个新的 Proposor。显然，由于 Paxos 算法的异步模型假设，其消息传递时间没有限制，其他节点或进程通过有限的时间等待无法判断运行 Proposor 的节点或进程是出现故障，还是消息尚未发送到。如果设置等待一段时间无响应后再启动新的 Proposer，那么当旧的 Proposer 并未真正出现故障时，就会出现两个 Proposer，仍然可能会出现活锁现象。由此可见，基本 Paxos 算法仍然遵循 FLP 不可能定理，即在理论上的"异步系统"中，Paxos 算法可能无限地运行下去永远无法达成一致，虽然这种概率很小。对于 Paxos 算法的更多细节知识，读者可以自行参考 Multi-Paxos 等相关书籍或资料。

4.3.2 Raft 算法

Raft 算法是 2013 年由斯坦福大学的迭戈·翁加罗（Diego Ongaro）和约翰·奥斯特豪特（John Ousterhout）提出的一种适用于非拜占庭容错环境下的分布式一致性算法。Raft 的主要设计目标是可理解性（Understandable）。在 Raft 算法出现之前，Paxos 曾被认为是分布式一致性算法的代名词。Google Chubby 的作者麦克·布罗斯（Mike Burrows）曾说过"这个世界上只有一种一致性算法，那就是 Paxos，其他的算法都是残次品"，由此可见一斑。

然而，Paxos 算法难以理解，并且十分不易于构建实际系统。因此，Raft 采用特定的技术设计来提高共识算法的可理解性。相较于 Paxos 的晦涩复杂，Raft 的首要设计原则就是直观、易懂，其技术设计包括模块化拆分和状态空间规约：前者把 Raft 算法过程划分为领导选举（Leader Election）、日志复制（Log Replication）、安全性（Safety）和集群成员变更（Cluster Membership Changes）等相对松散耦合的模块；后者则降低了 Raft 共识过程的不确定性程度和服务器间不一致的方式。一项针对两个大学的 43 名学生的用户调查结果显示：Raft 比 Paxos 更易于理解，其中 33 名学生在学习两种算法后能够更好地回答 Raft 相关的问题。除易理解性外，Raft 算法的安全性也经过严格的形式化证明，其效率与其他算法相当。因此，Raft 已经成为目前主流的分布式一致性算法之一。

1. 复制状态机

分布式系统通常通过维护多个副本来进行容错，共识算法的核心问题是维护多个副本的一致性，即使在部分副本宕机的情况下，整体集群仍然能正常对外提供服务。一致性算法通常基于复制状态机（Replicated State Machines，RSM）实现，如图 4-14 所示。每个服务器（Server）存储一个包含一系列命令的日志（Log），一致性算法的工作就是保证复制日志的一致性。每台服务器上的一致性模块（Consensus Module）接收来自客户端（Client）的命令（步骤①），并将它们添加到日志中（步骤②）。状态机（State Machine）按顺序执行日志中的命令（步骤③）。每个日志中命令都相同并且顺序也一样，因此每个状态机处理相同的命令序列。这样就能得到相同的状态和相同的输出序列。一致性模块与其他服务器上的一致性模块通信（步骤②），以确保每个日志最终以相同的顺序包含相同的命令，即使有一些服务器失败。一旦命令被正确复制，每个服务器上的状态机按日志顺序处理它们，并将输出返回给客户端（步骤④）。这样就形成了高可用的复制状态机。

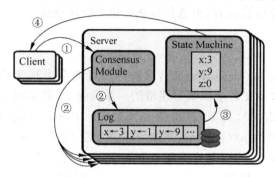

图 4-14 复制状态机的工作机理

2. Raft 共识过程与概念

Raft 共识过程的基本流程为：首先在集群中通过领导选举确定一个领导者，全权负责复制日志的管理。领导者从客户端接收日志条目，将日志条目复制到其他服务器，并且在保证安全性的时候通知其他服务器将日志条目应用到他们的状态机中。基于领导选举的机制大大简化了日志复制的管理，例如领导者可以自主决定新日志条目需要放置在日志的什么位置，而不需要与其他服务器商议，并且数据都是从领导者流向其他服务器。当领导者宕机或者与其他服务器断开连接后，集群其他节点会启动领导选举过程并选出新的领导者。在此过程中，Raft 将共识过程自然地分成了三个相对独立的子问题，即领导选举、日志复制和安全性问题。

为阐述 Raft 共识过程，首先给出几个概念。

1) 服务器状态

任意时刻，Raft 集群节点都处于以下三个状态之一，即领导者（Leader）、跟随者（Follower）或候选人（Candidate）。通常情况下，集群中只有一个领导者并且其他的节点全部都是跟随者。跟随者都是被动的，不发送任何请求，只是简单地响应来自领导者或者候选人的请求。领导者处理所有的客户端请求（如果一个客户端和跟随者联系，那么跟随者会把请求重定向给领导者）。候选人状态出现在选举新领导人的时候。图 4-15 给出了这三种状态及其转换关系。

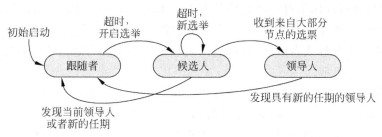

图 4-15　Raft 共识过程中的服务器状态及其转换关系

2）任期（Term）

Raft 将时间分割成任意长度的任期，如图 4-16 所示。每一段任期从一次领导选举开始，一个或多个候选人尝试成为领导者。如果一个候选人赢得选举，然后他就在该任期剩下的时间里充当领导者。在某些情况下（如图 4-16 所示的因选票平分而无人获得多数票的情况），一次选举无法选出领导者，此时该任期会以没有领导者结束，一个新的任期（包含一次新的选举）会很快重新开始。Raft 算法保证了在任意一个任期内，最多只有一个领导者。

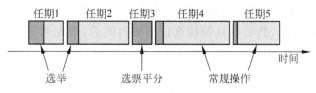

图 4-16　Raft 共识过程中的任期

Raft 算法为每一个任期分配一个编号，且编号在整个时期内单调地增长，因此可以认为是分布式系统的"逻辑时间"。不同的服务器节点观察到的任期转换的次数可能不同，在某些情况下，一个服务器节点可能没有看到领导选举过程甚至整个任期全程。服务器之间通信的时候会交换当前任期号：如果一个服务器的当前任期号比其他的小，该服务器会将自己的任期号更新为较大的那个值。如果一个候选人或领导者发现自己的任期号过期了，它会立即回到跟随者状态。如果一个节点接收到包含过期的任期号的请求，它会直接拒绝这个请求。

3）远程过程调用（Remote Procedure Call，RPC）

服务器集群节点之间的通信包括两种类型的 RPC，即请求投票（Request-Vote）RPC 和追加条目（Append-Entries）RPC；前者由候选人在选举期间发起，后者由领导人发起，用来复制日志和提供一种心跳机制（心跳包，即不包含日志项内容的 Append-Entries RPC）。

3．领导选举

Raft 共识的初始状态中，所有节点都处于跟随者状态或者仅有一个领导者而其他节点均是跟随者的状态。Raft 使用心跳机制来触发领导选举过程，领导者周期性地向所有跟随者发送心跳（不包含日志条目的 Append-Entries RPC），每个节点只要能从领导者或候选人处接收到有效的 RPC 就会一直保持跟随者状态。每个跟随者节点都随机地设置了自己的选举超时时间（Election Timeout，如 150~300 毫秒的随机数），如果在超时时间内没有接收到任何消息，它就会假设系统中没有领导者，增加自己的任期号并转换为候选人状态，然后投票给自己并且并行地向集群中的其他节点发送 Request-Vote RPC。这样，一次新的领导选举过程就启动了，如果其他节点在该轮选举中没有投过票，就会给他投一票。选举过程中，候选人节点可能获胜或者败选，也可能出现选举失败无法确定领导者的情况。具体状态转换过程如图 4-15 所示。

首先，如果候选人节点收到 N 台服务器中至少 $N/2+1$ 张针对同一任期的选票，该节点就会获胜并成为领导者。在同一任期内，每个服务器节点将按照先来先服务（First-Come-First-Served）的原则，只给一个候选人投票。由于必须获得半数票以上才可胜选，因此只有一个候选人可以赢得此次选举。该候选人成为领导者后，会向其他的服务器节点发送心跳消息来告知其领导地位并阻止新的选举。

其次，候选人在等待投票期间，如果收到其他声称自己是领导者的服务器节点发来的 Append-Entries RPC，并且其任期号（包含在 RPC 中）不小于候选人当前的任期号，那么候选人将会败选，承认该节点的领导者地位并返回到跟随者状态；另外，如果发现 RPC 中的任期号要比自己的小，那么候选人将会拒绝该 RPC 并且继续保持候选人状态。

最后，如果没有任何候选人获得过半数选票，此次领导选举过程失败。此时，Raft 算法使用随机选举超时时间的方法来解决：候选人会从一个固定的区间（如 150～300 毫秒）随机选择一个选举超时时间，然后各自等待这段超时时间后，最先从等待中恢复的候选人会增加其当前的任期号并且重新启动领导选举过程，直至有一个候选人获得多数票。超时时间选择的随机性将会极大地减小新选举中再次发生选票被瓜分而导致选举失败的可能性，大多数情况下只有一个候选人会首先恢复，该候选人将会赢得选举并在其他节点超时之前发送心跳。

4. 日志复制

领导选举过程中选出的领导者将会负责在其任期内的日志复制工作，以保证各服务器节点的一致性。领导者将代表所有服务器处理全部客户端请求，每一个客户端请求就是一个日志条目，包含一条被复制状态机执行的指令。领导者将按照图 4-17 所示的日志复制流程：将日志条目追加到其日志中，然后并行地发起 Append-Entries RPC 给其他服务器，让它们复制该条目；当条目被安全地复制后，领导者的状态机将执行该条目中的指令并将执行结果返回给客户端。

日志复制的具体流程如图 4-17 中实例所示。

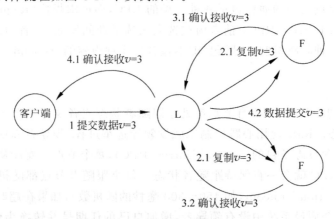

图 4-17　Raft 算法中日志复制的实例

步骤1：假设客户端向领导者发出日志请求，内容为设置 $v=3$，如1所示；

步骤2：领导者将该请求作为新的日志条目附加到其日志中，然后发送 Append-Entries RPC 给所有跟随者，要求让他们复制这条日志条目，如2.1所示；

步骤3：跟随者确认接收到日志复制请求，执行后反馈给领导者，如3.1和3.2所示；

步骤4：领导者收到大多数写日志的成功消息后就会应用这条日志条目到它的状态机中，然后把执行结果返回给客户端，如4.1所示。此时的日志条目被称为处于已提交状态；在下一个心跳中，领导人通知所有跟随者更新已提交日志，应用到各自的状态机中，如4.2所示。

Raft算法中，领导者通过强制跟随者复制它的日志来解决可能产生的不一致问题。领导者如果发现某个跟随者的数据跟自己不一致，那么就通过 Append-Entries RPC 一致性检查过程找到两者达成一致的索引最大的日志条目，并且用自己的数据更新该跟随者日志中从该点之后的所有日志条目。这就保证了日志复制过程中的一致性，实现了分布式节点间的共识。

Raft算法是高度依赖领导者节点的共识算法，在其日志复制过程中，领导者节点可能随时会出现宕机等不可预测的情况，此时 Raft 算法可以针对如下七种不同阶段和情形的领导者故障实现日志复制的一致性，如图4-18所示[①]。

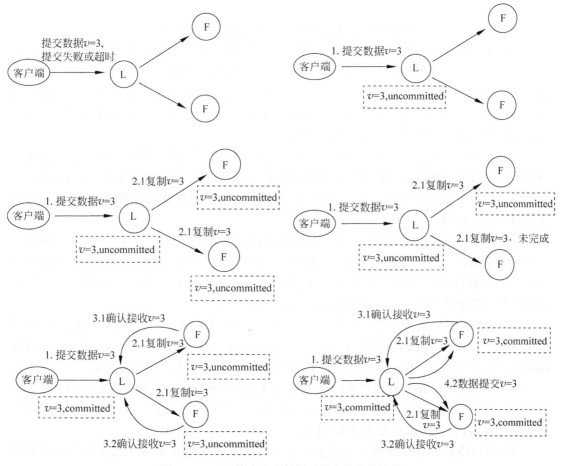

图 4-18 Raft 算法日志复制过程中的异常情况

---

① https://www.cnblogs.com/mindwind/p/5231986.html

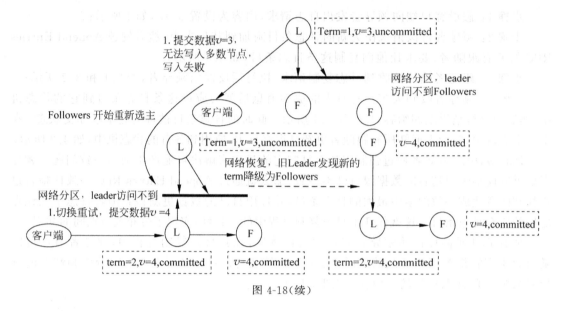

图 4-18（续）

(1) 领导者在接收到客户端请求前发生故障：此时不影响一致性。

(2) 领导者已经接收到客户端请求，但尚未复制到跟随者节点时发生故障：此时日志条目处于未提交状态。跟随者节点会启动领导选举过程，重新选出新任期的领导者。客户端因收不到确认消息，会认为超时失败而重新提交请求给新的领导者，此时日志复制即可成功。原来的领导者从故障中恢复后作为跟随者重新加入集群，并从当前任期的新领导者处同步数据，强制保持和新领导者的数据一致性。

(3) 领导者已经接收到客户端请求、并成功复制到"所有"跟随者节点，但尚未收到确认消息前发生故障：此时日志请求处于未提交状态，但在所有跟随者节点中保持一致，重新选举出新的领导者后即可完成提交。此时客户端可能会重新提交日志请求，因而需要 Raft 算法有内部去重机制。

(4) 领导者已经接收到客户端请求，并成功复制到"部分"跟随者节点，但尚未收到确认消息前发生故障：与第 3 种情形相比，此时日志请求处于未提交状态且在跟随者节点中不一致。Raft 有特定的机制保证只有拥有最新数据的节点才会被选为领导者，因此新领导者强制同步到跟随者节点后，日志请求不会丢失并最终一致。

(5) 领导者已经接收到客户端请求，并成功复制到"所有或者多数"跟随者节点，接收到跟随者节点的确认接收消息之后发生故障，此时日志条目在领导者处是已提交状态，而在跟随者处是未提交状态：此时重新选举出新领导者后的流程与第 3 种情形一致。

(6) 领导者已经接收到客户端请求，并成功复制到"所有或者多数"跟随者节点，日志条目在所有节点处都是已提交状态，但尚未反馈到客户端时发生故障：此时服务器集群内部日志是一致的，客户端重新发送请求后即可成功，对一致性无影响。

(7) 因网络分区导致出现双领导者：如因网络分区使得领导者无法访问大多数跟随者，那么这些跟随者将会重新选举出一位新领导者，从而形成双领导者的局面。当网络分区故障恢复，原领导者发现集群中有更新任期的领导者后，会自动降级为跟随者并从新领导者处同步数据以保证集群数据一致性。

5. 安全性

Raft算法的安全性模块主要是增加"领导者完整性"(Leader Completeness)的限制来保证：对于任意给定的任期号来说，领导者都包含了此前各个任期所有被提交的日志条目。换句话说，任意时刻的领导者必须存储着所有已经提交的日志条目。由于Raft算法的领导者具有"Append-Only"属性，日志条目仅能单向地从领导者流向跟随者（即当领导者和跟随者产生分歧时，永远是领导者主动去修正和更新跟随者），因而不能像ViewStamped Replication等一致性算法那样识别丢失的日志条目并且传送给领导者。因此，Raft采用了一种更为简单的机制，即使用投票的方式来阻止那些未包含所有已提交日志条目的候选人赢得选举过程。

候选人为赢得选举，必须与集群中的大多数节点通信，这意味着至少其中一个服务器节点包含了所有已提交的日志条目。如果候选人的日志至少和半数以上的服务器节点一样新，那么其一定包含了所有已经提交的日志条目。Raft算法通过比较两份日志中最后一条日志条目的索引值和任期号来定义谁的日志更新：如果两份日志最后条目的任期号不同，那么显然任期号大的日志更新；如果两份日志最后条目的任期号相同，那么较长的日志更新。Raft算法的Request-Vote RPC中包含了候选人的日志信息，如果投票的跟随者节点自己的日志要比候选人的还要新，那么他们将拒绝该候选人的投票请求。这就保证了任意任期内选举出的领导者必然包含所有已提交的日志条目。

6. 集群成员变更

由于硬件故障、负载变化等因素，实际运行中的集群成员不可避免地会有动态增减。简易的做法是系统临时下线，统一修改配置，重新上线，但这会带来两个明显的问题：一是更改时集群不可用；二是人为操作易出错。为了避免这样的问题，Raft纳入自动化配置改变，但是直接从旧的配置转换到新的配置的方案是不安全的，如图4-19所示。

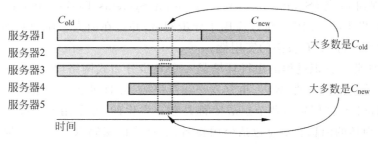

图4-19 Raft集群成员变更示例

在集群状态变更过程中，在箭头处出现了两个不相交的多数派（服务器3、4、5认知到现在已经是新的5个节点的集群，而服务器1、2的认知还是处在老的3个节点的状态）。在网络分区情况下（例如服务器1、2作为一个分区，服务器3、4、5作为一个分区），2个分区分别可以选举产生2个新的领导人（属于老配置<Cold>的领导人以及属于新配置<Cnew>的领导人）。

产生这个问题的根本原因是，Raft集群中有一部分机器使用了旧的配置，如服务器1、

2,有一部分使用新的配置,如服务器 3。解决这个问题的方法是添加一个中间配置(Cold, Cnew),这个中间配置的内容是旧的配置 Cold 和新的配置 Cnew。以图 4-19 为例,这个时候服务器 3 收到添加机器的消息后,不是直接使用新的配置 Cnew,而是使用(Cold,Cnew)来做决策。例如服务器 3 在竞选领导人的时候,不仅需要得到 Cold 中的大部分投票,还要得到 Cnew 中的大部分投票才能成为领导人。这样就保证了服务器 1 和服务器 2 在使用 Cold 配置的情况下,还是只可能产生一个领导人。当所有服务器都获得了添加机器的消息后,再统一切换到 Cnew。Raft 实现中,将 Cold、(Cold,Cnew)及 Cnew 都当成一条普通的日志。配置更改信息发送领导人后,由领导人先添加一条(Cold,Cnew)日志,并同步给其他跟随者。当日志(Cold,Cnew)提交后,再添加一条 Cnew 日志同步给其他跟随者,通过 Cnew 日志将所有跟随者的配置切换到最新。

综上所述,Raft 共识算法可以应用于非拜占庭容错环境,并在网络延迟、分区、丢包、冗余和乱序等错误情况出现时,都可以保证其操作的正确性。因此,Raft 共识算法一般不适用于公有链环境,而在联盟链和私有链场景中大有用武之地。

4.4 主流区块链共识算法

本节将重点介绍主流的区块链共识算法,包括 PBFT、PoW、PoS、DPoS 和 RPCA 共识算法。这些算法在许多加密货币或者区块链项目中都有不同程度的成功实践应用,对区块链近年来的快速发展起到了奠基性的重要作用。

4.4.1 PBFT 共识算法

PBFT(Practical Byzantine Fault Tolerance,实用拜占庭容错)算法是由米格尔·卡斯特罗(Miguel Castro)和芭芭拉·里斯科夫(Barbara Liskov)在 1999 年召开的第三届操作系统设计与实现研讨会(Symposium on Operating Systems Design and Implementation,OSDI'99)上提出来的。PBFT 可以应用于异步网络,并且在前人工作的基础上大幅提高了系统的响应效率,因此具有较强的实用性。

PBFT 算法假设共识过程的运行环境是一个异步分布式网络(例如互联网环境),该网络中可能发生消息传输失败、延迟、重复发送或乱序等,并且可能存在蓄意发送错误消息的恶意节点。PBFT 算法假定这些节点故障都是独立发生的,并采用加密技术来防止欺骗和重播以及检测损坏的消息。消息包括公钥签名、消息认证编码以及由无碰撞散列函数产生的消息摘要等。PBFT 算法将消息表示为 m,$<m>_{\sigma_i}$ 表示由节点 i 签名的消息,$D(m)$ 表示消息 m 的摘要。按照惯例,PBFT 算法只对消息摘要而非完整消息进行签名,并附在消息文本后。所有节点都知道其他节点的公钥。

PBFT 算法模型允许系统中存在一个强大的敌对节点,它可以协调故障节点,延迟通信或延迟正常节点,以造成最大的损害。但是,模型中假设该敌对节点不能无限期延迟正确的节点,并且这个节点(以及它控制的错误节点)在计算上受到限制,因此(非常高概率)它无法破坏上面提到的加密技术。例如,敌对节点不能产生正常节点的有效签名,由摘要反向计算出相应的消息,或找到两个具有相同摘要的消息等。

PBFT 也是一种基于状态机复制的实用共识算法：服务被建模为状态机，在分布式系统中的不同节点上进行复制；每个状态机副本（Replica）都维护了服务状态，并实施服务的相应操作。以 R 表示状态机副本集合，每个副本以一个 $\{0,1,\cdots,R-1\}$ 之间的整数作为编号。假设 $|R|=3f+1$，其中 f 为可能发生故障的副本的最大数量。尽管 PBFT 系统可以容纳超过 $3f+1$ 个副本，但这将降低系统整体性能而且没有提供更好的弹性（因为系统必须交换更多的消息）。换言之，PBFT 共识算法可在不高于约 33% 的拜占庭错误节点的系统中保证活性和安全性。

所有副本的状态变迁通过称为视图（View）的配置更换而进行。在每个视图中，只有一个副本为主节点（Primary），其余副本作为备份（Backups）。主节点可以简单地由 $p=v\ \mathrm{mode}\ |R|$ 产生，其中 v 为整数，是当前视图的编号。若主节点失效，则执行视图更换过程。这一点与 VR 和 Paxos 共识算法相似，区别在于后者不能容忍拜占庭故障。副本状态包括服务状态、消息日志（记录副本收到的消息）和当前视图编号。

与其他状态机复制技术一样，PBFT 对每个副本节点提出了两个限定条件：①所有节点必须是确定性的，也就是说，在给定状态和参数相同的情况下，操作执行的结果必须相同；②所有节点必须从相同的状态开始执行。在这两个限定条件下，即使失效的副本节点存在，PBFT 算法对所有非失效副本节点的请求执行总顺序达成一致，从而保证安全性。

图 4-20 表示在没有主节点故障的情况下，PBFT 算法的正常运行流程。一次完整的共识需要经历请求（Request）、预准备（Pre-prepare）、准备（Prepare）、确认（Commit）和回复（Reply）五个阶段。其中，预准备和准备两个阶段用来确保同一个视图中请求发送的时序性（使对请求进行排序的主节点失效），准备和确认两个阶段用来确保在不同的视图之间的确认请求是严格排序的。

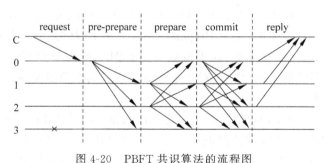

图 4-20　PBFT 共识算法的流程图

第一阶段：请求

客户端 C 向主节点 0 发起请求消息 $<\mathrm{REQUEST},o,t,c>_{\sigma_c}$，其中 o 为操作；t 为时间戳，用于保证请求只被执行一次，并且由于时间戳递增，可以用于比较操作执行的顺序，例如时间戳可以采用发送请求时客户端的本地时钟；c 为客户端编号。

第二阶段：预准备

主节点 0 分配一个编号 n 给收到的客户端请求消息，然后向所有副本节点广播预准备消息 $<<\mathrm{PRE\text{-}PREPARE},v,n,d>_{\sigma_0},\mathrm{m}>$，同时将该消息追加到其日志中。这里 m 为客户端发送的原始请求消息；v 为视图编号；n 是主节点为该请求分配的编号；d 是 m 的摘要；

请求本身是不包含在预准备的消息里面的,这样就能使预准备消息足够小,因为预准备消息的目的是作为一种证明,确定该请求是在视图 v 中被赋予了序号 n,从而在视图变更的过程中可以追索。另外,将"请求排序协议"和"请求传输协议"进行解耦,有利于对消息传输的效率进行深度优化。

备份节点只接受满足如下条件的预准备消息:首先,请求和预准备消息的签名正确,并且 d 与 m 的摘要一致;其次,当前视图编号是 v;再次,该备份节点从未在视图 v 中接受过序号为 n 但是摘要 d 不同的消息 m;最后,预准备消息的序号 n 必须在水线(watermark)上限 H 和下限 h 之间。水线存在的意义在于防止一个失效节点使用一个很大的序号消耗序号空间。

第三阶段:准备

备份节点 i 收到并验证通过预准备消息后,即进入准备阶段并向其他节点广播准备消息 $<\text{PREPARE}, v, n, d, i>_{\sigma_i}$,其中 v, n, d 与预准备消息相同,i 为备份节点编号,同时将预准备消息和准备消息写入自己的消息日志;包括主节点在内的所有副本节点在收到准备消息之后,验证其有效性,如果验证通过则将准备消息写入日志里。

此处,定义谓词 $\text{Prepared}(m, v, n, i)$ 为真,当且仅当副本 i 将下列消息写入其日志,包括请求消息 m、视图 v 中编号为 n 且与 m 相对应的预准备消息及 $2f$ 个来自不同副本且与该预准备消息相匹配的准备消息。副本节点通过检查消息是否有相同的视图、编号和摘要来确认准备消息与预准备消息是否相互匹配。

预准备阶段和准备阶段的算法保证了正常节点可以就一个视图内的请求顺序达成一致。准确地说,如果 $\text{Prepared}(m, v, n, i)$ 为真,则 $\text{Prepared}(m', v, n, j)$ 对任意正常副本 j 和任意满足 $D(m') \neq D(m)$ 的消息 m' 来说必不成立,因为 $\text{Prepared}(m, v, n, i)$ 为真和 $|R|=3f+1$ 可以保证至少 $f+1$ 个正常副本已经发送了视图为 v、编号为 n 且与 m 相对应的预准备或者准备消息。因此,要使 $\text{Prepared}(m', v, n, j)$ 为真,至少存在一个副本需要发送两个相互冲突的准备(或预准备,如果该副本是视图 v 的主节点)消息,即有两个相同视图和编号但摘要不同的准备消息。这对于正常非拜占庭副本节点来说是不可能的。

第四阶段:确认

当 $\text{Prepared}(m, v, n, i)$ 为真时,副本 i 将确认消息 $<\text{COMMIT}, v, n, D(m), i>_{\sigma_i}$ 向其他节点广播,其中 D(m) 为 m 的消息摘要;副本在收到确认消息后,验证其有效性并写入日志中,其中有效性包括是否有正确的签名、消息中的视图与当前视图相同、编号位于水线上、下限 h 和 H 之间。

定义谓词 $\text{Committed}(m, v, n)$ 为真,当且仅当对某个 $f+1$ 个正常节点的集合中的所有节点来说,$\text{Prepared}(m, v, n, i)$ 为真;定义谓词 $\text{Committed-local}(m, v, n, i)$ 为真,当且仅当 $\text{Prepared}(m, v, n, i)$ 为真,且副本 i 收到来自 $2f+1$ 个来自不同副本(可能包括自己)的与 m 的预准备消息相匹配的确认消息(如果一个确认消息的 m、v、n 与一个预准备消息相同,则称这个确认消息匹配这个预准备消息)。

确认阶段保证了以下这个不变式:对于正常节点 i 来说,如果 $\text{Committed-local}(m, v, n, i)$ 为真,那么 $\text{Committed}(m, v, n)$ 也为真。这个不变式和视图变更协议保证了所有正常节点对本地确认的请求的序号达成一致,即使它们在不同的视图中进行确认。更进一步,这个不变式保证了任何被正常节点本地确认的请求,最终都会得到 $f+1$ 个乃至更多正常节点的确认。

第五阶段：回复

当 Committed-local(m,v,n,i) 为真，且所有比 m 序号更小的请求都已执行，副本将执行 m 请求的相关操作。执行后，副本向客户端发送 $<\text{REPLY},v,t,c,i,r>_{\sigma_i}$，其中 v 为视图编号、t 为时间戳、c 为客户端编号、i 为副本编号、r 为操作结果；客户端等待 $f+1$ 个来自不同副本的相同响应，这些消息需要通过签名验证，并具有相同的时间戳 t 和操作结果 r。这样客户端才能把 r 作为正确的执行结果，因为失效的副本节点不超过 f 个，所以 $f+1$ 个副本的一致响应必定能够保证结果是正确有效的。

如果客户端没有在有限时间内收到回复，请求将向所有副本节点进行广播。如果请求已经在副本节点处理过了，副本就向客户端重发一遍执行结果。如果请求没有在副本节点处理过，该副本节点将把请求转发给主节点。如果主节点没有将该请求进行广播，那么就会认为主节点失效，如果有足够多的副本节点认为主节点失效，则会触发一次视图变更。

4.4.2 PoW 共识算法

工作量证明（Proof-of-Work, PoW）的思想由来已久，最早是为防止服务和资源滥用，或者拒绝服务攻击等场景而提出的一种经济对策。一般要求证明方在使用服务或资源之前，需要首先完成具有一定难度或者适当工作量的复杂运算，并且这种工作量可以很容易地被验证方核实。换句话说，PoW 的核心特征是不对称性：工作量对于证明方是"昂贵的"且"没有捷径的"，但对于验证方来说则是快速和简单的。PoW 特别适合某些稀缺服务或资源的竞争性分配场景。与拍卖等利用价格来分配稀缺资源这类纯经济手段类似，PoW 根据系统用户或计算节点耗费的时间，设备与能源作为担保成本和排序依据，来确保稀缺服务与资源是被真正的需求方所使用。

PoW 的学术研究始于 1993 年辛西娅·德沃克（Cynthia Dwork）和莫尼·瑙尔（Moni Naor）的学术论文，1997 年亚当·贝克（Adam Back）也独立发明了基于 PoW 的哈希现金，用于抵抗邮件的拒绝服务攻击及垃圾邮件网关滥用。哈希现金也被哈尔·芬尼（Hal Finney）以可重复使用的工作量证明（RPOW）的形式用于一种比特币之前的加密货币实验中。1999 年，马库斯·雅各布松（Markus Jakobsson）与阿里·朱尔斯（Ari Juels）正式提出了"工作量证明"一词。

2008 年，中本聪的比特币创世论文的主要贡献之一是将 PoW 思想应用于区块链共识过程，设计了区块链的 PoW 共识算法。区块链系统中的稀缺资源是"区块记账权"以及随区块发行的比特币奖励。根据比特币的设计，系统大约每 10 分钟生成一个区块，所有比特币矿工均参与竞争这种极度稀缺的"记账权"与比特币奖励。PoW 共识机制通过引入分布式节点的算力竞争来作为工作量证明，利用其算力来完成大量的哈希函数计算工作，以便选出每个 10 分钟时间窗口的唯一"记账人"，从而保证区块链账本数据的一致性和共识的安全性。

哈希函数具有许多优良特性，例如通过哈希输出 $Hash(n)$ 几乎不能反推输入值 n（单向性），即使输入 n 仅相差一个字节也会产生显著不同的输出值 $Hash(n)$（随机性）等，因此通过让分布式节点竞争完成大量的穷举运算，搜索满足特定要求的哈希函数，就可以实现"昂贵的"和"没有捷径的"工作量证明过程。同时，哈希函数具有定长性和定时性特点，不同长度输入的哈希过程消耗大概相同的时间且产生固定长度的输入,因此基于哈希函数的工作量校验工作相对非常简单,只需要一次运算即可验证是否满足指定的要求。因此,比特币系统的 PoW 共识过程选择的是 SHA256 哈希算法。

为便于理解工作量证明机制,这里给出一个简单的例子:给定字符串"Hello,world!",工作量要求是在这个字符串后面添加一个合适的随机数 Nonce,然后进行 SHA256 哈希运算,如果得到的哈希结果(以十六进制的形式表示)是以"0000"开头的,则验证通过。为满足该工作量证明,必须利用穷举法不停地递增 Nonce 值,对得到的新字符串进行 SHA256 哈希运算。以概率而言,一般大约需要经过 16^4 即 65536 次哈希运算才能找到合适的随机数 Nonce 使得哈希结果前 4 位恰好为 0。

比特币系统 PoW 共识过程有三个要素,即 PoW 函数、区块信息及难度值。PoW 函数是共识过程的计算方法,区块信息决定了共识过程的输入数据,而难度值则决定了共识过程所需要的计算量。

形式上,可定义比特币的 PoW 函数为 $F_{diff}(BlockHeader) \rightarrow \{True, False\}$,难度值 $diff$ 为正实数,$diff$ 值越大,越难搜索获得合理的随机数;$BlockHeader = \{nVersion, hashPreBlock, hashMerkleRoot, nTimes, nBits, Nonce\}$ 为区块头信息,固定长度为 80 字节,包括 4 字节的版本号 $nVersion$、32 字节的前一区块哈希值 $hashPreBlock$、32 字节的当前区块 Merkle 根 $hashMerkleRoot$、4 字节的时间戳 $nTimes$、4 字节的难度值 $nBits$ 以及 4 字节的待搜索随机数 $Nonce$。该 PoW 函数的定义如下式所示:

$$F_{diff}(BlockHeader) \rightarrow SHA256(SHA256(BlockHeader)) < \frac{MaxTarget}{diff}$$

其中 $MaxTarget$ 是比特币系统的最大目标值。显然,如果我们将前一区块的哈希值视为历史,当前区块的 Merkle 根视为现状,而待搜索的随机数 Nonce 视为未来的话,该 PoW 函数通过两次 SHA256 哈希函数将区块链账本的历史、现状与未来无缝地连接在一起,并通过难度调节机制为其区块链账本的更新增加了工作量限制。比特币节点(即矿工)基于各自的计算机算力相互竞争来搜索求解这个合适的随机数 Nonce,使得两次 SHA256 哈希函数值小于目标哈希值,最快解决该难题的节点将获得当前区块的记账权和系统自动生成的比特币奖励。公式中的 $SHA256$ 函数的输出范围是 $\{0,1,\cdots,2^{256}-1\}$,比特币系统通过灵活调整难度系数 $diff$ 来增加或者降低 PoW 共识过程的困难程度,控制 PoW 共识过程的出块速度大致稳定在 10 分钟。

一般说来,比特币 PoW 共识的随机数搜索过程如图 4-21 所示。

步骤 1 每个比特币节点搜集当前时间段(最近 10 分钟)的全网未确认交易,并增加一个用于发行新比特币奖励的 CoinBase 交易,形成当前区块体的交易集合。

步骤 2 计算区块体交易集合的 Merkle 根记入区块头,并填写区块头的其他元数据,其中随机数 Nonce 置零。这个区块头就是 PoW 函数的输入数据。

步骤 3 随机数 Nonce 加 1;计算当前区块头的两次 SHA256 哈希值,如果小于目标哈希值,则成功搜索到合适的随机数并获得该区块的记账权;否则继续步骤 3 直到任一节点搜索到合适的随机数为止。

步骤 4 如果一定时间内未成功,则更新时间戳和未确认交易集合,重新计算 Merkle 根后继续搜索。

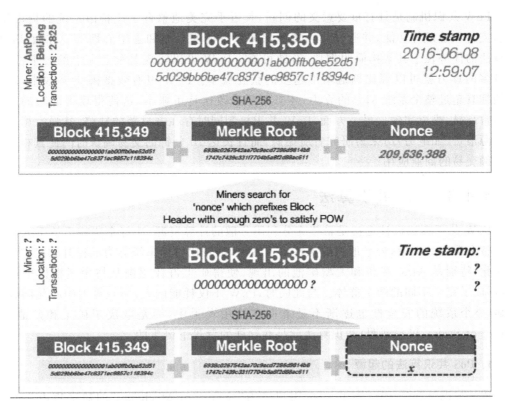

图 4-21　比特币 PoW 共识过程中的随机数计算（图片来自互联网）

SHA256 哈希函数的输出具有近似的伪随机性，目前还没有比穷举法更好的算法来寻找随机数 Nonce 使其满足 PoW 函数。因此，如果所有计算 PoW 函数的节点都参与相同的共识竞争，那么计算能力最强的节点总是有最大的概率获胜。当某个节点提供出一个符合要求的 Nonce 值，说明该节点确实经过了大量的尝试计算。当然，由于搜索满足特定要求的随机数的过程是一个概率事件，在小概率情况下，算力较小的节点可能通过少量计算即找到合理随机数，因而一般无法准确预估 PoW 共识搜索次数的绝对值。然而从统计意义上来讲，当节点拥有占全网 $n\%$ 的算力时，该节点总是有 $n\%$ 的概率首先找到合理的随机数。

比特币系统通过搜索合理的随机数来使得 PoW 函数的哈希值符合工作量证明要求，即该哈希值必须包含一定数量的前导零。目标哈希值越小，区块头哈希值的前导零越多，成功找到合适的随机数并"挖"出新区块的难度越大。据区块链实时监测网站 Blockchain.info 显示，截止到 2018 年 12 月，符合要求的区块头哈希值一般有 19 个前导零，例如第 517202 号区块的哈希值为 00000000000000000000006f13d8e3ca753f77de8c139ecf7e96c67444f49222b0f。按照概率计算，每 16 次随机数搜索将会有找到一个含有一个前导零的区块哈希值，因而比特币系统目前 19 位前导零哈希值要求 16^{19} 次随机数搜索才能找到一个合适的随机数并生成一个新的区块。由此可见，比特币区块链系统的安全性和不可篡改性是由 PoW 共识机制的强大算力所保证的，任何对于区块数据的攻击或篡改都必须重新计算该区块以及其后所有区块的 SHA256 难题，并且计算速度必须使得伪造链长度超过主链，这种攻击难度形成的成本将远超其收益。

PoW 共识机制是具有重要意义的创新,其近乎完美地整合了比特币系统的货币发行、交易支付和验证等功能,并通过算力竞争保障系统的安全性和去中心性。一方面,PoW 共识算法的优势在于其架构简明扼要、有效可靠。PoW 可以实现某种意义上的公平性,即投入越多的算力就可以等比例地增加越多的获胜概率。PoW 可有效抵御 51% 攻击,攻击者必须拥有超过整个系统 51% 的算力,才有可能篡改比特币账本,这使得攻击成功的成本变得非常高昂,难以实现。另一方面,PoW 共识机制同时存在着显著的缺陷,其强大算力造成的资源浪费(如电力)历来为研究者所诟病,而且长达 10 分钟的交易确认时间使其相对不适合小额交易的商业应用。

4.4.3 PoS 共识算法

PoW 共识算法设计之初是希望充分利用分散的计算资源,让每个比特币持币人都能够参与整个系统的决策,公平地获取比特币。然而,随着比特币系统算力的提升和挖矿设备的专业化,特别是 AISC 矿机和大型矿池的出现,使得矿工群体逐渐从持币者群体中独立出来,形成了完全不同的两个群体。与此同时,PoW 不仅耗能巨大,而且算力中心化问题日益凸显,整个系统的安全性也逐渐不是掌握在使用者手中,而是取决于矿工和矿池。PoS(Proof of Stake,权益证明)共识算法就是在这样的背景下诞生的。

1. PoS 共识算法的起源

PoS 共识算法是 2011 年由一位用户名为"Quantum Mechanic"的数字货币爱好者在 Bitcointalk 论坛首先提出,这是比特币社区第一次使用"权益证明"这个术语。与 PoW 共识算法按照算力来选择记账节点的方式不同,PoS 共识算法系统中具有最高权益(Stake)的节点最有可能获得记账权,其中权益体现为节点对特定数量货币的所有权。PoS 共识算法更多地是代表一种理念,在实际应用中有多种不同的表现方式,其算法尚处于不断优化过程中。按照时间顺序,目前主要包括如下三种 PoS 共识算法。

1) PoS+PoW 混合共识(PoS 1.0)

最早由桑尼·金(Sunny King)在 2012 年 8 月发布的 PeerCoin(PPC,点点币)中首先实现,是 PoW 和 PoS 两类共识算法的混合体。PoW 共识算法主要用于在最初的采矿阶段发行货币。点点币和比特币都采用 SHA256 哈希算法,因此比特币矿机均可以自然地进行点点币挖矿。基于 PoW 的货币发行方式为新矿数量与难度系数的平方成反比,即难度系数越高,奖励越少。随着挖矿难度逐渐上升,点点币产量会逐渐减少,此时 PoW 的重要性也将逐渐降低,系统将过渡并由 PoS 维护。

2) 纯 PoS 共识(PoS 2.0)

2013 年 9 月,一位名为"BCNext"的用户在 Bitcointalk 论坛发帖宣称将发行一种称为 NextCoin(NXT,未来币)的纯 PoS 币种,在 PoW 基础上改进了区块结构、交易结构等要素,并提出了"透明锻造"(Transparent Forging)的新型区块生成方式。

3) PoS 共识的扩展形式(PoS 3.0)

2014 年以来,由于原生 PoS 共识算法的诸多问题而扩展出一系列改进共识算法,例如 Tendermint、Ouroboros 和 Casper 等。

本节将重点阐述早期的 PoW+PoS 混合共识与纯 PoS 共识算法,其他扩展形式的 PoS

共识算法可见第 4.1.3 节。

2. 第一代 PoS＋PoW 混合共识

PeerCoin 区块链中存在两类数据区块，即 PoW 区块和 PoS 区块。PoW 共识主要用于早期货币发行，随着系统挖矿难度上升，逐渐过渡到 PoS 共识。因此，为实现 PeerCoin 的 PoS 共识机制，Sunny King 借鉴比特币的 Coinbase（币基）交易，设计了一类特殊的 Coinstake（币权）交易。由于 PeerCoin 采用 PoW＋PoS 混搭设计，Coinstake 交易和 Coinbase 交易共存于 PeerCoin 区块链中。

比特币 PoW 共识中，Coinbase 交易的输入数量为 1 且必须置空值，而输出数量必须大于等于 1。为避免影响 Coinbase 交易，Sunny King 对 Coinstake 交易结构进行了特殊设计以作区分。如图 4-22 所示，Coinstake 交易的输入数量大于等于 1，且第一个输入不能置空值，即必须存在 Kernel（即 Input 0，Kernel 交易在 PoS 共识算法的合格区块判定中起到重要作用）；输出数量大于等于 2，且第一个输出必须置空值。就交易在区块中的位置而言，Coinbase 必须是区块内的第一笔交易，而 PoS 区块的第二笔交易必须是 Coinstake。换言之，如果区块内第二笔交易是 Coinstake，则可确定该区块是 PoS 区块。与比特币类似，Coinbase 和 Coinstake 交易都不会被单独广播到区块链网络，而只存在于区块中；当花费这两种交易时，都需要检测区块是否已经成熟。

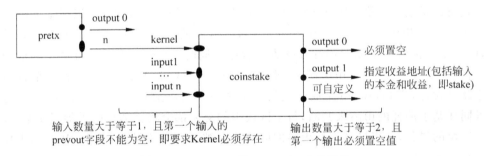

图 4-22　PeerCoin 的 Coinstake 交易结构

PeerCoin 的合格区块可以表示为：
SHA256（SHA256（nStakeModifier ＋ txPrev.block.nTime ＋ txPrev.offset ＋ txPrev.nTime ＋ txPrev.vout.n ＋ nTime））＜ bnTarget ＊ nCoinDayWeight

不等式左侧，txPrev 表示 Kernel 对应的前一笔交易；相应地，txPrev.block.nTime 表示 txPrev 交易所在区块的时间戳，一笔交易被纳入区块的时间是交易发起者不能确定的，节点有可能通过提前计算预估到未来对自己有利的时间戳，这个参数就是为了防止节点利用这种预估优势提前生成大批交易；txPrev.offset 表示 txPrev 交易在区块中的偏移量，txPrev.nTime 表示 txPrev 交易的构造时间，txPrev.vout.n 则表示 Kernel 在 txPrev 中的输出下标，这三个参数主要用来降低网络节点同时生成 Coinstake 交易的概率。

此外，nStakeModifier 是专门为 PoS 共识过程设计的调节器。按照以上公式，如果没有参数 nStakeModifier，当一个人收到一笔币得到网络确认之后，他立即就能提前计算得知自己在未来何时可以锻造区块，这显然不符合设计目标，Sunny King 希望 PoS 矿工和 PoW 矿工一样作盲目探索，以实时在线维护区块链，nStakeModifier 的设计就是为了防止 PoS 矿工提前计算。nStakeModifier 可以理解为 PoS 区块的一个属性，每一个区块对应一个 nStakeModifier 值，但 nStakeModifier 并不是每个区块都变动，不过协议规定每隔一定时间（Modifier Interval）必须重新计算一次，取值与前一个 nStakeModifier 以及最新区块哈希值有关，因此 PoS 矿工无法提前计算，因为他不知道未来的区块哈希值。

不等式右侧，bnTarget 表示全网当前目标难度基准值，类似 PoW 中的当前难度值；nCoinDayWeight 是 Kernel 的币龄。币龄也称为币天数（Coin Day），是特定数量的币与其最后一次交易的时间长度的乘积，每次交易都将会消耗掉特定数量的币龄。例如，某人在一笔交易中收到 10 个币后并持有 10 天，则获得 100 币龄；而后其花掉 5 个币后，则消耗掉 50 币龄。显然，采用 PoS 共识的系统在特定时间点上的币龄总数是有限的，长期持币者更倾向于拥有更多币龄，因此币龄可视为其在 PoS 系统中的权益。PeerCoin 中，一个 UTXO 一旦被花费，其币龄将会被清零，新的 UTXO 币龄将会从 0 开始算起。

由此可见，PoS 共识算法的区块生成过程为：节点首先从自己所有的 UTXO 中选定一个作为 Kernel，构造 Coinstake 交易，计算两次 SHA256 哈希值；如果不满足上式，则重新构造 Coinstake 交易，重构过程中时间戳 nTime 会改变；同时也可以改变 Kernel，以得到不同的 Coinstake 交易。如此循环执行，直到搜索获得合格区块为止。

这样的话，不等式两端实际上可以简化为：

$$SHA256(SHA256(Timestamp)) < Target \times CoinAge$$

该式将搜索空间严格局限于 Coinstake 的时间戳字段。与 PoW 共识搜索无限空间中的随机数 Nonce 相比，时间戳 Timestamp 是极其有限的，这极大地约减了 PoS 共识的搜索空间，因此不必再将大量能源消耗在搜索过程中。同时，该式使得 Kernel 的币龄成为影响找到合格区块的最大因素。币龄越大，整体值 Target×CoinAge 越大，找到一个合格区块的概率就越大，因此 PeerCoin 生成区块的成功率主要与币龄有关。区块生成后，主链判断的标准同样基于消耗的币龄来判断，每个区块中的交易都会将其消耗的币龄提交给区块，以增加该区块的得分，获得最高消耗币龄的区块将会被选中为主链，这与 PoW 选择工作量最高的主链标准不同。

显然，PoS 共识算法有利于积累币龄较多的节点，为防止利用币龄实施 51% 攻击，PoS 算法为一笔 UTXO 的铸币资格做出了限制，即 UTXO 必须超过最小年龄 stakeMinAge（例如 30 日）方可参与生成区块，若其年龄超过最大年龄 stakeMaxAge，则其币龄不再增长，始终按照最大年龄 stakeMaxAge 计算。

PoS 在共识过程中会铸造（Mint）新币作为权益激励（stakeReward），铸币过程类似于生成利息的机制，例如 PeerCoin 系统中权益激励的简化计算公式如下：

$$stakeReward = (0.01 \times nCoinAge / 365) \times COIN$$

其中 nCoinAge 是 Coinstake 所有输入的币龄总和。由上式可知，如果 1 个币积累 365 天币龄，则 stakeReward 为 0.01。换言之，如果 PeerCoin 币全部参与铸币过程，则每年铸造产生 1% 的利息，即该币总量每年将有 1% 的通胀率。

3. 第二代纯 PoS 共识

2013 年 9 月出现的未来币 Nextcoin（NXT）是第一个基于纯 PoS 共识算法的加密货币，提出了透明锻造的区块生成方式。2014 年 2 月，基于 PeerCoin 改进后提出的黑币

BlackCoin 也是可由 PoW+PoS 混合共识向纯 PoS 共识转变的加密货币,其在发行后的 PoW 阶段采用 Scrypt 算法挖矿,自第 5000 区块起进行 PoW+PoS 混合阶段,自第 10001 区块起进入纯 PoS 阶段。这里以未来币 NXT 为例介绍其重要创新——透明锻造 (Transparent Forging)。

NXT 的合格区块判定方法为:

$$\text{hit} < \text{baseTarget} \times \text{effectiveBalance} \times \text{elapseTime}$$

上式中,左侧的 hit 是由用户根据如下过程计算产生的独一无二的字段:NXT 采用基于账户的数据结构而非 PeerCoin 的 UTXO 方案,每个账户对应一个私钥,每个区块都有一个生成签名(generationSignature)字段。用户使用自己的私钥对上一区块的 generationSignature 字段进行签名,获得自己区块的 generationSignature。然后对结果进行 SHA256 哈希运算,取哈希结果的前 8 字节作为 hit 变量。右侧三个字段的乘积是该用户锻造区块的目标值,显然目标值越大,该用户产生区块的机会越大;其中,baseTarget 字段表示全网难度基准值,即当余额为 1 且消逝时间为 60 秒时的基准目标值;字段 effectiveBalance 表示账户有效余额,即账户中已获得足够多的确认、具有铸币权利的货币余额。字段 elapseTime 是当前时间与上一区块的时间间隔,即 currentTime-lastBlockTime。

显然,当全网生成一个最新区块后,每个用户锻造下一区块时的 hit 值就已经成为常量,因而用户并不需要搜索和挖矿,而只需随着时间的推移等待不等式成立即可锻造区块。对于用户来说,其账户有效余额 effectiveBalance 越大,同等条件和时间下其越有可能先使不等式成立从而获得锻造区块的机会;随着时间的推移,不等式右侧数值逐渐增大,所有用户迟早都将获得锻造区块的机会,但 NXT 规定优先选择最早生成的区块。

区块锻造流程为:用户账户必须实时在线,当全网有最新区块产生时,每个账户立即计算自己对应的 hit,然后根据公式 elapseTime=hit/(baseTaret×effectiveBalance)计算得知自己锻造区块的期望时间值,并将这个期望时间广播给网络其他节点。全网每个节点都知道其他节点的期望时间后,也就得知下一个区块优先由哪个节点来锻造。该节点在自己的时间窗口锻造好区块后立即广播全网,其他节点检验该新区块是否有效,包括验证区块的生成签名是否有效、检验新区块的时间戳是否与产生区块的节点之前发布的期望时间相吻合及期望时间是否按照正确的公式计算等。每次节点检测到网络中有新区块产生,都会重新计算自己的期望时间并向全网发布。

由此可见,NXT 并不完全依赖权益竞争来生成区块,上一区块产生后,下一区块由哪个节点来生产就已经确定,全网节点只需等待该节点在正确的时间段生产区块即可。共识过程的不确定性在于:由于 hit 是用户使用其私钥对上一区块签名的结果,因而对不同用户来说,该数值具有很大的随机性,账户余额 effectiveBalance 很少的用户,如果运气足够好,hit 值很小,也有可能快速锻造区块。

举例说明,如图 4-23 所示,系统在 Last Block 区块产生后,就已经确定锻造后续区块的节点优先级为 A、B 和 C,其中 A 具有最高优先级。如果 A 在其时间窗口内错过锻造和广播区块,其他节点会继续等待 B 锻造的区块。如果网络延迟等原因造成部分节点收到 A 的区块,而其他节点收到 B 的区块,将会产生网络分叉。此时的主链选择标准为首选最长的链条,如果分支长度相同,则优先选择最高区块时间戳最小的分支。如果发现节点对所有分支都锻造并广播区块,则这种行为将会被视为无利害关系(Nothing at Stake)攻击行为,后续 PoS 扩展共识算法增加了基于博弈和机制设计的保证金制度,对 PoS 的无利害关系攻击做出了优化设计,将在本书后续章节深入讨论。

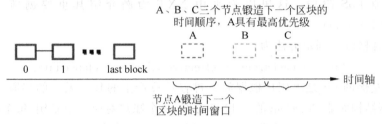

图 4-23　NXT 的 PoS 共识过程

综上所述,本节所介绍的 PoW+PoS 和纯 PoS 共识是比较早期的、简单的 PoS 共识算法。尽管与纯 PoW 共识相比,它们可以有效降低能源消耗,避免算力集中问题,但是同时也衍生出新的"富者更富"的马太效应问题和无利害关系等安全性问题。此外,由于 PoS 共识没有比特币 PoW 挖矿过程,因而其如何分发虚拟货币或虚拟资产也是较大的问题:PoS 1.0 混合共识通常采用 PoW 挖矿分发虚拟货币后逐步过渡到 PoS;而纯 PoS 共识系统则一般通过社区空投、基于 BTC/ETH 等相对成熟的系统空投、分享合作等方式,快速获取用户,增加网络的节点数量。

基于改进 PoS 的扩展算法目前大多处于研究、实验和早期运行阶段,尚有待后续的持续迭代优化和长时间的运行检验来加以测试和完善。这些 PoS 3.0 算法大致可以分为两类,即基于拜占庭容错的权益证明(BFT based PoS)和基于链的权益证明(Chain based PoS),前者的典型代表是 Tendermint,而后者的典型代表是以太坊计划采用的 Casper 及 Ouroboros 等(详见本章 4.5.2 节)。

4.4.4　DPoS 共识算法

DPoS(Delegated Proof of Stake,委托权益证明)的设计目标是致力于成为最快速、高效、分散和灵活的共识算法,通过共识节点的权益投票将区块数据的记账权和区块链参数的配置权赋予特定的少数代表节点,从而实现公平和民主的共识过程和区块链治理,并解决 PoW 共识的能源消耗问题与 PoS 共识的无利害关系攻击等问题。DPoS 共识算法的基本思路与过程类似于政府的代议制民主制度和现代企业的董事会决策,其技术流程通常包括见证人选举和生产区块两个主要阶段。

1. DPoS 共识中的见证人选举

DPoS 共识过程中,股东节点可以将其持有的股份权益作为选票授予一个代表,称为见证人(Witnesses)。股东节点的投票权重与自身的持币数量成正比,且可以随时投票或撤票。通常情况下,DPoS 系统可以选择任意数量的 N 个见证人来负责生产区块,其中 N 一般为奇数,例如 $N=101$ 或者 $N=21$。因此,获得票数最多且愿意成为见证人的前 N 个节点将进入"董事会",按照既定的时间表轮流对交易进行打包结算并且签署(即生产)一个新区块。显然,DPoS 是一种弱中心化的共识算法:N 的数量越小,DPoS 共识的去中心化程度越低,这种弱中心化的共识选举可以在保证 DPoS 系统的运行效率的同时减少能源浪费。

选举产生的见证人是完全等价的,这些见证人的主要职责与 PoW 共识过程的矿工相似,主要负责侦听网络中广播的交易、验证这些交易并打包入区块、广播这些区块、验证区块并更新主链等。作为回报,见证人会获得区块奖励、交易费或系统发行的特定奖励。同时,见证人作为授权代表节点,必须缴纳一定数量的保证金。见证人必须对其他股东节点负责,如果其错过签署相对应的区块,则股东将会撤回选票从而将该见证人"投出"董事会。因此,见证人节点通常必须保证 99% 以上的在线时间以实现盈利目标。

除见证人节点外,DPoS 共识系统中还会通过选举方式产生一组特定的授权代表(Delegates)。这些授权代表有权配置和调整区块链系统的参数设置,例如交易费用、区块大小、见证人服务费用及区块生产间隔时间等。如果大多数授权代表都同意变更提案,则所有股东节点将有一段时间(例如 2 周)来审查变更提案,在此期限内可以罢免授权代表并废止新的变革提案。这种设计使得授权代表没有直接修改区块链配置的中心化权力,其提案必须获得大多数授权代表以及股东节点的批准方可生效。

2. DPoS 共识中的区块生产过程

DPoS 共识过程中,见证人节点按照预先定义的顺序轮流地生产区块。每个区块被签署生产之前,必须先验证前一个区块已经被受信任的见证人节点所签署。见证人可以从每笔交易的手续费中获得收入,具体数额由授权代表指定。每个见证人轮流在一个固定时间内生产一个区块,如果见证人没有在其时间段中生产区块,那么该时间段后这个见证人将会被跳过,由下一个见证人生产下一个区块,如此循环。

在这种循环调度出块过程中,每出 N 个块(N 为见证人数量),见证人生产顺序将会经历一次洗牌过程,其目的是通过随机洗牌确保每当形成多个拥有相同数量见证人的分叉时,平局都将会被打破。同时,见证人名单每隔一个特定的维护间隔时间(例如 1 天)就会更新一次。显然,与 PoW 共识算法必须信任最高算力节点和 PoS 共识算法必须信任最高权益节点不同的是,DPoS 共识算法中每个节点都能够自主决定其信任的见证人节点且由这些节点轮流记账生成新区块,因而大幅减少了参与验证和记账的节点数量,可以实现快速共识验证。

4.4.5 RPCA 共识算法

Ripple 协议共识算法(Ripple Protocol Consensus Algorithm,RPCA)是 Ripple 系统及其数字加密货币——瑞波币(XRP)所采用的共识算法。Ripple 是为全球范围内的转账和支付而设计的一种用于金融交易的互联网协议,可以用来即时免费地以任何币种向世界的任何角落转账。目前,传统分布式支付系统通常存在较高的延迟问题,原因是网络的所有节点需要进行同步通信。RPCA 共识算法通过利用网络中的集体可信的子网络(Collectively-Trusted Sub-networks)来克服这一问题。这些子网络仅需极少的"信任",并且可以通过有原则地选取成员节点(Principled Choice of the Member Nodes)来进一步减少。此外,保持整个网络的一致性仅需要较低的连通性。这些特性使得 RPCA 共识算法在有效应对拜占庭故障的前提下,具有很低的延迟(一般情况下,交易几秒钟便可确认)。截止到 2018 年 12 月,瑞波币是全球市值排名第二的数字加密货币,仅次于比特币。

1. RPCA 共识算法的组成要素

RPCA 共识算法涉及如下几个基本概念。

1) 服务器(Server)

服务器是指运行 Ripple 服务器软件(Ripple Server Software)并参与共识过程的验证服务器节点。这里注意要与 Ripple 客户端软件(Ripple Client Software)相区分,客户端软件是非验证节点,仅用于用户发送和接收资金而不参与共识过程。

2) 账本(Ledger)

账本记录每位用户账户中的货币数量并且代表网络的"实况"(Ground Truth)。随着不断有交易成功通过共识过程,账本实时更新。

3) 最后已结清账本(Last-Closed Ledger)

最后已结清的账本是指最近的已经被共识过程所认可的账本,因此可以代表网络的当前状态。

4) 未结清账本(Open Ledger)

未结清的账本是指某个节点当前的运行状态(每个节点维护其自身的未结清账本)。特定服务器的终端用户发起的交易被应用于该服务器的未结清账本,但是交易除非已经通过共识过程(此时未结清账本变为已结清账本),否则不会被认为是最终结算。

5) 可信任节点列表(Unique Node List,UNL)

每一个服务器 s 都维护一个可信任节点列表 UNL,该列表是其他一些服务器的集合,在共识过程中 s 将向集合中的服务器发起咨询(Queries)。在决定是否达成共识的过程中,仅考虑 s 的可信任节点列表中成员的投票(而非考虑网络中的每个节点的投票)。因此,可信任节点列表代表网络的一个子集,当该子集被作为一个整体考虑时,被 s 所"信任",认为其不会密谋欺诈。注意此处对"信任"的定义并不要求可信任节点列表中的每个个体都被信任。

6) 提议者(Proposer)

任意的服务器都可以广播交易,目的是使该交易纳入到共识过程,并且当新一轮共识开始时,每个服务器都试图包含每一个有效的交易。然而,在共识过程中,只有来自服务器 s 的可信任节点列表中的服务器提案才被 s 所考虑。

2. RPCA 共识算法的基本流程

Ripple 共识算法是一种异步的按轮进行的算法,由 Ripple 网络中的验证服务器(Validating Servers)节点所执行,如图 4-24 所示。每一轮的共识一旦达成,当前的账本就被认为"已结清"(Closed)从而变为最后已结清账本(Last-Closed Ledger)。假设共识算法被成功执行,并且网络没有分叉,那么所有的节点所维护的已结清账本将会是相同的。每一轮的共识包含三个阶段,即收集阶段、共识阶段以及账本结清阶段。

1) 收集阶段(Collection Phase)

验证服务器从网络中收集客户端节点发起的新交易,以及之前共识过程无法确认而遗留下来的旧交易。收到交易后,验证服务器检查其真实性(验证交易发起者的公钥及对应签名的有效性)。通过真实性检查的交易被暂时存放在"交易候选集"(Candidate Set)中等待

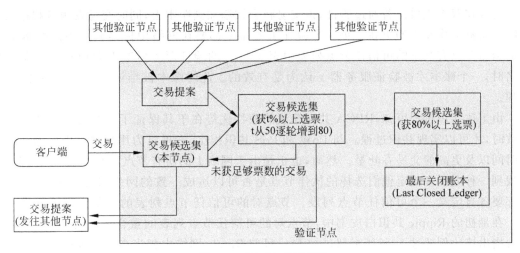

图 4-24 RPCA 共识算法

后续验证。

接下来,每一个验证服务器都会合并其 UNL 中所有服务器的交易候选集,并检查所有交易的正确性(包括通过审查交易发起者账户的所有交易历史来验证其是否有足够的授信额度;或者是否存在一条从发送者到接收者的信任路径等)。每一个验证服务器通过提案(Proposal)的形式将其验证通过的交易打包并且将该提案广播到网络中。在 Ripple 系统中,这可以通过构造所有被验证交易的哈希树,随后对树的根签名来实现。

当验证服务器 v 从网络中接收到一个新的提案后,它会核查该提案的发起者是否是其可信任节点列表中的一员,并且验证提案中所包含交易的正确性。理想情况下,这些交易会被包含在本地管理的交易列表 TL_v 中。验证服务器会为每一笔交易 t 维护一个投票列表 $Vote_t$。该列表根据新收到的提案进行更新。即如果 t 是来自另一台服务器 w 的提案中的一部分($t \in TL_v$ 且 $w \in UNL_v$),那么 v 将在 $Vote_t$ 中为交易 t 增加一票。

2) 共识阶段(Consensus Phase)

在共识阶段,验证服务器不停地处理和发送提案。不过此时验证服务器仅仅发送那些被其可信任节点列表中超过 θ% 的节点所认可的提案。θ 的初始阈值为 50%,接下来的每一轮迭代都会递增 10%,直到一个提案使得某验证服务器可信任节点列表中 80% 的节点达成共识时为止。迭代通过一个本地的计时器触发,计时器由每个验证服务器维护。

由此可见,RPCA 共识算法的拜占庭容错阈值为 20% 或者 $(n-1)/5$,其中 n 为共识节点的数量。只要 UNL 中 80% 以上的节点是正常节点,任何错误交易都不可能通过共识验证。实际上,如果系统中拜占庭故障节点的数量超出 20% 但小于 80%,虽然共识过程将会失败,但错误交易仍然因为未达到 80% 的阈值而不会被验证通过(实际上正确交易也不会通过验证);只有拜占庭节点数量超出 80%,共识过程才可能会完全失效并使得错误交易通过验证。因此,一般称拜占庭节点数量低于 20% 为强正确边界(Bound for Strong Correctness),而低于 80% 为弱正确边界(Bound for Weak Correctness)。

3) 账本结清阶段(Ledger Closing Phase)

一旦提案中的某个交易 t 达到 80% 的节点共识,它就会被移出交易候选集,进而去被验证是否存在双重支付。若通过验证,该交易将会被添加到账本上,同时交易发送者和接收者的账户余额会作相应的更新。每一个验证服务器 v 都要在网络中传播其对当前账本 L 签名的哈希。只有当 v 的可信任节点列表中至少 80% 的验证服务器节点对相同的账本 L 也签名时,一个账本才被验证服务器 v 认为是有效的。此时账本被结清,开始下一轮的共识过程。

由上述共识过程可知,RPCA 共识算法的独特优势在于其保证了参与者仅在达成部分一致时,才可以实现共识过程。与 PoW 和 PoS 共识相比,它可以为用户提供更低的交易延迟时间以及更高的交易吞吐量。然而,也正是由于网络上的所有节点没有达成一致,用户需要找到一种方法来确定他们选择的伙伴节点是否可以达成一致的网络状态。为此,每位用户都要各自定义一个可信任节点列表。节点对的可信任节点列表的交集决定着网络的安全。在最初的 Ripple 共识白皮书中,节点对的可信任节点列表的重合比例为 20%,后来有报告指出该比例超过 40% 甚至超过 90%。目前 Ripple 网络中相当多的验证服务器节点是由 Ripple 官方(Ripple Labs)来运行的,因此理论上 Ripple Labs 可以对交易进行控制,从而影响去中心化的初衷。为此,Ripple 官方也在寻求改善,例如通过引入验证器清单(Validator Manifests),使用动态可信任节点列表结构(Dynamic UNL Infrastructure)发布一个推荐的可信任节点列表(Recommended Unique Node List),引入外部独立的验证服务器,以及允许更灵活地创建多样化的 UNL 来增强去中心化特性等。

4.5 共识算法的新进展

本节介绍共识算法的若干新进展。这些算法大多是 2014 年以来研究者基于原生 PoW 和 PoS 共识而提出的扩展算法。

4.5.1 原生 PoW 扩展共识算法

主要介绍为改进区块链扩展性而对 PoW 共识做出的改进,包括 Bitcoin-NG、ByzCoin、Elastico 以及 ByzCoinX。

1. Bitcoin-NG

2015 年,康奈尔大学的伊泰·埃亚勒(Ittay Eyal)等提出了下一代可扩展的区块链协议——Bitcoin-NG。Bitcoin-NG 以比特币信任模型为基础,通过将比特币的共识过程改进为领导者选举(Leader Election)和交易序列化(Transaction Serialization)两部分,在不牺牲其他性能情况下实现了延迟和带宽等方面的性能改进。

如图 4-25 所示,Bitcoin-NG 将时间划分为时间段,每个时间段(例如 10 分钟)都会选举一位领导者,负责在此时间段内创建关键区块(Keyblock,方形区块)和微区块(Microblock,圆形区块)两种区块,分别用于领导者选举和交易序列化。Bitcoin-NG 的关键区块用于领

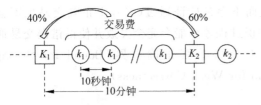

图 4-25 Bitcoin-NG 的区块结构

导者选举过程，其区块结构中包括对上一区块的引用、当前的 GTM 时间、支付奖励的 CoinBase 交易、目标值及一个任意位的随机字段。与比特币 PoW 共识过程相似，为使得关键区块有效，区块头的哈希值必须小于特定的目标值，而不同的是关键区块中还包含一个在随后的微区块中需要使用的公钥。

一旦某个节点生成关键区块，它就会成为这一时间段的领导者，并能够以小于预先确定的最大值的固定速率（例如 10 秒钟）来生成多个微区块。一个微区块包含账本记录和数据头，其中数据头包含对上一区块的引用、当前的 GTM 时间、账本数据的哈希值及数据头的数字签名。签名使用的私钥与区块链中的最新关键区块的公钥相匹配。由于微区块不需要挖矿也不需包含工作量证明，因此领导者可以快速生成多个微区块。

Bitcoin-NG 的挖矿奖励包括两个部分，即生成关键区块获得的区块奖励及记录每一笔交易的交易费。该交易费由在微区块中写入本次交易的领导者和产生下一个关键区块的领导者共享，目前方案是当前领导者获得 40% 的交易费，下一关键区块的生成者获得 60% 的交易费。

如果生成微区块的速度较快，则当矿工生成下一关键区块时，可能会因没有接收到之前领导者所生成的微区块而产生短暂分叉。Bitcoin-NG 规定的主链判别标准是在所有关键区块中，选择由最多算力生成的那条区块链作为主链。如图 4-26 所示，在新关键区块 1 产生之前，任何接受即将修剪的微区块（图中 1′ 和 2′）的节点都可以观察到分叉。一旦矿工节点接收到下一关键区块后，这个分叉将会被修剪而消失。

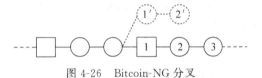

图 4-26　Bitcoin-NG 分叉

2. ByzCoin

2016 年，瑞士联邦理工学院（EPFL）的考吉亚斯（Kogias）等提出了 ByzCoin 共识算法，该算法可以向后兼容的方式整合至比特币系统，使得整个网络在 1MB 区块容量下，每秒交易处理量达到 100 多个；一旦区块容量提高到 4MB，对应的交易处理量就能达到 Paypal 的标准。

Byzcoin 的整体架构是在 Bitcoin-NG 的基础上进行改进，利用树形通信结构和联合签名方案构造可扩展的拜占庭协议，增强比特币系统的安全性和效率。ByzCoin 共识沿用了 Bitcoin-NG 的区块链结构。在关键区块产生的领导者序列中设置滑动共享窗口，每产生一个新的领导者节点，窗口就会右移，如图 4-27 所示。由新领导者节点利用树形通信结构向窗口内的其他节点共同执行集体签名协议产生微区块。在网络延迟很小、节点总数超过 $3f+2$（f 为拜占庭节点数量）的情况下，ByzCoin 共识算法可以实现强一致性，不会产生分叉，降低了交易确认时延，提高了可扩展性。

ByzCoin 系统中，生成关键区块的领导者节点负责生产包含交易的微区块。这些微区块将会被发送至一个共识小组进行联合签名，验证交易的真实性，确认其是否符合协议规则。共识小组的成员都是近期发现关键区块的矿工。区块只有在大多数矿工签名的情况下才能通过验证，因此任何企图进行双重支付（Double Spending）的行为都能得到有效阻止。ByzCoin 可以避免 Bitcoin-NG 中领导者节点一旦掌权就很有可能行为不端的问题，一旦发现有欺诈行为的领导者，ByzCoin 矿工就能进行投票，票数超过 67% 阈值就可以取消该领导

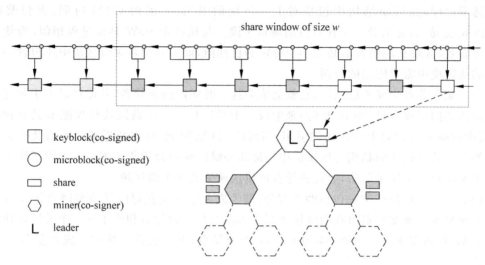

图 4-27　ByzCoin 共识的基本框架

者的资格及经济奖励。

ByzCoin 还提出了延迟奖励的概念,将矿工的奖励由实时发放改为按日或按月延迟发放,这样可以防止系统面临的潜在的攻击风险。ByzCoin 共识算法也存在安全性隐患。恶意的领导者节点若实施 DoS 攻击,则会降低系统效率;若对窗口内的诚实节点实施贿赂攻击,则会对系统安全性造成威胁。

3. Elastico

2016 年,罗伊·路(Loi Luu)等提出了一种用于无授权区块链上的分布式一致性共识算法——Elastico,这是首个存在拜占庭节点环境的安全分片共识算法。Elastico 将挖矿网络节点分片,不同分片验证不同交易,解决了比特币扩展性差的问题。在拜占庭节点的算力比例低于 1/4 时,Elastico 的交易吞吐量随着网络算力的提升而线性增长。Elastico 认为,在拜占庭节点数量受限的情况下,分片中的节点数量越多,系统的安全性越高。由于执行 PBFT 协议的通信复杂度为 $O(n^2)$,随分片中节点数量的增加呈指数上升,因此,Elastico 方案在保证安全性的同时,增加了系统的通信负担。

4. ByzCoinX

2017 年,Kogias 等再次提出一类新型的可扩展分布式账本 OmniLedger,致力于在去中心化操作下提供长期的安全性,并为当前大多数区块链系统都不得不在去中心化、可扩展和安全性三方面做出取舍的窘境提供解决方案。Omniledger 采用的是称为 ByzCoinX 的新共识算法,其在 ByzCoin 的基础上对基于 PBFT 的共识部分进行了改进,采用一种更为鲁棒的组通信模式,来提高系统在拜占庭拒绝服务 DoS 攻击时的性能。OmniLedger 采用抗偏差的公共随机协议来选择较大的、具有统计代表性的交易处理分片,通过引入一种有效的跨分片提交协议来自动化处理影响多个分片的交易,以此来保证安全性和正确性。OmniLedger 还提出通过分片之间的并行交易处理来优化性能,通过联合签名的状态区块来优化账本剪枝,以及一种低延迟的"信任但验证"方式来校验低值交易。实验结果显示,

OmniLedger 的吞吐量可实现对于活跃验证者数量的线性扩展,可支持 VISA 级别及以上的工作负载,同时能够在 2 秒内确认典型交易。

4.5.2 原生 PoS 扩展共识算法

本节简要介绍图 4-1PoS 共识算法扩展分支中的四个第一层分支共识算法,即 Casper、Terdermint、Ouroborus 和 PoA。

1. Casper 投注共识

Casper 是一种基于保证金的经济激励共识协议(Security-deposit based Economic Consensus Protocol)。协议中的节点,作为"锁定保证金的验证人"(Bonded Validators),必须先缴纳保证金(这一步叫作锁定保证金,即"bonding")才可以参与出块和共识形成。Casper 共识协议通过对这些保证金的直接控制来约束验证人的行为。具体来说就是,如果一个验证人作出了任何 Casper 认为"无效"的事情,他的保证金将被罚没,出块和参与共识的权利也会被取消。保证金的引入解决了"Nothing at Stake",也就是经典 PoS 协议中做坏事的代价很低的问题。现在有了代价,而且被客观证明做错事的验证人将会付出这个代价。

我们容易发现,只有在验证人当前已缴纳保证金的情况下,他的签名才有意义 (economically meaningful)。这代表客户端只能依赖他们知道的锁定保证金的验证人的签名。因此当客户端接收和鉴别共识数据时,共识认可的链必须起源于出自当前锁定保证金的验证人的块。在 PoW 协议中共识认可的链则是起源于创世块,只要知道创世块的数据就可以鉴别出共识认可的链。这里,只要知道当前锁定保证金的验证人,就可以鉴别出共识认可的链。不知道当前锁定保证金的验证人列表的客户端必须先通过另外的信道获取这个列表。这个限制通过要求所有人用当前信息鉴别共识解决了"长程攻击"(Long Range Attack)问题。

验证人列表随着验证人保证金不断地锁定、罚没、解锁而变动。如果客户端离线过长时间,它的验证人列表就会由于过时而不能用来鉴别共识。如果客户端经常在线,则能够与最新的验证人列表保持同步,但问题是在第一次同步之前,客户端还是需要从其他信道获取最新锁定保证金的验证人列表。

2. Ouroboros

2017 年,考吉亚斯(Kiayias)等提出了首个有严格安全性证明的 PoS 区块链协议——Ouroboros 协议。Kiayias 等认为设计 PoS 区块链方案的关键在于如何模拟公平随机的领导节点的选举过程。Ouroboros 协议要求初始化后所有节点共享一段一致的区块链,根据区块链中的某一段连续的领导节点执行安全的掷币协议和可验证的秘密分享来产生一个随机数,以节点的权益值比例为概率,输出新的领导节点,再由领导节点产生新的区块。Ouroboros 方案解决了长期阻碍 PoS 发展的安全性问题。与比特币相比,Ouroboros 协议在可扩展性、效率上有很大提升。

然而,Ouroboros 协议没有解决权益证明区块链的初始化问题,依然依赖安全的初始化过程。Ouroboros 协议还限制了节点的离线时间。若选出的新领导节点长时间处于离线状态,则需要重新执行掷币协议,增加了通信量和交易延迟。Ouroboros 协议基本过程如

图 4-28 所示。

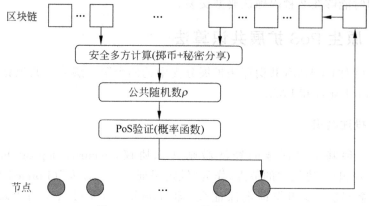

图 4-28　Ouroboros 协议基本过程

3. PoA

2014 年,Bentov 等提出了活动证明(PoA)的概念,尝试利用 PoS 机制扩展比特币的 PoW 机制,进而增加敌手的攻击难度,提高系统安全性。比特币系统中共有两种客户端:一种是保存完整区块链数据的全节点;另一种是保存区块链头部信息的轻节点。Bentov 等认为,系统中的全节点数量直接影响系统的安全性。为了增加全节点数量,在 PoA 方案中引入了 UTXO 证明(Proof of UTXO)的概念,即仅有保存了完整区块链数据的全节点能给出 UTXO 证明,才能参与产生区块。PoA 协议基本过程如图 4-29 所示。

PoA 方案仅提出了一种将 PoW 和 PoS 结合的初步设想,在协议设计和安全性考量方面均不完善。PoA 方案没有考虑网络异步对系统的影响,工作流程过于简单,容易产生分叉,破坏了区块链系统的一致性。

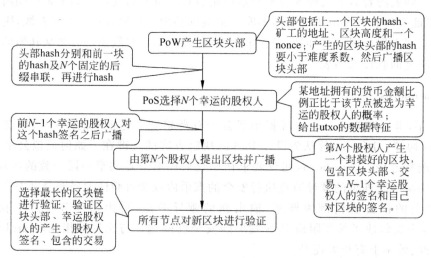

图 4-29　PoA 协议基本过程

4.5.3 PoW+PoS 混合共识算法

本节简要介绍 PoW+PoS 的一种代表性共识算法,即 2-hop 共识算法。

2017 年,Duong 等将 PoW 和 PoS 相结合,提出了 2-hop 区块链协议,并细化了协议流程,以轮为单位,每轮包含工作量证明阶段与权益证明两个阶段。在工作量证明阶段,节点尝试完成工作量证明提出新区块。随后进入权益证明阶段,由完成权益证明的节点对新区块进行验证和确认。2-hop 协议的设计初衷在于通过交替进行工作量证明和权益证明,削弱拥有大量算力(甚至超过 51%)的节点对于 PoW 系统的控制能力,以进一步提高系统的安全性和公平性。具体说来,2-hop 区块链共有 PoW 区块和 PoS 区块两类。首先,节点根据上一个 PoW 区块和 PoS 区块进行挖矿,产生新的 PoW 区块为 PoS 区块的产生提供随机性。然后,节点根据新的 PoW 区块头部验证自己是否被选中可以生成 PoS 区块。最后,由被选中的节点产生包含交易信息的 PoS 区块,并广播。2-hop 区块链协议增加了敌手的攻击难度,增强了 PoW 和 PoS 方案的安全性。2-hop 区块链的基本形成过程如图 4-30 所示。

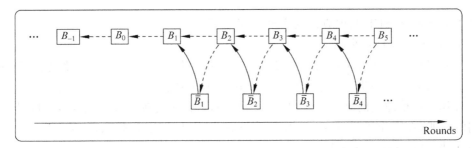

图 4-30　2-hop 区块链的基本形成过程

然而,2-hop 协议没有消除 PoW 能源消耗大的问题。尽管协议部分削弱了拥有大量算力的节点的优势,但是算力优势节点可以多次计算 PoW 区块,选择在 PoS 阶段对自己有利的区块进行广播,仍然会破坏协议的公平性。

4.5.4 其他共识算法

本节介绍其他几种比较有代表性的共识算法。

1. 恒星共识协议

恒星共识协议(Stellar Consensus Protocol,SCP)是基于对 Ripple 共识的改进而提出的、基于联邦拜占庭协议(Federated Byzantine Agreement,FBA)的、用于价值交换的开源协议,旨在搭建一个数字货币与法定货币相互传输的去中心化网关。恒星网络上相应的数字货币称为恒星币(XLM)。

SCP 共识采用的非联邦拜占庭协议(Non-federated Byzantine agreement)与联邦拜占庭协议有显著差异:前者可在包含拜占庭故障节点的系统中达成分布式共识,前提条件是所有参与者需要就成员资格(membership)达成一致,网络中的每个节点必须被提前知道并验证;后者则具备开放式的成员节点以及对拜占庭协议的去中心化控制,并提出法定多数

（Quorum，即一组足以达成一致的节点）及法定多数切片（Quorum Slice，是指 Quorum 的一个子集，它可以说服一个特定节点以达成共识）等概念。随着切片之间不断达成集体共识，网络中的共识范围不断扩大。SCP 共识算法引入切片的原因是这样可以允许个体节点在它的切片中选择一组节点，从而允许更广泛的节点参与共识过程（这是对 Ripple 共识协议的一大改进之处）。FBA 没有看门人（Gatekeeper）和中心化权威（Centralized Authority），个体节点自主决定他们可以信任哪些其他的节点。此外，节点可以隶属于多个切片，并且这些个体节点的选择可以基于外在标准（例如，某家银行可能会被外界视作是信誉良好的，致使其他节点要求其作为对所有交易进行确认的节点）。

运作良好的法定多数群体可能会共享一部分节点，从而导致法定多数群体之间的重合，称为法定多数交集（Quorum Intersection）。法定多数群体不相交时，就会导致群体的脱节（Disjoint Quorums）。如果发生脱节现象，将会阻碍达成共识，因而法定多数群体必须要相交，即两个法定多数群体至少共享同一个节点。每个节点负责确保其选择的法定多数切片不违反法定多数交集规则。通行的做法是确保切片足够大，并且切片所包含的节点足够重要，以至于这些节点不会通过向不同的节点提供不同的信息或说谎来损害自身的名誉。

基于上述概念，SCP 共识算法的实现步骤如下。

1) 声明（Statement）步骤

每个节点首先对交易执行初始投票，一般也称为声明。这是联邦投票过程（Federated Voting Process）的第一步。每个节点都会对声明做出选择（Selection of Statements），并且不会为与其选择相冲突的另一个声明投票。但是，若该节点所在的法定多数切片接受了某个不同的声明，在同伴的压力（Peer Pressure）下，该节点也可以接受该声明。

2) 验收（Acceptance）步骤

如果节点从未接受过与当前声明相矛盾的声明，并且其 V-阻塞集（V-blocking Set）中的每个节点已接受该声明，则该节点接受该声明（如果集合 B 包含节点 V 的每个切片中的至少一位成员，那么我们将集合 B 称为 V-blocking，因为它有权阻止 V 的进程）。法定多数切片彼此相互影响，导致法定多数群体就某个特定声明达成共识。当一个法定多数群体的全体成员节点都同意某声明时，这一步就称为批准（Ratification）。确认（Confirmation）是投票过程的最后一步，表示系统级别的共识。这一步确保节点互相发送确认消息，以便达成系统状态的最终值。

综上可知，在 FBA 协议中，每个节点都认识其认为重要的其他节点。在某交易被清算前，该节点等待绝大多数其他节点就该交易达成共识。反过来，那些重要的其他节点在他们各自所认为的重要节点达成共识前，他们也不承认交易。最终，当网络中的绝大多数节点都承认某交易时，共识达成。FBA 协议保证了金融网络的有效性，其分散化控制也刺激网络的有机增长。

SCP 共识算法具有四大优势。

(1) 去中心化控制（Decentralized Control）：任意节点都可以加入。

(2) 低延迟：几秒内即可完成共识过程。

(3) 灵活的信任：用户可以相信任意他们认为合适的节点组合。

(4) 渐进安全（Asymptotic Security）：攻击者即便拥有强大的算力，也很难攻击成功。

这是因为安全性取决于数字签名和哈希函数,其参数可以根据实际情况调整。

SCP 共识算法的劣势在于:从理论上来说,如果节点所选择的可信赖的伙伴节点之间没有足够的重合性,那么网络将无法连接成一个整体,共识的实现将会受到阻碍。

2. DPoS＋BFT 扩展共识算法

DPoS 共识的扩展方向主要是与拜占庭容错算法 BFT 的结合。实际上,DPoS 共识本身就是 BFT 的一类特殊解,是 BFT 共识过程在固定数量的节点(将军)和固定出块顺序这两点限定条件下的特殊解。目前,DPoS 和 BFT 的混合共识方面最具代表性的是 EOS 项目白皮书提出的 BFT-DPoS(Byzantine Fault Tolerance-Delegated Proof of Stake,带有拜占庭容错的委托股权证明)共识算法。

在 EOS 早期采用的纯 DPoS 共识算法中,每个见证人在出块时向全网广播这个区块,但即使其他见证人收到目前的新区块,也无法对新区块进行确认,必须等待轮到自己出块时,才能通过生产区块来确认之前的区块。在新的 BFT-DPoS 共识算法中(见图 4-31),每个见证人出块时依然全网广播,其他见证人收到新区块后,立即对此区块进行验证,并将验证签名完成的区块立即返回出块见证人,不需等待其他见证人自己出块时再确认。从当前的出块见证人来看,他生产了一个区块,并全网广播,然后陆续收到了其他见证人对此区块的确认,在收到 2/3 见证人确认的瞬间,区块(包括其中的交易)就不可逆了。这使得交易确认时间大大缩短,从纯 DPoS 共识的 45 秒缩短至 3 秒左右(主要为等待生产区块的时间)[①]。

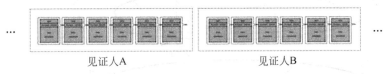

图 4-31 EoS 的 BFT-DPoS 共识算法

为进一步提高性能,EOS 的主要设计者丹尼尔·拉雷默(Daniel Larimer)将出块速度由 3 秒缩短至 0.5 秒。此举尽管可以极大地提升系统性能,但由于存在网络延迟,如此短暂的出块速度将可能导致下一见证人还未收到上一见证人生产的区块,就该生产自己的区块了,这会使得相同区块高度有两个区块而产生频繁的区块链分叉。为解决该问题,Daniel Larimer 将原先的随机出块顺序改为由见证人根据地理位置或者网络状况商议后确定的出块顺序,这在一定程度上解决了网络延迟带来的分叉问题;同时,Daniel Larimer 进一步规定每个见证人连续生产 6 个区块,即在原定的 3 秒出块期内由生产 1 个区块增加为生产 6 个区块。每个区块生产后立即进行全网广播,区块生产者一边等待 0.5 秒生产下一个区块,一边接收其他见证人对于上一个区块的确认结果。新区块的生产和旧区块确认的接收同时进行。大部分情况下,交易会在 1 秒之内确认(不可逆)。这其中包括了 0.5 秒的区块生产和要求其他见证人确认的时间。一旦区块达到不可逆状态(2/3 见证人确认),就无法在此之前进行分叉,这保证了交易的永久可信。另外,即使多数见证人想分叉区块链,也只能以

---

① EOS 系统设计为 21 个超级节点作为见证人节点,出块速度为 3 秒/块。交易要达到不可逆状态必须获得 2/3 以上的见证人确认,即需要等待后续 14 个见证人通过生产区块来表示对该交易的确认,因此共需 45 秒。

相同的速度(0.5秒)与主链竞争,就算主链只剩下一个见证人,分叉链也永远不会追上主链,保证了系统的稳定。

除 EOS 的 BFT-DPoS 共识算法之外,区块链项目 Penta(梵塔网络)提出的动态权益共识(Dynamic Stake Consensus,DSC)算法实际上也可以视为 DPoS 与 BFT 共识的混合体。DSC 共识流程如图 4-32 所示。

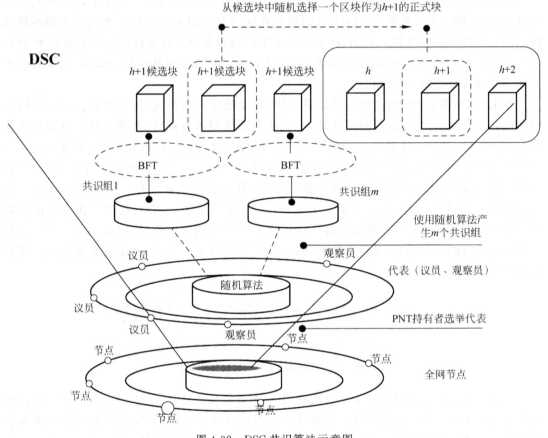

图 4-32　DSC 共识算法示意图

首先,从全网节点中进行代表选举,选出两种代表节点,即持有较多 PNT(梵塔币)的议员节点和持有较少 PNT 的观察员节点。

其次,通过散列抽签算法挑选议员和观察员组成若干共识组,使得每个共识组的议员或观察员数量不得少于 1/3。

再次,每个共识组进行 BFT 共识,从议员中选举议长,由议长提议生成区块,其他议员和观察员节点进行验证,2/3 以上节点验证通过后,生成该共识组对应的候选区块。共识组数量根据网络情况动态调节。

最后,通过散列抽签函数从所有共识组产生的候选区块中选取正式块。若区块共识一定时间内无法达成,将启动 RESET 机制,所有议员进行一轮 BFT 共识,产生一个 RESET 块,重新生成共识组成员,以便恢复网络正常运行。

由以上流程可见,DSC 共识过程将 DPoS 的代表选举机制与 BFT 共识验证相结合,并利用散列抽签算法来保障共识过程的安全与公平性，只消耗非常少的时间和计算即可达成共识。由于共识小组是基于散列抽签算法随机生成的，所以相比几十个较为集中的记账节点，DSC可以更好地防范攻击，也更加安全。

3．Algorand

2016年，Gilad和Micali等提出适用于加密货币的可扩展的拜占庭一致性共识算法：Algorand。Algorand利用可验证的随机函数设计了密码学抽签算法，每轮通过密码学抽签算法抽取若干委员，对优先级最高的区块和上一轮的投票结果进行投票，每轮输出获得票数超过2/3的结果，经过多轮执行，最终输出新区块。在拜占庭节点拥有的权益值少于1/3的情况下，Algorand的分叉概率是可忽略的，且区块生成的时间间隔接近于网络传播时延。Algorand每轮的工作模型如图4-33所示。

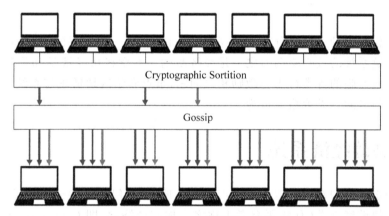

图4-33　Algorand每轮的工作模型

Algorand的问题在于：其拜占庭一致性协议需要事先确定参与协议的节点数量，增加了协议执行时间。与单纯的PoS协议相比，Algorand协议要求每次都能对新区块达成一致，降低了区块产生的速率。

第5章 经济激励与策略行为

区块链不仅是一种全新的分布式计算技术,同时也是一类新兴的交易模式和成功的商业逻辑。区块链系统的核心驱动力之一是经济激励。本章将从经济学和管理学的视角,探讨区块链技术所面临的各类行为与激励相关问题,重点介绍区块链生态系统的经济模型、激励机制以及参与者的各类策略性行为。

5.1 区块链经济系统

区块链经济学模型在区块链体系中占据核心地位,是保证区块链生态系统自洽运行的先决条件。区块链经济学(有些研究者也称之为加密经济学,即 Crypto-economics)的核心要素是保证项目参与方价值分配的合理性和激励相容性,通过这种价值分配方式,实现各参与方的利益最大化,并能够有效激励更多个人和组织不断加入。在区块链经济系统中,经济激励是保证各参与方进行分布式协作挖矿的重要前提,也是维护区块链挖矿可持续性的重要保证。区块链技术中所蕴含的经济激励使区块链技术具有巨大的发展和应用潜力。本节将从区块链的经济模型入手,介绍区块链中代币的发行机制和分配机制,以及交易费和矿池挖矿等内容[18-21]。

5.1.1 区块链中的经济博弈

区块链生态系统是一个典型的复杂经济系统,具有不确定性、复杂性和动态性等特征。在区块链系统中,参与者众多,每一个矿工都是一个节点,他们通过贡献自己的算力进行竞争性挖矿,也就是通过不断地进行哈希运算来求解密码学难题。当找到一个完整的解随机数(称为全解)时,挖矿成功,矿工可以获得打包交易的记账权,并可以获得区块奖励和该区块内部交易附带的所有交易费。

因此,区块链挖矿的过程是一个完全竞争博弈的过程。在这个过程中,海量分散、无组织的节点之间进行不断的竞争,由于挖矿过程中需要消耗大量电力资源,经济激励是保证他们持续贡献算力来挖矿的根本动力。实际上,哈维茨(Hurwiez)的机制设计理论同样适用于区块链挖矿。在区块链经济中,每个节点都是经济理性人,他们都会有自利性,总是试图通过采用一些策略性挖矿行为来提高自身的挖矿奖励。由于个体节点只考虑自身的收益最大化，而忽略整个区块链系统的效益最大化，当个体节点的微观目标与整个系统的宏观目标不一致时，个体节点收益的最大化必然会损害其他节点乃至整个系统的利益，从而形成区块链生态系统的"公共地悲剧"。

"公共地悲剧"是 1968 年由英国经济学家盖瑞特·哈丁（Garrit Hadin）提出的，是指当任何人都有权使用有限的公共资源，并且使用不受任何限制时，必然会由于人的自利性而导致公共资源的过度使用，最终使每个人的利益受损。例如，由于公有牧地对所有牧民都是开放的，每个牧民都想通过增加放牧数量来提高收益，当公有牧场达到饱和时，再增加放牧数量就会导致边际收益降低。随着放牧数量的不断增加，公有牧场会因被过度利用而退化，从而使每个牧民的收益受损，这就是"公共地悲剧"。实际上，与私有牧场相比，在公有牧场上更容易出现过度放牧的现象。因此，当牧民在公有牧场上放牧时，为了获得与在私有牧场上放牧相同的边际收益，往往需要更多的放牧数量，如图 5-1 所示。

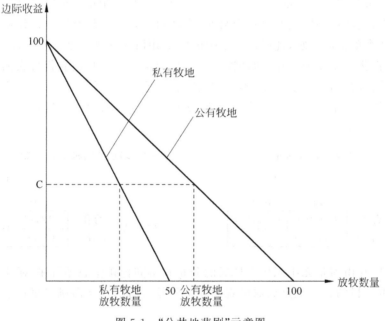

图 5-1 "公共地悲剧"示意图

在区块链系统中，矿工之间也存在着类似的博弈。矿工作为区块链生态系统的利益相关者，必须利用自身算力资源来参与维护公共账本的安全性与准确性，使得整个区块链生态可持续发展。如果每个矿工都吝惜自己的算力资源，而只想"搭便车"享受区块链账本带来的便捷、信任、安全与区块奖励，则必然会导致区块链系统的低效甚至失效。5.2.6 节介绍的挖空块就是这种行为的典型体现。

具体来说，当矿工成功挖到一个区块之后，可以在该区块中打包交易。此时矿工有两种选择：一种是合作，即完全诚实地遵循区块链系统的协议和规则，并且验证和打包所有人的交易；另一种是不合作，即选择以自我为中心，例如只验证和打包自己的交易。如果矿工选择合作，则他们的交易都可以被打包确认，从而都会获得收益，假定该收益为 10 单位。如果一个矿工选择合作，另一个矿工选择不合作，则选择不合作的矿工会获得奖励 11，而选择合作的矿工因其自身的交易不会被打包而损失1。如果两个矿工均选择不合作,则他们的交易都不会被打包,从而获得奖励0。矿工的博弈报酬矩阵如表5-1所示。通过剔除博弈矩阵中的严格劣策略可以看出,虽然两个矿工均选择合作时可以使区块链生态系统达到最优的收益(10,10),但从两个矿工各自的收益来看,其占优策略均为不合作,即给定对方采取的策略的前提下,每个矿工的最优策略必然是选择不合作,因此该博弈的纳什均衡将是(不合作,不合作),即每个矿工均只会选择打包与验证自身的交易,而不去打包系统中的其他交易,从而导致系统中的交易由于一直不能得到验证而出现大量堆积的现象。当系统中排队的交易达到一定数量时,就会造成区块链系统的拥堵甚至瘫痪,从而导致矿工的收益均为0,这就是区块链系统的"公共地悲剧",这同时也是一个典型的"囚徒困境"博弈。

为了解决这个问题,需要设计合理的激励机制,促使矿工在验证交易的过程中由不合作转变为合作,即不只验证和打包自己的交易,也验证和打包他人的交易,使得区块链系统可以正常运转。通常情况下,激励可分为两类,一类为正向激励即奖励,另一类为负向激励即惩罚。以比特币为代表的大部分加密货币型区块链往往采用正向激励,即发行加密货币,当矿工选择合作,成功挖到区块并打包交易时,会获得一定的区块奖励。假设矿工选择合作会获得额外的2个单位的奖励,此时表5-1中的收益矩阵变为表5-2。可以看出,增加奖励机制后,矿工的占优策略变为合作,即理性的矿工均会选择合作从而获得最大的收益(12,12),因此博弈的纳什均衡将由(不合作,不合作)转变为(合作,合作),此时矿工的收益达到最大的同时,区块链生态系统的收益也达到最优,实现了矿工微观目标与区块链系统宏观目标之间的激励对齐(Incentive Alignment)。

表 5-1 矿工博弈的收益矩阵

		矿工 B	
		合作	不合作
矿工 A	合作	(10,10)	(−1,11)
	不合作	(11,−1)	(0,0)

表 5-2 增加奖励机制后矿工博弈的收益矩阵

		矿工 B	
		合作	不合作
矿工 A	合作	(12,12)	(1,11)
	不合作	(11,1)	(0,0)

由此可见,在由海量无组织矿工构成的分布式协同挖矿生态系统中,矿工耗费大量资源参与挖矿的重要目的之一就是获取可观的经济收益,因此,经济激励是维持矿工合作挖矿的重要手段。

作为最具代表性的基于区块链的数字货币,比特币已经形成了完善的发行、流通和市场交易生态。比特币经济系统一般被认为具有通货紧缩属性。由于比特币在设计之初就固定了总量为2100万个,因此可能会导致严重的流动性紧缺。在总量固定的情况下,投资者往往忽略它作为支付工具的属性,而是更看重它本身的升值潜力,从而更倾向于持有比特币。这种情况下,比特币就难以进入流通市场作为交易支付手段。与此同时,比特币也会存在由于钱包和私钥丢失而导致的"丢币"现象,从而形成所谓的"自然通货紧缩"。

5.1.2 代币发行机制

代币(Token)是区块链经济激励的典型载体和表现形式,也有学者译为通证。区块链系统内生代币的发行机制决定了区块链资产的分配机制,对区块链项目未来走向和发展前景具有举足轻重的意义。目前,发行代币的区块链项目一般可以分为公链和去中心化应用

(DApp)两类,公链中往往包含多种属性的Token,如股份、货币或商品等;应用型Token的设计通常采用积分+股份相结合的方式,这类Token往往代表了项目的所有权。基于此,代币发行将公司发行股份和中央银行发行货币相结合,形成了区块链项目中单Token和双Token两种代币发行机制[①]。

1. 单Token发行机制

单Token发行机制就是区块链项目在发行过程中只发行一种Token,这类Token的发行可以分为总量有上限、总量无上限以及总量有上限与总量无上限相结合三种情况。

在总量有上限的Token发行机制中,必须首先设定一个Token发行总量的上限。比特币是最为典型的总量有上限的Token,其总量上限约为2100万。大部分区块链项目在发行Token时,并不会将所有Token都分配给矿工,而是将这些Token中分成三部分,一部分留给项目团队,一部分用于ICO或私募,剩下的一部分奖励给矿工。一般情况下,奖励给矿工的那部分是通过矿工挖矿进行分配的,当一定数量的区块挖矿成功之后,区块奖励减半,即区块奖励随区块高度呈现出阶梯型指数级递减的趋势。当所有用于奖励的Token全部被挖出之后,区块奖励降为0。Token发行机制之所以选择按指数递减的规则来设计,是为了更好地激励用户尽早加入,从而促使项目提出之后能够尽快发展。此外,按指数递减的规则还可以有效避免由于Token数量过快衰减带来的大量Token同时流入市场,而冲击Token价格的情况。在总量有上限的应用型Token中,一方面,Token具有积分的特性,可以换取某种服务或抵扣某种费用如交易手续费等,还可以通过某种活动的方式来免费发放,从而提升社区活跃度。另一方面,Token具有股份的特性,Token持有者可以通过Token分红、Token回购销毁等方式来获得项目发展的红利。Token总量有上限的区块链项目也具有一定的风险。由于此类项目早期具有较高的奖励,可以快速吸引大量矿工的参与,而后期随着奖励逐渐减少,则可能无法继续吸引矿工,使得矿工大量离开,从而使项目消亡。此外,当区块奖励耗尽时,矿工主要靠交易费获利,如果无法激励用户付较高的交易费,则可能导致挖矿的"公共地悲剧"。

在总量无上限的Token发行机制中,每个区块的奖励会设置一定的通胀率,因此,Token数并不是固定的,随着区块的不断挖出而逐渐增加。目前主流的公链体系,如ETH和EOS等,都采用该发行机制。在PoW共识机制下,矿工通过挖矿的区块奖励不断获得新发行的Token,而普通持币人由于不参与挖矿无法获得新发行的Token。因此,随着挖矿的持续进行,Token数量越来越多,普通持币人所持有的Token数量占比逐渐减少,使得他们的权利逐渐弱化。在PoS或DPoS共识机制下,每个持币人都能不断获得新发行的Token,从而保证持币人Token数量占比的稳定性。在PoW和PoS共识机制下,新发行的Token完全基于代码进行分发,是客观的,而在DPoS共识机制下,被普通持币人授权的矿工/代表人拥有分配新发行Token的权利,具有一定的主观性。应用型总量无上限的Token的提出主要是为了解决区块链项目可能会面临的配股、增发或发行可转债等需求,应用型Token往往基于公链创建,而由于公链的功能有限,这类Token的特性也会受到一定的限制。例如,公链项目Waves中提供了资产增发的选项,基于Waves发行的应用型Token,可实现

---

① https://www.jianshu.com/p/cd4eadfb9f4e

Token 的增发功能。

在总量有上限+总量无上限相结合的 Token 发行机制中,主要采用混合挖矿方式来发行新 Token,并奖励给矿工或 Token 持有人。例如,点点币(Peercoin)采用 PoW+PoS 共识机制,是最为典型的混合挖矿方式发行的 Token。在混合挖矿体系下,新发行 Token 来自两部分,一部分是总量有上限的 Token,这部分由于 Token 总量有限,因此随着区块高度的逐渐增加,新发行的 Token 数不断减少,直至到达上限。另一部分是总量无上限的 Token,这部分 Token 随着区块的不断挖出逐渐增加,即具有一定的通胀率。例如,点点币根据用户的持币量和币龄将挖矿奖励设置为 1%,即在 PoS 机制下的这部分 Token 每年有 1%的通胀率。

2. 双 Token 发行机制

由于货币主要是作为商品交换的媒介或价值贮藏的手段,因此,在区块链世界中,需要设计价格稳定的 Token 来作为区块链体系中的"货币"。基于此,部分公链项目发行了两类 Token,一类代表区块链系统所有权并且具备激励特性,另一类则是价格稳定的 Token 作为生态内的"货币"来使用,这样就形成了双 Token 的设计模式。

为了实现 Token 的稳定性,可以采用发行借据锚定美元等稳定资产、以其他 Token 作为基础资产抵押和算法央行这三种方式来发行 Token(详见 9.9 节)。目前,Tether、Steem Dollars(SBD)等是较为典型的稳定币。在 Steem 区块链中,包含两种币,即股份币 SP/Steem 和债务工具 SBD,其中前者主要用于社区激励,后者可进行票据转换,通过锚定美元来实现央行的职能。

由于 Token+稳定币的双 Token 发行方式发行的 Token 类似于"股份+货币",因此比单纯采用总量有上限的单币发行方式更具优势,有利于生态体系的建立。Token 的分配机制需要权衡各方利益,从而激励各利益群体参与项目的积极性。

5.1.3 代币分配机制

在公有区块链中,用户既是矿工,又是消费者。开发者为了推广项目,往往会设计一些激励机制,使得早期使用该系统的用户能够得到奖励。新发行 Token 的分配方式取决于其所在链上的共识算法。通常情况下,采用 PoW 共识算法的区块链项目,往往会把新产生的 Token 全部分配给矿工。除此之外,也有一些其他的分配方式,例如采用工作量证明+服务量证明混合模式的项目 DASH 区块链,把区块奖励在矿工、主节点和基金会这三者之间进行分配,其比例分别为 45%、45%和 10%,采用 DPoS 共识机制的项目 Steem 区块链,将新发行的 Token 分配给潜在消费者(即代币持有者)和矿工,其比例分别为 90%和 10%。下面详细介绍 EOS[①] 和 Filecoin[②] 这两种代币的分配机制。

1. EOS 代币分配机制

EOS 代币分配运行在以太坊区块链上,总共耗时 341 天。在此期间,EOS 总共分配 10

---

① http://www.bitett.com/forum.php?mod=viewthread&tid=5404
② http://wemedia.ifeng.com/65564989/wemedia.shtml

亿个 ERC-20 兼容代币，这 10 亿 EOS 代币分为三部分：第一部分为总量的 20%，即 2 亿个 EOS 代币，在前五天内分配；第二部分为总量的 70%，即 7 亿个 EOS 代币，从第六天开始，以每 23 小时 200 万增量的形式分配；第三部分为总量的 10%，即 1 亿个 EOS 代币，这部分会留给项目开发者，并且在整个分配期间都不能在以太坊网络上进行交易或转移。

EOS 代币分配类似拍卖，每个人的价格都相同，该价格等于所有人愿意并能够在特定时间段内支付的最高价格。在前两部分的分配期结束时，一定数量的 EOS 代币将根据每个时期筹集的以太币（"ETH"）总量按照比例分配给所有授权购买者。

EOS 代币分配按照逻辑一致性原则，即没有人可以不劳而获、每个人都应该获得市场决定的价格、每个人都应该享有平等的参与机会、开发人员奖励应该一致、不能购买超过 50% 的分配量、最小化交易成本（采矿、手续费等）。EOS 代币分配机制可以保证广泛接受性、逻辑一致性和公平性。

2. Filecoin 代币 FIL 的分配机制

在 Filecoin 系统的代币 FIL 分配机制中，代币按四部分进行分配。其中 70% 的代币分发给矿工，这部分以区块奖励的形式根据挖矿进度进行分配，并且 6 年分发一半。15% 作为研发费用留给协议实验室，并且采用线性释放的方式在 6 年的时间内逐步解禁。10% 通过 ICO（包括公募和私募）进行募集，并且根据挖矿进度逐步解禁。5% 用于设立 Filecoin 基金会，作为长期社区建设和管理等费用，并且通过线性释放的方式利用 6 年的时间逐步解禁。

Filecoin 的 Token 分配方式采用线性释放，即随着每个区块的挖出，逐步分发 Token，这样的分配过程可以确保代币的发放过程平滑，可以有效避免突然间的大量代币解禁而对币价造成波动的情况。

5.1.4 交易费

在区块链生态系统中，矿工通过提供算力获取报酬，主要包括区块基础奖励和交易费两部分。其中，交易费是由用户提供的，他们在提交交易确认请求的同时，需要提交其所愿意支付的手续费金额，该费用一般是非强制的，一旦提交，便不可修改或撤销。在挖矿过程中，矿工与矿池首先需要从"内存池"（即待确认交易池）中抽取一定数量的"待确认交易"进行排序和封装，以最大化其收益（详见 2.2.4 节）。只有成功挖到新区块的矿工封装的交易会被最终确认，而他们将获得相应的交易费收益。

理论上，区块链交易的确认过程可以建模为排队博弈模型，其简要流程如图 5-2 所示。

从矿工角度来说，目前影响其交易选择的主要因素为交易大小以及交易费。由于每个区块的大小一般有严格的上限，每个区块能够记录的交易笔数也因此受限，而且每个区块的产生具有时间间隔（目前为 10 分钟左右），因此在单位时间内能够验证的交易数量十分有限。这就使得矿工的交易确认服务成为一种竞争性的稀缺资源。

首先，现阶段矿工的收益仍以区块基础奖励为主，而交易费在他们挖矿总收益中占比极少；但是交易确认服务却会占用一定的无效工作时间并且消耗一定的挖矿成本。这就导致一部分矿工采取策略性的挖空块行为，即在获得当前区块的区块体时就开始挖掘下一个区块，为了使得下一个区块体封装的交易与当前区块体封装的交易不重合，他们选择不在下一个区块体封装交易，而是直接挖掘空的区块。该策略性行为缩短了验证区块和创建区块的

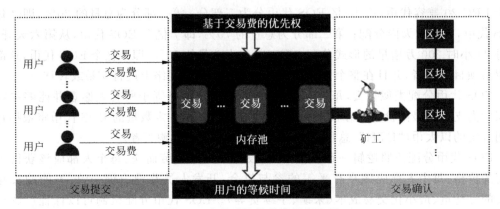

图 5-2 交易确认的排队博弈流程

时间,使得矿工可以抢先开始挖矿,以期更早地挖出新区块,以获得区块基础奖励。但该行为本质上是浪费了有限的区块空间,降低了交易确认输出率,这对用户及整个区块链生态系统都是不利的。因此,交易费不能太低,否则不能激励矿工更多地参与到交易确认服务中来;尤其当区块不拥堵时,现行的交易费市场并不能很好地提取挖矿收益。

其次,参与交易确认服务的矿工,普遍采取贪婪交易封装策略,即优先选择手续费高的交易,以实现自身收益的最大化。这种机制不仅无法解决交易拥堵问题,还在一定程度上造成了交易费的持续上涨。例如,随着大量比特币新用户的涌入,比特币区块链系统"内存池"中待确认交易数量急剧增加。"内存池"输入与输出效率的巨大悬殊,导致交易延迟甚至交易拥堵的现象不断上演。在拥堵高峰期,有超过 10 万笔交易等待确认,有些持币人甚至需要等待数天才能获得最终的交易确认。这一现象的直接后果就是交易费用的不断上涨:在过去两年间比特币交易手续费上涨了 1200%,平均手续费一度超过 5 美元。贪婪封装策略导致的过高交易费用削弱了用户的参与积极性,尤其是持小额交易的用户,进而影响了区块链生态系统的活性。因此,交易费也不能太高,否则用户的参与积极性将无法保证。另外,高额交易费虽然会促使较快的交易确认,但是将阻碍比特币等基于区块链的数字货币发展为小额支付工具。

第三,随着挖矿难度的不断攀升,挖矿成本的不断增加及区块基础奖励的不断减少,可以预见未来交易费将替代区块基础奖励成为区块链生态系统最重要甚至唯一的经济激励。因此,长远看,必须重视交易费问题,通过交易费定价方式及竞价机制的设计来实现合理的交易费水平。已有研究表明,固定的交易费等价于为区块大小设置上限。如果交易费完全由去中心化市场决定,而且区块大小没有限制,则最终交易费将趋向于零,并且矿工们将失去必要的挖矿激励,从而使得整个区块链系统丧失活力。

从用户角度来说,只有交易被确认并被记录到区块链中,这笔交易对用户的价值才得以真正发挥。某些数字货币(例如比特币)的币值在短时间内波动较大,进而导致交易价值发生变化,也就是说,交易确认等候时间的长短对交易价值会产生一定的影响。用户通过提供一定的交易费使得其交易获得相应的优先权,并在理想的时间内被确认。一般来说,交易费越高,交易在内存池中的停留时间越短。尽管有些区块链系统为不提供手续费的交易预留了一定的区块空间,但这些空间是十分有限的,并不能完全满足这些交易的确认需求。而且,随着交易规模的增大,如果区块大小不变的话,可被确认和记录的交易数量会逐渐减少,导致更多的交易在内存池停滞，进而使得用户的等候时间变长，对于整个区块链系统的运行效率产生不利影响。

综上所述，交易费是区块链生态系统中的重要经济激励，它不仅是矿工进行交易确认的内在动力，也是用户获取交易确认优先权的重要基础。而且，交易费还在系统层面上为保障区块链系统的可持续的安全性和活性提供了必要的保障。

理论上，可以将用户的交易确认看成一个排队系统，根据既定的优先权规则，用户通过提交交易费进入相应的优先权等级。这些优先权主要由交易费定义，不同的定义方式将产生不同的优先权规则，而不同的优先权规则下，特定用户所处的优先权等级不同，由此导致等候时间也不同。为了理解用户如何决定交易费，Huberman 等[22]分析了交易拥堵情况下的排队博弈，计算每个用户的交易费与延迟成本，得出用户的均衡交易费等于交易施加的外部效应的结论。Easley 等人[23]分析了交易费在比特币区块链系统从基于挖矿的结构到基于市场的生态演化过程中的角色，通过博弈论建模解释交易费的成因。用户的期望等候时间可以通过排队论方法来计算获取，记为 w。例如，在非强占性多级优先权单服务器排队模型下，我们可以计算出处于某个特定优先级 k 的用户的平均等候时间为：

$$w_k = \frac{\rho}{\Lambda\left(1-\sum_{y=1}^{k}\rho_y\right)\left(1-\sum_{y=1}^{k-1}\rho_y\right)}$$

其中，ρ 等于交易提交率除以交易确认率 Λ。进一步，我们计算用户从某笔交易中可获得的收益 R：

$$R = c^{\bar{w}}(v-f) - \alpha w$$

其中，v 表示交易价值，f 表示交易费，均以数字货币单位计价，$c^{\bar{w}}$ 表示交易确认时的数字货币币值，α 表示单位等候时间成本。对于每个提交交易确认请求的用户来说，他们都需要优化各自的 R，那么交易确认博弈的均衡交易费就可以通过求解多目标优化问题来获得。再根据均衡交易费，我们可以进一步求得所有用户、部分用户以及没有用户支付交易费的均衡所需要满足的基本条件。

在典型的区块链系统——比特币系统中，交易确认博弈本质上是采用广义一价拍卖的形式，并且是按照交易费来进行排名。这种机制存在一定的缺陷，包括用户需要支付不必要的高额交易费；在动态环境中，用户可以通过策略性行为来提高自己的收益，造成了均衡交易费的剧烈波动，从而使得矿工的收益十分不稳定。为了解决这些问题，Huberman 等[22]提出采用 VCG(Vickrey Clarke Groves)机制，而 Lavi 等[24]针对交易费用提出了两种替代拍卖机制，一种是垄断价格机制，另一种是随机取样最优价格机制，并证明前一种机制更有利于从用户处获得收益，且是近乎激励相容的。笔者认为，可以借鉴在线广告拍卖机制设计研究，将广义二价拍卖(Generalized Second Price, GSP)机制运用于比特币等数字货币交易确认博弈中，并基于权重费用来进行排名。权重费用可以由交易费、质量得分、交易规模以及由等候时间转换的虚拟费用计算得出，这样就避免了需要将付费交易和非付费交易分成两个独立博弈所带来的低效率以及运行复杂性提高等问题。在针对静态完全信息博弈环境的探索性研究中，我们的研究认为该博弈具有唯一精练纳什均衡，并验证了该交易机制能够显著改变交易的均衡排名，减少用户的交易费，提高交易确认效率。

5.1.5 矿池与分配方式

区块链挖矿始于 Solo 挖矿,即个体矿工单独挖矿。随着挖矿的逐渐盛行,参与挖矿的矿工逐渐增加,从而导致整体算力和挖矿难度越来越大,Solo 挖矿已很难获得收益。在这种情况下,矿工为了获得收益,只能聚集算力形成矿池进行挖矿。本节主要介绍 Solo 挖矿和矿池挖矿,以及矿池挖矿的奖励分配方式。

1. Solo 挖矿

Solo 挖矿就是矿工利用其自身算力进行独立挖矿的过程。对于个体挖矿的矿工来说,如果矿工成功挖到一个区块,将会获得该区块的所有奖励,如果在很长时间内挖矿一直不成功,则不会获得任何区块奖励。Solo 挖矿是随着比特币的兴起而产生的,比特币的创世区块就是由中本聪采用该挖矿模式成功挖到的。在比特币挖矿之初,矿工数量少,全网算力小,挖矿难度很小,所有矿工都是通过 Solo 挖矿的模式来进行挖矿的。随着矿工数量的不断增加、全网算力的不断提升,挖矿难度越来越大,Solo 挖矿模式的劣势逐渐凸显。由于个体矿工算力的有限性,以及挖矿的随机性和无记忆性,随着挖矿难度的逐渐增加以及大型矿机的出现,对于个体矿工来说,成功挖到一个区块的概率微乎其微,单个矿工成功挖到一个区块可能需要花费数年的时间,这就给矿工的收益带来巨大的风险。

2. 矿池挖矿

为了降低 Solo 挖矿的风险,矿工往往选择将其算力聚集在一起进行挖矿,通过集合算力的方式来提高挖矿成功的概率,这就产生了矿池。

在矿池挖矿过程中,矿池本身并不进行挖矿,而是根据区块链网络中的挖矿难度给矿工分配适当难度的任务,通过收集矿工提交的满足该难度的解来统计矿工的工作量,并根据矿工的工作量分配奖励。首先,由于全网难度很高,对于矿工来说,计算出一个符合全网难度的解极其困难,因此,矿池需要设置一个低于全网难度的挖矿难度,并要求矿工提交满足该难度的解,这样的解称为部分解。满足全网难度的解称为全解,而矿工提交的部分解有一定的概率就是全解。实际上,如果部分解不是全解,则没有任何意义,只是作为矿池评估矿工工作量的依据。当矿池收到的部分解中有一个为全解时,矿池就成功挖到一个区块,并将该区块广播到区块链网络,当该区块在整个区块链网络得到验证之后,矿池可以从区块链网络获得该区块的奖励,并将该奖励按照矿工的贡献进行分配。

矿池可以突破地理位置的限制,将分散的算力集合在一起共同挖矿,有效提升挖矿的效率和收益。矿池的出现可以激励算力较低的矿工继续参与挖矿,使矿工获得稳定的收益,降低矿工收益的波动性风险,从而保证区块链挖矿产业的可持续发展。目前全球算力较大的比特币矿池有 BTC.COM、AntPool、BTC.TOP 等,如图 5-3 所示。

3. 矿池分配方式

截止目前,已有多种区块链矿池挖矿奖励分配机制被提出,而按比例分配、PPS 和 PPLNS 机制是目前矿池最为常用的奖励分配机制。

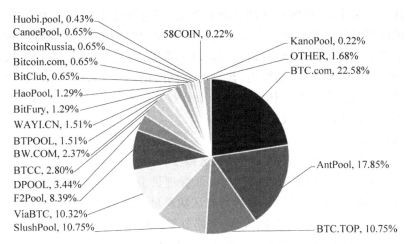

图 5-3 比特币矿池算力分布图

1) 按比例分配(Proportional)

按比例分配是矿池进行奖励分配的最简单的方法,也是最能体现矿池挖矿原理的分配方式。在按比例分配的矿池中,矿池在每一轮挖矿成功之后,都会将奖励按矿工在该轮挖矿过程中所提交的部分解所占的比例分配给矿工,其中一轮是指成功挖到两个区块的时间间隔。同样地,也正是因为只有矿池成功挖到区块之后,矿工才能分到奖励,所以矿工的收益具有不稳定性。此外,由于挖矿的随机性,该模式下每一轮的挖矿时间也不一样,这就使得每个部分解的收益不同。因此,在这种模式下,矿工可能采取一些策略性行为(如跳矿)来获得高于其自身算力的收益,所以按比例分配模式是激励不相容的。这里所谓跳矿是指矿工可以策略性地选择何时为矿池挖矿以及何时将算力转移到其他矿池,从而获得高于其实际算力的收益,这将损害在同一个矿池中连续进行挖矿的矿工的收益(详见 5.2.5 节)。

2) PPS(Pay Per Share)

PPS 模式的出现有效解决了矿工在按比例分配的矿池中进行挖矿时奖励不稳定的问题。在 PPS 模式中,矿池管理者的角色不再仅仅是一个联合矿池中所有矿工的算力来降低矿工风险的中间商,而是承受了矿工所面临的全部风险。

在 PPS 模式下,矿池管理者首先根据所有矿工的总算力在整个区块链网络中的比例估算矿池每天可以成功挖到的区块数量,并根据矿工的总算力估算出矿池每天可以收到的部分解的数量,进而计算出每个部分解所对应的奖励期望值,并且该值是固定的,与矿池当天实际成功挖到的区块数量无关。当矿工提交一个部分解时,矿池立刻就将一个部分解的平均奖励分配给矿工。通过这种方式,PPS 模式将按比例分配模式中矿工所面临的风险转移到矿池,从而使矿工可以获得稳定的收益。

该模式对于矿工来说具有以下优点:首先,该模式可以将矿工每个部分解的奖励风险降为零,当矿工提交部分解时可以立刻获得奖励,而不需要等到矿池成功挖到一个区块之后再获得奖励。其次,矿工可以精确地知道其应获得的奖励数量,并且可以很容易地验证是否获得了应得的奖励,而不会因为矿池管理员的不诚实或其他矿工的策略性行为导致奖励的损失。此外,矿工也不会因为发生跳矿行为而损失奖励。因此,在 PPS 模式下,矿工的跳矿策略性行为依然无法避免。

对于矿池管理员来说，PPS 模式的风险非常大，因为该模式下，矿工的风险降为 0，所有矿工面临的风险都被转移到矿池。当每一轮挖矿所需的时间少于平均值时，则矿池每天挖到的区块数量多于其估算值，矿池可以获得较高的收益，反之，当每一轮挖矿所需的时间高于平均值时，矿池则要面临巨大的损失，甚至面临倒闭的风险。实际上，PPS 模式下矿池的风险就是将整个矿池视为一个个体矿工进行个体挖矿时的风险。因此，在 PPS 模式下，矿池往往需要收取高额手续费来规避其风险。

3) PPLNS(Pay Per Last N Shares)

与按比例分配的方式不同，PPLNS 模式忽略了"一轮"的概念，即并不是每一轮挖矿成功都对奖励进行分配。在 PPLNS 模式下，矿池管理员会选择一个时间段，无论在该时间段挖到多少个区块，都将在该时间段挖到的所有区块奖励分配给那些提交最后 N 个部分解的矿工，即只有所提交的部分解位于最后 N 个部分解之中的矿工才会收到奖励。在 PPLNS 矿池中，运气成分很重要，如果矿池一天可以成功挖到很多个区块，那么矿工将会获得很多奖励；反之，如果矿池一天成功挖到的区块很少，则矿工获得的奖励也会随之减少。此外，PPLNS 模式具有一定的滞后性，即矿工在 PPLNS 矿池挖矿的奖励会有一定的延迟。例如，当一个新矿工刚加入 PPLNS 矿池时，由于其余矿工已经贡献了很多个部分解，这就使得新加入矿工所提交的部分解占比很少，因此开始时分得的奖励很少，但随着挖矿的不断进行，其余矿工之前提交的部分解都不断进行了结算，因此大家又重新开始新一轮的挖矿时，所有矿工又位于同一个起点。同理，当矿工离开 PPLNS 矿池之后，如果所提交的部分解还位于最后 N 个部分解中，还是会获得奖励，直到他所提交的部分解完全不在最后 N 个部分解中。PPLNS 模式是激励不相容的，矿工可以通过一些策略性行为如延迟汇报等来提高其收益。此外，在 PPLNS 模式下，依然会产生跳矿现象。

4) Slush 分配机制

Slush 奖励分配机制是基于按比例分配机制提出的。由于按比例分配机制中并不对每个部分解加以区分，即每个部分解获得的奖励都相同，从而容易导致跳矿的发生。为了解决这个问题，Slush 奖励分配机制对每个部分解按照所提交的时间赋予一定的质量得分，提交时间越早，质量得分越低，并按照矿工加权之后的得分占比进行奖励分配。然而，这种分配机制也无法完全避免跳矿现象的发生。

5) Geometric 分配机制

与 Slush 奖励分配机制类似，Geometric 奖励分配机制也对每个部分解赋予一定的质量得分。在该机制中，奖励分为固定奖励和可变奖励，其中固定奖励是每个区块奖励中的一个常数值，而可变奖励则依赖于每轮挖矿开始时自动为矿池管理者生成的分数值。每一轮的挖矿时间越短，可变奖励越高，这种设计可以达到一种稳定状态，在该稳定状态下，每一个新产生的部分解的得分与之前所提交的部分解的得分之比，等于其与之后所提交的部分解的得分之比。在这种情况下，提前挖矿或延后挖矿对于矿工来说都是不利的。

6) Triplemining 分配机制

由于在矿池挖矿过程中，挖矿是否成功取决于矿池的算力、挖矿难度和挖矿的随机性等多种因素，不管矿池的规模多大，都会有挖矿失败的可能，而当矿池挖矿失败时则无法获得任何奖励。为此，Triplemining 奖励分配机制将中小矿池合并在一起形成一个中等矿池，然后每成功挖到一个区块之后将该区块奖励的 1% 按照各个矿池算力的比例分配给各矿池，这样就避免了矿池因长久挖矿失败而无法获得任何奖励的情况。因此,该分配机制可以有效激励中小矿池继续进行挖矿。

7) Puddinpop 分配机制

Puddinpop 奖励分配机制采用"元哈希"技术,使用特定的 Puddinpop 挖矿软件,目前还没有矿池采用这种奖励分配方式。

8) P2Pool 分配机制

当算力过度集中时,比特币网络会面临51%攻击的威胁。为了避免这种情况,P2Pool 分配机制为矿工提供一种点对点的挖矿方式。在 P2Pool 分配机制下,矿池将每一个区块的奖励分为两部分,第一部分为该区块奖励的99%,这部分区块奖励在所有矿工之间进行平均分配,第二部分为该区块奖励的0.5%,这部分奖励只分配给生成该区块的矿工。由于没有中心节点,P2Pool 分配机制不会受到 DoS 攻击。

9) Luke-Jr 分配机制

在 Luke-Jr 奖励分配机制中,矿工需要向矿池提供工作量证明,并且在矿池成功挖到一个区块时可以分配到奖励。在该机制中,每一个区块生成过程中矿工所提交的部分解,不仅会用在当前区块的生成过程中,也会用到下一个区块的生成过程中。如果当前矿工的余额未达到 1BTC,则将在下一个区块生成时进行累计,只有当矿工的余额超过 1BTC 时才会支付给矿工。如果矿工在一周内没有提交任何部分解,则此时不管矿工的余额是多少,矿池都会将矿工剩下的余额支付给矿工。

5.2 激励机制与策略性行为

区块链系统是一个典型的经济系统,其参与者可以通过贡献算力来获得经济激励,因此,设计一个激励相容的共识机制对于维护区块链生态系统的稳定性、安全性具有重要的作用。本节首先介绍机制设计的激励相容性,并以 ICO 为案例介绍区块链系统的机制设计;在此基础上,分析矿工的若干典型策略性挖矿行为,主要包括自私挖矿、扣块攻击、跨链套利和跨矿池套利、挖空块和 ASIC 挖矿等。

5.2.1 共识机制设计与激励相容性

在区块链挖矿中,每个理性的矿工都会有自利的一面,即更倾向于采取有利于提高自身收益的行为。如果能有一种共识机制,使矿工在达到个人收益最大化的同时,也能实现整个区块链系统的价值最大化,则称这个共识机制是激励相容的。

共识算法的激励相容性是区块链生态系统的核心要素,可以充分保证各参与方的经济利益,有效调动各参与方的积极性,极大地提升分布式协同的效率,因此对于区块链挖矿产业的整体有效性和稳定性,以及矿池和矿工的盈利性都有重要意义。

在区块链挖矿中,矿工为了获得经济激励而自愿聚集算力进行协同挖矿。如果缺乏有效的激励手段,矿工则只考虑自身的经济利益,从而采取一系列策略性挖矿行为来破坏其他矿工的利益以及整个区块链生态系统的稳定性。基于此,区块链共识算法将区块链挖矿获得的经济激励显性化,如果共识算法是激励相容的,则所有矿工都将遵守共识协议进行诚实挖矿,从而获得与其自身算力相当的奖励。反之,矿工则有动机采取合适的策略性手段来"攻击"区块链系统。值得一提的是,这里的策略性行为和"攻击"并非完全恶意的安全性攻击行为,而是矿工在分析区块链机制的"漏洞"之后所作出的最优理性行为反应。例如,矿池 PPLNS 奖励分配机制是激励不相容的,矿工可以通过延迟向矿池汇报所发现的部分解(share)来增加其收益。

就现状而言,建立一套行之有效的激励机制设计与评估方法体系,从理论上定性与定量相结合地评估激励机制的激励相容性,是目前需要解决的关键问题。

5.2.2 ICO 机制设计

ICO 是数字货币和区块链社区的模式创新,其全称是 Initial Coin Offering 或 Initial Crypto-Token Offering,通常翻译为首次代币发行、原始币发行、首次代币出售等。ICO 源自于股票市场的 IPO 概念(Initial Public Offering,首次公开发行),至今尚无正式定义,通常认为是区块链项目首次发行代币,通过募集比特币、以太坊等通用数字加密货币进行融资,并以初始产生的数字加密货币作为回报的一种筹措资金的方式。

当新项目通过 ICO 的方式发行代币之后,参与者可以用具有实际价值的货币(如美元、比特币、以太币等)参与项目的众筹,换得项目新发的加密货币。利用这种方式,项目发起者可以为开展项目筹措到充足的资金,而参与者则希望通过新发行加密货币的升值实现获利。对于项目参与者来说,在 ICO 中,风险与机遇并存。如果项目失败,则加密货币贬值,参与者投入的实际货币全部亏损;而如果项目成功,则参与者有可能获得巨额回报。例如,以太坊项目在 2014 年刚启动 ICO 时,参与者可以用 0.3 美元兑换一个以太币,而到 2015 年 6 月项目完成发布时,以太币价格已涨到 19 美元一个,因此在这个项目中,参与者可以获得将近 600 倍的回报率。

一般来说,ICO 项目可以分为三类:应用类、平台类、底层技术类[①]。应用类 ICO 一般基于现有区块链平台,充分利用平台的技术和生态系统来开发直接面对普通消费者的应用,如基于以太坊的 Digix 项目。平台类 ICO 一般对现有区块链技术提出一定改进,形成新的区块链平台,并试图在新平台上创建新的生态系统,如新的图灵完备的区块链平台 lisk 项目。底层技术类 ICO 一般提出一种新的技术改进,应用于目前现有的区块链平台上,从而达到优化和提高的目的,如应用于以太坊的分布式存储协议项目。

基于以上三类项目,ICO 发行的代币也可以分为与之对应的三类:应用代币、权益代币和债权代币。

应用代币(Appcoin)也称为用户代币(User Token),类似于游戏币,是指当用户需要使用一个区块链应用时需要的代币,这类代币会随着不断使用而减少。应用代币是最早出现的一类代币,也是目前 ICO 中种类最多的一类代币,如比特币网络的比特币(BTC)、以太坊的以太币(ETH)等。应用代币可以看作是区块链应用中进行交易的媒介,因此可以方便地与其他应用代币或者央行货币进行兑换。

权益代币(Equity Token)的出现,使得一个区块链应用可以不属于任何一家公司,而属于权益代币的所有持有者。权益代币类似于公司的股份,不会随着用户使用应用而减少。

---

① https://blog.csdn.net/xx1129244705/article/details/78016420

权益代币的持有者不仅可以从应用获得的收益中得到分红,还拥有对这个应用事务的投票权,以决定未来这个应用的发展规划。例如,新加坡的区块链黄金交易平台 Digix 发行了 DGD 权益代币,代币持有者不仅可以从应用收益中进行分红,还拥有向应用提出新增功能提案,以及对其他提案进行投票的权利。

债权代币(Debt Token)类似于企业发行债券,主要是为了解决区块链应用流动性不足的问题。当一个应用突然爆火时,会有大量新用户进入,此时他们需要应用代币(Appcoin)来使用这个应用。但由于应用代币大部分都已被老用户购买,如果老用户大量抛售这些应用代币,可能会使该应用代币的价格剧烈波动。为了避免这种情况,应用会临时借一笔钱来购买应用代币,以满足新用户对代币的使用需求,这就是债权代币。债权代币类似于为应用提供一个短期的贷款,债权代币的持有者可以获得一定的利息回报。目前发行债权代币的应用较少。例如,区块链媒体平台 Steemit 发行的债权代币 Steem Backed Dollar(SBD)可以用来兑换成他们的应用代币 STEEM。

实际上,一个区块链应用根据其需求可能会使用多种代币。例如,分布式文件服务 Sia 和区块链黄金交易所 Digix 使用了双代币,即应用代币和权益代币。

目前,ICO 模型中大多采用将固定数量的 Token 按照固定的价格进行售卖,然而,这种方式由于失去价格发现的机会而通常会导致极其严重的溢价现象。因此,需要研究最优的 ICO 机制,以正确评估项目的市场价值,降低 ICO 价格的不稳定性。

5.2.3 自私挖矿

自私挖矿的概念最初是在 2012 年 BitcoinTalk 论坛上提出的。自私挖矿主要由矿工或矿池发起,是扣块攻击(又称区块扣留攻击,Block Withholding Attack)的一种,其具体实施方式是在某一时间段内扣留新挖到的区块暂不公开,即所谓的"扣块",并等待合适的时机广播其全部区块。这种行为的目的不是破坏加密货币的区块链网络,而是获得更大利润。

自私挖矿是由区块链共识机制的激励不相容性导致的矿池的策略性行为。在区块链中,"去中心化"是重要特性,而这一特性也导致了新区块在区块链网络节点和矿工之间传播时具有一定的延时性。此外,由于新区块的信息是通过网络节点和矿工进行传播,距离广播新区块越近的节点,收到新区块的信息越早。因此,当两个新区块同时被挖到并同时被广播时,在传播过程中必然会形成以这两个新区块为中心的不同传播路径,从而使一部分网络节点收到第一个新区块的信息,而另一部分网络节点收到第二个新区块的信息。在这种情况下,区块链网络便产生了分叉。由于在区块链的共识机制中,如果区块链网络产生分叉,则默认以最长链所在的分叉为主链。因此,当产生分叉后,这两部分矿工在各自的分叉上进行挖矿,直到其中一条分叉上有一个新区块被挖到而成为主链为止。

当自私的矿工发现这一规律,并试图利用这一规律来提高自身收益时,自私挖矿便产生了。自私挖矿的矿工在新区块的产生过程中只要建立一定的优势来保证自己的链为主链,就可以通过不断废弃诚实矿工产生的区块来浪费诚实矿工的算力,从而通过提高自身算力在网络中的占比来达到提高自身收益的目的。

在实际中,自私挖矿主要由矿池(矿工)发起,其前提是对于算力(即挖矿速度)的比拼。通常情况下,参与挖矿的矿池根据其在挖矿过程中的行为可以分为两种:诚实的矿池和自私挖矿的矿池。在区块链挖矿过程中,当诚实的矿池挖到一个新区块时,会立即将该区块广播到区块链网络，以使该新区块尽快在全网得到确认，从而获取区块奖励，所有矿工都在该区块基础上开始挖下一个新区块。与诚实矿工挖到新区块就立即广播不同，自私挖矿的矿池存在着策略性广播行为，以期获得超过自身算力的区块奖励。

为了实现该目的，自私挖矿的矿池挖到新区块时会将该区块暂时隐藏，由于该新区块没有被广播，区块链网络中的其他矿工并不知道新区块已经被挖到，因此继续在上一个区块上进行挖矿。而自私挖矿的矿工则在他自己挖到的新区块基础上继续挖矿，当他挖到另一个新区块时，他便拥有两个未广播的区块，如果此时其他矿工仅挖到一个新区块，自私挖矿的矿池将他挖到的两个新区块同时广播便会造成区块链网络的分叉。由于自私挖矿的矿工所在的链比诚实矿工所在的链长，按照区块链共识协议，自私挖矿的矿工所在的链由于是区块链网络中的最长链而被区块链网络接受，成为整个网络的主链。由于诚实矿工所在的链较短，则被废弃，从而使他们之前挖矿的算力被浪费了，不能获得任何区块奖励。而自私挖矿的矿工则通过这种广播策略获得了远高于其自身算力的奖励。

从本质上讲，自私挖矿没有破坏区块链网络原本的共识机制，因此不会导致整个区块链网络信用受到影响。然而，自私挖矿行为还是会对区块链的安全性造成一定程度的损害。首先，根据已有的数学模型推导，进行自私挖矿的攻击者只需要拥有全网三分之一的算力，就可以保证获取更多的收益。因而相比51％攻击，自私挖矿显得更容易，更有吸引力。其次，自私挖矿会导致诚实矿工的收益受损及算力资源的浪费。由于区块链共识机制认定区块链分叉情况下，当前最长链为合法链。如果自私挖矿攻击者能够迅速让原本的长链变成短链，即在短时间内发布自己挖到的多个区块，让自己所在的区块链分叉变成最长链，即可成功实施自私挖矿攻击。除算力差异外，区块链网络节点和矿工广播最新区块状况时存在时延，可能导致诚实矿工的区块广播相对较慢，也可能被视作不符合区块链共识规则的区块而不会被采纳。

由此可见，理论分析的可能性与实际操作的可行性都证实了区块链中自私挖矿行为的存在，它将对诚实挖矿行为造成极大的损害，降低矿工诚实挖矿的积极性。因此，需要在共识机制的设计上提高自私挖矿行为发生的难度和成本，以维护区块链生态系统的安全性。

此外，在自私挖矿方面，存在着许多研究问题有待解决，例如，在矿池自身的算力和竞争者的算力给定的情况下，矿池如何制定最优自私挖矿策略，从而使矿池得到超过其自身算力的收益；当多个算力不等的矿池共存时，矿池的最优自私挖矿策略，并分析该策略对矿池本身和其他矿池收益的影响；自私挖矿的形成机理和判定方法，及其对区块链网络共识协议安全性的影响，以及自私挖矿的有效解决方案。

文献[25]第一次给出了自私挖矿的理论模型。在自私挖矿模型中，诚实矿池的期望收益为该矿池中所有矿工的算力在整个区块链网络中所占比例与全部区块收益的乘积。然而，自私挖矿的矿池可以通过策略性挖矿行为浪费诚实矿池的算力，从而提升其整体收益。因此，我们考虑诚实矿池和自私挖矿矿池之间的博弈过程，并且自私挖矿方计算能力小于诚实方计算能力，诚实方在公共分支挖矿，自私挖矿方在自己持有的秘密分支挖矿，如图5-4所示。

下面分析自私挖矿方的最优自私挖矿策略。

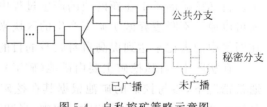

图5-4 自私挖矿策略示意图

当 length(公共分支)>length(秘密分支)时,自私挖矿的矿池放弃秘密分支并在公共分支挖矿,而诚实方继续在公共分支进行挖矿,如图 5-5 所示。

图 5-5 公共分支长度大于秘密分支长度时的最优自私挖矿策略

当 length(公共分支)≤length(秘密分支)时,用 Δ_{prev} 表示在发现新区块前秘密分支和公共分支的长度之差,即

$$\Delta_{prev} = \text{length}(秘密分支) - \text{length}(公共分支)。$$

由于自私挖矿方和诚实方同时进行挖矿,因此,下一个区块可能被自私挖矿方找到,也可能被诚实方找到。

如果下一个区块被自私挖矿方找到,则自私挖矿方将该区块添加到秘密分支上,并且秘密分支的长度 length(秘密分支)增加 1。如果 $\Delta_{prev}=0$ 且挖矿后 length(秘密分支)=2,则自私挖矿方广播所有秘密分支,如图 5-6 所示。

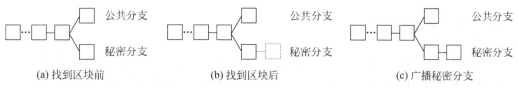

图 5-6 $\Delta_{prev}=0$ 且挖矿后 length(秘密分支)=2 时的最优自私挖矿策略

如果下一个区块被诚实方找到,并被添加到公共分支上,则此时自私挖矿方的最优策略可以分以下四种情况讨论,如图 5-7~图 5-10 所示。

(1) 如果 $\Delta_{prev}=0$,则自私挖矿方放弃秘密分支。

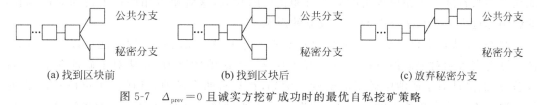

图 5-7 $\Delta_{prev}=0$ 且诚实方挖矿成功时的最优自私挖矿策略

(2) 如果此时 $\Delta_{prev}=1$,则自私挖矿方广播秘密分支。

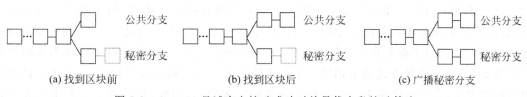

图 5-8 $\Delta_{prev}=1$ 且诚实方挖矿成功时的最优自私挖矿策略

(3) 如果此时 $\Delta_{prev}=2$，则自私挖矿方广播秘密分支。

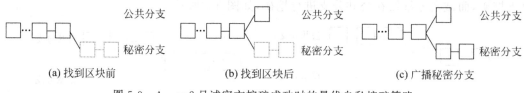

图 5-9 $\Delta_{prev}=2$ 且诚实方挖矿成功时的最优自私挖矿策略

(4) 如果此时 $\Delta_{prev}>2$，则自私挖矿方广播一个未广播的区块。

图 5-10 $\Delta_{prev}>2$ 且诚实方挖矿成功时的最优自私挖矿策略

由此可见，自私挖矿行为的本质就在于自私矿工通过策略性地广播自己秘密挖出的分支子链，力求形成对诚实公共分支子链的持续性优势，最大化地浪费诚实矿工的算力，降低系统中的有效总算力（扣除掉浪费的诚实算力之后），最终实现提高自身算力在有效总算力中的比例，从而获得高于其实际算力比例的收益。

5.2.4 扣块攻击

扣块攻击是指攻击者在矿池中进行挖矿时，只向矿池汇报部分解，而不汇报全解，从而降低矿池及矿池中每个矿工的收益。由于扣块攻击的矿工挖到全解时会抛弃，因此降低了矿池挖矿成功的概率。当矿池挖矿成功并获得区块奖励时，矿池会把这些奖励按照矿工所汇报的部分解在矿工之间进行分配。扣块攻击的矿工实际上并没有为矿池做任何贡献，但是却可以获得一部分奖励，这就降低了诚实矿工的收益。扣块攻击在损害矿池及诚实矿工收益的同时，也会使扣块攻击的矿工的收益受损。然而，由于成功挖到一个区块后，矿池所能获得的收益远大于扣块攻击的矿工所能获得的收益，这就使得扣块攻击行为对矿池收益的影响远远大于对扣块攻击的矿工收益的影响。

此外，扣块攻击也是矿池攻击其他矿池的一种手段。扣块攻击的矿池可以将自身的一部分算力潜入到对手矿池进行扣块攻击来浪费对手矿池的算力，并从对手矿池获取一定的收益，从而降低对手矿池中矿工的奖励。例如，在只有两个矿池，且矿池 1 可以攻击矿池 2 但矿池 2 不会攻击矿池 1 的情况下，如果矿池 1 通过将一部分算力潜入到矿池 2 对矿池 2 实施扣块攻击，则这部分算力由于并不会产生完全解而导致整个区块链系统的有效算力减少。虽然矿池 1 由于一部分算力用于扣块攻击而导致直接收益受损，但是除了直接收益之外，它还能从矿池 2 中获得由于扣块攻击所产生的收益。在这种情况下，如果扣块攻击所带来的收益大于其由于损失算力所导致的损失，则矿池 1 将会有动机实施扣块攻击策略以提高其收益。然而，这种方式也给扣块攻击的矿池带来一定的风险，因为其潜入对手矿池的算力也被浪费了，会使自己损失这部分算力带来的直接收益，因此，扣块攻击的矿池需要优化潜入对手矿池的算力比例，以实现在自身收益不受损的情况下，降低对手矿池的收益。

一般情况下，扣块攻击行为很难被识别。虽然矿池可根据自身算力及挖到的区块数来判断是否存在扣块攻击的矿工，然而，由于挖到全解的概率很小，在很长一段时间内，单个矿工即使挖不到全解，也是正常的，这就使得矿池很难判断是哪些矿工在进行扣块攻击。此外，当多个算力不等的矿池共存时，矿池如何设计最优扣块攻击策略，并分析该策略对矿池本身和其他矿池收益的影响，已成为矿池面临的重要决策问题。

5.2.5　跨链套利和跨矿池套利

跨链套利和跨矿池套利是矿工提高收益的主要策略性行为，是指矿工为了获得更高的收益，不是一直保持在同一条链或在同一个矿池中进行挖矿，而是根据各链或矿池的当前收益进行切换，不断转到收益较高的分叉链或矿池中进行挖矿，以获取更高收益。

由于矿池奖励分配机制的不同，或者同源分叉链（例如比特币 BTC 和比特币现金 BCC）难度调整机制和代币发行机制的不同，同一矿工在不同的矿池和分叉链挖矿时可能具有不同的获胜概率。因此，为最大化其收益，理性的矿工通常选择加入具有较高获胜概率的矿池或分叉链，而暂时离开具有较低获胜概率的矿池或分叉链。

在一个可跳跃的矿池中连续挖矿对于矿工来说是不利的，特别是在采用按比例或 slush 方法进行收益分配的矿池中，跳矿（Pool-Hopping）时常发生。这种跨链套利或跨矿池套利的策略性行为可使得矿工获得高于其实际算力的收益，并损害诚实矿工的收益和矿池的稳定性。例如，由于数字加密货币的多样性，矿工难以对各个币种的盈利性进行评估，基于此，目前产业实践中已经衍生出类似"Multipool"的矿池，当矿工加入该矿池时，Multipool 会对各种加密货币的盈利性进行分析，并为矿工自动选择最能盈利的加密货币进行挖矿。此外，Multipool 每隔 30 分钟更新一次，可以帮助矿工实时选择最盈利的货币并进行自由切换，从而实现策略性套利。

因此，如何对多链进行价值评估，通过对独立链条或者同源分叉链的价值评估和风险判定，结合矿工风险态度（规避、中立、偏好）制定最优跨链套利策略已成为矿工面临的重要决策问题。

5.2.6　挖空块

在区块链中，每一个区块包含一个区块头和一个区块体，其中区块头用来保存元数据，区块体则保存打包的交易。当一个新区块中只包含区块头，而区块体为空时，称为空块，矿池（或矿工）生成空块的行为称为挖空块。当矿池挖空块时，没有验证交易，只能获得 coinbase 奖励，因此无法获得交易费奖励。那么矿池为什么会放弃交易费奖励，而选择挖空块呢？

首先来看 PoW 挖矿中一个新区块的生成过程。在矿池进行挖矿之前，首先需要获得系统发布的目标值。当高度为 H 的区块被挖到且被广播到区块链网络之后，所有矿池将在 H 高度区块的基础上开始挖高度为 $H+1$ 的下一个区块。在进行挖矿之前，矿池首先需要构建一个包含区块头和区块体的新区块，其中区块头中包含 H 高度区块的 hash 值和一个从 0 开始可调的随机数 Nonce。矿池挖 $H+1$ 高度区块的过程就是不断利用 Nonce 与 H 高度 hash 值进行哈希的过程，每哈希一次就能得到一个二进制的哈希值，如果该哈希值大于目标值，则将 Nonce 加 1 之后再重复以上操作，直到找到一个小于目标值的哈希值，即挖矿成功。

然而，矿池在挖矿过程中的各个环节都存在一定的延时。首先，H 高度的区块被挖出之后，需要分别将区块头和区块体广播到区块链网络，这个过程需要一定的时间，由于区块头的大小仅为 80 字节，广播非常快，所以区块链网络中的矿池可以很快获得区块头，并利用获得的区块头构建 $H+1$ 高度区块的父 hash 值。由于区块体中包含大量交易（包含 2500 笔交易时接近 1M），因此在区块链网络广播较慢，其传播过程存在一定的延时，假定延时为 0.5 秒。其次，矿池在挖 $H+1$ 高度的区块之前，需要首先对 H 高度的区块进行验证，只有 H 高度的区块被验证成功时，才能开始挖 $H+1$ 高度的区块，否则要重新挖 H 高度的区块。假设验证一个 1M 大小的区块所需的平均时间为 10 秒，由于在验证之前，矿池无法判断 H 高度的区块是否合法，因此无法确认是挖 $H+1$ 高度的区块还是重新挖 H 高度的区块。第三，构建 $H+1$ 高度的区块需要在区块头填写父区块哈希值，并在区块体中填充内存池中的交易，因此也需要一定的时间，假设为 0.1 秒。而 H 高度的区块得到验证之前，矿池并不知道 H 高度的区块中包含哪些交易，如果矿池在构建 $H+1$ 高度的区块时填充的交易与 H 高度区块中的交易有重合，则 $H+1$ 高度的区块为非法区块。

理论上，只有 H 高度的区块在区块链网络中得到验证时，才能确认 H 高度区块中包含的交易是合法的，此时再开始 $H+1$ 高度区块的挖矿才不会导致 $H+1$ 高度的区块非法。然而，由于以上延时，如果在 H 高度区块验证之后再开始 $H+1$ 高度的区块挖矿，矿池需要等待 $0.5+10+0.1=10.6$ 秒的时间之后才能开始挖矿，从而造成能源的大量浪费。为了解决这个问题，矿池往往在获得 H 高度的区块头时，便开始构建 $H+1$ 高度的新区块，由于此时无法确认 H 高度区块以及里面所包含的交易是否合法，所以矿池选择在构建 $H+1$ 高度的新区块时只填充 coinbase 交易，而不填充内存池中的交易，以避免 $H+1$ 高度区块非法，这样就可以将 10.6 秒的等待时间缩短到不到 0.5 秒。如果在收到 H 高度区块完整的区块体和 H 高度区块得到验证的这 10.6 秒之内，矿池没有挖矿成功，则在 10.6 秒时放弃之前的工作，重新组装 $H+1$ 区块的区块体并填充交易，之后再重新开始挖矿。反之，如果在这 10.6 秒之内，矿池挖矿成功，则 $H+1$ 高度的区块为空块。

矿池挖空块的原因是他们无法在 H 高度区块得到确认之前获得其包含的交易信息，因此，解决挖空块的思路就是提前获得这些交易信息。目前，BTC 和 BCH 网络中通常采用布隆过滤器和致密区块（Compact block，由 Core dev 开发）或瘦区块（Xthin block，由 unlimited dev 开发）技术来解决这个问题，其原理是首先利用布隆过滤器来标记 H 高度区块中所包含的交易，给这些交易都打一个标识。矿池通过这个标记就可以知道 H 高度区块中包含的所有交易，如果某些交易没有在矿池的内存池中，矿池就会向附近的其他节点索要，直到自己的内存池中包含所有的这些交易。有了这些交易之后，矿池就不需要去网络上下载 H 高度的区块了，而是可以利用这些交易在本地构建 H 高度的区块，即 Compact block 和 Xthin block 的过程。通过这两个技术可以将网络延迟时间的 0.5 秒进行压缩，但缺点是对验证 H 高度区块所需的 10 秒时间无法进行压缩，因此无法真正解决挖空块的问题。

要想彻底解决挖空块的问题，矿池需要找到一些不可能在 H 高度块中包含的交易。为此，矿池可以和交易所合作，将用户在交易所发起的提现交易进行打包，然而，由于挖空块的概率较低,这种方式会大大提高交易所用户提现交易确认的时间,从而降低交易所的用户体验。此外,还有一类交易,即交易所给矿池提交的保密交易,这些交易往往只是一些零散的 UTXO 拼凑成大 UTXO 的交易,对确认时间没有要求,因此矿池可以将这些交易进行打包,从而解决挖空块的问题[1]。

5.2.7　ASICBoost

ASICBoost 最早出现在 2017 年 4 月 Blockstream 公司 CTO 兼 Bitcoin Core 贡献开发者格雷戈·马克思威尔(Greg Maxwell)在比特币开发邮件列表中发布的一份邮件中,邮件中提到:一家未透露名字的比特币挖矿硬件制造商正在利用一个比特币 PoW 实施中的漏洞来获得比其他矿工高出 30% 的挖矿效率优势,该邮件当时在社区中引起巨大的轰动[2]。

邮件中所提到的漏洞是指由于 PoW 共识机制与 SHA256 算法中 Merkle Root 的设计缺陷,采用 ASIC 矿机进行挖矿时可以通过精简计算来提升 SHA256 的计算效率。针对该漏洞,前 CoinTerra 的 CTO 蒂姆·汉克(Tim Hanke)和 Rootstock 首席科学家塞尔吉奥·达米安·勒纳(Sergio Damián Lerner)开发了 ASICBoost 来进行挖矿,以提升挖矿效率,并申请了专利。该专利在 2015 年 5 月被公开。

ASICBoost 挖矿是一种利用比特币 PoW 算法漏洞来提升挖矿效率的方法,使用该算法的矿工可以利用一个输入过程中的算力去执行另一个输入过程,并可以降低哈希计算的功耗,从而提升大约 20% 的挖矿速度[3]。在 ASICBoost 算法中,相同类型的运算会分配给相同的矿机,这样每个矿机就可以专注于同一类型的运算,从而使得在单次运算上需要消耗掉的功耗降低。

由于 ASICBoost 挖矿被申请了专利,因此只有专利拥有者才能采用该技术进行挖矿,从而使专利拥有者在挖矿中占据有利地位,然而这却破坏了挖矿的公平性。为了阻止 ASICBoost 被滥用,比特币核心开发者提出基于 Segwit(隔离见证)的解决方法。然而,ASICBoost Block Explorer 显示,蚂蚁矿池已经启用 ASICBoost 算法,其挖掘出来的第 540032 号区块就是使用该算法挖出的。因此,采用 Segwit 来阻止 ASICBoost 并不一定有效[4]。

---

[1]　https://www.8btc.com/article/290529
[2]　https://www.baidu.com/link?url=Pask5FrCPHg_0m2V_FETDOkiAIPjek1LB2JpwK_PmRTGe88bHEe4LJ-OBfaYinl7f&wd=&eqid=caf70a5f00045c39000000035c498a1e
[3]　https://baijiahao.baidu.com/s?id=1610858519350563578&wfr=spider&for=pc
[4]　https://baijiahao.baidu.com/s?id=1615211209877389699&wfr=spider&for=pc

第6章

智能合约

智能合约由区块链技术赋能,是区块链生态体系中最为重要的技术要素,具有非常广泛的应用前景。本章将概述智能合约的基本概念,介绍若干典型的智能合约开发平台,探讨智能合约的基础架构模型及核心要素,最后给出智能合约面临的技术挑战、研发进展及适合的应用场景。

6.1 概念与定义

智能合约的概念最早于 1994 年由美国计算机科学家尼克·萨博(Nick Szabo)提出,并定义为"一套以数字形式指定的承诺,包括合约参与方可以在上面执行这些承诺的协议"[①]。其设计初衷是在无须第三方可信权威的情况下,智能合约可以作为执行合约条款的计算机交易协议,嵌入某些由数字形式控制的、具有价值的物理实体,担任合约各方共同信任的代理,高效、安全地履行合约并创建多种智能资产。例如,自动贩卖机、自动刷卡机、电子数据交换(Electronic Data Interchange,EDI)市场等都可看作是智能合约的雏形。囿于当时计算场景的限制,智能合约在很长一段时间内并没有得到广泛的应用。直到 2008 年,中本聪提出了比特币这种无需信任即可进行电子交易的加密货币系统,人们发现其底层的区块链技术与智能合约天然契合:区块链可借助智能合约的可编程性来控制分布式节点的复杂行为;智能合约则可借助区块链的去中心化基础架构在去信任、可执行环境中有效实现。自此,智能合约重焕新生,区块链逐渐成为智能合约最主要的计算场景与载体,智能合约也被赋予了新的涵义。

目前,行业内尚未形成公认的智能合约定义。我们认为:狭义的智能合约可以看作是运行在分布式账本上,预置规则、具有状态、条件响应的,可封装、验证、执行分布式节点复杂行为,完成信息交换、价值转移和资产管理的计算机程序。广义的智能合约则是无须中介、自我验证、自动执行合约条款的计算机交易协议,可按照其设计目的分为:旨在作为法律的

---

① Szabo N. Smart contracts. http://www.fon.hum.uva.nl/rob/Courses/InformationInSpeech/CDROM/Literature/LOTwinterschool2006/szabo.best.vwh.net/smart.contracts.html

替代和补充的智能法律合约,旨在作为功能型软件的智能软件合约,和旨在引入新型合约关系的智能替代合约(如在物联网中约定机器对机器商业行为的智能合约)。本章主要介绍狭义的、运行在区块链上的智能合约,它们具有区块链数据去中心化、去信任、不可篡改、匿名可溯源等一般特点[①]。

基于非图灵完备字节码语言 OP-RETURN 的比特币脚本是最早应用于区块链的智能合约雏形。由于 OP-RETURN 的计算能力非常有限,不支持循环语句,只能实现基本的算术、逻辑运算及验证加密功能,因此早期的智能合约通常无法具有复杂逻辑。以太坊是首个内置了图灵完备编程语言,并正式引入智能合约概念的公有区块链,也是目前最受欢迎的智能合约开发平台之一。以太坊的核心是可执行任意复杂算法编码的以太坊虚拟机(Ethereum Virtual Machine,EVM),所有部署在以太坊上的智能合约都将被编译成 EVM 代码,在矿工本地隔离的 EVM 中执行。用户可以按照自身意愿在以太坊平台上高效快速地开发出包括加密货币在内的多种智能合约,以及建立在智能合约上的去中心化应用(Decentralized Applications,DApps)。以太坊的出现改变了区块链及智能合约的应用格局,使其不再局限于数字货币,开始有机会构建更宏观的经济、金融系统并应用到其他社会领域。

尽管近年来智能合约发展迅猛,其仍面临着许多不可忽视的挑战。以众所周知的"The DAO"事件为例,2016 年 6 月,攻击者就通过调用众筹项目"The DAO"中智能合约的可重入性函数窃取了价值约 6000 万美元的以太币。由于区块链上智能合约不可篡改的特性,以太坊最终被迫执行硬分叉挽回损失,而又因其匿名性,攻击者目前仍逍遥法外。除类似的安全漏洞外,智能合约还存在缺乏可信数据源、隐私问题、性能问题和法律问题等其他挑战亟待解决。

智能合约的产业应用正如火如荼地展开。本章致力于以区块链上的智能合约为研究对象,对已有的研究成果和产业现状进行全面的梳理,介绍智能合约基础架构模型并以此为基础,概述智能合约的运行机制、研究挑战及进展、应用领域和发展趋势等,以期为智能合约的后续研究和产业应用提供参考。

6.2 智能合约开发平台

6.2.1 比特币脚本

比特币交易脚本语言可简称为脚本(Script),是一种类 Forth 逆波兰表达式的、基于堆栈、无状态、非图灵完备的执行语言。比特币脚本语言由许多操作码(opcode)构成。按照功能不同,操作码可分为栈操作、算术操作、密码学操作、有条件的流控制等。

以下是几种常见的操作码。

(1) OP_DUP:复制栈顶元素,压入栈中。

(2) OP_ADD:弹出栈顶元素和次栈顶元素,相加后压入栈中。

---

① Stark J. Making sense of blockchain smart contracts. https://www.coindesk.com/making-sense-smart-contracts/

(3) OP_SHA256：弹出栈顶元素，进行 SHA256 运算，结果压入栈中。

(4) OP_CHECKSIG：弹出公钥和签名，验证两者是否匹配，若匹配成功，则返回 TRUE。

(5) OP_IF：如果栈顶元素不为 0，则执行语句。

除了有条件的流控制以外，比特币脚本被故意设计成没有循环、没有条件跳转及其他复杂流控制能力，从而保证了脚本语言的非图灵完备性（即有限的复杂性和可预见的执行次数）。这种设计的优势在于脚本语言不会被用于创造无限循环或其他类型的"逻辑炸弹"，并由此引发针对比特币网络的"拒绝服务"（Denial of Service，DoS）攻击。

非图灵完备的脚本语言虽然在一定程度上保障了比特币交易的安全性，却也将其应用场景局限在数字货币领域。然而，即便如此，比特币脚本仍可视作是智能合约的雏形。例如，操作码 OP_CHECKMULTISIG 实现了 M-of-N 多重签名交易，即一笔交易的解锁条件是指定的 N 个公钥中至少得到 M 个私钥签名验证（$M \leqslant N$）。此外，时间锁（Timelock）操作码可以令交易输出锁定到未来某个时间后才可以被花费。它们均可视作智能合约的早期应用。

6.2.2 以太坊平台

以太坊[①]（Ethereum）是 2015 年由维塔利克·布特林（Vitalik Buterin）通过众筹融资推出的首个内置图灵完备编程语言的通用区块链协议和全球共享分布式应用平台。理论上，用户可以按照自己的意愿在以太坊平台上创建并执行任意复杂的操作，从而高效、快速地开发出包括加密货币在内的多种去中心化区块链应用。以太坊的出现为智能合约注入了新的活力，并改变了区块链技术的应用格局，使其不再局限于比特币等加密货币涉及的支付领域，而开始有机会应用到各方面。

以太坊的核心是可执行任意复杂算法编码的以太坊虚拟机（EVM），其合约代码是低级的基于堆栈的字节码语言，也被称为"以太坊虚拟机代码"或者"EVM 代码"。用户可以使用现有的如 C++、Go、Python、Java、Haskell 等高级语言，或者专为智能合约开发的"类 Java"语言 Solidity[②]、"类 Python"语言 Serpent 等编写智能合约，利用编译器转换为字节码后部署在以太坊区块链上，最后在以太坊虚拟机中执行。目前 Solidity 是最受欢迎、使用最广泛的智能合约开发语言。以太币（Ether）是以太坊的专用加密货币，与比特币致力于作为价值储备和支付选择的目标不同，以太币主要用于奖励去中心化网络的资源贡献者，以激励全球算力的投入和支付智能合约所需的计算资源，从而合理分配使用权、避免系统因恶意程序走向失控。

以太坊的发展路线可分成 Frontier（前沿）、Homestead（家园）、Metropolis（大都会）和 Serenity（宁静）四个阶段。目前，以太坊处于第三阶段——Metropolis 的 Byzantium（拜占庭）版本。以太坊在 Frontier 阶段引入了使加密货币挖矿变得更加困难的难度炸弹协议（Difficulty Bomb），以实现在 Serenity 阶段将共识算法从 PoW 切换至 PoS 的目的。作为引领区块链 2.0 模式的区块链项目，以太坊致力于构建去中心化、无中心化所有权、高容错、零

[①] Ethereum. https://ethereum.org/
[②] Solidity v0.5.2. https://solidity.readthedocs.io/en/v0.5.2/

停机、抗干扰、防篡改、可执行点对点智能合约的全球共享基础设施——"世界计算机"。以太坊区块链数据库由众多连接到网络的节点共同维护和更新,每个网络节点都运行着以太坊虚拟机并执行相同的指令,任何人可以上传、执行和共享以太坊上的程序(智能合约)及数据,全球成千上万计算机组成的鲁棒性极强、去中心化的共识网络和其他区块链密码学和经济刺激手段保证计算安全性和程序有效执行,最终实现去中心化互联网,将区块链技术所具有的去中心化、开放、安全等特点,引入到所有能被计算的领域。

目前,以太坊已成为全球最大和最完善的共享分布式应用平台之一。这其中既有其优于比特币的特性带来的竞争红利,也有包括摩根大通、微软在内的大型企业组成的以太坊企业联盟(Enterprise Ethereum Alliance,EEA)带来的正面效果。但是,随着2018年虚拟猫(Crypto-Kitties)上线造成的网络拥堵,以太坊的缺陷也更明显地暴露出来,是否能改进系统交易速度与容量问题,将直接决定以太坊后续能走多远。目前,已经有多个区块链团队推出所谓的以太坊改良升级版产品,性能是否更佳有待时间的检验。

6.2.3 超级账本 Fabric

超级账本(Hyperledger)项目中的Fabric最早是由IBM牵头发起的致力于打造区块链技术开源规范和标准的联盟链,2015年底成为开源项目并移交给Linux基金会维护。不同于比特币和以太坊等全球共享的公有链,超级账本只允许获得许可的商业联盟组织参与、共享和维护,由于这些商业组织之间本身就有一定的信任基础,超级账本被认为并非是完全去中心化的。

超级账本使用模块化的架构体系,开发者可按需求在平台上自由组合可插拔的身份认证管理、共识机制、加密算法等组件,从而突破了网络处理瓶颈,极大提高了可扩展性,满足商业级的业务需求。超级账本中的智能合约称为链码(Chaincode),被用来操作账本,可以认为是上层应用与底层区块链平台交互的媒介。当调用一笔交易时,实际上是在调用链码中的一个函数方法以实现业务逻辑,从而完成对分布式账本的读写操作。联盟链由多个组织的Peer节点共同构成,每个组织成员都拥有代表其自身利益的一个或多个Peer节点。Peer节点是链码及分布式账本的宿主,可在Docker容器中执行链码,实现对分布式账本键—值对(Key-Value Pairs)数据库或其他状态数据库的读/写操作,从而更新和维护账本。

相对于公有链,以超级账本为代表的联盟链强调同业或跨行业间的机构或组织之间的价值与协同关联性,并在性能、容量、隐私、隔离性、可扩展性上拥有优势,是区块链未来重要的发展方向。

6.2.4 其他智能合约开发平台

EOS[①](Enterprise Operation System,企业操作系统)是为商用去中心化应用(DApp)开发的区块链操作系统平台。它可以为各式各样的智能合约提供技术支持和开发环境。类似于Windows平台,EOS通过创建一个对开发者友好的区块链底层平台,支持多个应用同时运行,并为开发DApp提供底层模板。此外,利用并行链以及委托权益证明

---

① EOS. https://eos.io/

(DPoS)共识机制,EOS部分解决了交易延迟和数据吞吐量问题,目前已支持每秒上千级别的交易规模。

在EOS平台上,智能合约采用的是WebAssembly(wasm)格式的字节码,其可由C++、Rust、Python等高级编程语言编译生成(当前仅支持C++,其他语言的支持还在开发中)。编写完合约代码后,通过EOSIO软件中提供的eosiocpp工具将C++代码编译生成wasm文件和ABI文件,再利用cleos工具便可将合约部署上链,即存储到特定区块中。在满足条件或被调用时,节点就会执行合约,并将执行结果更新到区块中。目前除了支持转账合约,EOS还支持CPU与带宽抵押、RAM人机交易市场、投票等智能合约。

EOS智能合约与以太坊智能合约的差别主要体现在如下几个方面。

1. 名称不同

以太坊中的智能合约地址不同。EOS的合约名即账户名,在部署一个合约时就已经绑定了某一账户。

2. 升级方式不同

以太坊智能合约不可直接升级,一旦部署上链,原始合约代码便不可更改。而EOS的智能合约和账户绑定后,账户可直接升级合约代码,即向链上重新上传代码。

3. 资源消耗不同

以太坊智能合约的执行需要消耗手续费(Gas),Gas不足就不会继续执行,之前的操作会被回滚,而且已消耗Gas也不退还。执行EOS智能合约则无须手续费,在其上开发DApp所需要的网络带宽和计算资源是按照开发者所拥有的EOS的比例分配的。

NEO[1]是一个非盈利的社区化的区块链项目。它是采用区块链技术和数字身份进行资产数字化,利用智能合约对数字资产进行自动化管理,进而实现"智能经济"的一种分布式网络。NEO在底层支持多数字资产,用户可在NEO上自行注册登记资产,自由交易和流转,并且通过数字身份解决与实体资产的映射关系。从性能角度来看,NEO采用了轻量级虚拟机NeoVM(NEO Virtual Machine)作为其智能合约的执行环境,其启动速度快、占用资源小,适合像智能合约这样短小的程序。NEO虚拟机的指令集中内建提供了一系列的密码学指令,以优化智能合约中用到密码学算法时的执行效率。此外,数据操作指令可直接对数组及复杂数据结构提供支持。这些都会提升NEO智能合约的运行性能。目前,NEO支持的去中心化应用包括智能基金、AI辅助的法律智能合约、预测市场以及广告市场等。

除了上述平台外,其他较为知名的智能合约开发平台还包括Stellar[2]、Neblio[3]、Qtum[4]、Ubiq[5]等。限于篇幅,本节不再一一赘述。

---

[1] NEO. https://neo.org/
[2] Stellar. https://www.stellar.org/
[3] Neblio. https://nebl.io/
[4] Qtum. https://qtum.org/zh
[5] Ubiq. https://ubiqsmart.com/

6.3 智能合约模型

6.3.1 智能合约的运行机制

智能合约的运行机制如图 6-1 所示,智能合约一般具有值和状态两个属性,代码中预置了合约条款的相应触发场景和响应规则,智能合约经多方共同协定、各自签署后随用户发起的交易提交,经 P2P 网络传播,矿工验证后存储在区块链特定区块中,用户得到返回的合约地址及合约接口等信息后即可通过发起交易来调用合约。矿工受系统预设的激励机制激励,将贡献自身算力来验证交易,矿工收到合约创建或调用交易后在本地沙箱执行环境(如以太坊虚拟机)中创建合约或执行合约代码,合约代码根据可信外部数据源(也称为预言机,Oracle)和世界状态的检查信息,自动判断当前所处场景是否满足合约触发条件,以严格执行响应规则并更新世界状态。交易验证有效后被打包进新的数据区块,新区块经共识算法认证后链接到区块链主链,所有更新生效。

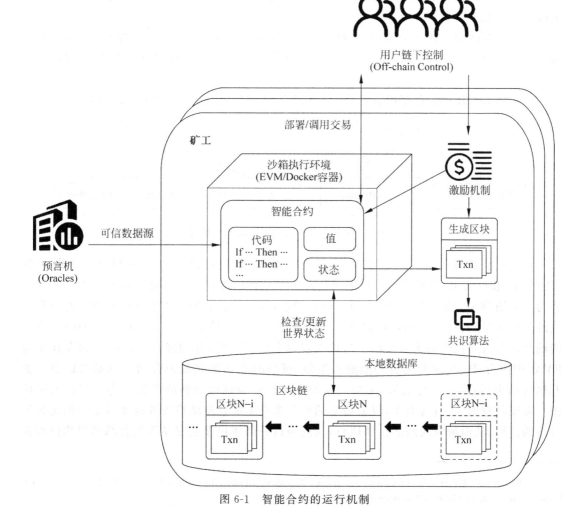

图 6-1 智能合约的运行机制

由于区块链种类及运行机制的差异,不同平台上智能合约的运行机制也有所不同,以太坊和超级账本是目前应用最广泛的两种智能合约开发平台,它们的智能合约运行机制最具代表性,以下将以这两种平台为例,阐述智能合约的运行机制。

1. 以太坊

以太坊在整体上可看作是一个基于交易的状态机:起始于一个创世(Genesis)状态,然后随着交易的执行,状态逐步改变一直到最终状态,这个最终状态就是以太坊世界的权威版本。以太坊中引入了账户的概念以取代比特币 UTXO 模型,账户分为外部账户(Externally Owned Account,EOA)和合约账户(Contract Account,CA)两类,两类账户都具有与之关联的账户状态和账户地址,都可以存储以太坊专用加密货币(以太币),区别在于外部账户由用户私钥控制,没有代码与之关联;合约账户则由合约代码控制,有代码与之关联。外部账户和合约账户的账户状态如图 6-2 所示。

两类账户的账户状态都包含以下四个字段[①]。

(1) Nonce:随机数,即账户发出的交易数及创建的合约数量之和。

(2) Balance:余额,即账户拥有的以太币数量,单位为 Wei,是以太币的最小单位。一个以太币 Ether 等于 10^{18} 个 Wei。

(3) CodeHash:代码哈希,与账户关联的 EVM 代码的哈希值,外部账户的 CodeHash 为一个空字符串的哈希,创建后不可更改。状态数据库中包含所有代码片段哈希,以便后续使用。

(4) StorageRoot:存储根节点,账户内容的 Merkle Patricia 树根节点的哈希编码。

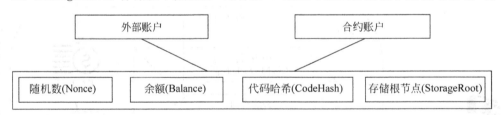

图 6-2 外部账户和合约账户的账户状态

用户只能通过外部账户在以太坊中发起交易,交易可以包含二进制交易负载数据(Payload)和以太币,交易执行过程中可能产生一系列消息调用。当交易或消息调用的接收者为以太坊指定空集∅时,创建合约。新合约账户地址由合约创建者的地址和该地址发出过的交易数量 Nonce 计算得到,创建合约交易的 Payload 被编译为 EVM 字节码执行,执行的输出作为合约代码被永久存储。当接收者为合约账户时,合约账户内代码被激发在本地 EVM 中执行,Payload 作为合约的输入参数,可信的外部数据源为合约提供必要信息。所有执行结束后,返回执行结果,完整交易经矿工广播验证后和新的世界状态一起存入区块链。需要注意的是,目前为止,以太坊上的合约账户不能自发地检查外部条件是否满足预先设置的情形,从而触发代码的自动执行,只能通过外部账户发起交易激发合约账户执行检查

---

① Ethereum:A Secure Decentralised Generalised Transaction Ledger Byzantium Version 69351d5 - 2018-12-10. https://ethereum.github.io/yellowpaper/paper.pdf

操作。作为替代的是,可以调用 Ethereum Alarm Clock 合约[①]间接实现预定一段时间后的合约执行条件检查。

考虑到以太坊交易伴随带宽消耗、存储消耗、计算消耗等,为了激励全球算力的投入和合理分配使用权,避免系统因恶意程序走向失控,以太坊中所有程序的执行都需要支付费用。各种操作费用以 Gas 为单位计算,任意的程序片段都可以根据规则计算出消耗的燃料数量,每一笔交易都有燃料上限(GasLimit),交易发送者发送交易时会指定燃料上限和燃料价格(GasPrice),执行交易前这些指定的燃料费用将从交易发送者账户余额中扣除,扣除额度=GasLimit×GasPrice,交易完成后,剩余的燃料以购买时的价格退回到交易发送者账户,未退回的费用作为挖出包含此交易区块的矿工的奖励。若交易执行过程中发生燃料不足(Out-Of-Gas,OOG)、堆栈溢出、无效指令等异常而中止,交易将成为无效交易,已消耗 Gas 不会退回,仍作为矿工贡献计算资源的奖励。

燃料价格相当于以太币和 Gas 之间的汇率,可以由交易者任意设定,高价格的燃料将花费交易发送者更多的以太币,并奖励矿工更多的以太币,因此这个交易会被更多的矿工选择。通常,矿工会通知他们执行交易最低燃料价格,交易发送者们会选择一个高过燃料价格下限的价格,从而产生一个(加权的)最低可接受燃料价格分布。GasPrice 只能在交易中由原始交易发送者设置,消息调用中没有 GasPrice 字段,一个交易引发一系列"消息调用"时,原始交易发起者需支付所有执行费用,交易和消息调用都可以限制消耗 Gas 的数量,不同的是,消息调用时若消息发送者限制了 Gas 消耗的子执行,出现 OOG 异常,只回滚该子执行的操作,父执行没必要回滚。

2. 超级账本

如图 6-3 所示,超级账本 Fabric 的运行过程包含三个阶段。

1)提议(Proposal)

应用程序(Application)利用 SDK(Software Development Kit,软件开发工具包)构造交易提案(Proposal),所谓交易提案是一个调用智能合约功能函数的请求,用来确认哪些数据可以读取或写入账本。提案被发送给背书策略所指定的背书节点集合(Endorsing Peers Set)作签名背书。收到交易提案后,每个背书节点(Endorser)将提案中的参数作为输入,在当前状态键—值对数据库上模拟执行交易,然后将读/写操作集合、节点签名以及背书结果等返回给应用程序。当应用程序收集到足够数量的背书节点响应后,提议阶段结束(此阶段不会更新账本)。

2)打包(Packaging)

应用程序验证背书节点的签名,并比较各节点返回的背书结果是否一致。若一致,则将交易提交给排序节点(Orderer)。排序节点对收到的交易进行共识排序,分批打包成数据区块后将数据区块广播给所有与之相连接的 Peer 节点。

3)验证(Validation)

与排序节点相连接的 Peer 节点逐一验证数据区块中的交易,确保交易严格依照事先确定的背书策略由所有对应的组织签名背书。验证通过后,所有 Peer 节点将新的数据区块添

---

① Ethereum Alarm Clock. https://www.ethereum-alarm-clock.com/

加至当前区块链的末端,更新账本。需要注意的是,验证阶段不需要运行链码,链码仅在提议阶段运行。

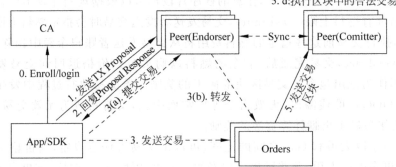

图 6-3 超级账本的交易处理流程

以太坊与超级账本的差别体现在如下几个方面。首先,在超级账本协议中,没有加密货币或者燃料(如以太坊 Gas)的概念。其次,超级账本中的链码仅仅定义了一组资产,资产以键—值对的形式呈现,并且提供了对资产进行操作以及改变状态的函数。最后,对于合约代码执行,以太坊的合约被包含在一笔交易中,通过 P2P 网络进行传播,任意矿工接收到交易后在本地虚拟机中执行。然而,超级账本中的 peer 节点则是链码的宿主,一旦外部应用创建一笔交易,该交易仅被预先指定的节点(背书节点)执行。在接收到应用程序的交易请求后,每个背书节点都会在 Docker 容器中独立地执行交易所指定的链码中的函数。

6.3.2 智能合约的架构模型

本节将结合区块链上智能合约的设计流程、应用现状及发展趋势,归纳智能合约生命周期并提出智能合约基础模型。该模型一方面囊括智能合约全生命周期中的关键技术,另一方面对智能合约技术体系中的关键要素进行划分,体现智能合约核心的发展趋势,为智能合约体系的建立与完善提供参考,奠定基础。

智能合约的生命周期根据其运行机制可概括为协商、开发、部署、运维、学习和自毁共计六个阶段,其中开发阶段包括合约上链前的合约测试,学习阶段包括智能合约的运行反馈与合约更新等。智能合约的基础架构模型如图 6-4 所示,模型自底向上由基础设施层、合约层、运维层、智能层、表现层和应用层组成[26]。

以下将分层进行阐述。

1. 基础设施层

封装了支持智能合约及其衍生应用实现的所有基础设施,包括分布式账本及其关键技术、开发环境和可信数据源等,这些基础设施的选择将在一定程度上影响智能合约的设计模

图 6-4 智能合约基础架构模型

式和合约属性。

1）分布式账本及其关键技术

智能合约的执行与交互需要依靠共识算法、激励机制及 P2P 通信网络等关键技术实现，最终执行结果将记入由全体节点共同维护的分布式数据账本。不同的共识算法和激励机制将影响智能合约的设计模式、执行效率和安全性能。以激励机制为例，以太坊中智能合约的开发需要额外考虑燃料消耗问题，设计合约时需避免出现燃料耗尽异常（Out Of Gas，OOG）和死代码、无用描述、昂贵循环等高耗燃操作。

2）开发环境

狭义的智能合约可看作是运行在区块链上的计算机程序，作为计算机程序，智能合约的开发、部署和调用将涉及包括编程语言、集成开发环境（Integrated Development Environment，IDE）、开发框架、客户端和钱包在内的多种专用开发工具。以钱包为例，除作为存储加密货币的电子钱包外，通常还承担启动节点，部署合约、调用合约等功能。

3）预言机

为保证区块链网络的安全，智能合约一般运行在完全隔离的虚拟机中（如以太坊的 EVM 及超级账本的 Docker 容器等），除交易的附加数据外，预言机可提供可信外部数据源，供合约查询外部世界的世界状态或触发合约执行。同时，为保持分布式节点的合约执行结果一致，智能合约也通过查询预言机实现随机性。

2. 合约层

封装了静态的合约数据,包括各方达成一致的合约条款,合约条款代码化后的情景—应对型规则,和创建者指定的合约与外界及合约与合约之间的交互准则等。合约层可看作是智能合约的"静态"数据库,封装了所有智能合约调用、执行和通信规则。

以智能合约从协商、开发到部署的生命周期为顺序,合约各方将首先就合约内容进行协商,合约内容可以是法律条文、商业逻辑和意向协定等。此时的智能合约类似于传统合约,立契者无须具有专门的技术背景,只需根据法学、商学、经济学知识对合约内容进行谈判与博弈,探讨合约的法律效力和经济效益等合约属性。随后,专业的计算机从业者利用算法设计、代码编写等软件工程技术将以自然语言描述的合约内容代码化为区块链上可运行的"If-Then"式情景—应对型规则,并按照平台特性和立契者意愿补充必要的智能合约与用户、智能合约与智能合约间的访问权限与通信方式等。

3. 运维层

封装了一系列合约层中静态合约数据的"动态"操作,包括机制设计、形式化验证、安全性检查、维护更新、自毁等。智能合约的应用通常关乎真实世界的经济利益,因此恶意的、错误的、有漏洞的智能合约通常会带来巨大的经济损失。运维层是保证智能合约能够按照设计者意愿正确、安全、高效运行的关键。

以智能合约从协商到自毁的全生命周期为序,机制设计利用信息和激励理论帮助合约高效实现其功能。形式化验证与安全性检查在合约正式部署上链前以严格的数学方法证明合约代码的正确性和安全性,保证合约代码完全按照创建者的本意执行。维护更新操作在合约部署上链后维护合约正常运行并在合约功能难以满足需求或合约出现可修复漏洞等必要时升级合约。最后,当智能合约生命周期结束或出现不可修复的高危漏洞时,合约可以进行自毁操作以保障网络安全。需要注意的是,合约的更新与自毁将仅体现在新区块的区块数据中,历史区块链数据始终不可篡改。

4. 智能层

封装了各类智能算法,包括感知、推理、学习、决策和社交等,致力于为前三层构建的、可完全按照创建者意愿在区块链系统中安全高效、公平自治执行的智能合约增添"真正的"智能性。需要指出的是,一般认为当前的智能合约并不具备智能性,只能按照预置的规则执行相应的动作。但是,未来的智能合约应该不仅可以按照预定义的"If-Then"式语句自动执行,更可以具备未知场景下"What-If"式智能推演、计算实验,以及自主决策等功能,这是智能合约发展的必然趋势之一[27-29]。

运行在区块链上的各类智能合约可看作是用户的软件代理(Software Agent,或称软件机器人),由于计算机程序具有强大的可操作性,随着认知计算、强化学习、生成式对抗网络(Generative Adversarial Network,GAN)等人工智能技术的发展,这些软件代理将逐渐具备智能性:一方面,代理个体将从基础的感知、推理和学习出发逐步实现任务选择、优先级排序、目标导向行为(Goal-Directed Behaviors)、自主决策等功能;另一方面,代理群体将通过彼此间的交互通信、协调合作、冲突消解等具备一定的社交性。这些自治软件代理在智能层的学习、协作结果也将反馈到合约层和运维层，优化合约设计和运维方案，最终实现自主自治的多代理系统，从"自动化"合约转变为真正的"智能"合约。

5. 表现层

封装了智能合约在实际应用中的各类具体表现形式，按照自底向上的组织形式与顺序，包括去中心化应用（Decentralized Application，DApp）、去中心化自治组织（Decentralized Autonomous Organization，DAO）、去中心化自治企业（Decentralized Autonomous Corporation，DAC）和去中心化自治社会（Decentralized Autonomous Society，DAS）等。

区块链是具有普适性的去中心化技术架构，可封装节点复杂行为的智能合约，相当于区块链的应用接口，帮助区块链的分布式架构植入不同场景。通过将核心的法律条文、商业逻辑和意向协定存储在智能合约中，可产生各种各样的去中心化应用（DApp），而利用前四层构建的多代理系统，又可逐步演化出各类去中心化自治组织（DAO）、去中心化自治企业（DAC）和去中心化自治社会（DAS），这些表现形式有望改进传统的商业模式和社会生产关系，为可编程社会奠定基础，并最终促成分布式人工智能的实现。以 DAO 为例，只需将组织的管理规则以智能合约的形式预先编码在区块链上，即可实现组织在无中心或权威控制干预下的自主运行。同时，由于 DAO 中的成员可以通过购买股份、代币（Token），或提供服务的形式成为股东并分享收益，DAO 被认为是一种对传统"自顶向下"式层级管理的颠覆性变革，可有效降低组织的运营成本，减少管理摩擦，提高决策民主化。

6. 应用层

封装了智能合约及其表现形式的具体应用领域。理论上，区块链及智能合约可应用于各行各业，金融、物联网、医疗、供应链等均是其典型应用领域。我们将在 6.6 节详细讨论。

需要特别指出的是，由于智能合约的研究和应用尚处于早期阶段，此处提出的智能合约架构模型只是一个理想模型。模型中部分要素（特别是智能层中自主自治的多代理智能体等）仍在探索之中，尚未完全实现。但考虑到他们是智能合约未来重要的发展方向，这里仍将其纳入模型中，以提供一定的前瞻性。

6.4 智能合约的若干核心要素

6.4.1 预言机

鉴于安全性，智能合约通常运行在封闭的沙盒环境中（如以太坊虚拟机 EVM），这使得智能合约仅能存取访问链内信息，无法获取链外数据。这就相当于在区块链与外部世界之间隔了一堵高墙，大大降低了区块链与智能合约的实用性。预言机（Oracle）的引入，就是为智能合约提供可信的链外信息和数据，以验证触发智能合约所需的条件。例如，航空延误保险智能合约中航班的真实延误时间，棋牌彩票智能合约中发牌的随机数，国际贸易智能合约中开航时间及到港时间，以及预测市场智能合约中待预测事件的最终结果等，均为预言机可提供的外部数据源，用以触发相应智能合约的逻辑判断。因此，预言机提供了智能合约在合约条款得到满足时运行的必要条件，在区块链与外部世界之间建立了一道可信的数据网关，跨越了真实世界与区块链数字空间之间的数据鸿沟。

几乎所有的智能合约都离不开预言机的可信数据输入,输入数据决定了智能合约的执行结果。只有预言机的输入数据确定了,区块链上不同节点在执行具有相同输入数据的智能合约后,才会产生一致的结果。但是由于网络延迟等,有时每个节点接收到的外部数据并不相同(例如实时股票价格)。在这种情况下,节点无法就合约执行结果达成共识,整个区块链的信任基础就会崩塌。因此,通常是由预言机作为可信第三方签署并发送一笔区块链交易,在交易中附加合约执行所需要的外部数据。该交易会将数据嵌入区块,并同步到每个节点,从而保证外部输入数据的完全一致。预言机一般以智能合约的方式运行。例如,Oraclize[①]为用户提供了一个名为 usingOraclize 的预言机智能合约,如果用户需要其数据访问服务,只需在自己编写的智能合约中引用该智能合约,然后根据其 API 文档中描述的方法进行相关的调用即可。

预言机需具备准确权威、不可篡改、服务稳定、可审计等特性,并具有奖惩机制以保证其可靠运行。一般可将预言机分为单一模型预言机、多重模型预言机及硬件预言机等。

1. 单一模型预言机

单一模型预言机是一个可信第三方服务,其作用是在智能合约与 Web API 之间提供可靠连接,让智能合约可信地获得外部信息和数据。前文所述的 Oraclize 是目前最为流行的单一模型预言机,每天会处理来自 Ethereum、Rootstock、R3 Corda、Hyperledger Fabric,以及 EOS 等主流智能合约平台的数千笔数据请求,如资产价格、天气信息以及随机数生成等。本节以其为代表介绍该类预言机的运行机制。

如图 6-5 所示,Oraclize 从原始数据源提取信息,将其作为智能合约的输入数据。原始数据源可以是诸如 Reuters、Weather.com、BBC.com 之类的网站或 Web API,也可以是运行在由硬件保障的可信执行环境中的安全应用,甚至可以是运行在云服务器上可审计的虚拟机实例。Oraclize 目前可以提供以下类型的原始数据源。

(1) URL:用来访问网页和 Web API。

(2) WolframAlpha:用于接入 WolframAlpha 计算引擎。

(3) IPFS:使用户可以访问存储在 IPFS 文件中的内容。

(4) Random:提供未被篡改的随机数,该随机数由运行在 Ledger Nano S 上的安全应用所提供。

(5) Computation:提供任意计算式的计算结果。

作为一个可信第三方服务,Oraclize 可以保证从上述原始数据源提取的数据是真实的,而且未被篡改过。这是通过在返回的数据中包含一个称为真实性证明(Authenticity Proof)的文档实现的。真实性证明可以利用不同的技术来实现。目前最常用的为 TLSNotary 证明,它主要基于安全传输层协议(Transport Layer Security,TLS)1.0 和 1.1。TLS 用于在两个通信应用程序之间提供保密性和数据完整性。该协议将 TLS master key 分为三部分,即服务器方(Server)、被审计方(Auditee)和审计方(Auditor)。在实际应用中,互联网原始数据源作为服务器方,Oraclize 作为被审计方,一个专门设计的、部署在亚马逊

[①] Oraclize. http://www.oraclize.it/#home

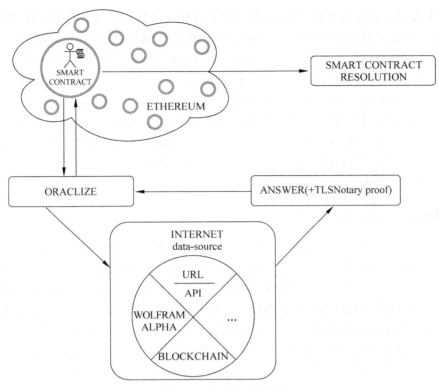

图 6-5 Oraclize 预言机

云上的开源实例作为审计方,任何人均可以通过审计方对 Oraclize 提供的历史数据进行审查和检验。除 TLSNotary 证明外,Oraclize 提供的真实性证明还包括 Android 证明、Ledger 证明等。如表 6-1 所示,不同的证明机制对应的服务费用也不同。当然,为了节省费用,用户也可以选择不需要附加数据的安全性证明。

表 6-1 Oraclize 数据真实性证明的服务费用

数 据 源	基础价格	证明类型			
		None	TLSNotary	Android	Ledger
URL	0.01 $	+0.0 $	+0.04 $	+0.04 $	N/A
WolframAlpha	0.03 $	+0.0 $	N/A	N/A	N/A
IPFS	0.01 $	+0.0 $	N/A	N/A	N/A
random	0.05 $	+0.0 $	N/A	N/A	+0.0 $
computation	0.50 $	+0.0 $	+0.04 $	+0.04 $	N/A

2. 多重模型预言机

相对于单一模型预言机,还有一类预言机称为多重模型预言机(或称共识预言机),代表性的有 Orisi、OracleChain[①]、天算(Delphy)[②] 等。该类预言机是去中心化的,多个实体均可

---

① OracleChain. https://oraclechain.io/
② 天算(Delphy). http://delphy.org/

以将外部数据独立地发送给智能合约,然后智能合约可以取这些数据的中位数(如果是二元数据,则统计得票数最高的结果)作为判断合约逻辑是否触发的依据。一般而言,参与的节点越多,预言机所提供数据的真实性也越高。因此,该类预言机成本较高,一般只适用于对输入数据可靠性要求较高的领域,例如金融、博彩等。

此外,多重模型预言机还面临女巫攻击(Sybil Attack)和共谋攻击(Collusion Attack)的风险,即攻击者通过控制多个实体节点来伪造输入数据,干扰最终结果。主要防范的方法:一是鼓励尽可能多的节点加入;二是让每个节点的权重尽量平均,防止某些节点权重过高;三是设计激励机制和惩罚措施,诸如参与节点需事先缴纳一定的风险金(Deposit),一旦发现作恶行为,则将风险金罚没。

3. 硬件预言机和预测市场平台

除了上述软件预言机外,还存在硬件预言机,其表现形式通常是物联网上的数据采集器。例如溯源系统中的传感器、交通卡刷卡设备、采集各种医疗数据的医疗设备等,都属于硬件预言机范畴。区块链技术在物联网领域的广泛应用未来将催生出大量的此类预言机。此外,真实世界的人也可以为智能合约提供可靠外部数据(如体育赛事的比赛结果、政治选举的结果等),典型应用为各类预测市场平台,如 Augur[①]、Gnosis[②]、Bodhi[③] 等。

总而言之,预言机作为数据传送者,为智能合约提供可信链外信息和数据,是连接现实世界与区块链世界的基础设施,在整个智能合约生态系统中扮演着重要角色。

6.4.2 DAO

DAO(Decentralized Autonomous Organization,去中心化自治组织)是去中心化应用(DApp)的一种高级表现形式。DAO 的概念最早发源于自组织系统。社会学家瓦尔特·鲍威尔(Walter W. Powell)曾指出,自组织是独立于层级与市场之外的第三种治理机制。其中,层级治理是等级结构、命令系统,是一种自上而下的权力,其运行需要耗费大量的管理成本;市场治理基于契约,虽自由但具有不确定性,是一种分散的权力,需要耗费交易成本;自组织治理则基于信任与协商,是一种自下而上的权力,通过自治的方式以及有效的激励,可以大大降低组织内部的信息获取成本、管理成本、协同成本与监督成本,最终实现社群的长期存续和有效治理。众包、众筹、众创等各类动态网群组织(Cyber Movement Organization,CMO)可以认为是社会自组织的演化形式,也是互联网时代的 DAO 的雏形。

智能合约的兴起,为 DAO 从设想转化为现实提供了可行途径。一般而言,DAO 以智能合约的形式将组织的运作和管理规则编码在区块链上,从而在没有第三方干预的情况下,依照预先设定的业务规则,以类似于公司运营的模式自主运行,因此称为"去中心化"和"自治"。DAO 的核心是协作和集体决策。在 DAO 中,任意个体均可对组织的运营发起提案,并由所有个体进行投票或集体决策以达成共识,最后根据每位参与者的贡献为其发放代币(Token)奖励。区块链则保障了组织信息传输和处理的网络化与安全性。

---

① Augur. https://www.augur.net/
② Gnosis. https://gnosis.pm/
③ Bodhi. https://www.bodhi.network/#home

DAO对传统组织管理带来的影响是革命性的。传统的组织管理架构为金字塔式,久而久之暴露出一系列问题,包括机构臃肿、责任界定不清、管理效率低下、信息传递不畅、权力集中在上层导致下层自主性小、创新潜能难以有效释放等。DAO将在很大程度上改善这一状况,这得益于其充分调动了每位参与个体的主动性与创造性,提高了决策民主化。此外,利用智能合约,各项规则、制度公开透明且可以被自动实施,有助于杜绝各类腐败、不当行为的产生。

通常情况下,DAO以开源软件的形式存在,每个人都可以通过购买该组织的股份权益,或者以提供服务的形式(如分享闲置硬盘/带宽资源、开发软件、寻找代码漏洞等)成为组织的参与者,并参与运营和收益分享。例如,"The DAO"是一个基于以太坊智能合约的去中心化风险投资基金,任何人都可以将以太币发送到一个特定的钱包地址,并以一定比例换取DAO代币。募集资金完成后,用户便可以项目的形式向该自治组织推广他们的想法,以期获得来自组织的风险投资。之后,DAO代币的持有者依据其所持有的代币份额对项目可行性进行投票,并在项目盈利时获取相应回报。2016年6月,"The DAO"的首次代币发行取得了巨大成功,短时间内便募集到1270万个以太币(当时市价约1.5亿美元),从而成为当时最大的众筹项目。Aragon[①]是以太坊区块链上的一个可以让任何人创建和管理任意组织(公司、开源项目、非政府组织、基金会、对冲基金)的DAO。Aragon实现了股东名册、代币转账、投票、职位任命、融资、会计等组织机构的基础功能。此外,Aragon链上组织的行为还可以通过修改章程来自定义。Steemit[②]是一个去中心化的社交媒体平台,基于当下时兴的注意力经济(Attention Economy),该平台鼓励用户贡献更多的优质内容,其他用户可以通过投票、点赞等形式来对内容进行评价。Steemit平台上的代币被用于奖励那些高质量内容的产出者。

尽管DAO在一些领域初步得到了应用,但仍面临一些问题。首先是安全性,如上文提到的"The DAO"项目,黑客利用其合约代码中的可重入性漏洞(Reentrancy Vulnerability)发动了攻击,造成了超过5000万美元的以太币被盗,最后社区不得不以硬分叉的方式追回了资金。但此举违背了"代码即法律"(Code is Law)的准则,引发了巨大争议。其次是缺乏灵活性,在一个既定的去中心化自治组织中,规则是提前写入合约代码中的。然而真实市场环境瞬息万变,需要组织能够在短时间内快速调整策略和运营模式,以便灵活应对。然而,DAO中任意提案均需获得大多数成员同意后方可施行,虽保障了民主,但一定程度上降低了决策效率和灵活性。最后是法律认可度问题,DAO的理念与现行《公司法》《证券法》《合同法》有冲突之处,未来还需进一步厘清适用法律的范围。

面向未来,DAO将与人工智能相结合,从自动化走向智能化。未来DAO中的每个个体都将是具备感知、推理、决策功能的智能代理(Agent),能够部分或全部替代人类个体参与组织的运营、管理和决策,从而解决传统的委托—代理问题(Principal-Agent Problem)。此外,还要考虑将既有的公司制与去中心化自治组织的优势相结合,不单单是为了去中心化而去中心化,而是从更多的维度出发,在多变的环境中实现更好的协作,从而实现组织效用的最大化;并在此基础上,最终实现去中心化自治社会(Decentralized Autonomous Society,简称DAS)。

---

① Aragon. https://aragon.org/
② Steemit. https://steemit.com/

6.4.3 形式化验证

在计算机科学和软件工程领域,形式化方法(Formal Methods)是指为提高系统的可靠性和强健性,利用严格的数学方法和形式化语言描述(Formal Specification)、开发(Formal Development)和验证(Formal Verification)软件或硬件系统预期行为和性质的一系列理论、技术和工具[①],其研究内容包括形式化语言和形式化验证两方面。其中,形式化语言又称形式化描述或形式化规约,着重于建立精确的数学模型来描述系统及其行为模式以更好地刻画系统性质,形式化验证则着重于基于形式化语言和数学逻辑分析验证系统是否符合预期的行为模式和是否满足预期的系统性质,由于形式化方法对专业素养和投入成本的要求非常高,通常只用于如芯片、核电、无人机、航空航天等对安全有极高要求的系统中。

智能合约的应用通常关乎真实世界的经济利益,任何与预期不符的合约行为和合约性质都有可能导致不可逆转的巨额经济损失,因此,合约上链前的审查尤为重要。相对于广泛应用的只能证明有限合约错误存在的传统程序测试方法,形式化验证可以最大限度地理解和分析合约,尽可能地发现合约的不一致性、模糊性和不完备性,从而证明合约不存在错误。所以,形式化验证是解决智能合约安全问题的重要手段,也是智能合约的重要发展方向。具体地,智能合约的形式化验证是指利用精确的数学手段和强大的分析工具在合约的设计、开发、测试过程中验证智能合约是否满足公平性、正确性、可达性、有界性和无二义性等预期的关键性质,以规范合约的生成和执行,提高合约的可靠性和执行力,支持规模化智能合约的高效生成[30]。

智能合约的形式化验证主要有定理证明和模型检测两种方法[②],定理证明方法即将智能合约建模成抽象数学模型后在一定的数学逻辑体系中推导证明系统性质,需要较多的人工干预将形式化语言转化为计算机语言,适用于状态复杂的大型合约。模型检测方法即将智能合约建模成有限状态机后对所有状态逐一检查所有性质,可全自动化实现但只适合没有状态爆炸问题的小型合约。现有的智能合约形式化验证常采用模型检测方法,如基于符号抽象和符号执行的 Securify[③]、Oyente 和 Mythril[④],它们都是将合约字节码绘制成控制流图后分析常见的安全漏洞,美中不足的是,这种方式无法验证合约的功能正确性,可检测的安全漏洞有限且可能引发错误的警报。Bhargavan K 等提出了一种针对以太坊 Solidity 合约功能正确性验证框架[31],它将 Solidity 语言或 EVM 字节码转换为 F* 语言后验证代码的各种属性,既可排除漏洞也可计算合约消耗 Gas 限制。Dominik Harz 和 William Knottenbelt 在表 6-2 中总结了 10 种典型的智能合约形式化验证工具的验证方法、自动化程度、验证范围、语言支持和开源情况,其他的智能合约形式化验证工具还包括 Manticore[⑤]、

---

① National Aeronautics and Space Administration. What is formal methods? https://shemesh.larc.nasa.gov/fm/fm-what.html
② Dominik Harz, William Knottenbelt. Towards Safer Smart Contracts: A Survey of Languages and Verification Methods. https://arxiv.org/pdf/1809.09805.pdf
③ Securify. https://www.securify.nl/nl/
④ Mythril. https://github.com/b-mueller/mythril/
⑤ Manticore. https://github.com/trailofbits/manticore

Solgraph[1]等。

表 6-2 智能合约形式化验证工具对比

工 具	方 法	自动化程度	验证范围	语言支持	开源情况
Securify	模型检测	完全	完全	Solidity,EVM	开源
Mythril	模型检测	完全	部分性质	EVM	开源
Oyente	模型检测	完全	部分性质	Solidity,EVM	开源
ZEUS[2]	模型检测	完全	部分性质	Solidity,Go,Java	非开源
ECF[3]	模型检测	完全	部分性质	EVM	开源
Maian[4]	模型检测	完全	部分性质	EVM	开源
K[5]	定理证明	部分	完全	EVM,IELE	开源
Lem[6]	定理证明	部分	完全	EVM	开源
Coq[7]	定理证明	部分	完全	Scilla,Michelson	开源
F*	定理证明	部分	完全	EVM	开源

CertiK[8]是具有高度可扩展性的自动化智能合约形式化验证框架,由智能标签(Smart Labeling),分层结构(Layer-based Decomposition),可插拔验证引擎(Pluggable Proof Engine),可机器检验的证明对象(Machine-checkable Proof Objects),已认证 DAPP 库(Certified DApp Libraries)和定制化认证服务(Customized Certification Service)6 个认证套件(Certified Kits)组成,利用基于深度学习的智能标签技术和分层结构理论,CertiK 将复杂的智能合约模块化,分布式逐一验证后再复合证明,验证完成后,CertiK 在智能合约、Dapp 和区块链上添加证书证明其正确性和安全性。CertiK 同时提供基于 CertiK 自身算力的中心化验证服务和基于社区参与者算力的去中心化验证服务。CertiK 安全验证生态系统由客户、赏金猎人、检察官、社区贡献者以及开发使用者五个角色构成。CertiK 将复杂智能合约验证分解成模块化任务后分发给社区,社区中提供算力和证明引擎的贡献者将获得奖励。2018 年 8 月,CertiK 发布了其第一代高性能智能合约自动检测引擎 CertiK AutoScan Engine(CASE),CASE 检测显示以太坊上币值前 500 的智能合约中 53 个合约存在安全漏洞,牵涉总市值高达四千万美金[9]。

---

[1] Solgraph. https://github.com/raineorshine/solgraph
[2] Sukrit Kalra, Seep Goel, Mohan Dhawan, et al. Zeus:analyzing safety of smart contracts. http://wp.internetsociety.org/ndss/wp-content/uploads/sites/25/2018/02/ndss2018_09-1_Kalra_paper.pdf
[3] Shelly Grossman,Ittai Abraham, Guy Golan-Gueta, et al. Online detection of effectively callback free objects with applications to smart contracts. https://arxiv.org/abs/1801.04032
[4] Ivica Nikolic, Aashish Kolluri,Ilya Sergey,et al. Finding The Greedy,Prodigal,and Suicidal Contracts at Scale. http://arxiv.org/abs/1802.06038
[5] Everett Hildenbrandt, Manasvi Saxena, Xiaoran Zhu,et al. KEVM: A Complete Semantics of the Ethereum Virtual Machine. http://hdl.handle.net/2142/97207
[6] Yoichi Hirai. Defining the Ethereum Virtual Machine for Interactive Theorem Provers. http://fc17.ifca.ai/wtsc/Defining%20the%20Ethereum%20Virtual%20Machine%20for%20Interactive%20Theorem%20Provers.pdf
[7] Ilya Sergey, Amrit Kumar, Aquinas Hobor. Scilla: A Smart Contract Intermediate-Level LAnguage. http://arxiv.org/abs/1801.00687
[8] CertiK. https://certik.org/#top
[9] 硅谷密探. CertiK 发布形式化验证自动检测引擎 AutoScan:市值前 500 通证合约中多达 53 个含高危漏洞隐患. http://www.sohu.com/a/251095110_257855.

目前这些验证工具大多停留在实验阶段,尚未正式投入真实系统,市场中仍亟需完备的、规范的、有指导意义的形式化验证框架,这将促使形式化验证成为未来智能合约的重要发展方向。

6.5 智能合约的挑战与进展

作为一种快速发展的新兴技术,智能合约存在一些可能制约其发展的问题亟待解决。本节将结合上节提出的智能合约基础架构模型,从隐私、法律、安全、机制设计、性能等问题出发,概述智能合约技术的研究挑战与进展。本节部分内容(特别是安全和隐私保护方面)在第 8 章亦有详尽描述。为保证本节内容的完整性,此处仍对这些内容加以简单概述。

6.5.1 隐私问题

根据智能合约的运行机制,智能合约的隐私问题可分为可信数据源隐私问题和合约数据隐私问题两类,涉及基础架构模型中的基础设施层和合约层。

区块链的匿名性并没有完全解决智能合约的隐私问题。区块链数据是完全公开透明的(尤其是对公有链),任何人都可经由公开查询获取账户余额、交易信息和合约内容等,以金融场景为例,股票交易常被视为机密信息,完全公开的股票交易智能合约将难以保证用户的隐私。Meiklejohn S 等曾利用比特币找零地址推算出部分大宗客户以及这些客户间的交易行为[32],Ron D 等则通过分析比特币交易图谱,获取了某些用户行为的统计特征[33]。另外,某些智能合约在执行时需要向区块链系统请求查询外部可信数据源,这些请求操作通常是公开的,用户隐私也将因此受到威胁。这些隐私问题可能导致攻击者对区块链或智能合约的去匿名攻击。

为此,Kosba A 等提出了一个隐私保护智能合约开发框架 Hawk[34]。在 Hawk 中,所有财务交易信息不会被显式地记录在区块链上,智能合约分为私密合约和公共合约,私人数据和相关财务信息写入私密合约后只有合约拥有者可见。Zhang F 等提出了一种可信数据输入系统 Town Crier,Town Crier 允许用户发送私密数据请求[35]。具体地,合约在发送请求之前用 Town Crier 的公钥加密请求,Town Crier 收到请求后利用私钥解密,从而保证区块链中其他用户无法查看请求内容。

6.5.2 法律问题

智能合约的法律问题主要体现在合约层中传统合约向智能合约的转化:传统合约中法律条文(湿代码)和智能合约中技术规则(干代码)间存在巨大的语言差距,前者为了对各种无法精确预见的新案例或边缘案例实现高度的通用性,常使用一些微妙的、模糊的和灵活的语言在更高的抽象层次起草,而后者为了降低系统的安全风险,须使用严格而正式的语言来描述定义明确的类别、预先定义的条件和精确规定的方法。两者在转化时将不可避免地存在翻译误差,继而影响智能合约的法律效力。

常见的智能合约法律问题包括:①智能合约表示的真实性不足。智能合约的编码偏差或立契时的欺诈行为将导致智能合约无法反映立契者真实意愿,我国《合同法》规定基于重大误解的合同为可撤销合同,而智能合约却不可撤销。②智能合约存在不可预见情形。现阶段智能合约只能处理预定义代码,无法应对不可预料的情势变更或边缘案例。③智能合约难以追责且缺乏事后救济。智能合约具有匿名性,立契者可能为无行为能力或限制行为能力人,恶意合约或因编码偏差导致重大误解时,各方责任难以界定而短时间内难以补救等。针对这些法律问题,更具体的法律条文表述,更全面的技术规则补充,规范的语言转化方法和有效的合约法律审计都是可能的解决方案。此外,智能层构建的多代理系统中具备感知、推理、学习、决策和社交能力的软件代理也有望结合人工智能技术积累法律案例经验,模仿现实世界的法官和律师,应对未知场景下的辩论和审判。

6.5.3 安全问题

运维层中的安全问题是制约智能合约发展的主要问题:已部署上链的智能合约是不可逆转的,其潜在的安全问题一旦引发就难以被修复,由此造成的经济损失将难以挽回,同时,区块链的匿名性可能为恶意用户提供便利,继而引发现实世界的安全问题。本节主要讨论智能合约的漏洞合约安全问题和恶意合约安全问题两类,其他类型的安全问题详见第 8 章。

1. 漏洞合约

安全智能合约的设计难点在于所有网络参与者都可能出于自身利益攻击或欺骗智能合约,设计者必须预见一切可能的恶意行为并设置应对措施,而传统程序员很难具备如此完美的编程能力和缜密的经济思维视角。

以太坊上智能合约的 12 种安全漏洞可分为 solidity 编程语言漏洞、EVM 虚拟机执行漏洞和区块链系统漏洞三个层次。交易顺序依赖(Transaction-Ordering Dependence,TOD)、时间戳依赖(Timestamp Dependence)、可重入性(Reentrancy Vulnerability)和处理异常(Mishandled Exceptions)是其中常见的四种漏洞,攻击者可通过更改交易顺序、修改时间戳、调用可重入函数、触发处理异常等更改智能合约执行结果或窃取资金。为此,Luu L 等提出了一种可检查上述 4 种潜在安全漏洞的符号执行工具 Oyente,经 Oyente 检查发现,在 19366 个以太坊智能合约中,有 8833 个存在上述至少一种安全漏洞[36]。

此外,无可信数据源和待优化智能合约也将带来一定经济损失,攻击者可通过向合约输入虚假数据获取经济效益,用户需为无用代码额外付费。Chen T 等提出了一个名为 Gasper 的智能合约高耗燃操作检测工具,可自动发现死代码、无用描述和昂贵的循环操作等[37]。利用 Gasper,他们发现在以太坊中部署的超过 80% 的智能合约(4240 个智能合约)至少存在上述一种高耗燃操作,而这些高耗燃操作一旦被大量调用就可能引发拒绝服务攻击。

2. 恶意合约

区块链及智能合约的去中心化、匿名性同样可能促使恶意合约的产生。违法者可通过发布恶意的智能合约对区块链系统和用户发起攻击,也可利用合约实现匿名的犯罪交易,导致机密信息的泄露、密钥窃取或各种真实世界的犯罪行为。Juels A 等提出了一种恶意智能合约——PwdTheft，用于盗取用户密码并保证立契者和违法者之间的公平交易[38]。"丝绸之路"是一个匿名的国际线上市场，它通常作为一个隐藏服务来运作，并使用比特币作为支付媒介。丝绸之路上销售的大部分商品都是现实世界中被控制的商品，如毒品、枪支等。智能合约将使这些地下市场交易更加便捷，最终对社会造成危害。

6.5.4 机制设计与性能问题

除上述几种常见的研究挑战之外，智能合约的机制设计问题和性能问题也不容忽视。完善合理的机制设计和优秀稳定的合约性能是智能合约"杀手级应用"得以落地、智能合约应用范围得以扩大、智能合约促成的分布式人工智能和可编程社会得以实现的重要支撑。

1. 机制设计

机制设计理论是研究在自由选择、自愿交换、信息不完全及决策分散化的条件下，通过设计一套机制（规则或制度）来达到既定目标的理论。众所周知，非对称信息容易造成资源配置的帕累托无效率，这是组织设计中的核心难题。借助于机制设计理论，设计者可以通过设计一组激励机制来减少或避免效率损失，从而使得参与者的个体利益与组织或社会的整体利益相一致，实现整体系统的激励相容性。对于智能合约而言，机制设计可以决定智能合约实现其目标功能的方式，不同的制度安排和组织结构在交易费用、激励效果和资源配置效率等方面将产生重要影响，合理的机制设计需充分应用经济学、商学、法学等多学科交叉知识，对合约立契者专业背景具有极高的要求，有必要对此进行深入研究。

2. 性能问题

智能合约的性能问题可分为合约层设计导致的合约本身性能问题和基础设施层导致的区块链系统性能问题两类。待优化的合约机制设计和待优化的智能合约将增加合约执行成本，降低合约执行效率，区块链系统本身存在的吞吐量低、交易延迟、能耗过高、容量和带宽限制等性能问题也将在一定程度上限制智能合约的性能。以区块链系统的吞吐量限制为例，现行的区块链系统中，智能合约是按顺序串行执行的，每秒可执行的合约数量非常有限且不能兼容流行的多核和集群架构，难以满足广泛应用的需求。Dickerson T 等针对此提出了一种智能合约并行执行框架，允许独立非冲突的合约同时进行，从而提高系统吞吐量，改善智能合约执行性能[39]。为使行文清晰，表 6-3 总结了前文所述智能合约研究挑战、典型问题、涉及的模型要素和要素层次等。

表 6-3 智能合约的研究现状

研究挑战	典型问题	涉及的模型要素	要素层次
隐私问题	可信数据源隐私问题	预言机	基础设施层
	合约数据隐私问题	分布式账本及其关键技术	
		交互准则	合约层
法律问题	难以追责或事后救济	分布式账本及其关键技术	基础设施层
	意思表示真实性不足	法律条文/商业逻辑/意向协定、情景—应对型规则	合约层
	存在不可预见情形		

续表

研究挑战	典型问题	涉及的模型要素	要素层次
安全问题	漏洞合约	分布式账本及其关键技术	基础设施层
		开发环境	
		预言机	
		情景—应对型规则	合约层
	恶意合约	法律条文/商业逻辑/意向协定	
机制设计问题	机制设计	机制设计	运维层
性能问题	区块链性能问题	分布式账本及其关键技术	基础设施层
	待优化的智能合约	情景—应对型规则	合约层
	待优化的机制设计	机制设计	运维层

6.6 智能合约的应用场景

本节以金融、管理、医疗、物联网和供应链为例,介绍智能合约的应用优势及应用方向。

6.6.1 金融

区块链天然的账本属性使得智能合约在金融领域有显著的技术优势:区块链提供的点对点、去信任交易环境和强大的算力保障可简化金融交易的流程,确保金融交易的安全;可追溯、不可篡改、公开透明的分布式账本可便于金融机构对交易行为进行监管。在此基础上,智能合约不仅可以利用自动执行的代码封装节点复杂的金融行为以提高自动化交易水平,而且可以将区块链上的任意资产写入代码或进行标记以创建智能资产,实现可编程货币和可编程金融体系。基于这些技术优势,由高盛和摩根大通等财团组成的 R3 区块链联盟率先尝试将智能合约应用于资产清算领域,利用智能合约在区块链平台 Corda 上进行点对点清算,以解决传统清算方式需要涉及大量机构完成复杂审批和对账所导致的效率低下问题。目前,已有超过 200 家银行、金融机构、监管机构和行业协会参与了 Corda 上的清算结算测试。

此外,智能合约也可为保险行业提供高效、安全、透明的合约保障,提高索赔处理的速度,降低人工处理索赔的成本。Gatteschi V 等[40]与 Bertani T 等① 设计了一种旅行保险智能合约,一旦合约检测到如航班延误等满足要求的赔偿条件即可自动补偿旅客。智能合约还可应用于电子商务,智能合约降低了合约的签订成本,合约双方无须支付高昂的中介费用,且可利用智能合约自动完成交易。ECoinmerce 是一种去中心化的数字资产交易市场,借助智能合约,任何用户可在 ECoinmerce 上创建、购买、出售和转租他们的数字资产。类似的应用还有 Slock.it,它允许用户基于区块链出租房地产、汽车、智能设备、路由器等有形资产,这些资产经智能合约编码获得身份认证后即可作为智能资产直接完成复杂协议。

---

① Bertani T,Butkute K,Canessa F. Smart flight insurance—insureth. https://mkvd.s3.amazonaws.com/apps/InsurEth.pdf

6.6.2 管理

传统的组织管理是自上而下的"金字塔型"架构,容易产生机构臃肿、管理层次多、管理成本高、责任界定不明、信息传递不畅、权力集中在上层而下层自主性小、创新潜能难以有效释放等问题。智能合约和 DAO 将对管理领域带来革命性影响。智能合约可以将管理规则代码化,代码设定完成后,组织即可按照既定的规则自主运行。组织中的每个个体,包括决策的制定者、执行者、监督者等都可以通过持有组织的股份权益,或提供服务的形式来成为组织的股东和参与者(即前文所述的 DAO)。DAO 使得每个个体均参与到组织的治理中,从而充分激发个体的创造性,提高组织决策民主化。此外,编码在智能合约上的各项管理规则均公开透明,也有助于杜绝各类腐败和不当行为的产生。

目前,智能合约在管理领域的应用尚处于初级阶段,典型应用包括业务流程管理、选举投票、存证和版权管理等。业务流程管理是指对跨部门/组织的业务流程(如生产流程、各类行政申请流程、财务审批流程、人事处理流程)等进行自动化设计、执行和监控。Beck R 和 Weber I 等指出[41-42],随着区块链技术的发展,绝大多数业务流程的控制流以及业务逻辑将会被编码为智能合约,从而使得业务流程相关的程式/项目/运营管理等愈加去中心化和安全可信。在选举投票领域,智能合约通过预先设置好的规则可以低成本、高效率地实现政治选举、企业股东投票、预测市场等应用,同时区块链保障了投票结果的真实和不可篡改性。McCorry P 等提出一种运行在以太坊上的 E-voting 智能合约实施方案[43]。Horizon State、Ropsten 等 DApp 亦支持类似应用。在存证和版权管理领域,Rosa J L 等提出应用智能合约来对知识产权进行存在性证明以及著作权认证[44]。legalXchain 开发的开放式平台——IP360 数据权益保护平台可以对各类形态电子数据提供确权、云监测、区块链追踪溯源、云取证、司法通道、维权等服务。

6.6.3 医疗

医疗技术的发展高度依赖历史病例、临床试验等医疗数据的共享,由于医疗数据不可避免地包含大量个人隐私数据,其访问和共享一直受到严格的限制。患者个人难以控制自己的医疗数据访问权限,隐私性难以保证,医疗工作者需花费大量时间和精力向相关部门提交申请进行权限审查,并在数据使用前完成数据校验保证可靠性,工作效率很低,并且存在医疗数据被篡改、泄露以及数据传输不安全等风险。

基于区块链的医疗智能合约可有效解决上述问题,在区块链去中心化、不可篡改、可追溯的网络环境中,医疗数据可被加密存储在区块链上,患者对其个人数据享有完整的控制权,通过智能合约设置访问权限,用户可实现高效安全的点对点数据共享,无须担心数据泄露与篡改,数据可靠性得到充分保障。较为典型的医疗智能合约有如下三种。

1. 医疗信息存储和共享

例如,MeDShare 为共享医疗数据提供溯源及审计服务,其设计采用了智能合约和访问控制机制,可有效追踪数据行为,并在违规实体违反数据权限时撤销访问;MedRec 是一个去中心化的电子病历管理系统,可以实现患者、卫生管理当局、医疗研究机构之间高效的数据分享。

2. 医学研究型智能合约

Kuo 等提出了名为 ModelChain 的框架,该框架基于区块链进行医疗预测建模[①]。每个参与者都可对模型参数估计做出贡献,而不需要透露任何私人健康信息。

3. 药品溯源及打假

例如医疗药品联盟链 MediLedger,电子处方平台 BlockMedx 等可用于加强处方类药物的溯源能力。

6.6.4 物联网与供应链

得益于智能设备、信息技术和传感技术的快速发展,近年来物联网技术发展迅猛,传统的中心化互联网体系已经难以满足其发展需求。首先,物联网将产生海量数据,中心化的存储方式需要投入并维护大量的基础设施,成本高昂;其次,将数据汇总至单一的中心控制系统将不可避免地产生数据安全隐患,一旦中心节点被攻击则损失难以估计;最后,由于物联网应用将涉及诸多领域,不同运营商、自组织网络的加入将造成多中心、多主体同时存在,只有当各主体间存在互信环境,物联网才可协调工作。

由此可见,物联网与去中心化去信任的区块链架构的结合将成为必然的发展趋势,智能合约将在此过程中实现物联网复杂流程的自动化,促进资源共享,保证安全与效率,节约成本。Dorri A 等提出了一种基于区块链及智能合约的智能家居模型[45],探讨了模型中的各种交互流程,并通过仿真实验证明了此模型将显著降低物联网设备的日常管理费用。Zhang Y 等提出了一种物联网电子商务模型[46],利用基于智能合约的点对点交易实现物联网上智能资产和付费数据的交易。Zhang Y Y 等提出了基于智能合约的物联网设备访问控制模型[②],该模型由多个访问控制合约、一个决策合约和一个注册合约组成,可实现对物联网系统的分布式可信任访问控制。IoTeX 则是一个以隐私为中心区块链驱动的去中心化物联网网络,支持包括共享经济、智能家居、身份管理与供应链在内的多种物联网生态系统。

与物联网类似,供应链通常包含许多利益相关者,如生产者、加工者、批发商、零售商和消费者等,其相关合约将涉及复杂的多方动态协调,可见性有限,各方数据难以兼容,商品跟踪成本高昂且存在盲点。通过将产品从生产到出售的全过程写入智能合约,供应链将具有实时可见性,产品可追溯可验证,欺诈和盗窃风险降低,且运营成本低廉。其代表性的应用有棉花供应链、医疗药品供应链等。

---

① Kuo T T, Ohno-Machado L. ModelChain: decentralized privacy-preserving healthcare predictive modeling framework on private blockchain networks. https://arxiv.org/abs/1802.01746

② Zhang Y Y, Kasahara S, Shen Y L, Jiang X H, Wan J X. Smart contract-based access control for the Internet of Things. https://arxiv.org/abs/1802.04410

第7章 区块链扩容技术

区块链扩容问题（Blockchain Scalability，也被称为区块链扩展性问题）是当前区块链社区最热门的话题。在工业界和学术界都引起了广泛的关注，相关人士提出了许多有价值的解决方案。本章从关键技术、制约因素、衍生问题三个方面着手，对该问题进行了较全面的阐述。

7.1 扩容问题概述

狭义而言，区块链扩容问题是指区块容量受限的问题；广义而言，则是将基于区块链技术的系统性能提升到主流支付工具的水准需要解决的首要关键问题，具有很高的研究价值。

很多指标可以用于衡量区块链系统的可扩展性，例如交易延迟（交易确认时长）、Bootstrap Time（新节点下载和验证历史记录的时间），其中最常用的指标是 TPS（Transactions Per Second，平均每秒交易数）。TPS 是一个有成熟定义的计算机术语，代表了系统每秒钟能够处理的事务数量，用来衡量系统性能。一个事务是指一个客户机向服务器发送请求，然后服务器做出反应的过程。显然，TPS 更高，说明系统每秒能够处理的事务数量越多；对于区块链系统而言，则是交易被写入网络的速度越快，用户等待交易完成的时间越短。

表 7-1 为比特币和以太坊这两个当前最具知名度的区块链应用与传统支付工具 PayPal、Visa 及新兴支付工具支付宝在 TPS 上的比较。其中，即使对于理论上的最高 TPS 而言，比特币、以太坊都未能突破百位数，远远低于 PayPal、Visa 的万位数量级。更有甚者，2017 年天猫双 11 开场 5 分钟，支付宝的支付峰值高达 25.6 万笔/秒[①]。明显可以看出，区块链系统与主流支付工具还存在着很大的差距。

---

① https://expandedramblings.com/index.php/alipay-statistics/

表7-1　区块链系统与主流支付工具的交易处理能力比较

支付方式	实际 TPS	理论最高 TPS
比特币	约 3～4	7
以太坊	约 25	30
PayPal	约 193	10 000
Visa	约 1667	56 000
支付宝双 11 前五分钟	约 25 600 000	

区块链系统是以密码学方法为底层技术支撑而构建的一个以人为核心的复杂社会经济系统,人的主观意识对区块链系统的发展具有极大影响。区块链扩容是一个涉及多方利益的复杂问题,无论是开发者、投资者、交易平台,还是矿工,都有各自不同的利益和主观的决策。这些为数众多的决策者,所获得的信息具有不对称性,对事物的认知度也有偏差,使得整个问题变得十分复杂。

为了解决这一问题,业界先后召开了多次比特币扩展性研讨会,相关人士围绕如何扩容提出了数个有价值的方案,并引起了广泛的关注和讨论。与此同时,学术界也密切关注区块链扩容问题,从共识算法、网络负载、系统安全等角度提出了改进的方案。这些方案有些已经投入应用,有些处于测试或实验阶段,有些虽然激起片刻水花,但由于种种原因被搁浅、最终沉寂。总体而言,扩容问题目前尚未得到解决,并将在接下来的一段时间内持续得到关注。为了更全面地探讨与研究区块链扩容问题,通过对现有文献资料的分析提炼,本节提出了一个区块链系统扩容问题的技术框架[47],如图 7-1 所示。具体而言,该技术框架分为关键技术、制约因素和衍生问题三个部分。其中,关键技术是指致力于解决区块链扩容问题的重要方案;制约因素是指限制区块链扩容关键技术实施与推广的指标与条件,从宏观层面上来说为网络负载,从微观层面来说为节点瓶颈;衍生问题是由区块链系统扩容演变而产生的相关问题,主要涉及安全问题与经济问题两方面。本章将在该技术框架下,对各部分内容分别展开叙述。

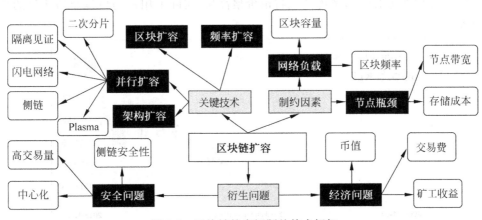

图 7-1　区块链扩容问题的技术框架

一般而言,区块链系统是由区块链接而成的链式结构,每笔交易都需要被记录在一个区块上。节点(一般称为矿工)在"挖矿"系统奖励与交易手续费的激励下,采用去中心化的方式,通过共识算法争夺记账权。获得记账权的矿工可以从记录交易的缓冲区中取出交易,生成区块并在区块链系统网络中进行广播。受区块大小与区块时间间隔约束,可以"纳入"区块的交易数量有限,这硬性地限制了支付网络上的链上交易量(见图7-2)。

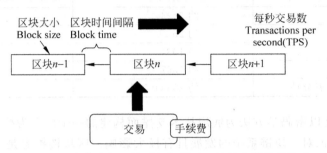

图7-2　区块大小与区块时间间隔对区块链交易量的约束

以比特币为例,其区块生成间隔大约是10分钟,区块大小被限制在1MB,目前比特币网络的最大吞吐量仅为3~7个交易/秒(其中,下限基于平均交易大小500bytes而得,上限基于最小交易大小250bytes而得)。

在中本聪创建比特币之初,并未对区块大小进行硬性规定。然而,由于彼时比特币尚在发展初期,参与挖矿的节点大部分是个人电脑,其网络带宽与处理能力都十分有限,而且当时比特币价格低廉,攻击者仅需付出极小代价,便可创建包含大量交易的大区块进而造成粉尘攻击。因此,中本聪将区块容量上限设置为1MB[48,49]。同时,他指出这个限制是暂时的,在比特币区块容量接近上限时,可以将上限数值提高①。

随着比特币平均区块大小稳步上升,至2017年接近上限(如图7-3所示),比特币扩容的呼声越来越高。一个公认的事实是,1MB的区块上限已经不能满足用户的交易需求,亟需扩容比特币网络,以提高交易速度和使用率。虽然在隔离见证的实施后,比特币突破了1MB的区块限制,但是提升的幅度十分有限,并没有达到预期的水平。区块上限还造成了交易手续费的增加。图7-4为近一年每天单笔交易中手续费的平均比例,其均值为2.258%,最高值超过4.5%,考虑到比特币价格高昂,实际上用户为单笔交易所付的手续费数值惊人。

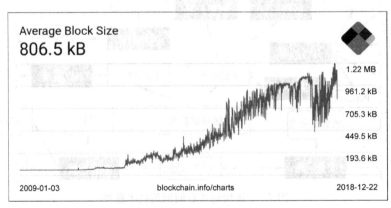

图7-3　比特币平均区块大小②

---

① 中本聪举例的修改方案为:在区块高度达到115000时,提高区块容量上限
② https://www.blockchain.com/charts/avg-block-size

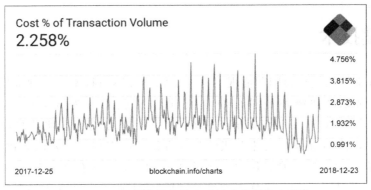

图 7-4 比特币单笔交易中手续费的平均比例①

然而，对于是否遵照中本聪的原有设计解除区块大小限制，维护比特币主流软件的比特币核心（Bitcoin Core）开发团队内部乃至整个比特币生态圈都产生了分歧。支持者认为这是一种简单有效的手段，可以缓解当前的交易压力；反对者认为它会造成比特币社区的分裂，不利于比特币健康发展。

另一个代表性区块链应用——以太坊也面临着相似的问题。与固定区块大小上限的比特币不同，以太坊采用区块 gas limit 来限制区块大小。正如汽车运行时需要燃烧汽油一样，以太坊认为运行交易和智能合约的计算都需要消耗费用，这笔费用以 gas 来衡量，它是一种以太坊独有的计量单位。于是，实际消耗的以太币可以通过 gas used（消耗的 gas 数量）×gas price（gas 价格）来计算。一笔交易的 gas limit 限制了它可被消耗的 gas 上限，而区块 gas limit 限制了该区块内所有交易消耗的 gas 总和上限。为了获得最多的手续费，矿工需要在满足 gas limit 要求的前提下，选择合理的交易进行组合。图 7-5 和图 7-6 分别是以太坊的平均区块大小和平均区块生成时间，从图中可以看出以太坊区块大小最高值不到 35KB，其生成时间近年来稳定在 13～15 秒。以太坊曾数次调整过 gas limit，目前约为 8 000 000，但数次调整并没有大幅提高以太坊的 TPS。

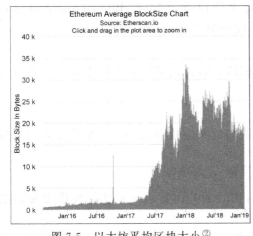

图 7-5 以太坊平均区块大小②

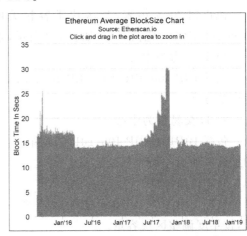

图 7-6 以太坊平均区块生成时间③

---

① https://www.blockchain.com/charts/cost-per-transaction-percent
② https://etherscan.io/chart/blocksize
③ https://etherscan.io/chart/blocktime

7.2 关键技术

近年来,针对区块链扩容问题涌现出了许多解决方案与技术。一种常见的分类方法是按照是否需要对原区块链系统进行硬分叉,将关键技术分为链上扩容方案(On-chain Scaling)与链下扩容(Off-chain Scaling)方案。前者一般是对原区块链共识规则的直接修改,实施这类方案后,可能会因为未升级的节点将新区块识别为无效而导致永久分歧,这种升级方式称为硬分叉。后者则是保留原共识规则,避免区块链的永久分叉,这种升级方式称为软分叉。虽然有人认为软分叉优于硬分叉,但事实上两种方案并无绝对的优劣。只以是否硬分叉来区分方案,也不够全面。

本节从技术特点出发,将关键技术分为区块扩容、频率扩容、架构扩容、并行扩容等四类。前文提到,区块链 TPS 受区块大小与区块时间间隔约束,因此一种直观的扩容思路是提高区块的容量和生成频率,使得区块链系统可以容纳更大的交易量,这就是区块扩容和频率扩容。架构扩容一般指通过改变区块链的数据结构,例如压缩交易大小、改变链式结构,以达到扩容的目的。并行扩容是时下最热门的一类扩容方案,它是通过增设子网、子链等手段,使部分交易可以转移到并行的网络中完成。

接下来按照这个分类方式,一一进行论述。

7.2.1 区块扩容

区块扩容方案是指通过提高区块大小上限,从而增加可以被"写入"单个区块的交易数量。这类方案主要集中在比特币领域。

1. 比特币

截止到 2018 年末,与区块扩容相关的主要比特币改进提议(Bitcoin Improvement Proposals,BIPs)包括 9 个,如表 7-2 所示,它们可以分为三类。

1) 以算力为中心

包括 BIP 100、BIP 101、BIP 105、BIP109,它们的共同特点是由矿工投票决定区块容量的调整方案。

2) 以交易量为中心

包括 BIP104、BIP 106、BIP 107(第二阶段),它们的共同特点是基于某个阶段的交易量和实际区块大小调整区块容量。

3) 随时间递增

包括 BIP 102、BIP 103、BIP 107(第一阶段),它们的共同特点是预估比特币交易需求量,按年度调整区块容量。

由表 7-2 中所列的提案状态可以看到,大部分提案都处于草案(Draft)状态,而 BIP100、BIP101 及 BIP109 分别处于移除(Removed)、撤销(Withdraw)和拒绝(Rejected)状态,这三个提案由 Core 开发团队前成员加文·安德森(Gavin Andresen)和杰夫·戈查克(Jeff Garzik)提出,也是这些提案中影响最大的几个,但是它们统统宣告失败。

其中,BIP100 提议将区块容量控制权交给矿工,曾得到占据全网算力 25％的三家矿池 (F2pool、Kano pool 以及 Bitclub)的支持,但同时也引发了许多争议。BIP101 曾获得业内多家公司支持,并一度被加入 Bitcoin XT 代码库,但 Bitcoin XT 后来转而支持 Classic 的 2MB 区块方案。2016 年 2 月,加文·安德森基于 BIP109 创立了 Bitcoin Classic。Bitcoin Classic 得到了一些比特币公司、开发商、投资者和矿商的支持。2017 年 11 月 10 日,在通过硬分叉将比特币区块容量扩大到 2MB 的计划失败后,Bitcoin Classic 宣布停止运营,并称比特币现金是扩展比特币的唯一希望。

表 7-2 比特币区块扩容方案比较

编号	主要内容	提出者	提出时间	状态
100	区块大小上限在 1MB～32MB 之间浮动,由矿工投票决定实际上限值。	杰夫·戈查克等人	2015-06-11	Removed
101	在 2016-01-11 获得全网 75％算力支持,将上限提高到 8MB,并在 2036-01-06 前每两年对上限值进行翻倍,直到达到 8G。	加文·安德森	2015-06-22	Withdrawn
102	在 2015-11-11 将上限提高到 2MB	杰夫·戈查克	2015-06-23	Draft
103	2063 年前每年将上限提高 17.7％	皮特·乌里(Pieter Wuille)	2015-07-21	Draft
104	按照最近 2016 个区块大小调整上限	t. khan	2017-01-13	Draft
105	按照最近 2016 个区块矿工投票调整上限	BtcDrak	2015-08-21	Draft
106	1. 按照最近难度区间的大小调整上限; 2. 按照最近两个难度区间的区块大小以及交易手续费调整上限。	Upal Chakraborty(乌帕尔·查克拉博蒂)	2015-08-24	Draft
107	分两阶段提高上限:(阶段一)2016—2017 年为 2MB,2018—2019 年为 4MB,2020 年为 6MB;(阶段二)从 2020 年以后,每 4 周按照区块大小决定是否将上限提高 10％。	华盛顿·桑切斯(Washington Y. Sanchez)	2015-09-11	Draft
109	获得全网 75％算力支持,将上限提高到 2MB	加文·安德森	2016-01-28	Rejected

虽然这些提案都失败了,但大区块的支持者们并没有轻易放弃努力。一些较为重大的事件与进展如下。

1) 香港共识

2016 年 2 月,比特币开发者(包括 Bitcoin Core 成员)、矿池等业内人士在香港召开了一次会议,会上大家达成了共识,在部署隔离见证的同时把区块大小扩大到 2M。然而,事后 Bitcoin Core 推翻了此次共识。

2) 纽约共识

2017 年 5 月 23 日,来自全球 21 个国家 56 家知名区块链初创公司共同签署了纽约共识,其内容与香港共识一致。这次会议没有 Bitcoin Core 的成员参加,他们也不认同共识的结果。

3) 比特币现金

经历了香港共识、纽约共识的失败,于 2017 年 8 月 1 日,在 ViaBTC 等大矿池的推动下,比特币(BTC)通过硬分叉产生了一条新的区块链,被称为"比特币现金"(Bitcoin Cash,

BCH)。比特币现金支持 8MB 的大区块,获得了 Bitcoin ABC、Bitcoin XT、Bitcoin Unlimited、Bitcoin Classic 等力推链上扩容的主要开发团队的支持。

2018 年 5 月 15 日,比特币现金通过第二次硬分叉升级为支持 32MB(第一次是 2017 年 11 月 13 日)。这次升级并未对比特币现金的稳定性造成影响,因为比特币现金处理的大多数区块都在 1MB 左右。同年 11 月 10 日,比特币现金创建了历史上第一个接近 32MB 的大区块,该区块高度为 556034,它的大小约为 31 997 634kB(31.99MB)。五天后,也就是 11 月 15 日,比特币现金再一次硬分叉为 Bitcoin ABC 和 Bitcoin SV,后者进一步将区块大小限制提高到 128MB。同样,这个限制对于 Bitcoin SV 这条新生链来说暂时只是个数字。目前,这两条链还在竞争中平分秋色,没有一方取得压倒性的胜利。这些分叉链产生的竞争币毕竟不是真正的比特币,所以对于推行大区块在比特币网络中的可行性,仍旧是个争论不休的疑问。

2. 以太坊

前文已提到,以太坊是以 gas limit 来限制区块大小。自 2015 年 7 月 30 日正式启动公共区块链以来,以太坊已数次调整过 gas limit。除了 2016 年由于 The DAO 事件而"断崖式"下调以外,几乎每年上浮一次,如图 7-7 所示。

结合前面的图 7-6(以太坊区块大小)可以看出,这种调整是相当谨慎的,避免造成区块大小爆发式的增长,迄今为止以太坊区块大小还是维持在 10k 这个数量级。

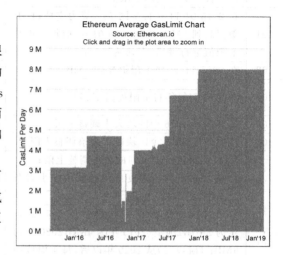

图 7-7 以太坊平均 Gas Limit[①]

7.2.2 频率扩容

频率扩容方案通过提高区块生成频率,缩短区块生成间隔,从而增加单位时间内被"写入"区块链的区块数量。在采用 PoW 共识机制的区块链系统中,可以很容易地通过降低难度来提高区块生成频率。典型的 PoW 区块链系统包括比特币及其分叉币、以太坊、莱特币等,本节将首先介绍它们的难度调整策略。其中,由于莱特币是在比特币源码的基础上,对部分核心算法、参数设置进行修改而得,其区块生成间隔和难度调整周期与比特币机制大体相同,这里不多加赘述。此外,本节还介绍 Bitcoin-NG 的频率扩容方案,它巧妙地设计了一种机制,不需要降低难度就可以实现频率扩容。

1. 比特币及比特币现金

"难度"源于比特币的设计,用于控制那些采用 PoW 共识机制的区块链系统生成一个区块所需的计算次数。比特币通过调整难度,控制区块生成间隔在 10 分钟左右。每生成 2016 个区块,难度就会依据生成这些区块的耗时而调整。如果耗时超过两周(14 天)的时

---

① https://etherscan.io/chart/gaslimit

间,难度会降低。反之,则难度升高。

本章7.2.1节提到了比特币现金诞生的前因后果。由于比特币现金是从比特币硬分叉而得到的同源分叉币,它与比特币采用了相同的挖矿算法,而比特币现金币值又远小于比特币,因此,如果二者难度相同,矿工会更倾向于在比特币上进行挖矿,比特币现金就会因算力衰竭而"死掉"。为了解决这一问题,比特币现金在诞生之初,除了保留比特币原始的难度调整机制,还采用了一种称为紧急难度调整(Emergency Difficulty Adjustment,EDA)的机制,该机制规定若12小时内生成区块的数量小于6,就将难度下调20%。

EDA机制的提出缓解了比特币现金算力短缺的困境,然而却导致了更严重的问题:精明的矿工为了获得更高收益,首先控制比特币现金出块缓慢造成难度的连续下降,当难度降低到较低水平后,大量算力从比特币网络涌入到比特币现金网络中,在短时间内以极高的出块频率生成大量区块(大约平均1分钟生成1块)。当2016个区块生成后,触发原始的难度上调机制,此时算力又退回到比特币网络。算力的剧烈波动对比特币和比特币现金都造成了冲击,从长远来看,不利于两条链的发展和相关人士的利益。

2017年11月13日,比特币现金进行了第一次硬分叉,原链称为Bitcoin Clashic(BCHC),新的比特币现金对EDA机制进行了修改,以保证出块速度仍然维持在10分钟左右,但"被分出去"的BCL目前仍在运转中。支持者称BCL代表了"中本聪的真正愿景"(True Vision),而比特币现金是"伪造"的,以作为对比特币现金的讽刺。

2. 以太坊

以太坊采取的是对单个区块进行难度调整的策略,简单而言,是根据上个区块的难度、时间戳和当前区块的时间戳、序号,来计算当前区块的难度,这种策略使得以太坊可以迅速地适应算力的变化,不会出现算力剧烈波动对比特币现金和比特币造成冲击的情况。具体计算公式如下:

$$区块难度 = 上个区块的难度 + 难度调整 + 难度炸弹$$

其中:

$$难度调整 = 上个区块的难度/2048 * MAX(1-(区块时间戳-上个区块的时间戳)/10,-99),$$
$$难度炸弹 = INT(2**((区块序号/100\,000)-2))$$

其中,根据区块高度计算的"难度炸弹",平均每100 000个区块就会翻倍,这会导致难度随以太坊区块链长度的增长而呈指数级上升趋势。这个设计主要是为了防止矿工的话语权无限膨胀,为以太坊从PoW向PoS的转变做准备。当难度增长到矿工的挖矿成本低于收益时,以太坊就可以顺利地切换为PoS共识算法。当以太坊彻底切换为PoS共识时,"难度"这一概念也将从以太坊系统中抹除。

在这些系统中,难度更多地用于控制区块生成间隔保持在一个相对稳定的水平。虽然通过降低难度,可以很容易地缩短区块生成间隔,这类方案也得到了一些来自社区的支持[①];但是,轻易改变难度可能会对系统的稳定性造成影响,单纯降低难度并不是一个很好的扩容方案。

---

① https://www.reddit.com/r/Bitcoin/comments/2vefmp/pleaseeli5 besides increasing the block size why/, https://www.reddit.com/r/Bitcoin/comments/35hpkt/please remind me once again why we cant decrease/

3. Bitcoin-NG

康奈尔大学的伊泰·艾依尔(Ittay Eyal)等人提出一种新的比特币协议 Bitcoin-NG。该协议将时间切分为不同的时间段。在每一个时间段上,由一个领导者负责生成区块,打包交易。该协议引入了两种不同的区块:用于选举领导的关键区块和包含交易数据的微区块。每一个区块的头部都包含了前一个区块的加密哈希值。

关键区块的生成方式与原始的比特币协议一样。具体而言,都是基于工作量证明,由节点寻找一个特殊的随机数。一旦一个节点率先找到随机数,它将生成关键区块并向其他节点广播,成为本轮的领导者。与比特币协议不同的是,关键区块中还包含了一对公私钥中的公钥,用于微区块的签名。

在生成关键区块之后,领导者被允许以小于预设阈值的速率(如 10 秒)生成微区块。微区块的大小是有界的,小于一个预设值,如 1MB。图 7-8 为 Bitcoin-NG 链结构示例,微区块(图中表示为圆形)被关键区块(图中表示为方形)中公钥相应的私钥签名。为了避免自私挖矿,交易费用的 40% 分配给本轮的领导者,60% 分配给下一轮的领导者。

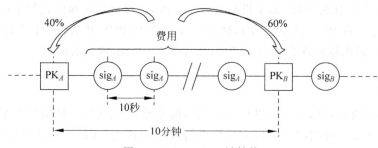

图 7-8　Bitcoin-NG 链结构

Bitcoin-NG 可以在不改变区块容量的基础上,通过选举领导者生成更多的区块,解决比特币的扩容问题。关键区块的生成间隔依然为 10 分钟,因而无须降低难度。此外,由于存储交易的微区块的生成不需要节点寻找工作量证明,因此不会额外增加矿工的工作量。

7.2.3　架构扩容

架构扩容方案主要包括隔离见证、基于 DAG(Directed Acyclic Graph,有向无环图)的新型区块链架构等。其中,隔离见证是针对交易延展性的问题而提出的,其扩容效果十分有限,但它是保障闪电网络与侧链安全性的基础;基于 DAG 的区块链系统通过在交易之间直接建立关联,构成交易的有向无环图,颠覆了传统区块链由区块构成的链式数据结构,从而提高了系统效率。本节将以 IOTA——一种典型的 DAG 架构的区块链系统为例,对这类新型区块链架构进行描述。

1. 隔离见证

隔离见证于 2015 年 12 月香港比特币扩容会议中被 Bitcoin Core 开发团队的皮特·乌里(Peter Wuille)提出,它涉及五项 BIP:BIP 141、BIP 142、BIP 143、BIP 144 和 BIP 145。其中:

(1) BIP 141 描述了"见证"的结构；

(2) BIP 142 描述了隔离见证的地址格式；

(3) BIP 143 描述了隔离见证交易签名的验证方式；

(4) BIP 144 定义了新的消息和序列化格式，用于节点之间传播交易和区块；

(5) BIP 145 描述了 getblocktemplate JSON-RPC 调用的变化，以支持隔离见证。

每一个比特币交易包括两部分：一部分是基础交易数据，包括交易的输入地址、输出地址；第二部分为其他的事务数据，包含了签名脚本等验证交易有效性的数据。对交易数据进行双 SHA256 计算，即可获得交易的唯一标识 txid(Transaction ID)。签名脚本(Signature Script)包含一个 secp256k1 的椭圆曲线加密签名，但是不能签名脚本自己，这使得攻击者可以对交易进行非功能的修改，这一性质被称为交易延展性(Transaction Malleability)。此时交易依然有效，然而 txid 会发生改变。

攻击者利用交易延展性在交易未被写入区块前更改其 txid，将有一定概率"顶替"原交易被打包。当交易所或用户基于 txid 查询交易时，会无法确认交易完成，发送大量交易请求，造成有限的 DOS 攻击。2014 年 2 月，Mt. Gox 交易所声称自己由于"交易延展性问题"导致重复提现，造成部分比特币的丢失。受到 Mt. Gox 事件的影响，Bitstamp 等交易所发布公告称将会开始检查自己的内部系统以防止相同的错误出现，并暂时停止了比特币提现。

鉴于这个漏洞对比特币系统安全性的影响，BitCoin Core 提议进行隔离见证，即将签名脚本等验证交易有效性的数据转移到一个叫"见证"(Witness)的新结构中。txid 的定义不变，仍然是交易数据的双 SHA256 值，但是交易数据被压缩了，如下式：

[nVersion][txins][txouts][nLockTime]

新的 wtxid 被定义为包括交易数据和见证数据的双 SHA256 值：

[nVersion][marker][flag][txins][txouts][witness][nLockTime]

对于特殊的 Coinbase 交易，wtxid 为 0x0000…0000。区块中的所有 wtxid 被存储在一棵默克尔树的叶子结点上，这棵树的根节点 HASH 记录在 Coinbase 交易的 scriptPubKey 中。

1) 进展

Bitcoin Core 开发团队主导开发并推动了隔离见证的发展。

2016 年 10 月，Core 发布第一个支持隔离见证的版本 0.13.1。该版本遵循 BIP9 提案制定隔离见证的激活条件，即至少 95% 的矿工表示支持才能在比特币网络上激活隔离见证。最终由于没有在时限前(2016 年 11 月 15 日)得到足够算力支持而宣告隔离见证激活失败。

2017 年 2 月，曾经为莱特币做出贡献的匿名开发者"Shaolinfry"在比特币开发邮件列表和热门的 bitcointalk.org 论坛中提出了一项新提案：用户激活软分叉(User-Activated Soft Fork，UASF)。随后，他于 2017 年 3 月 12 日正式发表提案 BIP148，即采取 UASF 方案激活隔离见证，支持 UASF 的节点会在 2017-08-01 开始强制执行新规则，不符合新规则的区块将被这些节点拒绝。BIP148 的目的是迫使矿工接受隔离见证。但该提案备受争议，如果 BIP148 没有得到大多数矿工的支持，就会导致比特币的分裂。然而 Core 接受了该方案。

2017 年 5 月 11 日，莱特币正式激活隔离见证；两个小时后，第一个闪电网络通道在莱特币上建立，价值 1.3 美分；一周内，一个不知身份的人将价值 100 万美元的莱特币发送到一个由隔离见证保护的地址,挑战任何人窃取这笔资金。

2017年5月23日,在大矿池的主导下,达成了纽约共识,其内容为:隔离见证会在特定条件下激活,同时也会有一个硬分叉将比特币的"基本区块大小限制"增加一倍。基于纽约共识,杰夫·戈查克开发了新客户端"BTC1",将隔离见证的阈值设定为80%,并以bit 4作为信号发送方式。

由于Bitcoin Core版本中隔离见证的激活阈值为95%,并以bit 1作为信号发送方式,与BTC1有冲突。为此,詹姆斯·希利奥德(James Hilliard)提出了BIP91以融合两种方案。该提案削弱了原隔离见证激活条件(即BIP9):(1)确认窗口从2016个区块下降到336个区块;(2)激活阈值从95%削减到80%;(3)接受bit1和bit4两种信号发送方式,在激活后拒绝没有发送bit1的区块。最终,BIP91被成功锁定并激活了隔离见证,比特币避免了BIP148带来的硬分叉。

2017年8月24日,当区块高度达到481 824,比特币隔离见证正式激活,第一个隔离见证交易被写进比特币中[①],这也标志着隔离见证方案的成功落地。

2) 现状

隔离见证的本质不是针对扩容,而是对不合理的原比特币交易结构的优化,但它间接达到了扩容的目的。据估计,见证数据占交易数据体积的60%,因此实行隔离见证后,当前1MB区块支持的交易数量可能会增加60%。但是,在正式激活后,人们发现它带来的扩容效果并不显著。图7-9为比特币TPS变化,在2017年8月前后,TPS并没有得到很大提高。

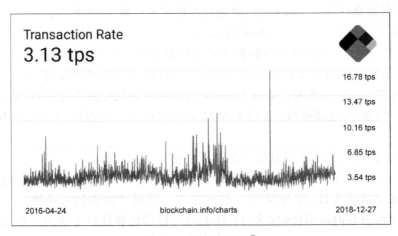

图7-9　比特币TPS[②]

2. 基于DAG的新型区块链架构:以IOTA为例

不同于传统区块链的链式数据结构,基于DAG的新型区块链架构采用的是有向无环图,即从任意节点出发无法经过若干条边回到该节点(无环)的有向图结构。

2014年,IOTA作为一个众筹项目而推出,它基于名为缠结(Tangle)的有向无环图而

---

① 该区块的详情可参考链接:https://blockchain.info/tx/d09e2a5edbb6a0ac390a52a1b5292d88667f5445eb8e-507441737a7bdd7157ee

② https://www.blockchain.com/charts/transactions-per-second

建立区块之间的联系；它也无须矿工挖矿来记录交易。因此，它称自己并非区块链技术，其官网称自己为"下一代分布式账本技术"（The Next Generation of Distributed Ledger Technology）。但若以中本聪创世论文所提到的，区块链的初衷是为了建立去中心化、去信任的安全交易，IOTA 并未脱离这一范畴。IOTA 也被认为是区块链 3.0 的一种形式[①]。

图 7-10　Tangle 示意图

如图 7-10 所示，在 IOTA 中，交易无须打包在区块中，也无须以链式结构存储，而是由交易与交易直接相连，形成一个"缠结"的网络。每个参与者都有相同的激励和奖励，而无须建立角色和职责的层次结构。为了将交易加入到该网络中，参与者只需要执行少量的计算工作，具体而言：参与者必须先验证两个先前的交易，并在自己的交易中引用这两个交易，才能将交易提交到网络中；同样，所提交的交易需要被后续的交易参与者验证通过，方能生效。通过这种"付费转发"的交易验证系统，IOTA 无须提供经济奖励，就可以维持系统的运行。也就是说，在 IOTA 中进行交易始终是完全免费的。

IOTA 是针对物联网（Internet of Things，IoT）而设计的。物联网是一项通过网络技术将传感器、控制器和机器设备等连接起来的技术，通过物物相连实现机器设备智能化管理和控制的目的。物联网技术的发展和应用已经取得了显著的成果，然而，如何实现去中心化的可信数据通信对于物联网而言，仍是一个尚未解决的难题。区块链作为一项天然为去中心化交易而生的技术，非常适合用于物联网中解决这一痛点。然而，物联网由海量资源受限的设备组成，并且设备间的通信需要满足低延时需求，而传统的区块链技术不仅需要执行计算的大量算力，还需要耗费大量时间用于写入区块。

IOTA 不仅可以实现物联网设备之间的资产交易，还可以用于数据的安全存储，甚至可以跨多个捆绑或链接的交易传播大量信息。而这一切都无须金钱奖励。它通过精巧的设计，去掉了矿工的角色，取而代之的是所有需要写入交易的参与者，它们都有义务来维护系统的运行。同时，IOTA 也达到了交易扩容的目的，参与"缠结"的节点越多，交易也会越快被确认。具体实现细节，见第 10.2 节。

7.2.4　并行扩容

并行扩容是在保持原区块链系统架构的同时，通过增设子网、子链等手段，使部分交易可以转移到并行的其他网络中完成，包含闪电网络/雷电网络（状态通道）、楔入式侧链技术、二次分片、Plasma 等。

1. 闪电网络

2015 年，约瑟夫·庞恩（Joseph Poon）和塔志·追亚（Tadge Dryja）两位开发者发布了闪电网络白皮书[②]，首次提出了闪电网络的概念，其基本思想是建立交易方的微支付渠道（Micropayment Channels）网络，将小额交易带离比特币，从而促进比特币的交易吞吐量达

---

① 同样被认为是区块链 3.0 的还有 EOS，而公认的区块链 1.0、2.0 分别为比特币、以太坊。
② http://lightning.network/lightning-network-paper.pdf

到每秒百万笔。

1) 双向支付通道(Bidirectional Payment Channels)

闪电网络的基础是交易双方之间的双向支付通道,下面将从创建通道、交易方式、关闭通道和违规惩罚四方面进行介绍。

(1) 创建通道

首先构建一个未签名的基金交易(Unsigned Funding Transaction)。该交易的输出为2-2多重签名脚本,即动用这笔资金需要双方签名。交易双方交换"赞助"该笔基金交易的输入地址与随后用于签名的公钥。

闪电网络使用 SIGHASH NOINPUT 格式的交易来花费基金交易中的资金,确保交易可以在双方签署之前进行,这些交易被称为承诺交易(Commitment Transactions)。

如图 7-11 所示,假设 Alice 和 Bob 同意建立支付通道,双方各拿出 0.5BTC 用于创建基金交易。然后 Alice 创建一笔初始的承诺交易 C1b,该交易的输出为 Alice:0.5BTC,Bob:0.5BTC,Alice 对 C1b 签名后将该笔交易发送给 Bob;Bob 以同样的方式创建并签署 C1a,并发送给 Alice。双方交换完毕后,就可以对基金交易进行签名,并在比特币系统中广播。

要特别注意的是,承诺交易的两个输出分别为交付交易和可撤销交付交易,前者被广播后可以直接兑现,而后者需要等待一段时间方可兑现。例如,对于 Alice 创建的 C1b,其输出 Bob:0.5BTC 为交付交易,Alice:0.5BTC 则为可撤销交付交易。这个设计是为了"惩罚"率先关闭通道的用户,也是为了保护另一方的利益。

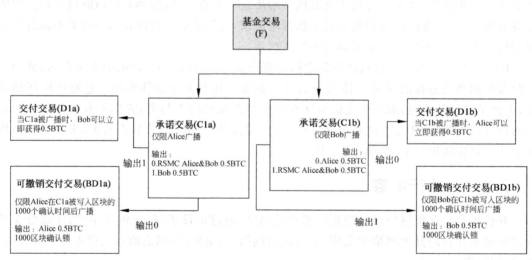

图 7-11 闪电网络创建通道

(2) 交易方式

为了进行交易,双方可以通过生成新的承诺交易,并将旧的承诺交易作废,以达到资金重新分配的目的。每组承诺交易使用自己的公钥,公钥不会重复使用。

假设 Alice 需要向 Bob 支付 0.1BTC,Alice 创建一笔新的承诺交易 C2b,该交易的输出为 Alice:0.4BTC,Bob:0.6BTC,Alice 对 C2b 签名后将该笔交易发送给 Bob;Bob 以同样的方式创建并签署 C2a,并发送给 Alice。

为了让 C1a 和 C1b 失效,双方可以交换用于 C1a 和 C1b 签名的私钥,或者创建并交换违约补偿交易(Breach Remedy Transaction)BR1a/BR1b。

(3) 关闭通道

任意一方广播承诺交易,即可关闭支付通道。闪电网络设计了一个序列到期可撤销合约(Revocable Sequence Maturity Contract,RSMC),该智能合约中规定:率先广播承诺交易的一方,需要等待一段时间才能拿到资金,而另一方则可以立即获得资金。具体的等待时长由双方事先商议。在图 7-11 所示例子中为 1000 个区块确认时间:Bob 在广播了最新的承诺交易 C1b 之后,Alice 可以立即获得 0.5BTC,而 Bob 需要等待 1000 个区块之后,广播一个可撤销交付交易(Revocable Delivery Transaction),获得 0.5BTC。

如果双方都同意关闭通道,可以创建一个结算交易(Exercise Settlement Transaction),经双方签名并广播后,双方都可以立即获得结算资金。

(4) 违规惩罚

如果有一方广播的承诺交易不是最新版本,那么将受到惩罚,失去所拥有的资金,通道中的全部资金都将属于另一方。例如,Bob 在广播了旧的承诺交易 C1b 之后,Alice 可以在 1000 个区块确认时间内提供 C1b 失效的证据,最终 Alice 将获得 1BTC,而 Bob 将一无所有。

2) 哈希时锁合约(Hashed Timelock Contract,HTLC)

RSMC 只支持最简单的无条件资金支付,HTLC 进一步实现了有条件的资金支付,通道余额的分配方式也因此变得更为复杂。

HTLC 的目的是通过哈希运算允许跨多个节点的全局状态。具体而言,它可以锁定一项交易,并以一个约定的时间(某个未来的区块高度)和承诺披露的知识作为解锁条件。通过这种方式,实现了网络中有条件的资金支付,不需要通道双方及网络中其他人之间建立信任。

如图 7-12 所示,假设 Alice 需要向 Dave 转账 0.01BTC,她可以通过 Bob、Carol 建立一条支付通道,沿着该通道的节点两两之间建立 HTLC 交易,且各交易的时锁递减。在该示例中,Alice 根据路由的长度,将她和 Bob 的 HTLC 交易的到期时间 T 设置为 3 天(实际应用时,T 为三天后的区块高度预估值)。在 Bob 和 Carol、Carol 和 Dave 之间也创建 HTLC 交易,并分别设置 T 为 2 天、1 天。Dave 如果在 1 天内向 Carol 披露一个秘密 R,即可获得 0.01BTC。Carol、Bob 按时传递 R,分别从 Bob、Alice 处获得 0.01BTC(以及手续费)。通过这种方式,Alice 完成了 Dave 的转账。检验 R 的方式是对 R 作哈希运算,得到 H(R),与提款条件相比较,如果两值相等,则检验通过。

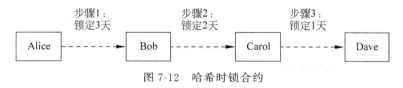

图 7-12 哈希时锁合约

由于到期时间 T、提款条件 H(R)、支付金额、支付方向的不同,同一个通道上可以同时存在多个活动的 HTLC 合约,加上唯一的通过 RSMC 协议商定的无条件资金余额,余额分配方式会变得相当复杂。

引入 HTLC 后,任何一方仍然能关闭通道。

2. 楔入式侧链技术（Pegged Sidechains）

侧链被定义为可以验证来自其他区块链数据的区块链,它采用一种叫作"SPV 楔入"的方法,允许用户在比特币系统之外的其他区块链使用资产。比特币系统被称为"父链",而其他区块链被称为"侧链"。侧链技术本是针对比特币系统而提出的,但目前也出现了非比特币的侧链。侧链虽然依赖于父链,然而侧链的事务处理与父链完全独立。通过采用侧链,用户能用已有的资产来使用新的加密货币系统。人们不必再担忧已有的区块链系统难于采纳创新和适应新需求,只要创造一个侧链,然后对接到该区块链即可解决该问题。由于侧链是一个独立的、隔离的系统,侧链出现的严重问题只会影响侧链本身,而不会影响父链,这极大地降低了创新的风险和成本。

侧链的工作基础是简单支付验证 SPV 证明,它是一种动态成员多方签名（Dynamic Membership Multi-party Signature,DMMS）,发生在基于工作量证明的区块链中（如比特币系统）。一个 SPV 证明包含一个展示工作量证明的区块头列表和一个表明列表的某一区块中存在某项输出的密码学证明。基于 SPV 证明,无须运行全节点即可验证支付信息。

根据资金从父链流入侧链时,侧链是否需要父链的 SPV 证明,侧链可分为对称与不对称两种。图 7-13 是一个对称楔入式侧链示例。为了将父链上的资金转移到侧链,首先需要将这笔资金转到父链上的一个特殊输出,该输出只能由侧链的 SPV 证明来解锁。然后用户等待一个确认期后,在侧链创建一个引用该输出的交易,并提供该输出已被父链上足够工作量证明覆盖的 SPV 证明。显而易见的是,确认期越长,父链的交易得到确认的概率越大,侧链系统越安全,不过随之而来的问题是,跨链交易时间也会随之延长。所以,确认期的长度需要由侧链而定,在跨链交易速度与安全性之间权衡。接着用户需要等待一个竞赛期,在此期间如果收到新的 SPV 证明,且比之前的 SPV 证明有更多工作量证明,那么将替代原来的 SPV 证明。这是为了防止双花攻击。竞赛期结束后,用户就可以在侧链上自由使用这笔资金了。

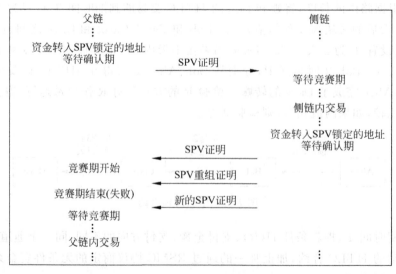

图 7-13　对称楔入式侧链示例

值得一提的是，由于楔入式侧链可能会从很多区块链转移资产，且无法确定所转移区块链是否安全可靠，因此，不同类型的资产不可相互兑换对于确保楔入式侧链的安全非常重要。否则，恶意用户可以通过创建一条资产毫无价值的无价值链与比特币区块链进行资产转移，将某种无价值资产移到一个侧链，再把它和比特币进行兑换。为了应对这种情况，侧链必须将不同资产设置为不同的资产类型。也就是说，资金在侧链上依然保持自己"父链币"的身份，只能转回到相应的父链，并且侧链不允许来自不同父链的币之间进行交易或兑换。

当用户想把币从侧链上转回父链时，需要经历相同的过程：在子链上将这笔资金发送到一个特殊输出，产生一个 SPV 证明给父链，用于解锁父链上的等额资金。

另一种方案是非对称楔入式侧链：这种方式下，侧链可以对父链完全验证，一方面，所有的验证者都知道父链的状态，从父链向侧链的转移不需要 SPV 证明。但另一方面，由于父链并不知道侧链的存在，所以资产转回到父链时需要有 SPV 证明。这一方案对侧链系统安全性有所改进：通过采用这一方案，即使 51% 攻击者也没法错误地将币从父链转移到侧链，因为侧链可以对父链完全验证，不过，相应的代价是迫使侧链的验证者去追踪父链，同时也意味着发生在父链的重组也可能导致侧链发生重组。

侧链最大的优势是可以让用户访问大量的新型服务。例如，你可以将比特币移动到另一个区块链上，从而利用相应区块链的隐私特性、更快的交易速度和智能合约。侧链还有其他用途。侧链可以提供一种更安全的方式来升级一个协议，或者它可以作为一种安全的防火墙，这样当一个侧链发生灾难性的问题时，主链也不会受到影响。

在侧链白皮书中，作者提议让父链和侧链相互作数据的 SPV 验证，进而确保跨链的安全。由于不能指望父链能看到每条侧链，为了证明所有权，用户必须从侧链导入工作量的证明到父链。在对称式双向楔入中，用户还必须从父链导入工作量的证明到侧链。

3. 二次分片（Quadratic Sharding）

"分片/二次分片"（Sharding/Quadratic Sharding）是以太坊创始人维塔利克·布特林（Vitalik Buterin）为了解决以太坊网络扩容问题而设计的一种技术方案[1]。分片原本指一种数据库扩展方案，它把数据库横向扩展到多个物理节点上，其目的是为了突破单节点数据库服务的 I/O 能力限制；而区块链的分片方案是将原来的单条区块链进行二次扩展，以突破单个节点的计算能力限制。

1）基本思想

在介绍分片方案之前，首先给出一组定义[2]。

（1）状态（State）：表示系统"当前状态"的一组信息。确定交易是否有效以及交易的效果应该仅取决于状态。在比特币中，状态以未花费交易（UTXO）表示，而以太坊则为 "balances+nonces+code+storage"，以及域名币[3]的域名注册表项。

（2）历史（History）：自创世以来发生的所有交易的有序列表。当前状态应该是创世状

---

[1] https://github.com/ethereum/sharding/blob/develop/docs/doc.md
[2] https://github.com/ethereum/wiki/wiki/Sharding-FAQ
[3] Namecoin，一个基于区块链技术的分布式域名系统。

态和历史的确定性函数。

(3) 收据(Receipt)：表示事务效果(Effect)的对象。它不直接存储在状态中，而是存储在默克尔树中，并提交到 Block Header 或状态中的特定位置，以便稍后被节点校验其有效性，即使节点没有全部数据。在以太坊中，日志为收据；在分片模型中，收据用于异步跨分片通信。

(4) 状态根(State Root)：表示状态的默克尔树的根哈希。图 7-14 为以太坊 1.0 的状态根。

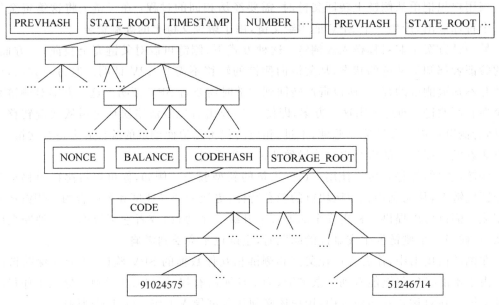

图 7-14　以太坊 1.0 的状态根

假设用变量 c 来表示一个节点的有效计算能力，那么在一个普通的区块链里，交易容量就被限定为 $O(c)$，因为每个节点都必须处理所有的交易。

分片的基本思想是，将状态和历史分为 $K=O(n/c)$ 分区，称之为"分片"。例如，将所有以 0x00 开头的地址放入一个分片，所有以 0x01 开头的地址放入另一个分片，以此类推。每个分片具有自己的交易历史，某些分片中的交易仅限于该分片的状态。一个简单的例子是包含 K 个分片的多资产区块链，每个分片存储余额并处理与一个特定资产相关联的交易。在更高级的分片中，还包括某种形式的跨分片通信功能，其中一个分片上的交易可以触发其他分片上的事件。

2) 具体方案

分片通过一种双层的设计来增加交易容量。其中，第一层是主链，其结构和当前的以太坊一样，不需要硬分叉。不过，一个被称为校验器管理合约(Validator Manager Contract，VMC)的智能合约需要被发布到主链上，它用来维持分片系统。通过这个合约，以太坊被划分为多个分片(目前为 100)，每个分片都像是个独立的"银河"：具有自己独立的账户空间，交易需要指定它们自己应该被发布到哪个分片中。

在分片 k 上，存在被称为校验者(Collators)的节点，它们接收分片 k 上的数据，并且创建校验块(Collations)。校验块头部(Collation Header)中写入分片 id、父校验块的 hash 值和 Merkle 根等信息。每个分片上的校验块组成一条链,就像区块组成区块链一样。

主链依然存在,但主链的作用仅限于存储所有分片的校验块头部。分片 k 的一个校验块是否有效,取决于其头部是否已经被写入规范主链(Canonical Main-chain)。因此,分片 k 的"规范链"(Canonical Chain)是最长有效链,即头部被写入规范主链的最长链。

由此可见,主链上的区块、矿工,在分片上相对的是校验块和校验者。在主链上,矿工基于 PoW、PoS 等共识算法生成区块,在分片上校验者则基于 VMC 来生成校验块(如表 7-3 所示)。

表 7-3 分片与主链的角色对比

主 链	分 片
区块(Block)	校验块(Collation)
矿工(Miner)	校验者(Collator)
PoW,PoS…	发布到主链的校验器管理合约 VMC

VMC 提供以下函数。

(1) deposit(address validationCodeAddr, address returnAddr) returns uint256:添加一个校验器到校验器集合中。

(2) withdraw(uint256 validatorIndex, bytes sig) returns bool:校验签名的正确性,如果正确,它会将校验器从校验器集合中移除,并退还存入的以太币。

(3) getEligibleProposer(uint256 shardId, uint256 period) returns address:使用一个区块哈希(Block Hash)作为种子,基于预设的算法从校验器集合中选择一个签名者(Signer)。校验器被选中几率应该与其存款数量成正比。

(4) addHeader(bytes header) returns bool:尝试添加一个 collation header,成功时返回 true,失败时返回 false。

(5) getShardHead(uint256 shardId) returns bytes32:返回指定分片的头部哈希。

在校验块中,存在两棵 Merkle 树:一棵为交易树,另一棵为收据树。校验块与区块一样分为 header 和 body 两部分,图 7-15 为结构示意图。其中 header 左半部分包括:

(1) Shard ID:分片的唯一标识符;

(2) Pre-state root:交易提交前,分片的状态根(包含所有账户信息的状态 hash 树的根);

(3) Post state root:交易提交后,分片的状态根;

(4) Receipt root:交易提交后,分片的收据根。

Shard ID:33	<sig #6234>	<sig #7842>
Pre State:a27u32f5	<sig #5533>	<sig #4891>
Post State:e0143o34		
Tx Root:4232hBda2	<sig #9632>	<sig #0853>
Receipt root:h8273d63	<sig #2156>	<sig #6709>
TX a33f	TX t079	TX u90w
TX 9iu8	TX 12eu	TX kj65
TX k78e	TX 54bf	TX 37y8
TX d983	TX 253o	TX 965c

图 7-15 校验块结构示意图

右半部分为随机选取的校验者,以签名表示。

body 部分为该校验区块包含的所有交易。

在主链区块中,同样存在两棵 Merkle 树:一棵为状态树,另一棵为交易组树。分片模型中的主链区块和普通区块链的区块类似,不同之处在于它记录的是交易组而不是交易[①]。如图 7-16 所示,图中上部为主链区块组成的链式结构,其中 State Root、Txgroup Root 分别为两棵 Merkle 树的根 hash 值。在状态树中,每个叶子节点记录一个分片的状态哈希值;在交易组树中,每个叶子节点记录一个分片的交易树根哈希值。

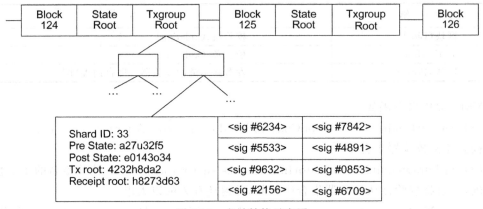

图 7-16 主链结构示意图

分片模型通过收据实现异步的跨分片通信,如图 7-17 所示。

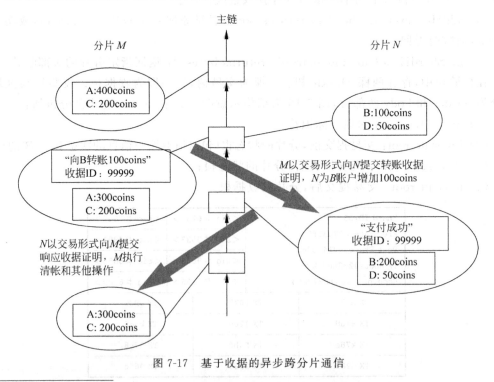

图 7-17 基于收据的异步跨分片通信

---

① https://blockgeeks.com/guides/what-are-ethereum-nodes-and-sharding/

假设分片 M 上的 A 账户要向分片 N 上的 B 账户转账 100coins。首先在 M 上对 A 扣款,并生成向 B 转账的收据,然后将收据的证明发送给分片 B,生成相应的交易。分片 B 检查收据证明后,将 B 的账户增加 100coins,并生成支付成功的收据,然后将收据证明发送给分片 M,生成相应的交易。分片 M 收到后执行清账和其他操作。

4. Plasma:可扩展的自主智能合约

Plasma 由维塔利克·布特林(Vitalik Buterin)和比特币闪电网络的共同创始人约瑟夫·庞恩(Joseph Poon)于 2017 年 8 月作为一种以太坊的扩容方案而提出[①]。该方案声称,可以使以太坊能够通过激励和强制实施的智能合约来代表大量分散的金融应用。此外,它还向以太坊引入了 PoS 共识,有可能为中心化数据存储提供分布式替代方案。

Plasma 由两个关键部分组成:将所有区块链计算重构为一组 MapReduce 函数;以及基于对中本聪共识减少扣块攻击的认知,提供一种在现有区块链之上采用 PoS 机制的可选方案。

实现非全局数据的全局执行的最大复杂性是数据可用性和扣块攻击,Plasma 通过允许退出错误的链,同时创建机制来激励和执行持续正确的数据,以应对相关问题。

通过 Plasma 智能合约,区块链将被组织为树状层次结构,每个节点都是一个独立的区块链系统,拥有完整的区块链历史。如图 7-18 所示,任何人都可以通过调用发布在根链上 Plasma 智能合约,来创建自定义的 Plasma 链,以实现多种用途,如去中心化交易、社交网络、私链、微支付等。其中,根链强制(Enforce)Plasma 链中的状态,同时它也是全局范围内所有计算的执行者,但实际上只有在收到欺诈证明的情况下才执行计算和处罚。Plasma 链可以执行独立的计算,拥有独立的商业逻辑和智能合约条款。

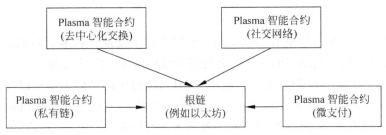

图 7-18 基于 Plasma 智能合约的树状区块链

Plasma 由五个关键部分组成:
- 一个以经济高效的方式持续计算合约的激励层;
- 一个将子链组织为树状的结构,以实现低成本效率和交易的净结算最大化;
- 一个 MapReduce 计算框架,用于构建欺诈证明,同时支持可扩展的状态转换;
- 一种依赖于根区块链的共识机制,尝试复制中本聪共识激励结果[②];

[①] Poon Joseph, Vitalik Buterin. Plasma: Scalable Autonomous Smart Contracts. White paper (2017).
[②] 中本聪共识是比特币和以太坊等多个区块链系统都采用的共识机制,它的工作原理如下:在大致固定的时间间隔内,通过网络选举产生一名领导,该领导提出下一个区块的提案。然后他将该区块信息广播给各网络节点,由各节点决定接受或拒绝它。领导者提出尊重系统规则的有效提案,而获得奖励。

- 一个位图 UTXO 承诺结构(Bitmap-UTXO Commitment Structure)，在最大限度地降低批量退出成本的同时，可以在根区块链上准确地转换状态。

在数据不可用时或其他拜占庭行为发生时，允许用户退出，是 Plasma 运作中的关键设计点之一。

1) Plasma 链

如图 7-19 所示，Plasma 区块链是包含在一个区块链中的区块链。该系统的运行依赖于有担保的欺诈证明(Bonded Fraud Proofs)。Plasma 区块链并不向根链(例如以太坊)披露自己的区块内容，相反，其区块头部的哈希值会提交到根链上。如果有人向根链提交欺诈证据，证明该区块非法，则该区块将被回滚，其创建者也会受到处罚，例如失去保证金。图中区块♯1 与♯2 是旧块，区块♯3 是在根链上传播并提交的最新块。Alice 在根链上没有账本余额(Ledger Balance)，她的账本 Plasma 链上，根链上的余额代表的是智能合约强制执行 Plasma 链的结果。

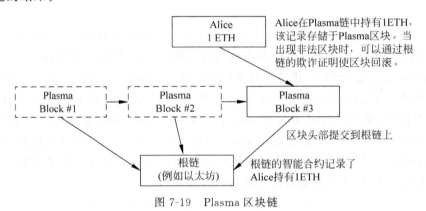

图 7-19　Plasma 区块链

通过根链上一系列的智能合约，Plasma 系统构建了反欺诈机制，以削减欺诈或者非拜占庭行为。类似于闪电网络，Plasma 链上的资金撤出需要一定的时间。申请撤出资金的参与者需要提供一个 UTXO 形式的账本输出。随后，网络中的任何人都可以提交一个可选的有担保的证明，证明资金是否已经被花费。如果这笔资金非法，那么撤出将被终止。如果这段时间过去后，没有收到非法的证明，那么参与者就可以在父链上恢复自己的资金。即使在最坏的情况下，参与者也可以在根链上恢复资金。

当发生扣块攻击时，参与者可以快速和低成本地进行批量退出。图 7-20 描述了扣块攻击下的资金撤出情形。区块(♯4)是被扣下并提交到根链上的区块。但是 Alice 无法检索到♯4 区块。她可以向根链广播自己的资金证明，并在等待一段时间后，成功撤回自己的资金。

2) Plasma 树状结构

Plasma 将区块链组织为树状结构，子链上的状态转移被阶段性地提交到父链上，层层向下，而退出可以被提交到任意一个父链上，最终被提交到根链上，如图 7-21 所示。这是一个类似于法院的系统。类比我国的法院体系，根链就是最高人民法院，其他层的子链为高级人民法院、中级人民法院、基层人民法院。如果对基层人民法院判决和裁定的案件提出上诉，则由中级人民法院进行审判；对于 Plasma 链而言，则是如果一个子链出现了拜占庭故障，其参与者可以选择任意一个父链或者根链，继续执行操作或者以当前状态退出。

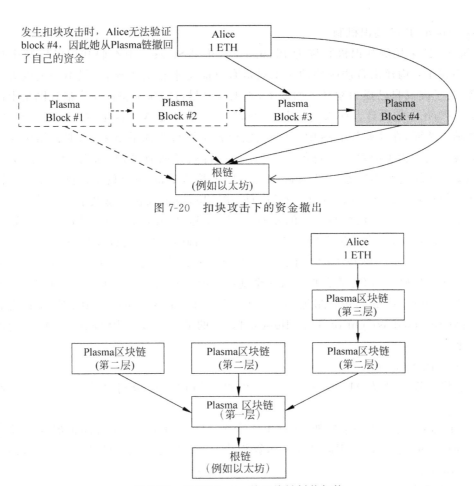

图 7-20　扣块攻击下的资金撤出

图 7-21　基于 Plasma 的区块链树状架构

图 7-22 中,第二层的#3 区块链发生了拜占庭故障。其子链(位于第三层的区块链)的参与者可以向其父链/根链提交证据(右边的虚线),集体迁移到另一个父链上(左边的虚线)。

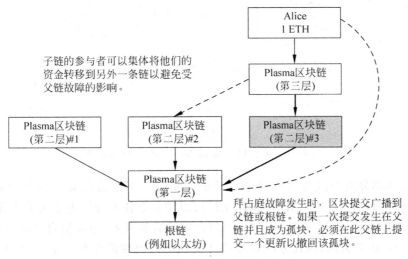

图 7-22　拜占庭故障时的资产迁移

3) Plasma PoS 共识机制

Plasma 链采用的共识机制称为 Plasma Proof-of-Stake。中本聪共识可以减少扣块攻击的原因在于：构建出合法区块的矿工只是有可能是本轮的领导者，但不一定成为真正的领导者，为了提高自己成为领导者的概率，矿工需要尽可能快地将区块广播到网络上的其他节点上。Plasma 的设计者认为这是中本聪机制的一大贡献或者说是主要贡献，于是尝试复制此激励。然而，在原始的 PoS 中，每一轮领导者是被直接选举出来的，那么扣块攻击问题可能会被放大。为了应对这一问题，Plasma 链允许权益所有者（Stakeholders）向父链或者根链提交新区块的承诺哈希。Plasma 链上的验证者（Validators）只能在自己充分验证过的区块之上创建新的区块，验证者可以并行地创建区块，以最大化信息共享。通过一个激励机制来使得最近 100 个区块按照当前的权益份额（Stake Ratio）来分配，具体而言：如果在最近的 100 个区块中，一个验证者所创建的区块比例精确地等于其权益份额（例如，权益份额为 0.03，那么是 100 个区块中的 3 个区块），则这个验证者会获得奖励。那些表现欠佳的验证者不能获得奖励，这部分资金将进入一个池中，作为下一阶段的酬金。在每个区块中存在一个承诺（Commitment），包含最近的 100 个区块（和一个 Nonce）。正确的链是拥有总加权酬金最高（Summed Weight of The Highest Fees）的链。经过一段时间后，主链就会被最终确定下来。

4) MapReduce 区块链

通过将计算构建为 MapReduce 模式，可以容易地在层级树结构中设计计算和状态转移。

MapReduce 提供了一个框架，允许上千个节点并行工作，以实现高扩展性的计算。区块链面临相同的问题，以实现高性能的运算规模，但还需要生成额外的计算证明（Proofs of Computation）。

图 7-23 为基于 Plasma 的 MapReduce 计算框架。

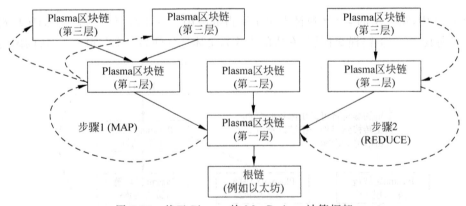

图 7-23 基于 Plasma 的 MapReduce 计算框架

其中，左半部分的虚线为父链发送给子链的信息。子链需在 n 个区块时间内响应父链，否则该链将面临停止。在 Map 阶段，父链可以把复杂任务分解为多项子任务，把用于计算的数据作为输入，发送给子链；子链也可以进一步分解任务，分配给自己的子链。以经典的 Word Count 任务为例，该任务内容是统计文档中词出现的次数。第一层的父链给其位于第二层的子链各发送一本书，第二层的子链则将一本书拆分为章节，给位于第三层的子链各发送一个章节。

右半部分的虚线为子链发送给父链的信息。在 Reduce 阶段,子链将任务执行结果以及包含状态转换的 Merkle 证明返回给父链。假设第三层(Tree Depth)的子链对某个章节进行计算处理后,将统计结果(词列表)发送给第二层的父链。父链汇总收到的子链信息,进一步提交给第一层的父链。如此,就完成了 Map Reduce 任务。除非某个区块是无效的,需要提供相关证明,其他情况下子链仅需周期性地向主链提交很小的数据量。

在这个高扩展性的计算框架下,并不要求各个节点都是值得信任的诚实节点,而是通过欺诈证明机制来约束各个节点的行为,即将计算打包在有保证金的证明中,从而鼓励参与人保持诚实。如果一个计算结果被证明是无效的,那么提交者的保证金将被罚没。如果一项计算的结果没有人关注,那么它就被默认为正确的,或者正确或不正确都不重要。计算可以被开放网络上所有参与者关注,但是利益相关者或者需要正确计算的人会周期性地监督区块链以保证结果的正确性。这样的好处是,参与者只需关注与自身利益相关的 Plasma 链。例如,在一个去中心化的交易所,交易者并不关注其他人的订单,而是将其他链的交易看作一个整体,只验证自己交易所在链的正确性。再比如,通过 Plasma 链创建一个 BBS,只接收自己关注的主题更新。

5)经济激励

Plasma 提供了一种每个人都可以创建子区块链,并以经济激励维持持久化的去中心化自治区块链(Persistent Decentralized Autonomous Blockchains)的机制。每个 Plasma 链都可以表示为一组智能合约,这些合约中规定了共识机制、欺诈证明机制的细节。只有对于简单的合约或商业逻辑,原生代币(如 ETH)才可以用来作为 Plasma 链的权益证明。为了避免拜占庭错误,尤其是为了保证正确性(Correctness)和活性(Liveness),理想情况下每个合约都应发行自己的代币。代币代表的是运行这个合约的网络效应,同时激励参与者最大化地保证这个合约的安全性。因为 Plasma 采用 PoS 机制,权益所有者的拜占庭行为或错误行为将会导致代币价值受损,从而损伤自身利益。

提供押金的权益所有者(无论是代币还是 ETH)受到激励来持续地运营网络,因为它们能收到运营网络的交易费。这些交易费又被支付给网络中的权益所有者,激励他们避免 Byzantine 行为,维持代币的长期价值。

7.3 制约因素

本节主要讨论制约区块链扩容方案的主要因素,分为网络负载与节点性能两方面。前者主要关注区块链网络整体性能,后者侧重于单个节点的性能。

7.3.1 网络负载

一般而言,区块链系统基于 P2P 网络而搭建,采用非集中式的拓扑结构,其优点是维护简单,面对网络的动态变化具有较好的容错能力,缺点是随着节点的不断增多,网络规模不断扩大,区块传播性能有所下降,因而有必要研究当前区块链网络状况是否可以承载网络参数——区块容量和区块频率的提高。

1. 区块容量

德克尔(Decker)等人[50]对 2012 年比特币网络的区块传播状况进行了度量,他们的分析结果表明,对于较大的区块(超过 20KB),其传播时间呈线性增长趋势。对于当时的比特币网络,90% 节点能接收到区块的平均耗时是 26 秒,考虑到当时平均区块大小为 87KB,这个传播速度并不算快。这意味着如果当时出现 1MB 的"大"区块,需要花 5 分钟将区块传播到 90% 节点。

随着网络状况的改善,区块传播效率有所增长。来自 7 家知名大学与研究机构的 12 位研究人员进一步分析了 2014 年和 2015 年比特币网络的区块传播状况。他们提出了"X% 有效吞吐量"(X% Effective Throughput)的度量标准,用于衡量区块传播效率,其定义如下:

$$X\% \; effective \; throughput = \frac{block \; size}{X\% \; block \; propagation \; delay}$$

他们通过分析发现,按照平均 10 分钟的区块生成区间,如果在一个区间内要达到 50% 有效吞吐量,即至少 50% 的节点能接收到区块,则区块大小最多不能超过 38MB;如果要达到 90% 有效吞吐量,则区块大小最多不能超过 4MB。

2. 区块频率

区块的生成频率同样会影响 X% 有效吞吐量。研究者们还发现,有效吞吐量受区块大小和区块间隔的限制,满足

$$\frac{block \; size}{X\% \; effective \; throughput} < block \; interval$$

以 80KB 的区块为例,如果要达到 90% 有效吞吐量,则区块生成间隔不得低于 12 秒。从网络负载来看,无论是扩大区块容量,还是提高区块生成频率,都不能无限制地提高网络参数,否则矿工挖掘出孤立块的概率增加,导致资源浪费和系统的不安全性。

7.3.2 节点瓶颈

节点是处理区块链系统交易的独立工作单元,它们的工作效率直接影响区块链系统的运营效率。

1. 节点性能

每一条交易都需要被节点验证、传播,才能被写入区块链账本中。因此理论上,节点带宽也会影响区块链系统的性能。根据分析,现有比特币的节点平均带宽完全高于实际需要的网络传播效率,提高比特币网络传播效率首先应该从其他方面入手,如优化网络结构、优化交易处理流程等。不过,如果考虑到将区块链技术应用于节点计算资源和网络带宽受限、能耗要求低的物联网中,或者考虑当区块链系统的性能提高到 Visa 的 TPS 水准时,无疑节点带宽也将成为约束因素。

2. 存储成本

区块链的本质是分布式账本,为了支撑区块链系统的日常运营,需要运行足够数量的全

节点,它们存储了全部的账本信息。从节点瓶颈来看,区块容量的增加和区块频率的提高意味着节点需要下载、存储和验证更多的区块,而那些不参与挖矿的全节点不能从维护比特币系统中获得任何直接收益。随着成本的上升,或许会造成全节点数量的下降,这对区块链系统的长期发展是不利的。

以比特币为例。研究者通过比较几种比特币数据的常用存储方案,包括本地存储方案与云存储方案,认为 CPU+SSD 的组合是最经济的方案,其中 SSD 表示固态硬盘(Solid State Disk)。以该方案为例,一台高性能终端(例如 Intel Corei7,3.4GHz,8 个虚拟内核)大约价值 300 美元,容量 200GB 的 SSD 大约 10011 美元。假设使用年限为三年,则设备成本约为 $4.23×10^{-6}$ 美元/秒。此外,按 40W 的耗电量和 15 美分/(kW·h)的价格,还可计算出耗电成本约为 $1.67×10^{-6}$ 美元/秒。综上可以计算得出,每天全节点的运行成本总和约为 5862.24 美元,这是相当大的一笔开支。考虑到电费单价的节节攀升,这个成本还会逐年增长。事实上,成本的上升已经造成节点数量下降。据 2017 年 12 月 17 日的数据,比特币系统中的全节点个数大约为 11 500 个[①],而数据总量约 147GB[②];而时隔约一年后,据 2018 年 12 月 5 日的数据,比特币系统中的全节点个数大约为 9700 个,下降约 16%,而与此同时数据总量却增幅超过 31%,达到 193GB。

7.4 衍生问题:安全问题

区块链的安全性研究,包括安全体系架构、数据可靠性、用户隐私保护、常见攻击手段等,是较热门的一类研究问题,详见本书第八章。区块链扩容方案的应用,可能会引入更多的安全隐患。本节专门针对扩容安全性展开讨论。

7.4.1 高交易量安全问题

2014 年,康奈尔大学的研究人员指出,攻击者只需 33% 的算力就可通过自私挖矿导致比特币系统不安全,而不是人们普遍认为的 51%。对网络区块传播状况的分析表明,在高交易吞吐量时,系统的安全性将降为 0,例如遭受双花攻击,即攻击者将已花费交易伪造为未花费交易。随着区块大小或生成频率的提高,将会引起系统交易吞吐量的上升,提高产生分叉的概率,并降低系统安全性,如图 7-24 所示。提高交易吞吐量是区块链系统发展的必然趋势,为了解决高吞吐量引发的安全问题,研究者对原始的主链判定协议进行了修改,提出了 GHOST、SPECTRE 和 PHANTOM 等协议。

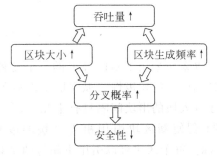

图 7-24 高交易吞吐量对系统安全性的影响

---

① https://bitnodes.earn.com/
② https://blockchain.info/charts/blocks-size

1. GHOST 协议

比特币采用工作量证明机制,由矿工相互竞争求解复杂的数学难题,率先解出答案的矿工获得本轮的区块生成权。然而,如果两个(或多个)矿工同时解开难题,比特币就会产生分叉。出现分叉后,矿工需要按照一定规则选择主链,并在主链上继续工作。比特币采用的协议是寻找累计工作量证明最大的链。由于工作难度在一个阶段内不变,该协议也称为最长链规则(Longest Chain Rule),即将长度最长的链作为主链。

如前所述,在高交易吞吐量下,由于区块传播延时,比特币分叉的概率会大为提高。图 7-25 描述了一个由诚实网络创建高分叉区块树的场景。以 A、B、C、D、E 为矿工的编号,其中 A 为攻击者,其余为诚实节点。攻击者私下创建了一个明显长于诚实网络最长链(以 5B 结尾的链条)的 6 个块的链(表示为 1A,2A,…,6A),在最长链规则下,其将替代诚实网络成为主链。对于接受零确认交易(Zero-confirmation Transactions)的节点,它们无须等待 6 个区块确认时间,只要交易的输入是 UTXO,就可以确认交易完成,攻击者可以利用这一漏洞进行双花攻击。

为了解决这一问题,研究者们提出了 GHOST(Greedy Heaviest-Observed Sub-Tree)[51]。在该协议下,当分叉出现时,节点应选择累计子节点工作量最大的链条。以图 7-25 为例,当攻击者与诚实节点各自生成的区块产生分叉时,节点会选择诚实节点的区块(1B),因为区块 1B 的子节点远多于区块 1A 的子节点。

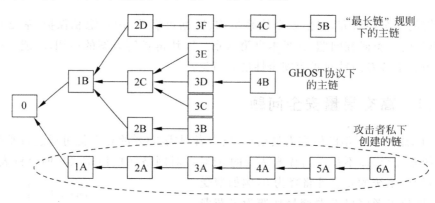

图 7-25　GHOST 协议示例[51]

以太坊采用了 GHOST 的一个变种,对孤立块(也称孤块)加以利用,提高了系统的安全性和矿工的积极性。孤立块是指不在主链上的区块。在比特币中,这些区块会完全废弃。由于以太坊的出块间隔只有十几秒,会产生大量的孤立块,因此以太坊建立了一种经济激励机制,促使新区块引用祖先区块的废弃后代区块。这些被引用的区块称为叔块(Uncle Block),每个区块可以引用不超过两个叔块;叔块可以获得 7/8 的挖矿奖励,引用叔块的区块获得剩下的 1/8。叔块的产生,还使以太币的日产量得以额外提高。不过叔块中的交易并不是有效的,它们需要重新进入交易池,等待被主链中的区块选择。

2. SPECTRE 协议

Ghost 作者进一步提出了 SPECTRE 协议,证明了在高交易吞吐量下,该协议仍保持

50%的安全阈值，即只要攻击者的算力不超过全网50%，系统仍然可以维持安全性。

首先，他们将比特币区块表示为一个有向无环图（DAG），图中节点不仅包括主链上的区块，也包括那些不在主链上、被废弃的区块，每个区块都可以指向多个区块，称为blockDAG。具体而言，他们修改了区块头部结构。在原始的比特币协议中，每个区块的头部包含了对上一个区块的引用。而在这个新方案中，区块头部包含了所有未被其他区块引用，并且合法的区块引用。

在blockDAG中，区块之间构成了因果顺序。对区块x而言，以$\text{Past}(x)$表示在x之前出现，可由x到达的区块集合，$\text{Future}(x)$表示在x之后出现，可到达x的区块集合。当比特币出现分叉，需要判断主链时，SPECTRE采用了一种基于区块投票的方法。设x和y为分叉的两个区块，以$x<y$表示x获胜，$y<x$表示y获胜。以区块B为例，比特币网络中的所有区块将按照以下规则进行投票。

（1）如果$x,y \in \text{Past}(B)$，则依据$\text{Past}(B)$多数派结果进行投票。
（2）如果$x \in \text{Past}(B)$且$y \notin \text{Past}(B)$，则投$x<y$。
（3）如果$y \in \text{Past}(B)$且$x \notin \text{Past}(B)$，则投$y<x$。
（4）如果$x,y \notin \text{Past}(B)$，则依据$\text{Future}(B)$多数派结果进行投票。

图7-26描述了一个比特币区块构成的DAG。区块x和6~8投票$x<y$，而区块y和9~11投票$y<x$。区块12依据$\text{Past}(12)$（除10~12以外的其他区块）的选择，投票$x<y$。区块1~5依据$\text{Future}(.)$的选择，投票$x<y$。最终x将获胜而成为主链的一员。

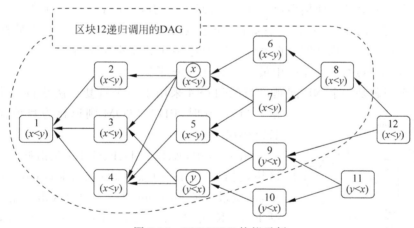

图7-26 SPECTRE协议示例

3. PHANTOM协议

继GHOST协议和SPECTRE协议之后，研究者还提出了PHANTOM协议。该协议同样是基于blockDAG而提出的，但与之前的工作不同，它致力于明确建立区块与区块、交易与交易的线性序列。

原始的区块链架构中，区块被组织为链式结构，当遇到分叉时，节点基于最长链协议来确定主链，因此区块之间天然地具有先后顺序。然而在blockDAG中，这种顺序难以被确定。PHANTOM的主要贡献在于：在诚实节点占大多数的前提下，即使在高区块产生率下，给定两个被加入blockDAG的交易tx1和tx2，基于PHANTOM建立的顺序关系发生改变的概率随着时间增长呈指数下降。

如图 7-27 所示，对于区块 H，其他的区块可分为四类。

1) past(H) = {Genesis, C, D, E}——被 H 直接或间接引用的区块，一定是在 H 之前被创建的。

2) future(H) = {J, K, M}——直接或间接引用了 H 的区块，一定是在 H 之后被创建的。

3) anticone(H) = {B, F, I, L}——不能确认与 H 先后顺序的区块。

4) tips(G) = {J, L, M}——blockDAG 中的叶子节点，可能会被下一个区块引用的区块。

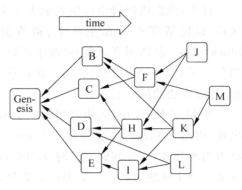

图 7-27　区块分类示例

显然，PHANTOM 要解决的难点是 anticone(H) 与 H 的顺序关系。在诚实节点占大多数的前提下，由于诚实节点之间良好的通信与合作，在区块构成的 DAG 中，必然存在由诚实节点创建的"well-connected"的子图。因此，只需寻找到这个子图，问题就迎刃而解。

对于一个 DAG $G=(C, E)$，PHANTOM 协议的作者将满足以下条件的子集 $S \subseteq G$ 定义为一个 k-cluster：

$$\forall B \in S: |antibone(B) \cap S| \leq k$$

攻击节点可能会随意地偏离挖矿规则，它们生成的区块可能具有较大的 anticone，甚至人为地增加诚实块的 anticone。尽管如此，由于诚实节点拥有更多的工作证明能力，恶意节点通常不可能创建一组比诚实节点创建的区块连接性更好的区块结合。PHANTOM 利用这一事实，求解 DAG $G=(C, E)$ 中最大的 k-cluster 子集。

由于这个问题是一个 NP 问题，PHANTOM 采用了一个贪婪算法获得一个近似最优解。当 $k=0$ 时，PHANTOM 则退化为目前比特币的最长链协议。

图 7-28 中，A、B、C、D、F、G、I、J 是由诚实节点挖掘的区块，它们组成了一个 $k=3$ 的最大 k-cluster，在这个子集中，区块最大的 anticone 为 3。而由攻击者挖掘的区块包括 E、H、K，最大的区块 anticone 为 6。例如，区块 E 的 anticone(E) = (B, C, D, F, G, I)，区块 K 的 anticone(K) = (B, C, G, F, I, J)。这说明攻击者在收到 B、C、F、I 等区块后，违背了挖矿规则，没有让自己的区块指向这些区块。在 PHANTOM 协议下，诚实区块组成的子集将作为主链。

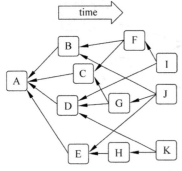

图 7-28　PHANTOM 示例分类

7.4.2　中心化

区块链的设计理念是去中心化的分布式账本，然而现在它正在逐渐陷入中心化的困境。大区块带来的区块和带宽成本增长，使得拥有更强大处理能力的少数节点（如矿池、交易所等）优势进一步上升，从而加剧中心化程度的提升。

1. 算力中心化

通过对 2010—2014 年比特币区块的分析，研究者发现了算力中心化逐年增长的趋势。图 7-29 是 2017-12-18 比特币哈希率的分布状况。排名前列的 BTC.com、AntPool、ViaBTC、BTC.TOP 以及 SlushPool 等大矿池所占据的算力总和已经超过了 70%，由此可见目前大部分算力已被掌握在少数几个大矿池手中。

究其原因，比特币采用的共识机制为 POW，在一轮竞争中，矿工需要成为最早找到某个随机数的赢家，才能获得收益，而拥有强大计算能力的矿池更有可能成为赢家。为了获得稳定的收益，矿工不得不选择成为矿池的一份子。有学者认为应该鼓励矿池内部组织的去中心化，例如 P2Pool15，以缓解算力中心化的问题。

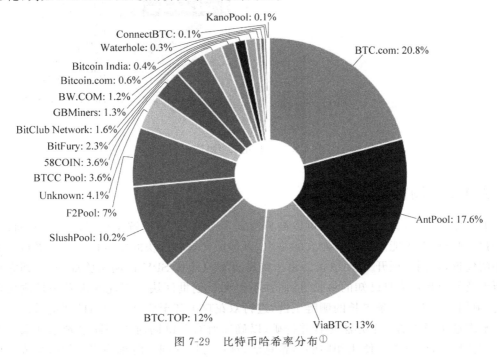

图 7-29　比特币哈希率分布[①]

2. 节点中心化

此外，考虑到大区块造成的成本和效率问题，更多用户将选择安装轻量级 SPV 节点（如手机终端），或使用交易平台或网络钱包。前者需要通过全节点同步数据，后者则完全依赖于少数几个交易平台和网络钱包运营商。举例而言，截至 2014 年 3 月，三家比特币交易所 Bitstamp、Bitfinex 和 btc-e 处理超过 80% 的美元比特币交易。为了缓解节点中心化，可行的方法之一是鼓励更多的比特币交易所加入竞争。

3. 客户端中心化

目前 Bitcoin Core 版本的客户端占据绝对优势，Bitcoin Core 开发人员拥有极大的权

---

① http://www.blockchain.com/en/pools

限，可以更新客户端规则。虽然比特币扩容争议导致多个开发小组的出现，然而并没有动摇 Bitcoin Core 的地位。图 7-30 为客户端分布情况，其中 Bitcoin Core 的市场占有率高达 87.22%，远超过其他版本。

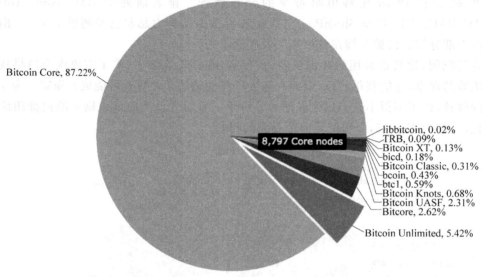

图 7-30　比特币客户端分布①

7.4.3　侧链安全性

通过侧链方案，父链上的交易可以被分散到多个侧链上，缓解了交易压力。然而，与父链相比，侧链极有可能无法拥有庞大的算力，以保证交易和区块的安全性。攻击者可以用相对小的代价，对侧链展开 51% 攻击。由于侧链方案只依赖 SPV 证明来验证交易，即它只检查所涉及的币是否来自已知的最长链，而并不追溯至创世区块。因此攻击者一旦成功攻破侧链，他们可以创建一条更长的侧链主链，进行双花攻击甚至凭空生出新的侧链币。

解决这个问题的一个办法是合并挖矿，以确保所有侧链同时以相同哈希率开采。合并挖矿的情形下，所有侧链使用相同的哈希算法，这样可以在同一时刻为多个侧链生成工作量证明。然而，合并挖矿要求矿工运行所有侧链的完整节点，这就会造成中心化挖矿的趋势。此外，如果任意侧链受到 51% 攻击，风险依旧存在。

彼得·托德（Peter Todd）提出了树链（Tree Chains），其基本思想是将多条区块链构成树状结构，通过在父链（如比特币）区块中存储子链区块的哈希值，为子链区块提供有效性证明，即在保证父链和子链事务处理独立性的同时，将父链安全性共享给子链。

7.5　衍生问题：经济问题

区块链生态圈涵盖了矿工、交易所、开发者（钱包）、商家、用户、研究人员等诸多人群。区块链扩容涉及了多方利益。区块容量决定了区块链网络处理交易量的效率，一方面，有限

---

① https://coin.dance/nodes

的区块大小导致交易费的居高不下；另一方面，基于工作量证明的区块链的安全性由庞大的算力而支撑，为此矿工付出了硬件和运维的成本（即使在不基于工作量证明的区块链中，维护区块链系统的节点也需要高昂的成本），考虑到系统的区块奖励持续下降，长期来看需要交易费来激励矿工持续投入工作。本节将从币值、交易费与矿工收益等方面进行阐述。

7.5.1 币值

以比特币为例。图 7-31 为 2017 年 1 月 19 日至 2018 年 1 月 18 日比特币的价格变化情况。可以看出，比特币的价格极不稳定，屡次陷入剧烈震荡的境地。

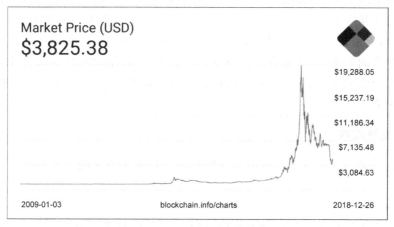

图 7-31 比特币价格变化[①]

区块链代币价格波动是多种复杂因素共同作用的结果，综合已有研究结果，区块链扩容可以从以下方面影响币值。

1. 供需关系的市场力量

区块链代币需求主要受到其作为商品和服务交换媒介的价值的驱使，也就是它在未来交换中的价值。而代币供给是由流通的代币库存给出的。例如，比特币限量 2100 万个，它被认为和稀缺贵金属、黄金类似，都可以作为价值储存手段。一种观点是将比特币总价值等同于已开采的黄金总价值（约 1200 亿美元），那么单个比特币的价格将高达 285 000 美元。从这个角度说，比特币的价格波动是因为它还没有达到应有的高度，未来它将稳定在一个均衡价格上。然而比特币和黄金的区别在于，比特币需求仅受未来的交换价值而驱动，而黄金需求受内在价值与未来的交换价值共同驱动；比特币供给是内生的，而黄金供给是外生的。因此，将比特币或者其他区块链代币和黄金完全等同是不合理的。

本章开头提到，解决扩容问题，也就是要解决如何将区块链的性能提升到主流支付工具的水准。显然扩容可以使区块链网络支撑更多支付需求，促使用户数量的提高。越来越多的用户和有限的供应量所带来的需求不断增加，这自然会导致价格上涨。依据这个观点，当用户的数量逐渐趋于稳定，代币价格将随之稳定在一个均衡价格上。

---

① https://www.blockchain.com/charts/market-price

2. 系统安全性

代币的价格可能受整个区块链系统的风险和不确定性的影响。比特币等区块链代币与黄金不同，没有从消费或其在生产过程中的使用中获得的潜在价值。中国人民银行、工业和信息化部、中国银行业监督管理委员会、中国证券监督管理委员会、中国保险监督管理委员会联合发布的《关于防范比特币风险的通知》指出，比特币应当是一种特定的虚拟商品，不具有与货币等同的法律地位，不能且不应作为货币在市场上流通使用。

目前区块链代币正处于通过在市场参与者之间建立信任和信誉来扩大其市场份额的阶段。代币的可信度主要与区块链系统提供给持有者的安全性以及在交换中使用的安全性有关。鉴于代币交易完全通过互联网进行，网络安全是其主要挑战。网络攻击可能会破坏整个区块链系统，并最终导致其崩溃。事实上，比特币等区块链系统很容易受到网络攻击。区块链系统安全性的好消息，比如升级到更安全的版本，可以增加对投资者的吸引力。而关于区块链系统安全性的负面消息，比如区块链扩容引起的安全问题，可能会一定程度上降低对投资者的吸引力。

3. 用户交易成本

区块链代币吸引力是由潜在投资者和用户的交易成本决定的。交易成本包括如下几个方面。

1) 信息成本

鉴于投资需求取决于寻找市场上可用投资机会信息的相关成本，那些在新闻媒体中受到特别关注的投资机会可能会被潜在投资者所偏好。除了传统的新闻媒体以外，搜索引擎和在线知识提供的信息/知识也会影响投资者行为。例如，比特币价格与在 Google Trends 和 Wikipedia 上的搜索查询就存在着显著的正相关性和动态的双向关系。因此，区块链扩容引发的学术界和业界的报道和关注，可能影响潜在的投资者和用户的决定。

2) 交易费成本

交易费与区块链扩容有密切联系，交易费的上升不利于区块链作为交易媒介的作用，进而会降低投资者和用户的兴趣。

7.5.2 交易费与矿工收益

区块链系统的安全性很大程度上依赖于矿工的挖矿行为，而矿工挖矿是为了获得挖矿所得的系统奖励和"打包"交易所得的手续费，这是经济外部性的一个完美案例。为了真正写入一个区块，需要得到超过半数的节点认可。更大的区块可以支持更高的交易速率，但会加大验证方的工作量。较小的区块所占用网络带宽、存储空间更小，包含交易规模更少，更容易被验证；反之，较大的区块或许因为难以验证，导致被其他区块代替。

在比特币发展初期，系统奖励在收益中所占比例较高，且交易费较低甚至为零。较小的区块对于矿工的短期收益来说更有利。然而，已有研究表明指出零或无限小的交易费用不可能持续，其原因是随着比特币高度的增加，系统奖励周期性减半。同时维持零交易费与矿工收益的一个可能是，随着时间的推移，比特币的价格越来越高。换句话说，为了在价格上与矿工的激励保持一致，2030 年后每年生产的数以万计的比特币应该与现在每年生产的数百万比特币具有相同的价格。这种预期过于乐观而发生的几率极低。更可能的预计是,随着时间的推移,有限的供给和比特币价格的最终限制共同作用,导致采矿的边际生产成本急剧增加。由于矿工没有动力打包一个没有手续费的交易,为了减少等待时间,用户需要缴纳交易费。

通过交易手续费,比特币可以建立矿工打包最新交易的激励机制。从长远来看,应该制定交易费用政策,以便激励足够多的矿工有来运行足够高的算力来保障比特币网络免于51%攻击。但同时作为一种交易媒介,交易费不应高到阻止用户交易。

研究者对静态场景下的比特币交易费问题进行探索,其结论是强制性的交易费用、限制区块容量以及在去中心化市场中确定区块空间价格,三者是等价的。如果区块容量没有限制,当矿工挖矿时,待打包的交易已经存在,这时矿工是斯塔克尔伯格(Stackelberg)博弈追随者,不考虑交易费、打包所有交易是这个博弈中唯一的子博弈完美纳什均衡。因此作者认为区块容量必须有限制,并且不能由矿工确定限制,防止矿工没有收入导致矿工流失和比特币网络的死亡。

加文·安德森持相反观点,他基于稳态循环经济(Evenly Rotating Economy,ERE)理论提出,在一个竞争性的市场中,供应、需求和价格将会找到一个平衡点,价格等于供应商的边际成本加上一些净收入(因为供应商总是可以选择用他们的时间或金钱做一些更有利可图的事情)。因此,如果没有人为限制(例如区块大小上限),交易费用将会下降到矿商支付的边际成本,但不为零。不过,为了使 ERE 理论成立,供给和需求必须保持不变,这一点在实际市场中难以达到。

挖矿所用的硬件设备经历了从 CPU 到 GPU,再到专用集成电路(Application Specific Integrated Circuit,ASIC)的发展历程,提高了比特币等区块链系统的哈希率,降低了每哈希率的单位功耗,提高了矿工的门槛和成本。研究者提出了比特币挖矿过程和比特币交易的人工市场模型。在挖矿博弈中,矿工可以自由选择是否参与挖矿,其纳什均衡是矿工的期望收益为零。此外,矿工数量还需满足一定大小,以维持新区块的到达率。假设没有交易费用,而比特币价格保持稳定,那么随着区块奖励下降(但仍然在一定水平之上),矿工数量也会随之下降,导致比特币难度降低;假设区块奖励稳定,而比特币价格或者交易费上升,那么矿工数量会增加,导致比特币难度提高。这两种情况都能保持不变的新区块生成速率。在交易费支付博弈中,根据新交易流入内存池的速率与矿工从内存池取出交易的速率,该博弈的均衡有三种:①所有用户都不支付手续费;②部分用户支付手续费;③所有用户都支付手续费。

综合来看,现有研究尚未能解决两个根本问题:(1)建立合理的交易费机制,保障矿工交易费以免算力流失,同时避免交易成本过高引起用户的流失;(2)区块容量限制与交易费的关系。

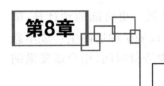

第8章 区块链安全与隐私保护

安全性是保证区块链系统稳定运行的基础,也是目前阻碍区块链应用推广的主要因素之一。随着比特币流通性的提高和交易量的增长,作为底层技术的区块链也逐渐成为研究热点。各国权威机构正逐步将研究重点转向区块链的安全性。2016 年 12 月,欧盟网络与信息安全局 ENISA 发布《分布式账本技术与网络安全:加强金融领域的信息安全》,结合传统网络空间安全问题,分析了区块链面临的安全技术挑战。2018 年 1 月,美国国家标准与技术研究院 NIST 发布了《区块链技术总览》,总结了区块链应用在区块链控制、恶意用户、无信任和用户身份等方面的局限性和误区。区块链的发展呈现出安全性理论研究远远落后于技术应用创新的局限。以区块链在数字货币领域的应用为例,区块链正面临安全和隐私方面的严峻挑战,迫切地需要系统的安全性研究作为应用开发指南。

8.1 区块链的安全目标

目前,对区块链安全性的研究已经成为国内外学术界与产业界最为关注的问题之一。确立区块链系统级的安全性目标是研究前提。区块链的应用项目涉及领域广泛、业务功能复杂、性能要求较高等问题,对区块链系统的安全性提出了更高的要求。根据网络系统的安全需求,结合区块链结构特点,区块链系统的基本安全目标是通过密码学和网络安全等技术手段,实现区块链系统中的数据安全、共识安全、隐私保护、智能合约安全和内容安全。各安全目标之间的关系如图 8-1 所示。其中,数据安全是区块链的首要安全目标。共识安全、智能合约安全、隐私保护和内容安全等安全目标与数据安全联系紧密,是数据安全目标在区块链各层级中的细化,也是区块链设计中需要特别考虑的安全要素[52]。

8.1.1 数据安全

数据安全是区块链的基本安全目标。区块链作为一种去中心化系统,需要存储包括交易、用户信息、智能合约代码和执行中间状态等在内的海量数据。这些数据至关重要,是区块链安全防护的首要实体。本节采用 CIA 信息安全三元组来定义区块链的数据安全,即机密性(Confidentiality)、完整性(Integrity)和可用性(Availability)。

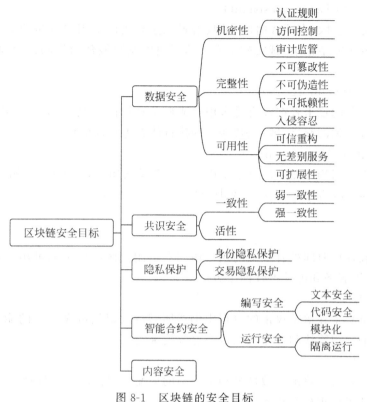

图 8-1　区块链的安全目标

1. 机密性

机密性规定了不同用户对不同数据的访问控制权限,仅有权限的用户才可以知晓数据并对数据进行相应的操作,信息不能被未授权用户知晓和使用,引申出隐私保护的性质。机密性要求区块链设置相应的认证规则、访问控制和审计机制,具体描述如下。

1) 认证规则

规定了每个用户加入区块链的方式和有效的身份识别方式,是实现访问控制的基础。

2) 访问控制

规定了访问控制的技术方法和每个用户的访问权限。在无中心节点的区块链中,如何安全、有效地实现访问控制尤为重要。

3) 审计机制

指区块链能够提供有效的安全事件监测、追踪、分析、追责等一整套监管方案。

2. 完整性

完整性指区块链中的任何数据不能被未经过授权的用户或者以不可察觉的方式实施伪造、修改、删除等非法操作。完整性在交易等底层数据层面上往往需要数字签名、哈希函数等密码组件支持。在共识层面上,数据完整性的实现则更加依赖共识安全。完整性具体包括如下方面。

1）不可篡改性（Tamper-resistant）

要求任何能力受限（多项式时间）的攻击者无法篡改诚实用户发布的交易、被记录在区块链上的交易变更完整记录、诚实矿工产生的区块以及智能合约代码、执行状态、输出结果等数据。

2）不可伪造性（Unforgeability）

要求能力受限的攻击者在没有受害用户或矿工私钥的情况下，无法成功伪造可以通过矿工验证并达成共识的交易、区块、智能合约执行状态等数据信息。

3）不可抵赖性（Non-repudiation）

不可抵赖性是指用户在区块链系统中一切行为均可审计，不可抵赖，如攻击者无法抵赖自己的双重支付（Double Spending）攻击行为。

3. 可用性

数据可以在任何时间被有权限的用户访问和使用。区块链中的可用性包括入侵容忍、可信重构、无差别服务和可扩展性四个方面。

1）入侵容忍

要求区块链具备在遭受攻击的过程中仍然能够持续提供可靠服务的能力，需要依赖支持拜占庭容错的共识算法和分布式入侵容忍等技术实现。

2）可信重构

要求区块链在受到攻击导致部分功能受损的情况下，具备短时间内修复和重构的能力，需要依赖网络的可信重构等技术实现。

3）无差别服务

指区块链能够对访问控制等级相同的用户提供相同的服务。在无中心节点的区块链中，特别指新加入网络的用户依旧可以通过有效方式获取正确的区块链数据，保证新用户的数据一致性。

4）可扩展性

指区块链支持用户和交易数量扩展，要求用户的访问数据请求可以在有限时间内得到区块链网络响应，是衡量区块链性能效率的重要指标。具有强可扩展性的区块链具有高吞吐量、低响应时延的特点，即使在网络节点规模庞大或者通信量激增的情况下，仍能提供稳定的服务。

8.1.2 共识安全

共识算法是区块链的核心，共识安全对区块链的数据安全起到重要的支撑作用。《比特币骨干协议》开创了对比特币 PoW 共识算法的建模和可证明安全分析，定义了一致性（Consistency）和活性（Liveness）两个安全属性来衡量和评估区块链的共识安全目标，被公认为区块链共识安全研究的基础。

1. 一致性

要求任何已经被记录在区块链上并达成共识的交易都无法被更改，即一旦网络中节点在一条区块链上达成共识，那么任意攻击者都无法通过有效手段产生一条区块链分叉使得网络中的节点抛弃原区块链,在新区块链分叉上达成共识。一致性是共识算法最重要的安全目标。根据共识算法在实施过程中是否出现短暂分叉,一致性又分为弱一致性和强一致性。弱一致性是指在网络节点达成共识的过程中有短暂分叉的出现,一些情况下,节点可能会无法立即在两个区块链分叉中做出选择,形成左右摇摆的情况。强一致性是指网络中新区块一旦生成即可判断网络节点是否对它达成共识,不会出现阶段性分叉。

2. 活性

要求由诚实节点提交的合法数据终将由全网节点达成共识并被记录在区块链上,具体指诚实节点提交的合法交易、正确执行的智能合约中间状态变量、结果等数据,避免节点遭受拒绝服务攻击而无法正常使用区块链服务,保证区块链服务的可靠性。

8.1.3 隐私保护

隐私保护是对用户身份等用户不愿公开的敏感信息的保护,是数据机密性的具体体现。在区块链中,主要针对用户身份信息和交易信息两部分内容。因此,区块链的隐私保护可以进一步划分为身份隐私保护和交易隐私保护[53]。

1. 身份隐私保护

要求用户的身份信息、物理地址、IP地址与区块链上的用户公钥、数字假名、账户或钱包地址等公开信息之间是不关联的。任何未经授权的节点仅依靠区块链上的公开数据无法推断出有关用户真实身份的任何知识,也不能通过网络监听、流量分析等网络技术手段对用户交易和身份进行追踪和关联。这种特性也被称为交易与身份的不可关联性。

2. 交易隐私保护

要求交易本身的数据信息对非授权节点匿名。在比特币中,特指交易金额、交易的发送方公钥、接收方地址以及交易的购买内容等其他交易信息。任何未授权节点无法通过有效的技术手段获取交易相关的知识。在一些需要高隐私保护强度的区块链应用中,还要求割裂交易与交易之间的关联性,即非授权节点无法有效推断两个交易是否具有前后连续性、是否属于同一用户等关联关系,也被称为交易之间的不可区分性。

8.1.4 智能合约安全

根据智能合约的整个生命周期运作流程,智能合约安全可以被划分为编写安全和运行安全两部分。

1. 编写安全

侧重智能合约在执行前的业务逻辑设计、代码编写等方面的安全问题,包括文本安全和代码安全两方面。

1) 文本安全

文本安全是实现智能合约稳定运行的第一步。智能合约开发人员在编写智能合约之前,需要根据实际功能设计业务逻辑,形成完整的合约文本,避免由合约逻辑错误导致执行异常甚至出现死锁等情况。

2) 代码安全

要求智能合约开发人员使用安全成熟的编写语言,严格按照合约文本进行编写,确保合约代码与合约文本的一致性,且代码经编译后没有漏洞。

2. 运行安全

涉及智能合约在实际运行过程中的安全保护机制,是智能合约在不可信的区块链环境中安全运行的重要目标。运行安全指智能合约在执行过程中一旦发现漏洞甚至遭受攻击的情况下,造成的不良后果不会向外蔓延,不会对运行智能合约的节点本地系统设备造成影响,也不会使调用该合约的其他合约或程序执行异常,包括模块化和隔离运行两方面。

1) 模块化

要求智能合约标准化管理,具有高内聚、低耦合的特点,可移植,可通过接口实现智能合约的安全调用。遭受攻击后的异常结果并不会通过合约调用的方式继续蔓延,保证了智能合约的可用性。

2) 隔离运行

要求智能合约在虚拟机等隔离环境中运行,不能直接运行在参与区块链的节点上,防止攻击者利用智能合约漏洞对运行智能合约的本地操作系统进行攻击。

8.1.5 内容安全

内容安全是在数据安全的基础上衍生出来的应用层安全属性,要求区块链上传播和存储的数据内容符合道德规范和法律要求,防止不良或非法内容在区块链网络中传播,保证区块链网络信息的纯净度。内容安全的保障重点是加强区块链中信息在传播和存储过程中的控制和管理。由于区块链具有不可篡改的特点,一旦非法内容被记录在区块链上,将很难被修改或撤销,也将影响公众和政府对区块链应用的态度。在区块链应用生态中需要网络监测、信息过滤、数据分析等技术,保证区块链的内容安全。例如,在基于区块链的银行系统中,需要设置特定的信息内容分析和智能化处理机制来实现了解你的客户(Know Your Customer,KYC)和反洗钱(Anti-Money Laundering,AML)等内容监管机制。此外,内容安全还需要有效的监管技术对已经记录在区块链中的非法内容或非法智能合约进行撤销、删除等操作,维护区块链网络健康发展。

8.2 区块链的安全性问题

尽管区块链在各领域的应用层出不穷,但是随着研究的深入和各类安全事件频发,区块链在安全性方面的缺陷也逐渐显露。为了更好地分析区块链体系结构中提供的安全机制和存在的安全问题,本节在区块链的数据层、网络层、共识层、激励层、合约层和应用层六层体系架构基础上,从信息安全的角度对六层体系架构中的组件重新进行诠释。根据各组件实现的功能的不同,每层可进一步细分为基础模块和安全模块两部分,如图8-2所示。

	基础模块			安全模块	
应用层	APIs接口	跨链异构		监管机制	
合约层	智能合约	运行机制	编写语言	沙盒环境	测试网络
				形式化验证	程序分析工具
激励层	激励实体	分配方式		策略性行为检测	机制优化
共识层	PoW	PoS	BFT	分片技术	可信硬件
网络层	组网模式	通信模式	扩展网络	匿名网络通信技术	
数据层	交易	区块	链式结构	密钥管理	密码组件

图8-2 区块链体系架构

其中,基础模块是用于实现该层主要功能的基本组件。安全模块则是用于保障各层次安全性,保证本层功能的安全可靠的安全组件,为上层提供安全稳定技术支持。

区块链作为一种多学科交叉的集成创新技术,在各层组织上都面临理论和实践上的安全性威胁,如图8-3所示。区块链建立在密码学、分布式、网络通信等理论技术的基础上,面临密钥管理、隐私保护等传统的网络安全挑战。此外,经过多技术重组构建的区块链技术体系还面临分叉、智能合约漏洞等新的安全问题,存在潜在的安全隐患。虽然,针对区块链各层级的安全措施相继出现,但整体研究还处于初级探索阶段,尚不完善。一些安全技术甚至会引入新的问题。本节主要对区块链各层级存在的安全问题和现有的安全措施进行整理。

8.2.1 数据层安全问题

数据层既规定了包括交易、区块、链式结构在内的狭义区块链的数据结构和存储形式等基本模块,也包括了关于用户身份、密钥、账户钱包地址的密钥管理机制以及区块链所需的其他密码学组件等安全模块,是实现其他五层功能的基础。数据层依赖密钥管理技术规定用户参与区块链所需要的身份、账户地址等数据的生成方式和运作机制,关注用户密钥的生成、存储、分配、组织、使用、更新直至销毁整个生命周期中的相关问题,降低密钥失窃的可能和丢失后给用户造成的损失。因此,密钥管理技术在比特币等基于区块链的数字货币应用中备受关注。密码组件在区块链中应用广泛。数据层常使用数字签名保证交易的完整性,使用承诺方案提供交易的绑定性,使用哈希函数增加篡改区块链的难度,使用零知识证明实现用户交易的隐私保护等。综合数据层主要功能和各组件特点,数据层面临着底层密码组件安全威胁、密钥管理不当和交易关联性紧密等安全性问题。

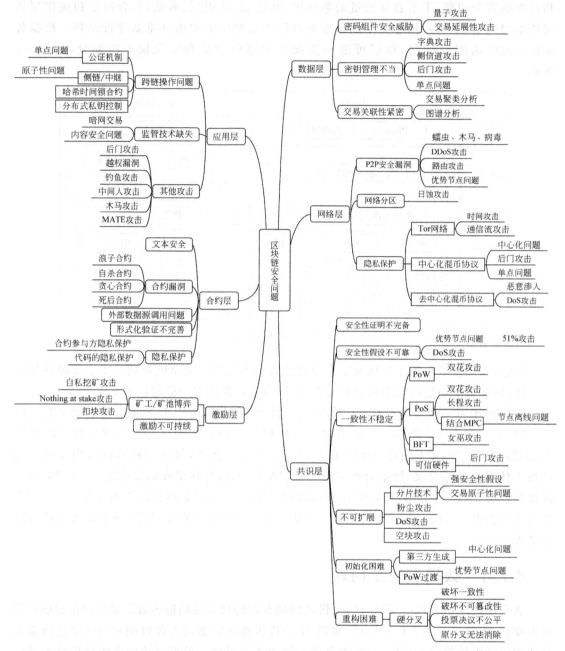

图 8-3 区块链的安全问题

1. 密码组件安全威胁

区块链数据层中的交易和区块等数据实体的生成都涉及公钥加密、数字签名、哈希函数等多种密码组件。为了满足更高的隐私保护需求，门罗币、零币等区块链数字货币方案还引入了环签名、零知识证明等隐私保护技术。这些密码组件的安全性直接影响到区块链数据层的安全。现代密码学理论的安全性是建立在计算复杂度理论上的。短期来看，数学理论、密码分析技术和计算技术的发展不会对一些已经形成标准的密码算法构成威胁。但是随着量子计算的兴起,现有的密码算法将面临安全性降低甚至被攻破的危险。NIST 发布的后量子密码报告中给出了大规模量子计算机对一些密码算法安全性造成的影响,如表 8-1 所示。

表 8-1 量子计算对一般密码算法的影响

密码算法	类型	功能	安全性影响
AES	对称加密体制	加密	攻击难度减半
SHA-2,SHA-3	—	哈希函数	攻击难度减半
RSA	公钥加密体制	加密	攻破
ECDSA,ECDH	公钥加密体制	签名,密钥交换	攻破
DSA	公钥加密体制	签名,密钥交换	攻破

尽管量子计算现阶段的研究成果还不能对区块链中的密码算法构成威胁,但是从长远看,区块链的发展势必要引入可以抵抗量子攻击的密码体系。美国 NIST 于 2018 年 4 月召开后量子密码算法标准会议,在全球范围内召集抗量子攻击的公钥加密算法。一些研究也利用基于格的后量子签名等算法替代比特币中对应的密码组件。随着量子密码的兴起,俄罗斯量子中心(Russian Quantum Center,RQC)正积极研究首个依赖量子加密技术实现分布式数据存储和验证的量子区块链。另外,密码组件在编译的过程中也可能存在缺陷和漏洞。例如,交易延展性攻击(Transaction Malleability Attack)就是利用比特币中数字签名的延展性实施的欺诈性攻击行为。

2. 密钥管理不当

现代密码学理论的安全核心是保护密钥的安全。密钥管理一直是网络安全面临的传统挑战。区块链在金融领域应用繁多,需要进行频繁的数字资产交易。密钥管理直接关系到用户的数字资产安全。一旦密钥失窃,或因使用、存储不当导致密钥泄露和丢失,都将给金融服务用户带来不可估量的经济损失。然而,区块链应用普遍缺乏有效的密钥管理技术。例如,为了方便记忆,用户常选用有实际意义的字符串作为密钥,易于遭受字典攻击(Dictionary Attack);采用硬件存储密钥也容易遭受侧信道攻击(Side Channel Attack)等传统攻击手段。尤其是开放式区块链网络中,没有中心节点参与组织监管为密钥管理方案设计增加了难度。区块链的不可篡改性也使得密钥一旦丢失或被盗,将会对用户造成不可逆转的损失,亟需合理的密钥管理手段。

目前,区块链中的密钥管理技术的研究集中在数字货币钱包技术上。以比特币和以太坊为主,数字货币应用中的钱包技术主要关注用户支付密钥的存储和使用。现有的密钥管理方法和钱包技术包括本地存储、离线存储、托管钱包和门限钱包。

1) 本地存储

是最简单的密钥存储方式,即将密钥直接或经过加密后存储在本地设备上,易被恶意软件读取,物理设备损坏时也无法恢复。

2) 离线存储

为防止恶意软件攻击,将密钥保存在离线的物理存储介质中。但是在使用密钥时仍然需要接入网络，无法完全防止恶意软件入侵。

3) 托管钱包

是一种常见的利用第三方托管钱包服务器为用户提供密钥托管服务的区块链钱包技术，由第三方交易平台或钱包运营商提供服务。但是，中心化的托管钱包存在单点失效问题，破坏了区块链的去中心化特性。一旦被攻破，大量密钥失窃将会造成严重的损失。第三方托管钱包也存在监守自盗的可能，通过设置后门恶意窃取用户密钥。

4) 门限钱包

利用门限加密技术将密钥分散存储在多个设备中，使用密钥时需要多个设备参与，是一种适用于去中心化区块链应用场景、相对安全的钱包技术。即使某个设备被攻破，攻击者仍然无法利用少量密钥分享份额恢复出完整的密钥。同时，只要用户拥有超过门限值的密钥分享份额，就可以安全地恢复出密钥，不影响用户的使用。但是这种方案在设计上存在一定困难，算法复杂度高。密钥保护秘密分享（Password-Protected Secret Sharing，PPSS）是一种线上的门限钱包方案，将成为区块链实现安全密钥管理的主流研究方向。

3. 交易关联紧密

比特币等基于区块链的数字货币平台大多使用数字假名作为用户身份 ID，允许用户拥有多个假名来增强交易过程中对用户真实身份的混淆。但是这种数字假名方式仅能提供较弱的隐私保护，交易之间的关联性和交易金额等信息仍然直接公开在区块链上。一旦用户的一个地址暴露，该用户的所有公钥地址都可能被推测出来。通过交易图谱分析和交易聚类分析可以根据交易的统计特性推断出交易的所有者的真实身份。

为了提高区块链中的隐私保护强度，增加攻击者利用交易之间的拓扑结构推测用户身份的难度，数据层利用环签名、零知识证明等密码技术重新定义交易的数据结构，增强交易的混淆。2013 年，Saberhagen 利用环签名和隐蔽地址技术构造了匿名电子现金协议 CryptoNote 协议，将实际交易发送方身份隐藏在一组构造环签名的公钥中，后发展成门罗币（Monero）的核心协议。然而，环签名方案面临攻击者伪造环签名实施构陷等安全问题。一旦签名失效，该用户之前的环签名将全部失效。另外，环签名的扩展性差、签名长度长也影响其在区块链中的应用。2013 年，Miers 等利用零知识证明技术在比特币的基础上设计了匿名数字代币 Zerocoin，可以将比特币兑换成 Zerocoin 后进行匿名交易，进而实现对用户身份的隐私保护。但是 Zerocoin 不能隐藏交易金额，每次仅能兑换使用 1 单位 Zerocoin，支付效率低。2014 年，Ben-Sasson 等人在 Zerocoin 的基础上利用简洁非交互零知识证明（Zero-knowledge Succinct Non-interactive Arguments of Knowledge, zk-SNARK）构造了匿名支付协议 Zerocash，实现了对交易双方身份和交易金额的隐私保护，是零币（ZCash）的核心协议。zk-SNARK 技术具备抗量子攻击能力，备受学术界关注。但是，zk-SNARK 技术尚不成熟，存在效率瓶颈，生成证明的过程复杂，且证据占据空间过大，不适用存储空间有限的区块链系统。

8.2.2 网络层安全问题

网络层的核心是确保区块链节点的安全加入，保障节点间的有效通信，具体包括区块链的组网模式、节点之间的通信模式、不同的功能扩展网络以及必要的匿名网络通信技术等。

区块链采用 P2P 联网通信方式，过程不依赖可信第三方，通过 P2P 网络的路由查询，在全球范围内的网络节点之间建立通信连接。在区块链网络中，根据节点是否存储全部数据资源，可以将节点划分为全节点和轻节点两类。全节点存储了交易集合、参与网络的节点公钥和地址、区块链账本历史数据、网络路由等全部数据。轻节点则仅存储区块哈希值等区块链账本中的部分信息，通过随机协议，与其他节点建立数据传入和传出连接。全节点和轻节点之间的通信连接构成了区块链中常见的去中心化网络拓扑结构。除主网络之外，根据功能的不同，网络中还会形成小范围的扩展网络。如比特币中小算力矿工会选择自组织联合挖矿或加入大规模矿池形成中心化矿池网络。矿工采用 Stratum 协议与矿池通信，完成矿池管理者分配的挖矿任务。另外，网络层还需要匿名网络通信技术提供匿名通信等安全保障。

网络层包含多种网络技术，技术本身的安全问题必然会对区块链网络层带来安全风险。总的来说，网络层的安全问题主要包括 P2P 网络的安全漏洞、网络分区以及匿名网络通信等问题。

1. P2P 网络安全漏洞

P2P 网络的设计初衷是为对等网络环境中的节点提供一种分布式、自组织的连接模式，没有身份认证、数据验证等网络安全管理机制，允许节点自由接入或断开。P2P 网络也为恶意节点实施攻击创造了便利条件。攻击者可以随意发布非法内容，传播蠕虫、木马、病毒，甚至实施分布式拒绝服务攻击(Distributed Denial of Service，DDoS)、路由攻击等。由于 P2P 网络采用不同于 C/S 网络的对等工作模式，传统的防火墙、入侵检测等技术无法进行有针对性的防护。P2P 网络中的攻击行为普遍具有不易检测、传播迅速等特点，使得网络中的节点更易遭受攻击。另外，P2P 网络中节点也不是完全平等的。节点的权限会因加入网络的先后顺序而有所差异。越先加入网络的节点占据的资源越多，越有可能限制后加入节点享有的数据资源和操作权限。因此，在 P2P 网络上建立的区块链也会存在各节点享有资源和权限不均等的情况。由于轻节点仅保存区块链部分信息，当有需要时要请求访问相邻全节点的数据，容易受到全节点的限制。

2. 网络分区

区块链上共识算法的一致性建立在下层的 P2P 网络之上，目的是保证网络中的节点都能拥有或获取一份相同的区块链视图(View)。一旦出现网络分区，不同分区的节点维护不同的区块链账本，直接破坏上层共识算法的一致性。在 P2P 网络中，轻节点依赖相邻全节点获取并更新区块链数据。这种通信传输方式很容易被攻击者利用，进而形成小范围的网络分区。节点的网络拓扑结构也会为攻击者寻找攻击目标实施攻击创造便利。攻击者可以采用主动式注入报文或者被动式监听路由间传输的数据包来监测网络拓扑结构，很容易获得目标节点的路由信息并控制其邻居节点，进而实施攻击。

日蚀攻击(Eclipse Attack)就是攻击者利用节点间的拓扑关系实现网络隔离的一种典型攻击方式。攻击者通过网络拓扑控制目标节点的数据传入传出节点，限制目标节点与外界的数据交互，甚至将目标节点与区块链主网络隔离，使目标节点仅能接收到攻击者传输的消息，导致目标节点保存的区块链视图与主网区块链视图不一致，破坏局部的一致性。攻击者还可以扩大控制范围，通过控制与目标节点集合相邻的全节点将目标节点集合隔离，形成网络分区,进一步降低自私挖矿(Selfish Mining)、双花支付等攻击的难度。

3. 隐私保护问题

数据层的隐私保护从交易的数据结构角度入手,使用密码组件,为区块链中用户与交易提供了基本的隐私保护,却无法避免交易以数据包的形式在网络传输过程中与用户 IP 地址之间的关联性。用户创建交易并将交易打包成 IP 数据包,经过网络路由间传输至整个区块链网络。攻击者可以通过监听并追踪 IP 地址的方式推测出交易之间、交易与公钥地址之间的关系,破坏了区块链追求的隐私保护目标。

网络层的常用隐私保护技术包括匿名网络通信技术和以混淆思想为核心的混币协议。前者是传统网络技术的重要分支,适用范围更广;后者则限于基于区块链的数字货币方案,主要目标是实现匿名支付。著名的洋葱网络 Tor 是比特币中应用最广泛的匿名通信技术,融合了洋葱代理、网络拓扑、加密等技术,防止攻击者通过监听、流量分析等手段追踪交易的用户身份,在一定程度上阻断了数据包与节点 IP 地址之间的关联性。混币协议是针对数字货币匿名支付发展而来的匿名交易技术,具体指网络中的不同用户由中心节点组织或者自发地形成暂时的混币网络,以混淆交易的方式保证攻击者难以根据混币后的交易推测出真实交易双方的对应关系,实现匿名支付。

8.2.3 共识层安全问题

共识层是区块链架构的核心,主要描述了区块链的共识算法,确保各节点在网络层提供的网络环境和通信模式中可以共享同一份有效的区块链视图。区块链的最大创新在于为共识层支持的共识算法提供了一种剔除可信第三方的可信数据共享机制,为上层应用提供安全的账本支持。共识层致力于设计高安全性、高效率、低能耗的共识算法,根据采用的基础协议或技术的不同,可以划分为 5 大系列,包括 PoW、PoS、拜占庭容错协议(Byzantine Fault Tolerance,BFT)、分片技术、可信硬件。这些基础协议既是组成区块链共识层的基本组件,也是保障共识算法一致性和活性的安全组件。

良好的共识算法有助于提高区块链系统的性能效率,提供强有力的安全性保障,支持功能复杂的应用场景,促进区块链技术的拓展与延伸。区块链上的共识算法发展尚不完善,普遍存在安全性证明不完备、安全性假设不可靠、扩展性差、一致性不稳定、初始化和重构难等问题。

1. 安全性证明不完备

共识算法在安全性建模时需要考虑网络时序性、节点数量拓展、在线离线切换、算力或权益的动态分布、共识难度变更、区块链增长速率等多变量因素。由于共识算法下层的网络环境复杂,新的共识算法不断涌现,传统的可证明安全框架无法完全适用于区块链。共识算法的安全性面临建模困难、安全性证明不完备的问题。

2015 年,Garay 等为 PoW 构建了安全模型,在静态同步网络模型中分析了比特币的安全性。随后,Kiayias 等在此基础上引入区块产生速率作为共识算法安全性分析的一项因素。Sompoinsky 等在同一时期研究了网络延迟对 PoW 安全性的影响。Pass 等于 2017 年从网络延迟和 PoW 难度之间的关系入手,对 PoW 进行可证明安全分析。Kiayias 等也在一系列 PoW 可证明安全成果的基础上，提出了同步网络中 PoS 的安全模型和证明方法。现阶段的对共识算法的安全性研究大多集中在 PoW 和 PoS 两类共识算法中，缺乏一般性。研究中往往仅考虑单一变量，对多变量模型下的共识算法的安全性分析还不成熟。复杂的网络环境也为共识算法的安全性分析带来挑战。

2．安全性假设不可靠

现代密码体制的安全性评估依赖计算复杂性理论。常用可证明安全理论将密码体制的安全性归约到某个公开的数学困难问题上，如椭圆曲线上的离散对数问题。然而，采用 PoW 和 PoS 等共识算法的安全性假设并不依赖计算困难问题，而是依赖所有的诚实节点所拥有的算力或者权益占多数这类看似合理的假设。这些安全性假设在实际应用中很容易被打破。以采用 PoW 的比特币为例，根据 BTC.com 于 2018 年 10 月发布的矿池算力分布，如果排名前四的矿池合谋，形成具有绝对算力优势的超级节点，总算力约占全网算力的 56.5%，直接打破 PoW 的安全性假设，可实施 51% 攻击，甚至有针对性地实施 DoS 攻击，阻止交易的验证和记录，破坏共识算法的活性。

3．一致性不稳定

如何保证共识算法可以持续稳定地实现一致性是目前共识层的研究重点。一致性是衡量共识算法安全性强弱的重要性质。PoW 和部分 PoS 共识方案在达成共识的过程中需要等待后续区块生成才能判断之前的区块是否被大多数节点认可，会出现短暂的分叉，仅实现弱一致性。类似 PoA、2-Hop 等采用 PoW 和 PoS 相结合的共识算法也存在短暂分叉的情况。

为了解决 PoW 和 PoS 系列共识方案存在的弱一致性问题，2017 年，Kiayias 等将 PoS 与安全多方计算结合，提出了 Ouroboros 区块链共识方案，增强了 PoS 的一致性，但要求节点持续在线。Gilad 和 Micali 等人利用 PoS 和可验证随机函数（Verified Random Function，VRF）构造密码抽签算法，并结合拜占庭容错协议，提出了 Algorand 方案，在理想情况下区块链将以极高的概率保持一致性。然而，在实际应用中，节点通过共识算法完成一致性的效果受网络状况影响严重。当网络同步性较差，即使网络中没有恶意节点进行主动攻击，共识算法也无法稳定保持强一致性。如果网络中存在攻击者利用网络层节点拓扑结构隔离网络，形成网络分区，那么将很容易产生短暂的区块链分叉，破坏一致性。目前，区块链共识算法的安全性需要依赖良好的网络环境、严格受限的敌手能力和强安全性假设，在实际应用中很难确保稳定的一致性。即使消逝时间证明（Proof of Elapsed Time，PoET）和运气证明（Proof of Luck，PoL）利用可信硬件提供随机性，保证共识算法的一致性不受网络状况影响。但是如果硬件中设置后门，整个区块链将被完全控制。

4．扩展性差

可扩展性是区块链共识算法研究关注的重要属性，是区块链可用性必不可少的一部分。比特币中的 PoW 平均每 10 分钟产生一个区块，且区块内包含的交易数量有限，交易吞吐量低，扩展性差。一些研究通过引入分片技术来提高 PoW 的可扩展性。分片技术的思想是将网络中的节点进行有效分组，从而实现多分组节点分别对数据进行验证和记录的并行操作。分片技术的关键在于设计合理的分片方式,支持周期性轮换和新旧节点更替,同时还要兼顾跨分片交易的原子性问题。Elastico 是区块链上首个基于分片思想的共识算法,利用 PoW 对网络中的节点进行分组,不同分组并行处理不同的数据,再由特定一组对其他分组验证后的交易进行打包记录。Omniledger 利用多方随机数生成算法 RandHound 协议和基于可验证随机函数的抽签算法实现定期分组,并提出利用锁定交易的方式处理跨分片交易。此外,英国央行提出的法定数字货币框架 RSCoin 方案也在许可区块链中采用分片技术提高区块链的扩展性。

5. 初始化难问题

大量研究关注共识算法实现一致性的过程,往往忽略了区块链的初始化问题,即如何在 P2P 网络中保证创世块的安全生成。区块链的初始化直接关系到后续共识算法的执行过程是否安全可靠,是保证共识算法稳定可靠的前提。区块链一直面临初始化困难的问题。

目前,区块链的初始化有两种方式:一种是依赖第三方产生创世块;另一种由现有的、成熟的区块链自然过渡得到新区块链的创世块。依赖第三方初始化违背了区块链去中心化的设计初衷,无法适用于 P2P 网络中的区块链方案,也无法确保第三方生成的创世块的随机性与安全性,可能会左右后续区块的生成。依赖成熟的 PoW 区块链过渡产生创世块的方式增加了初始化的复杂性。用于初始化的 PoW 潜在的不安全因素将直接影响创世块的安全性和后续区块的生成过程。例如将 PoW 作为以账户余额为权益的 PoS 区块链的初始化,根据已有的 PoW 区块链中的账户余额分布来产生 PoS 区块链的创世块。攻击者可以预先通过存款、转账等方式产生权益优势节点,企图以很高的概率获得产生创世块的记账权。另外,初始化过程需要 PoW 提供随机性。在 PoW 区块链中具有较高算力的节点也可以产生一个有利于自己的 PoW 区块,从而提升自己获得 PoS 创世块记账权的概率。

6. 重构困难问题

依赖哈希函数的共识算法赋予了区块链不可篡改性,提升了系统的可信度,但是也增加了区块链重构的难度。一旦出现共识算法的安全性假设被打破、数据层密码组件被攻破、代码漏洞被利用等严重威胁区块链安全性的攻击,在缺少可信第三方或者外界干预的情况下,区块链无法有效实现灾难恢复,无法自动恢复到被攻击之前的安全状态。无效数据或违法操作一旦被写入区块链并执行,将对用户造成不可弥补的损失,甚至影响整个区块链的后续运行。

硬分叉是目前区块链唯一可行的重构方式。2016 年 6 月 17 日,黑客利用以太坊平台智能合约漏洞攻击去中心自治组织(Decentralized Autonomous Organization,DAO)众筹项目 The DAO,导致 300 多万以太币资产被分离出 The DAO 资金池。The DAO 事件发生之后,有 89% 以太坊成员投票支持采用硬分叉的方式进行重构,自受攻击位置之前的区块后创建一条区块链分叉,强制退回被窃取的以太币。但是,通过硬分叉重构存在很多局限性。首先,硬分叉直接破坏了共识算法的一致性和不可篡改性的本质特点,区块链可信度会受到影响。其次,判断是否需要进行硬分叉重构的投票方式不一定公平,投票成员可能会支持更有利于自己的决定。再次,硬分叉后网络中存在新旧两条区块链分叉,旧区块链分叉无法被彻底消除。最后,由于包含恶意交易的区块中还包含一些合法交易,硬分叉的过程必然会对这些合法交易的交易双方造成利益损失。

8.2.4 激励层安全问题

在无许可区块链中,激励层与共识层相互依存,共同维护区块链系统的安全性与稳定性。共识算法设计直接影响激励层激励实体的选取和激励分配策略。相应地,激励层的激励机制设计是否合理也关系到共识算法的安全性和区块链的稳定性。网络中的节点参与交易验证和区块生成的目的是为了获得更高的奖励。趋利的节点可能会在这一过程中采取一些不利于区块链系统维护的策略来提高自己的激励收益,甚至对区块链的安全性构成威胁。因此,激励层还需要策略性行为检测和动态的机制优化,以检测危害区块链稳定性的行为策略,并对奖励分配策略进行动态优化。

激励层需要解决的主要问题是经济学上的激励不相容问题,具体指参与维护区块链的矿工虽然不会主动实施危害区块链安全性的恶意攻击,但是会以自身利益最大化来指导自己的挖矿策略,而这种策略与区块链整体利益形成冲突,影响区块链系统效率和稳定性,包括矿工/矿池博弈和激励不可持续问题。

1. 矿工/矿池博弈

矿工或矿池间的博弈是威胁激励机制公平性和稳定性的主要因素。激励机制一般规定矿工或矿池在成功挖矿、发布新区块并得到全网共识的情况下可以获得区块奖励和新区块包含的交易费奖励两部分。就目前比特币的激励策略来看,区块奖励仍然占矿工收益的主体部分。在理想情况下,PoW 区块链中矿工或矿池能够获得的区块奖励期望与他所拥有的计算资源成正比。而在实际比特币区块生成中,一些节点可能会在自己成功完成 PoW 产生区块后,有策略地广播自己的区块,以获得高于自己所拥有的计算资源比例的奖励收益,即实施自私挖矿攻击。与自私挖矿类似,Nothing at stake 攻击利用 PoS 生成区块的代价低的特点,针对 PoS 激励机制进行攻击。矿工为了利益最大化,会在所有分叉后进行挖矿,以增加获得区块奖励的概率,却影响共识算法的一致性。

普通节点拥有的计算资源或者权益值占全网的比例极低,几乎不会在挖矿竞争中获得胜利。矿池的出现降低了个体参与挖矿的成本,实现了人人都可参与维护区块链获得奖励收益。但是矿池将节点集结起来形成算力或权益优势节点,威胁共识算法的安全性假设。矿池间的博弈也对区块链安全性、效率产生巨大影响。一些矿池为了获得更高的奖励会利用目标矿池的奖励分配策略来实施扣块攻击(Withholding Attack),通过委派部分矿工加入到目标矿池贡献无效的工作量,分得目标矿池的奖励,追求矿池整体获得更高的奖励。

2. 激励不可持续问题

尽管目前比特币等数字货币的激励机制依旧以区块奖励为主体,但是区块奖励普遍呈现逐渐减少直至降为 0 的趋势。随着区块奖励的降低,这些区块链必将部分甚至完全依赖交易费奖励驱动系统,面临激励不可持续的问题。2016 年,Carlsten 等研究了在仅依赖交易费来激励节点的极端情况下区块链的稳定性,认为仅依赖交易费奖励难免形成公地悲剧,导致大量区块链分叉产生,影响区块链的安全性和效率。攻击者利用节点都想获得更高收益的心理不断地产生区块链分叉,仅打包部分交易,给后续的区块预留了大量交易费奖励。

其他节点为了利益最大化必然会在剩余交易费较多的区块链分叉后面继续挖矿,而丢弃预先到达的有效区块链。为此,一些研究人员建议通过持续发行代币的方式来维护系统稳定。但是,持续代币发行会出现通货膨胀。长此以往,区块奖励将不再具有吸引力。

此外,多数激励机制仅奖励成功生成区块的节点,对其他诚实执行协议、参与共识的节点不予以经济激励。除了生成区块以外,在无许可区块链中一些节点还要参与消息传播、存储区块链数据、发布共识投票等多种维护区块链的活动。激励机制无法客观评估各节点对维护系统稳定运行所贡献的工作量权重,对危害区块链安全性的攻击行为也不予以经济惩罚,奖励分配缺乏公平性与合理性。

8.2.5 合约层安全问题

合约层的核心是智能合约,包含智能合约代码和相关数据集,部署在区块链上,是可按照预设合约条款自动执行的计算机程序。智能合约最早由 Nick Szabo 提出,后经以太坊重新定义,并建立完整的开发架构。围绕智能合约,合约层还包括智能合约的运行机制、编写语言、沙盒环境和测试网络。运行机制描述了智能合约的执行方式。编写语言包括以太坊平台提供的 Solidity、Serpent、LLL 等图灵完备编写语言和 Fabric 项目提供的 Go、Java 等高级编写语言。沙盒环境是一种新型的恶意代码检测和防治网络安全技术,为用户提供一种相对安全的虚拟运算环境。以太坊虚拟机(Ethereum Virtual Machine,EVM)为智能合约提供沙盒环境。此外,为了保证智能合约的安全性,用户编写智能合约后还需要在测试网络上进行测试。

以太坊是区块链上最早的开源智能合约开发平台。本节也主要围绕以太坊梳理智能合约的安全问题。虽然以太坊为智能合约编写提供了一些模板和测试环境,但是由于智能合约代码开源,常涉及数字资产的转移,一旦代码漏洞被攻击者利用,会造成不可逆转的损失。除智能合约创建者在设计业务逻辑时的文本安全问题以外,合约层还面临智能合约代码漏洞、外部数据源调用、缺乏形式化验证、难实现隐私保护等安全性问题。

1. 合约漏洞

由于以太坊采用自制的脚本语言编写智能合约,尚不成熟,难以避免出现漏洞。根据智能合约漏洞研究总结,常见的易受攻击的智能合约可归纳为如下四类[54]。

1) 浪子合约

智能合约结束时通常将资金返还给原拥有者的账户,即之前交付这笔以太币的地址,或者将资金返还到具有特定功能的地址中,如赏金地址等。但是,当一个智能合约可以通过一次或多次交易将以太币返还给一个任意地址(非预设地址)时,将会出现漏洞。这样的合约被称为浪子合约(Prodigal Contract)。

2) 自杀合约

智能合约通常设置了后备选项,以便智能合约拥有者能够在 Gas 消耗殆尽或者遭受攻击时"杀死"合约。但是,如果某智能合约可以被任意用户"杀死",那么这样的合约将容易遭受攻击,被称为自杀合约(Suicidal Contract)。

3) 贪心合约

贪心合约(Greedy Contract)指正在执行的智能合约仅能接收以太币而不能发送以太

币,无限期地锁定智能合约中的以太币资产。这种贪心合约一旦被触发,在吸收大量以太币之后将导致网络中流通的代币数量下降。

4) 死后合约

当智能合约被杀死(终止)时,其代码和全局变量将会从区块链中清除,从而阻止其进一步执行。但是,这些被杀死的合约仍然可以继续接收以太币。如果有以太币发送,则会添加到该合约的账户中,类似于贪心合约,以太币将被永远锁定。这种被杀死后合约账户仍有以太币的合约被称为死后合约(Posthumous Contract)。

面对智能合约存在的语义、时序等方面的漏洞,可以通过设计完善的语义规定、确定性时间戳和更好的异常处理操作等方式提高智能合约的安全性。预设交易的守卫条件可以弥补过度依赖交易时序的智能合约漏洞。在当前区块链状态下,只有满足守卫条件,交易才会被执行;若不满足守卫条件,则删除交易。该方法可以确保用户获得预期的合约输出或终止合约。时间戳一般被用作随机种子或分布式系统全局时间戳,是一种冗余功能。时间戳的熵很低,不适宜作为随机种子,易被攻击者操控,可用区块的哈希值来代替。也可使用区块的哈希值为全局时间建模,消除攻击者利用时间戳控制智能合约的执行。Solidity 编译器会插入一个代码片段来执行异常转发,可使用高级指令检查合约调用的返回值。也可以通过显式抛出和捕获 EVM 指令将 EVM 级别的异常从被调用者自动传播到调用者。

2. 外部数据源调用问题

区块链的设计初衷是为了在无可信第三方的情况下实现安全的支付,仅能对区块链上的交易数据进行操作。众多区块链应用和智能合约迫切地需要通过可信技术访问外部数据,建立与外部数字世界的连接。预言机作为可信实体成为连接智能合约和 Web API 之间的桥梁,却引入了安全问题。TLSnotary 和 TownCrier 利用超文本传输协议安全 HTTPS 协议访问外部数据,是一种提供加密可检查信息的预言机。但是它们不能保证每个节点访问的数据的真实性与一致性,也无法避免数据提供网站恶意变更数据或被攻击引起单点失效问题。Augur 方案通过设置惩罚机制,要求特定用户在特定时间返回结果,否则将面临罚款,但没有为用户提供随意进出系统的接口,限制了预言机的可用性。

3. 形式化验证不完善

以太坊提供的 EVM 具有错综复杂的语义,Solidity 语言尚不成熟,暴露出来的安全问题直接危害智能合约的执行和用户的个人数字资产,需要形式化验证和程序分析工具对智能合约代码和执行过程进行分析。

目前,已有一些针对智能合约形式化验证的工具出现。

(1) Oyente 提供了一系列针对 EVM 的漏洞检测的启发式驱动引擎。

(2) Hevm 以一种交互式修复漏洞模式允许智能合约逐步地执行操作码。

(3) Manticore 是一种符号化的执行引擎,包括 EVM 在内的多种模式,支持具体程序方案、符号化执行驱动和断言检测等。

(4) REMIX 是一种基于浏览器的智能合约编写和漏洞修补的 IDE JavaScript 应用,内嵌的静态分析工具可以针对已知的预定义漏洞进行检测。

(5) F* 是一种用于程序验证的通用函数式编程工具,支持验证工具的自动执行和基于依赖类型证明的表达,可以对实际智能合约的语义正确性和运行过程的安全性进行验证。

现有的形式化验证和程序分析工具多是针对已知漏洞的检测和验证。未来的研究将更加关注现有的智能合约的反模式,用于构造动态检测的程序分析工具。

4. 隐私保护问题

以太坊、超级账本项目都是开源的智能合约平台。平台上的智能合约普遍对所有用户公开。智能合约常涉及多用户的参与,执行也需要用户提供经济激励,用户的账户信息、交易、智能合约的状态变量等信息都公开于整个网络中,亟需增加隐私保护机制。

与数据层相似,密码学技术也可以为提高智能合约隐私保护特性提供强有力的技术保障。其中,零知识证明可以隐藏用户身份和交易内包含的知识。Hawk 在仅支持匿名交易的 Zerocash 协议的基础上进行扩展,利用零知识证明和安全多方计算实现了具有隐私保护的智能合约编写框架,保证交易和合约参与方身份对合约以外的人匿名,但是仍然存在合约代码隐私性的问题。同态加密技术也被视为增强智能合约隐私保护的新兴技术,可以为智能合约构建可信的执行环境。然而,隐私保护机制必然会增加智能合约执行难度,用户也需要付出更多经济激励成本。一些需要高机密性、功能复杂的智能合约给智能合约的设计和编写提出了技术和成本方面的双重挑战。密码学技术在实际应用中也具有局限性。零知识证明和同态加密方案构造困难、效率低、占用区块链存储空间,不适用小成本、时效性要求高的智能合约,是目前制约智能合约隐私保护发展的重要因素。

8.2.6 应用层安全问题

区块链在金融、供应链、能源等多领域具有广泛的应用场景。虽然在不同的应用场景下,应用层需要反映不同的区块链的业务功能,在设计上略显差异。但是,应用层作为直接与用户交互的区块链层级,在架构设计上还具有一定的共同点。一般地,应用层需要具备 API 接口、跨链异构和监管技术。从当前区块链应用发展来看,应用层设计面临跨链操作难、监管技术缺失和应用层攻击等问题。

1. 跨链操作难

异构区块链应用数量众多,亟需跨链技术将它们连接起来,构建互联、互通、互信的区块链应用网络。去中心化的区块链无法像传统网络系统通过中心节点实现互通。如何在去中心化区块链平台间实现连接、处理异构区块链互操作、解决跨链操作的原子性问题是跨链技术面临的最大挑战。

区块链研发人员意识到跨链技术的重要性,先后提出公证机制、侧链或中继网络、哈希时间锁合约(Hash Time Lock Contract,HTLC)和分布式私钥控制等技术实现异构区块链互联。

1) 公证机制

由中间节点通过资金托管的方式保证不同区块链用户之间的安全支付。2015 年,Ripple 提出 Interledger 协议,通过一个或多个第三方连接器账户进行资金托管,形成跨链交易路径,可以保证两个异构区块链之间的代币兑换。

2) 侧链或中继网络

将侧链或中继区块链作为异构区块链间的中介网络,典型代表是 Cosmos 和 Polkadot

项目。Cosmos 是 Tendermint 团队开发的区块链互联网络,通过主干网上的中继器将结构各异的区块链子网络进行互联,从而实现不同数字资产之间的兑换,是价值互联网的代表。Polkadot 利用中继区块链网络实现了以太坊与其他区块链之间的跨链通信,不仅支持代币兑换,也尝试构建通用的跨链通信技术。

3) 哈希时间锁合约

要求只有在规定时间内给出正确的哈希值原像的节点才可以使用这笔被锁定的代币。在闪电网络中,若两个节点之间没有建立通道,则可以通过哈希时间锁进行安全交易。

4) 分布式私钥控制

通过密码学中的安全多方计算或者门限密钥共享等方式实现对账户资产的锁定和解锁。

目前,跨链技术的发展还处于初级阶段,需要大量理论研究和实验测试支撑。在跨链技术研究中还多限于金融领域的代币兑换和跨境支付,要实现异构区块链通信还有待进一步研究。

2. 监管技术缺失

比特币和以太坊先后出现的暗网交易、勒索病毒、数字资产被盗等安全事件引起了社会各界对区块链平台监管机制缺失问题的广泛讨论。监管技术的核心目标是对于非法行为的检测、追踪和追责,从而保证区块链平台的内容安全。然而,区块链去中心化、不可篡改、匿名等特点,为监管机制的设置增加了难度。

比特币作为目前最成熟、市场占有率最高的区块链数字货币应用,自然而然成为监管技术研究的主要对象。部分研究提出通过政府设立专门的执法机构或者数字货币交易平台等第三方对比特币地址进行追踪,对非法交易进行定位。另一个研究方向是放弃比特币的匿名性以降低实施监管的难度,或者牺牲去中心化特点,构造多中心的替代方案,各中心具有不同的监管权限,共同实现对区块链的监管。这些监管方案或多或少都牺牲了区块链的优势特点,方案的可行性还有待评估。一些第三方企业和科研机构也专注设计区块链监管技术,为政府执法机关提供比特币网络犯罪监控支持。美国 Chaianalysis、加拿大 Blockchain Intelligence Group(BIG)等公司专门从事区块链监管技术的研发。桑迪亚国家实验室也为政府监管提供基础支持,开发了比特币去匿名化工具。

虽然已经开发出一些比特币去匿名化工具,但是现有的研究成果很难从根本上对比特币上出现的洗钱、黑市交易、勒索等违法犯罪行为进行有效的防范、分析和追责。已有的网络数据分析和监管方案普遍采用"一刀切"的监管技术手段,危害正常使用比特币进行合法交易的诚实用户的隐私。与跨链技术研究现状相似,比特币上现有的监管技术不一定适用于其他区块链应用平台,监管技术将长久地成为区块链应用发展需要突破的关键技术。

3. 其他安全问题

理想情况下,用户可以直接通过区块链应用层提供的功能接口来调用相应的区块链服务。然而,就目前区块链应用发展来看,多数应用服务还需要依赖第三方中介平台和区块链服务供应商来提供。这就为攻击者从上层应用进行攻击创造了条件。例如,用户使用比特币钱包供应商提供的密钥管理服务时,面临后门攻击和密钥泄露的风险。在应用层开发过程中同样存在代码漏洞,尤其在第三方平台介入的应用场景下,更容易出现越权漏洞风险。钓鱼攻击、中间人攻击、木马劫持等传统网络攻击手段也会对上层区块链应用构成威胁。另外，在有多方参与的区块链应用中，攻击者可以在个人权限范围内控制应用软件或硬件，实施 MATE 攻击（Man-at-the-end Attack），违反应用层协议规定或行业规范，恶意泄露或篡改用户信息，破坏数据的保密性与完整性。在应用层的设计上还需要充分考虑组织管理上的人员安全，增强应用层的软件保护。

8.3 常见的漏洞和攻击手段

区块链的各个层次都存在安全隐患。除了木马、蠕虫等恶意入侵，中间人攻击、后门攻击等传统网络空间安全需要面对的恶意攻击以外，还衍生出 51% 攻击、双花攻击等针对区块链的攻击行为。本节对区块链上的主流攻击手段进行介绍。根据各个攻击行为的攻击目标不同，可以把区块链上常见的攻击手段划分为针对共识一致性的攻击、针对扩展性的攻击、针对激励策略的攻击、针对智能合约攻击手段以及由区块链使用的底层技术或上层应用漏洞衍生出来的安全问题，如图 8-4 所示。

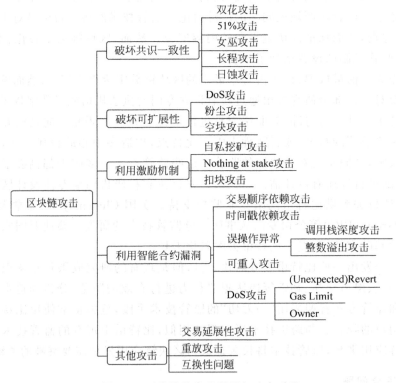

图 8-4 区块链的常见漏洞与攻击手段

8.3.1 针对共识一致性的攻击

1. 双花攻击

双花攻击又被称为二次支付攻击或双重支付攻击。顾名思义，双花攻击是指攻击者企图重复花费自己账户所拥有的同一笔数字代币的攻击行为，是破坏共识算法一致性的典型攻击方式,也是数字货币方案设计需要解决的首要安全性问题。由于不同的数字货币方案中货币的表达方式不同,相应地,对双花攻击的形式化描述也不尽相同。在一般区块链中,双花攻击是指攻击者企图在区块链上记录一笔与现有区块链上的交易相违背的无效交易。常用的方法是产生一条更长的区块链分叉,使包含原交易的区块链被大多数矿工丢弃。图 8-5 以比特币系统为例,详细介绍攻击者 A 实施双花攻击的过程和攻击成功的条件。

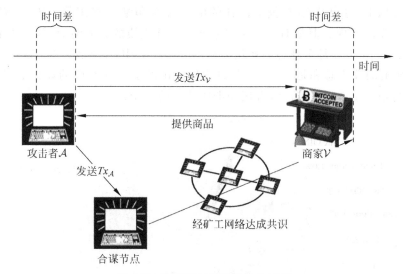

图 8-5　比特币中的双花攻击过程

为了实施双花攻击,攻击者 A 企图欺骗商家 V,让商家 V 误以为收到了交易 Tx_V 并提供相应商品或服务。之后攻击者 A 产生包含相同输入代币的交易 Tx_A,将同一笔比特币发送给自己控制的地址或其他地址。只要攻击者 A 能让多数矿工认可交易 Tx_A,将交易 Tx_A 写入区块链并获得多数矿工的共识,使得交易 Tx_V 失效。那么已经提供商品或服务的商家 V 将不会获得相应的比特币报酬。攻击者 A 成功实施双花攻击。

在比特币方案中,攻击者 A 成功实施双花攻击需要满足以下三个条件:

(1) 在多数矿工接收到交易 Tx_A 前,交易 Tx_V 被率先添加到商家 V 的钱包中;

(2) 交易 Tx_A 被写入区块链中,并获得多数矿工的确认共识;

(3) 商家 V 提供商品或服务的时间小于商家 V 监测到双花攻击交易 Tx_A 所用的时间。

比特币利用带时间戳的区块链存储结构和基于哈希函数的 PoW 来抵御双花攻击。在攻击者 A 可控制的算力低于全网的 50% 的安全性假设下,攻击者 A 能够产生一条包含交易 Tx_A 且链接 k 个后续确认区块的区块链的概率呈指数下降趋势。因此,当系统的安全参数 k 设置较大时,对于能力受限的攻击者 A 能够成功实施双花攻击的概率是可忽略的。

2. 51%攻击

在基于 PoW 的比特币中,矿工需要依赖算力竞争区块链的记账权。51%攻击则利用了比特币使用算力作为竞争条件,当攻击者拥有或控制 50%以上的算力时,可实现对比特币系统的控制。理论上比特币的安全性是基于恶意节点所占有的计算资源不超过全网 50%的假设。51%攻击打破了这一安全性假设。攻击者利用自己在算力上的绝对优势,可控制区块的产生，制造分叉，轻易地实施双花攻击、DoS 攻击等恶意行为，破坏比特币的安全性和去中心化。51%攻击也指在 PoS 区块链中拥有超过 50%的权益的优势攻击者可对 PoS 区块链实施控制。

目前比特币全网哈希算力约为 29.9EH/s，难度约为 3.84T。对普通的个人矿工来说，用普通的平均算力为 12TH/s 的挖矿硬件控制比特币网络，需要购买 250 万台硬件，硬件成本在 9 亿美元以上，这其中还不包括消耗的电力成本和维护费用等。因此，对个人来说，51%攻击几乎无法实现。但是对于一个国家或者全球规模的大矿池而言，并非不可能完成。图 8-6 显示了 2018 年 3 月全球各大矿池的算力分布。其中，排名前三的 BTC 矿池、蚂蚁矿池和 Slush 矿池的算力总和是 52.3%，超过了比特币的安全性假设的算力上限。若多家矿池联合对比特币实施 51%攻击，将直接冲击比特币的安全性。

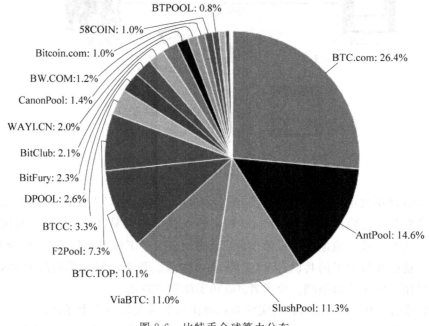

图 8-6 比特币全球算力分布

3. 女巫攻击

大规模点对点系统常面临节点失效和主动攻击的威胁，往往引入节点冗余来提升安全性。然而，在开放式网络环境中，单一的节点实体可以无限制地创建多个身份，生成多个无实际意义的抽象节点，那么这个节点实体就可以提升自己对系统的控制能力，系统的安全性将受到严重威胁。这一类通过伪造多重身份来破坏系统安全性的攻击行为被称为女巫攻击（Sybil Attack）。

女巫攻击存在于传统的拜占庭容错协议中。虽然 PBFT 等拜占庭容错协议已被用于小规模服务器间的复制服务，但是要求在协议执行前预先确定参与协议的服务器分组，不支持节点自由加入。多数拜占庭容错协议要求至少 2/3 服务器是诚实的。若系统允许自由加入，攻击者可以实施女巫攻击，可创建若干身份，打破协议的容错比例上限，系统的安全性遭到破坏。

由于 PoW 和 PoS 要求矿工消耗大量的计算代价或者占有权益来竞争维护账本,单纯创建无意义的钱包地址不会提高攻击者占有的算力或权益比例,不会影响系统的安全性。因此,目前许多基于拜占庭容错协议的去中心化区块链方案都引入 PoW、PoS 等抗女巫攻击的共识算法。如 Bitcoin-NG、Elastico 等基于 PoW 的区块链方案和 Proof-of-Burn、Proof-of-Personhood 等基于 PoS 的区块方案均可以防止女巫攻击。

4. 长程攻击

长程攻击(Long-Range Attack)是 PoS 中潜在的攻击行为,又被称为复写历史攻击(Rewriting History Attack),利用 PoS 中矿工生成区块需要付出的代价很低甚至零成本的特点,攻击者有可能从创世块开始产生一条完全不同的区块链分叉,并企图通过最长有效链选择策略替换原区块链,即为长程攻击。即使持续在线的节点可以清楚地分辨出合法的主链和长程攻击产生的恶意区块链分叉,长程攻击仍然可以扰乱新加入网络的节点或者长久离线的节点的区块链视图。

长程攻击、双花攻击和 51% 攻击都要产生一条区块链分叉替换原主链的账本历史。不同的是,长程攻击需要从创世块开始生成区块,同时不需要攻击者具备多数算力或权益。拥有小部分权益的攻击者在实施攻击初期会需要很长的时间来生成区块。一旦攻击者产生了若干连续的区块,那么他可以通过控制自己产生的区块增加自己在后续记账权竞争时的概率,降低后续区块生成的难度,很容易产生一条完整的区块链分叉。长程攻击极大地降低了双花攻击的难度。攻击者不需要付出很高的算力成本就有可能私下生成一条很长的区块链,包含一笔将代币转移到某个地址的交易。之后,该节点在公开网络中将这笔代币转移到某个商家地址,获得相应的商品或服务。最后,该节点广播提前准备好的区块链分叉,将支付过的代币赎回,成功实施双花攻击。

仅依赖账户余额作为权益的单纯 PoS 区块链系统更易受到长程攻击,且不易预防和检测。防止长程攻击的方法有设置代币锁定期和检查点两种。代币锁定期机制指参与 PoS 出块的节点必须抵押自己的代币,并且在一段时间内不能支付。检查点机制是通过半中心化的方式将某段时间内达成共识的区块的哈希值硬编码进源代码中,不可再对该节点产生分叉。

5. 日蚀攻击

日蚀攻击(Eclipse Attack)是指攻击者利用节点间的拓扑关系实现网络隔离,进而破坏共识一致性的典型攻击行为。攻击者通过网络拓扑控制目标节点的数据传入和传出节点,限制目标节点与外界的数据交互,甚至将目标节点与区块链主网络隔离,使目标节点仅能接收到攻击者传输的消息,导致目标节点保存的区块链视图与主网区块链视图不一致,破坏局部的一致性。

公开的网络使得攻击者有机会加入并实施日蚀攻击。比特币运行在 P2P 网络中,节点身份由 IP 地址确定。每个节点使用一个随机协议来选择 8 个节点,形成长期的传出连接,并在网络中传播和存储其他节点的地址。具有公共 IP 地址的节点接收多达 117 个来自任意 IP 地址的未经请求的传入连接。每个节点用尝试表和新表记录传入、传出节点记录。其中,尝试表用于记录节点已成功建立的传入、传出连接;新表记录节点尚未启动成功连接的节点，用从 DNS 种子机或从 ADDR 消息中学习来的信息来填充。节点通过与传入和传出节点交换区块链视图来维护本地区块链数据。在日蚀攻击中，攻击者利用网络拓扑结构垄断目标节点的所有传入与传出连接，将受害者与网络中的其他节点隔离开来，具体过程如下：

（1）攻击者使用自己控制的地址填充目标受害节点的尝试表；

（2）用不属于比特币网络的垃圾 IP 地址覆盖目标受害节点的新表中的地址；

（3）直到目标受害节点重新启动客户端，从存储器中的尝试表和新表中选择新的传出连接，目标受害者以较高的概率与 8 个攻击者地址建立传出连接；

（4）攻击者垄断目标受害者全部 117 个传入连接，攻击成功。

除了破坏比特币网络、过滤目标受害者的区块链视图以外，日蚀攻击还可以作为其他攻击的基础。当网络出现阶段性区块链分叉竞赛时，攻击者利用日蚀攻击迫使目标受害者将计算资源浪费在陈旧或无效的区块链上。日蚀攻击还可以实现算力的分离，降低网络中的有效算力，降低自私挖矿攻击和双花攻击的难度。

矿工、用户客户端或钱包可以通过修改比特币的网络代码，以降低遭受网络攻击的风险。通常建议采用两种对策：（1）禁止新的传入连接；（2）设置连接白名单，选择连接特定的对等节点或已知的矿工的传出连接。这两种策略也会带来新的问题。禁止新的传入连接会使新节点无法加入网络；设置连接白名单会使算力集中，破坏去中心化。

8.3.2 针对扩展性的攻击

1. DoS 攻击

拒绝服务（Denail-of-Service，DoS）攻击是利用合理的服务请求来占用过多的目标节点服务资源，增加目标节点网络负载，形成网络拥塞，从而使合法用户无法得到服务的响应。针对传统互联网的 DoS 攻击可以分为三类：利用软件实现的缺陷、利用协议的漏洞、利用资源压制。区块链同样容易遭受 DoS 攻击，造成区块链吞吐量低、交易确认时间长、节点无法服务等情况。根据攻击目标的不同，区块链上的 DoS 攻击可以粗略的划分为如下几个方面。

1）对区块链效率的 DoS 攻击

攻击者利用粉尘攻击发布大量交易，造成网络拥塞，形成大量交易排队的情况，占据矿工等节点的硬盘存储空间。

2）对单一用户节点的 DoS 攻击

攻击者占据大量算力、权益或其他网络资源，可能会有针对性地拒绝验证某些对自己不利的交易，使得这些交易短时间内甚至永远都不会被写入区块链。

3）对智能合约的 DoS 攻击

攻击者利用智能合约漏洞对智能合约实施 DoS 攻击，造成智能合约在一段时间内甚至永远无法正常执行。

2. 粉尘攻击

区块大小和生成区块的时间间隔受限，使得比特币等区块链系统的扩展性较差。攻击者利用这一特点实施粉尘攻击,通过广播大量的低交易金额、低交易费的垃圾交易,来增加区块链网络负载,占据矿工交易池硬盘空间,造成大量交易排队等待验证的情况,进而对网络中其他有意义的交易进行 DoS 攻击,影响共识效率和系统吞吐量。由于比特币没有中心节点,很难完全拒绝粉尘攻击的交易。当网络中存在粉尘攻击时,正常的交易只有提高交易费才能更快地被矿工打包记录。

3. 空块攻击

空块攻击则是矿工为了尽快解决 PoW 问题,仅填充区块头部,而不验证打包任何交易,试图在竞争挖矿过程中能够更快地发布区块并获得区块奖励。虽然空块攻击不影响区块链的有效性,但是却拖慢了交易验证和记录的效率,加剧了 PoW 等共识算法扩展性差的问题。

8.3.3 针对激励策略的攻击

1. 自私挖矿攻击

在理想情况下,PoW 的区块链中节点能够获得的区块奖励期望与他所拥有的计算资源成正比。而在实际比特币区块生成中,一些节点可能会在自己成功完成 PoW 产生区块后,有策略地广播自己的区块,以获得高于自己所拥有的计算资源比例的奖励收益,即实施自私挖矿攻击(Selfish Mining Attack)。自私挖矿攻击是 Eyal 等人于 2013 年提出的一种针对 PoW 激励策略的攻击行为,不易检测和预防。理论上,无中心的 PoW、PoS 区块链都可能遭到自私挖矿攻击,对共识算法的安全性和激励机制的公平性造成严重威胁。

自私挖矿包含多种挖矿策略,最典型的是当某 PoW 区块链矿工成功生成一个区块后不立即广播,而是在这个新区块后继续挖矿。当监测到网络中产生一个新区块时,自私挖矿节点才公开自己已经填充好的区块,形成区块链分叉竞赛。如果自私挖矿节点可以抢先产生两个连续的区块,不仅可以成功获得区块奖励,还能消耗掉另一个区块所包含的工作量。即使自私挖矿节点没能成功产生连续的两个区块,仍然可以形成分叉,将网络算力进行分离,降低网络中的有效算力。Eyal 等人的研究表明,当网络中的节点随机选择区块链分叉进行拓展时,拥有 1/3 比例算力的自私挖矿节点即可获得 1/2 区块奖励期望,直接破坏激励机制的公平性,对 PoW 的安全性假设造成威胁,也影响区块链的扩展性,降低了区块链的效率。

2. Nothing at Stake 攻击

由于 PoS 系统产生区块不依赖计算资源,成本低,因此节点很可能在多个区块链分叉后继续产生区块。Nothing at Stake 攻击是针对 PoS 激励机制的一种攻击,攻击者利用很少的计算量同时在多个区块链后面生成区块,影响共识算法的一致性。当出现区块链分叉时,为了利益最大化,矿工的最佳策略是在两个区块链分叉后均进行挖矿。这就使得发起区块链分叉的恶意攻击极容易成功,增加了区块链分叉和双重支付的概率。

图 8-7 解释了 Nothing at Stake 攻击的收益分析。假设当前 PoS 区块链存在 A、B 两条区块链分叉,且分叉 A 获胜的概率为 0.9,分叉 B 获胜的概率为 0.1。获胜的概率近似为支持该分叉的权益比例。节点 A 共有 4 种策略,分析如下:

(1) 节点A不产生区块,收益期望 EV=0;

(2) 节点A在分叉 A 后产生区块,收益期望 EV=0.9;

(3) 节点A在分叉 B 后产生区块,收益期望 EV=0.1;

(4) 节点A同时在分叉 A、B 后都产生区块,收益期望 EV=1。

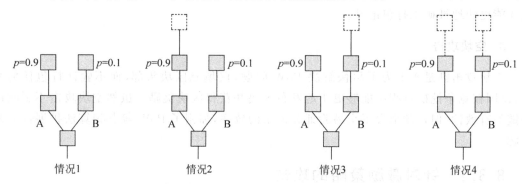

图 8-7 Nothing at stake 攻击分析示意图

因此,在不需要消耗太多成本的 PoS 区块链方案中,理性的贪心节点都将在所有的分叉后持续产生区块。即使没有攻击者的存在,PoS 区块链也可能永远无法达成共识。如果存在攻击者实施 Nothing at Stake 攻击,这些攻击者仅需要压制无私的节点,抑制他们对区块链达成一致即可。

由于攻击者实施 Nothing at Stake 攻击会在同一个区块链高度上产生多个区块的节点,因此,可以检测这种攻击行为。PoS 区块链系统可以通过设计惩罚机制惩罚 Nothing at Stake 攻击者,可以对在同一个区块链高度上产生多个区块的节点进行罚款,也可以对较短的或者错误分叉上的区块生成者进行罚款。另一种防止 Nothing at Stake 攻击的方法是引入 BFT 协议实现 PoS 机制。在 BFT 协议中,节点需要对支持的分叉进行签名投票。对不同分叉的签名则会被视为无效。BFT 协议的引入限制了攻击者的行为,可有效防止 PoS 区块链中的 Nothing at Stake 攻击。

3. 扣块攻击

扣块攻击是一种存在于矿池之间的攻击行为。发出攻击的矿池委派部分矿工加入到目标矿池,分得受害矿池的奖励,以求矿池整体获得更高的奖励。扣块攻击涉及矿池内部的奖励分配问题。大多数矿池都有一个矿池组织者,负责产生任务。矿工负责执行工作量证明完成任务。一旦矿工找到一个满足工作量证明的解,发送给组织者,再由组织者生成区块并广播。之后,组织者根据各矿工的算力比例来分配奖励。组织者降低挖矿难度,通过统计矿工寻找的满足较低难度工作量证明部分解的数量来衡量矿工的算力。每找到一个部分解,记为一个份额。若矿工找到的部分解满足工作量证明的实际难度,则把这种类型的解称为全解。仅当某个矿工找到了全解,组织者才能打包并广播区块,矿池才能获得奖励。

扣块攻击对采用 PPS(Pay-Per-Share)模式、PPLNS(Pay Per Last N Shares)模式和 PROP(PROPortionately)奖励分配方式的目标矿池的攻击效果明显。攻击者可以利用受害矿池的奖励分配策略来实施扣块攻击。加入到受害矿池的矿工会诚实地执行组织者分配的任务。但是,他们仅反馈部分解,获得相应的份额。若找到一个有效的全解,则丢弃。扣块攻击的本质就是在不为受害矿池提供任何有效贡献的同时,分割受害矿池的奖励,使自己获得更高的奖励收益。

我们以两个矿池为例分析扣块攻击的可行性,如图 8-8 所示。假设网络中仅有红蓝两色矿池,初始时各算力占比均为 50%。红色矿池企图实施扣块攻击,将自己控制的具有 25% 算力的矿工委派到蓝色矿池进行挖矿。这些矿工仅发布部分解,不会发布全解,不能产生有效的区块。此时,蓝色矿池广播的区块数量占比为 2/3。由于红色矿池委派的攻击矿工会分得蓝色矿池 1/3 的挖矿奖励,因此实际蓝色矿池仅能获得 4/9 的区块奖励。而红色矿池可获得 5/9 的奖励,高于红色矿池实际拥有的算力比例。

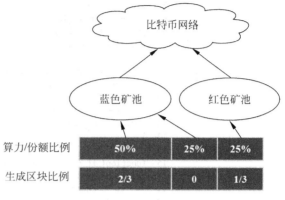

图 8-8　扣块攻击图解

由于网络中存在多个矿池,对多矿池之间扣块攻击的博弈论分析更加复杂。目前,没有有效的机制检测矿池是否被实施了扣块攻击。为了获得更高的长远收益,矿池会纷纷实施扣块攻击。扣块攻击与自私挖矿攻击类似,在一定程度上降低了网络中的有效算力,使系统吞吐量降低,造成交易验证延迟甚至网络拥塞的情况,影响区块链的可扩展性。

8.3.4　针对智能合约的攻击

1. 交易顺序依赖攻击

智能合约执行过程中的每次操作都需要以交易的形式发布状态变量的变更信息,不同的交易顺序可能会触发不同的状态,导致不同的输出结果。这种智能合约问题被称为交易顺序依赖(Transaction-Ordering Dependent,TOD)。例如,当前区块链状态为 σ,新区块包含 Tx_1 和 Tx_2 两笔交易。两笔交易调用同一个智能合约。在这种情况下,当用户自己的调用被执行时,用户并不知道实际智能合约的状态。处理交易 Tx_1 时区块链的状态可能因为交易 Tx_2 被优先处理而改变为 σ'。相应地,交易 Tx_1 调用智能合约的执行过程和结果也会因区块链状态由 σ 转变为 σ' 而产生差异。只有生成区块的矿工可以决定交易的执行顺序。因此,智能合约的执行过程和结果依赖于矿工指定的交易处理顺序。恶意的矿工可以实施交易顺序依赖攻击,故意改变交易执行顺序,操纵智能合约的执行。

以一个有奖竞猜合约来说明攻击者利用 TOD 合约获取更多利益,如图 8-9 所示。攻击者提交一个有奖竞猜合约,让用户找出这个问题的解,并承诺给予丰厚的奖励。攻击者提交完合约后就持续监听网络,如果有人提交了答案的解,此时提交答案的交易还未确认,那么攻击者就马上发起一个更新奖励金额的交易,将奖励降低。当矿工处理这两个交易时,当前交易池就有两个待确认交易:一个交易是提交答案,一个交易是更改奖励金额。攻击者可给更改奖励金额交易设置较高的交易费,甚至可以贿赂矿工或参与挖矿,让矿工先处理更改奖励金额交易。之后,等到矿工处理提交答案的交易时,答案提交者所获得的奖励将变得很少,攻击者几乎可以免费地获得正确答案。

```
1  contract Puzzle{
2    address public owner;
3    bool public locked;
4    unit public reward;
5    bytes32 public diff;
6    bytes public solution;
7
8    function Puzzle( ) //constructor{
9      owner = msg.sender;
10     reward = msg.value;
11     locked = false;
12     diff = bytes32(11111); //pre-defined difficulty
13   }
14
15   function( ){ //main code, runs at every invocation
16     if (msg.sender == owner){ //update reward
17       if (locked)
18         throw;
19       owner.send(reward);
20       reward = msg.value;
21     }
22     else
23       if (msg.data.length > 0){ //submit a solution
24         if (locked) throw;
25         if (sha256(msg.data) < diff){
26           msg.sender.send(reward); //send reward
27           solution = msg.data;
28           locked = true;
29   }}}}
```

图 8-9　有奖竞猜智能合约

2. 时间戳依赖攻击

一些智能合约会使用区块时间戳来提供随机性，或者将其作为某些操作的触发条件。这一类合约被称为时间戳依赖合约。时间戳依赖合约的执行依赖当前区块的时间戳，随着时间戳的不同，合约的执行结果也有差别。而网络中节点的本地时间戳会略有偏差。以太坊规定，矿工处理一个新的区块时，如果新的区块的时间戳大于上一个区块的时间戳，并且时间戳之差小于 900 秒，那么这个新区块的时间戳就是合法的。因此，攻击者利用部分合约依赖时间戳的特点，在合法的范围内修改时间戳，左右智能合约的执行，实施时间戳依赖攻击。

以一个抽奖合约来解释攻击者如何利用时间戳依赖合约实施攻击，如图 8-10 所示。抽奖合约要求由当前的时间戳和其他可提前获知的变量计算出一个随机数，也可称为幸运数，与幸运数相同编码的参与者将获得奖品。由于矿工在挖矿过程中可以提前知道相关变量，并通过穷举的方式尝试不同的时间戳来计算一个有偏差的幸运数，从而将奖励指定给自己或者特定的参与者。

3. 误操作异常

智能合约的执行可能需要调用其他合约，缺少被调用合约的状态验证或返回值验证将会对智能合约的执行带来潜在威胁。部分被调用合约执行异常，异常结果可能会传递到调用合约上，影响调用合约的执行。

```
1  contract the Run {
2    unit private Last_Payout = 0;
3    unit256 salt = block.timestamp;
4    function random returns (unit256 result){
5      unit256 y = salt * block.number/(salt%5);
6      unit256 seed = block.number/3 + (salt%300) + Last_Payout + y;
7      //h = the blockhash of the seed-th last block
8      unit256 h = unit256(block.blockchain(seed));
9      //random number between 1 and 100
10     return unit256(h % 100) + 1;
11   }}
```

图 8-10　抽奖合约

在以太坊中，一个合约调用另一个合约可以通过 send 指令或直接调用合约函数。如果在调用的过程中被调用合约出现错误，那么被调用合约终止，回退到之前的状态。但是，根据调用方式的不同，这个异常不一定会传播给合约调用者。部分合约调用者不会检查合约调用的返回值来验证调用是否正确执行。常见的误操作异常包括整数溢出和调用栈深度溢出。智能合约中规定了整数的范围，难以避免变量、中间计算结果过大，导致整数向上或向下溢出，程序中仅保存异常结果，影响智能合约的执行。以太坊 EVM 设置调用栈深度为1024，攻击者可以先迭代调用合约 1023 次再发布交易触发该合约，故意突破调用栈深度限制，使得合约执行异常。

图 8-11 中的 King of the Ether Throne(KoET)智能合约规定用户可以通过支付一定数量的以太币成为"以太币国王"，支付的数额由现任国王决定。当前国王可以通过买卖王座号获得利润。当一个用户声称为国王后，合约就发送赔偿金给现任国王，并指定这个用户为新的国王。然而，这个合约并没有检查支付赔偿金的交易的结果。一旦合约在执行过程中产生了异常，现任国王就有可能同时失去王座和赔偿金。

```
1  contract King of The Ether Throne {
2    struct Monarch { // address of the king
3      adress ethAddr;
4      string name;
5      // how much he paya to previous king
6      unit claimPrice;
7      unit coronationTimestamp;
8    }
9    Monarsh public currentMonarch;
10   // claim the throne
11   function clainThrone(string name) {
12     / … /
13     if (currentMonarch.ethAddr != wizardAddress)
14       currentMonarch.ethAddr.send(compensation);
15     / … /
16     // assign the new king
17     currentMonarch = Monarch(
18       msg.sender, name, valuePaid, block.timestamp);
19   }}
```

图 8-11　KoET 智能合约

攻击者可以故意超出调用栈的大小限制。攻击者首先调用自身1023次，然后发送交易给KoET合约，这样就造成了合约的调用栈超出了限制，从而出现了错误。合约执行出错后，由于这个合约没有检查合约的返回值，如果合约在发送赔偿金给现任国王的过程中遭受攻击，那么现任国王极有可能同时失去王座和赔偿金。

4. 可重入攻击

当一个合约调用另一个合约的时候，当前执行进程就会停下来等待调用结束，这就产生了一个中间状态。攻击者利用中间状态，在合约未执行结束时再次调用合约，实施可重入攻击。著名的 The DAO 事件就是攻击者通过实施可重入攻击，不断重复地递归调用 withdrawblance 函数，取出本该被清零的以太坊账户余额，窃取大量以太币。

以银行账户合约为例分析可重入攻击，如图 8-12 所示，当余额大于零时，SendBalance 可以简单地再次调用合约。余额变量 UserBlances 将取款人当前余额发送到提取余额的合约地址中。但是，余额变量 UserBlances 在被调用后才置为零。这意味着记录用户余额的合约尚未被修改。被调用合约可以使用默认功能，调用 withdrawBlance 取出本该被清零的余额。攻击者可以不断重复地递归调用，从中分离出大量代币。

```
1  contract SendBalance {
2      mapping (address => unit) userBalances;
3      bool withdrawn = false;
4      function getBalance(address u) contract returns(unit){
5          return userBalances[u];
6      }
7      function addToBalance( ){
8          userBalances[msg.sender] += msg.value;
9      }
10     function withdrawBalance( ){
11         if (!(msg.sender.call.value(
12             userBalances[msg.sender])( ))) { throw; }
13         userBalances[msg.sender] = 0;
14     }}
```

图 8-12　银行账户合约

5. DoS 攻击

攻击者可利用智能合约的协议漏洞实施 DoS 攻击，目的是使智能合约在一段时间之内甚至是永远无法正常运行。具体的攻击方法有三种。

1) 通过(Unexpected) Revert 发动 DoS

如果智能合约的状态改变依赖于外部函数执行的结果，又未对执行一直失败的情况做出防护，那么该智能合约就可能遭受 DoS 攻击。

2) 通过区块 Gas Limit 发动 DoS

以太坊规定了交易消耗的 Gas 上限，如果超过则交易失效。一次性向所有人转账，很可能会导致达到以太坊区块 Gas 上限。另外，如果 Gas 消耗设计不合理，也会被攻击者利用实施 DoS 攻击。EXTCODESIZE 和 SUICIDE 是 DoS 攻击者反复降低 Gas 降价操作的攻击实例,最终导致以太坊交易处理速度缓慢,浪费了大量交易池硬盘存储资源。

3) 合约所有者操作发动 DoS

现在,很多合约都有一个所有者(Owner)账户,拥有另外开启/暂停交易的权限,属于拥有高级权限的节点账户。由于所有者权限过大,相应的合约存在中心化的问题,有单点失效风险。一旦发生所有者账户管理不善等安全问题,其控制的智能合约中的代币可能被一直冻结,导致非主动的 DoS 攻击。

8.3.5 其他攻击

1. 交易延展性攻击

交易延展性攻击就是一种针对数据层密码组件漏洞实施的攻击。密码学中的延展性是指在已知输出 C 而不知道密钥消息时,可以创建一个与密钥消息相匹配的新输出 C'。以对称加密方法(Enc,Dec)为例,延展性指已知密文 $C=\text{Enc}(K,M)$,可以在不知道密钥 K 的情况下产生一个 C',满足 $M'=\text{Dec}(K,C')$。比特币中,攻击者利用比特币使用数字签名构造的交易在编译构成中的延展性,通过监听网络,拦截、修改交易,在保证签名有效的情况下创建具有不同交易标识符(TXID)的新交易,导致交易发起人认为原始交易并未被确认,随后创建并广播新交易。

在介绍比特币交易延展性之前,读者需要先了解比特币的交易脚本。在比特币中,大多数交易使用标准脚本来设置声明条件,要求声明脚本提供与地址匹配的公钥和交易的有效签名,图 8-13 介绍了声明条件和声明脚本的标准结构。为了验证交易 t_1 的有效性,要求前一个交易 t_0 的输出、t_1 的 scriptSig 脚本和 t_0 中指定的 scriptPubKey 脚本的声明是按顺序压入堆栈的。t_1 的 scriptSig 脚本将签名和公钥压入堆栈。t_0 的 scriptPubKey 脚本复制公钥(OP_DUP),并用公钥的 RIPEMD160 哈希值替换第一个副本(OP_HASH160),并编码在地址中。然后将 scriptPubKey 脚本的地址压入堆栈,测试两个顶层元素是否相等(OP_EQUALVERIFY)。如果公钥的哈希值与预期的哈希值匹配,脚本继续执行,否则执行中止。最后保留在栈上的两个元素,即签名和公钥,用于验证 t_1 的签名(OP_CHECKSIG)。

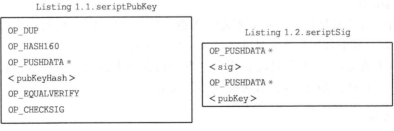

图 8-13 标准声明条件和声明脚本的结构

尽管 scriptSig 脚本与交易的输入相匹配,但是在创建签名时,这些都是未知。也就是说,数字签名无法对任何包含自身的数据结构进行签名。因此,声明脚本都需要包含 OP_0 将一串空字符压入栈中。之后,签署交易的用户遍历输入,用对应的 scriptPubKey 脚本临时替换 scriptSig 脚本,并对最后总的交易序列进行签名,并插入到适当的位置,之后广播交易。

但是，比特币无法保证 scriptSig 脚本的完整性，可通过以下方式提供延展性来源。

（1）声明脚本可采用不同方式编码，不会影响签名的有效性，但是交易会产生不同的哈希标识符。

（2）ECDSA 签名的延展性：签名可表示成椭圆曲线上的点，而通过数学推导出的椭圆曲线上的相同点的不同参数组是平凡的。

（3）非 DER 编码的 ECDSA 签名：比特币核心客户端 OpenSSL 使用的加密库接受除标准化 DER（可分辨编码规则）编码以外的多种格式。

（4）额外的数据压入：scriptPubKey 脚本可能会在脚本开始处压入额外的数据，并在脚本终止后留在堆栈上。

（5）签名和公钥可能来自更复杂的脚本，需要计算后压入堆栈。

（6）压入操作的非最小编码。

（7）过度的零字符串填充。

（8）脚本中包含被忽略的数据，如果 scriptPubKey 脚本中包含 OP_DROP，相应 scriptSig 脚本中的数据会被忽略。

（9）签名时可使用 Sighash 标志，忽略脚本中的某部分。

（10）拥有私钥的用户可产生任意数量的有效签名。

攻击者可以利用比特币交易延展性对比特币交易平台进行攻击。曾经最大的比特币交易所 MtGox 于 2014 年 2 月关闭并申请破产，声称攻击者利用比特币交易的延展性窃取了约 850 000 BTC。延展性攻击是双花攻击的一种变体。不同的是，攻击者是交易的接收方，要求被攻击的受害目标节点是不保存全部区块链账本的轻量级客户端，具体攻击过程如下。

（1）攻击者首先向目标交易平台请求取款，交易平台创建一笔交易，支付给攻击者一笔比特币。

（2）攻击者监听并等待交易在网络中广播。

（3）当监听到这笔交易时，攻击者对这笔交易的签名部分进行字符串填充或者采用其他编码方式，但不破坏签名本身，签名仍然有效。

（4）攻击者根据更改后的交易重新生成 TXID 标识符来伪造一笔新的交易，将伪造的交易广播到网络中。

（5）网络中的矿工会有一定概率率先将伪造交易写入区块链，使得原有效交易被判为双花支付，导致交易平台认为原交易并未被矿工验证通过。

（6）若攻击成功，交易平台只能看到自己发送的交易未得到确认，一段时间后，会重新创建一笔交易并广播。最终，攻击者可得到双倍的资金。

2. 重放攻击

传统计算机领域的重放攻击是指攻击者发送一个目的主机已接收过的包，来达到欺骗系统的目的，主要用于身份认证过程，破坏认证的正确性。在区块链领域，重放攻击不以欺诈为目的，指当区块链硬分叉之后，由于两条区块链分叉的地址、私钥生成算法和交易格式相同，容易出现一笔交易在两个区块链分叉上都有效的情况。

以以太坊硬分叉为例介绍重放攻击。以太坊平台在第 1 920 000 区块高度上发生硬分叉后，产生了 ETH 和 ETH 经典两条链，其上的代币分别为 ETH 和 ETC。某用户持有在硬分叉之前的 ETC,创建一笔交易将部分 ETC 转移到另一个 ETH 账户地址中。当广播这笔交易后,ETH 和 ETC 两条区块链都可识别这笔交易,并且都认定交易有效,并将交易写入区块链中。也就是说,原本用户仅想在 ETH 链上广播并确认交易,但是这笔交易被"重放"在了 ETC 这条区块链上。这样,用户就丢失了相应的在 ETH 经典区块链上的 ETC。重放攻击使得用户很难卖掉一种代币的同时保留另一种代币。当区块链进行硬分叉后,具有高算力的区块链分叉上的支持者可以广播大量满足重放攻击条件的交易,对具有较少算力的区块链分叉实施拒绝服务攻击,造成严重的网络拥塞问题。

目前,防止重放攻击的主要思想是将两条区块链分叉完全分离。其中一种方法是通过修改区块链分叉的交易格式,使两条区块链分叉完全分离。另外,用户或大型交易所也可以将分叉后的一条链上的代币转移到分叉前的某个地址上。

3. 互换性问题

互换性是指每一个单位的商品都具有相同的价值,可以互相替换。比特币的互换性就特指每单位比特币具有的价值相同,无论这些比特币经历了哪些历史交易,都可以进行公平的交换。在去中心化的体系中,互换性显得尤为重要。

目前,比特币的互换性是有局限的。比特币的账本是公开的,对所有用户可见。同时,依赖哈希数字假名仅能提供弱匿名性。用户可以查找某笔比特币的历史交易,很容易判断这笔比特币的来源是否涉及违法行为。举例说明比特币的弱互换性。交易所和商家会根据比特币的持有者和比特币的历史交易来区别对待比特币。交易所一般会尝试限制或阻止被盗的或者涉及洗钱等非法行为的比特币在他们交易所流通。一些商家也通过设置黑名单等方式限制接收涉及毒品、赌博和其他恶劣行为相关的比特币。这样,在比特币网络中就有两种类型的比特币:一种是历史清白的比特币,可以在网络中广泛流通;一种是具有肮脏历史的比特币,仅能在无须历史审查的交易所等小范围流通。这两类不同历史背景的比特币在一定程度上不具备互换性,影响比特币的流通和交易公平性。

保护互换性最好的方式就是消除比特币之间的差异,实现无差别比特币。依赖零知识证明(zkSnarks)技术的 Zcash(Zerocash)和依赖可链接环签名技术的门罗币(Monero)提供了较强的交易匿名性,提高了代币的互换性。另外,闪电网络实现了安全的链下交易,比特币公开账本中不会记录全部交易细节,改善了比特币的互换性。

8.4 安全与隐私保护技术

8.4.1 盲签名

盲签名(Blind Signature)的概念由 Chaum 于 1982 年首次提出,即签名者在对签名消息的内容一无所知的情况下,为用户生成对该消息的数字签名。盲签名方案就像对一个装有信封和复写纸的文件进行签名一样,具体过程如图 8-14 所示。

盲签名方案一般包括(KeyGen,Sig,Ver)三个算法。

(1) 密钥生成算法 KeyGen(params)→(pk,sk)。系统初始化时是一个概率多项式时间算法,输入系统参数 params,输出签名者的密钥对(pk,sk),其中 pk 和 sk 分别为公钥和私钥。

图 8-14 盲签名过程

(2) 签名算法 $Sig(m, sk, f, g) \to \sigma(m)$。签名者需要与用户之间进行交互，共同产生消息 m 的签名。假设算法 f 和 g 分别是消息的盲化算法和签名的去盲化算法，那么签名的生成过程如下：首先，用户利用盲化算法 f 对消息 m 进行盲化处理，得到 $f(m)$，并将 $f(m)$ 发送给签名者；然后，签名者用自己的私钥 sk 对盲化后的消息 $f(m)$ 进行签名，输出消息的签名对 $(f(m), \sigma(f(m)))$，并发送给用户；最后，用户用去盲化算法 g 作用于 $\sigma(f(m))$，输出签名者对消息 m 的签名 $\sigma(m)$。整个过程中，签名者只能对盲化消息 $f(m)$ 签名，而无法获知消息 m 的具体内容。

(3) 验证算法 $Ver(params, pk, m, \sigma(m)) \to b$。当输入系统参数 params、签名者公钥 pk、消息 m 和签名 $\sigma(m)$ 时，如果签名有效，则输出 1；签名无效，输出 0。

盲签名是一种特殊的数字签名，既要具备数字签名所需的完整性、有效性、不可抵赖性，也要保证盲性等特性。一个安全的盲签名方案应该具备以下几个特性。

(1) 盲性。签名者对所签消息的内容是不知道的，即使签名的消息公布后，他也不能知道所签消息的内容。

(2) 不可追踪性。当签名的消息被公布后，签名者不能追踪出该数字签名的具体生成过程。

(3) 不可抵赖性。虽然签名者无法将消息同签名生成的过程联系起来，但是他无法否认自己对消息的签名行为。

(4) 不可伪造性。除签名者外，谁都不能伪造合法的数字签名。

Chaum 也开创性地提出了利用盲签名技术构造匿名电子现金(E-Cash)，是中心化数字货币的经典案例，对在线的电子商务起到重要作用，基本架构参见图 8-15。一个典型的电子现金系统包括商家、用户和银行三个主体，还包含注册协议、取款协议、支付协议和存款协议四个安全协议，下面给出三个实体在协议中的交互过程。

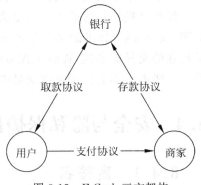

图 8-15 E-Cash 三方架构

(1) 注册协议。任何用户和商家在向银行请求提取或存储电子现金之前，都需要向银行提供合法的身份信息，进行账户的注册。

(2) 取款协议。当银行收到用户的取款请求时，根据用户账户的金额给用户签发电子现金，并从其账户中扣除相应金额。

(3) 支付协议。即用户向商家支付由银行签发的相应数额的电子现金。用户在给商家支付电子现金时，需要向商家提供一些关键信息，这样商家可以根据有效的信息对电子现金的合法性进行验证。

(4) 存款协议。商家首先将电子现金同用户提供的关键信息一同交给银行，然后通过银行的验证,完成电子支付的过程。

盲签名技术在电子现金运作中主要用以实现用户的匿名取款协议。在 Chaum 提出的盲签名 E-Cash 方案中,每枚硬币都具有不同且唯一的序列号。用户匿名取款的过程实际上就是银行对用户想要使用的硬币序列号进行一次盲签名的过程,具体步骤如下:

(1) 用户选择硬币的序列号,并对该序列号进行盲化;
(2) 用户将盲化后的序列号及其对应面额发送给银行,请求银行签名;
(3) 银行检查用户的账户余额,余额足够则为用户签名,并在用户的账户扣除对应金额;
(4) 银行将签名结果发送给用户;
(5) 用户对签名去盲,剥离出对硬币的签名;
(6) 用户验证签名,若银行签名有误,交易终止;否则,用户将其发送给商家。

支付协议中,用户将银行签名后的硬币发送给商家。商家首先检验签名,如果用户篡改了银行的签名,交易终止;否则,商家接受这枚硬币,开始执行存款协议,将硬币发送给银行进行用户二次支付的确认和账户信息的修改;银行检验签名,确认商家未篡改签名信息,并确认该枚硬币没有出现在交易账本中,防止商家二次支付某一硬币。如果检验都成立,银行在商家的账户上增加相应的金额,并通知个人用户交易完成。

E-Cash 系统通过盲签名算法达到了很高的匿名性,适用于隐私保护要求较高的场景。系统的匿名性也是一把双刃剑:对于诚实用户具有促进作用,能够有效保护用户的信息安全;同时,匿名性会为一些犯罪行为提供便利,使犯罪分子的身份不被获知。除此之外,在每次支付硬币时,商家和银行都要进行联机检验货币的有效性,这虽然能够防止双重支付,保障系统具有较好的安全性,但巨大的通信量和银行验证中心的瓶颈降低系统的效率。E-Cash 的出现标志着数字货币的诞生,引发了密码学界、金融界对数字货币的兴趣。但是该方案存在货币不可传递、不可拆分、不可聚合及交易效率低等问题,所以没有得到大规模的应用。

8.4.2 群签名

基于公钥密码的数字签名技术是密码学中的基本组件,被广泛地应用于安全协议等密码学场景中,以实现认证性、消息完整性和不可否认性。随着互联网技术的发展,人们享受共享网络带来的便捷的同时,更加注重个人信息的隐私保护问题。单纯的数字签名方案已经无法满足既认证又匿名的双重需求。群签名的概念被提出,作为一种特殊的签名机制,不仅具备一般数字签名的安全属性,还支持群成员匿名的发送消息,并且在必要时群管理员能追踪到签名者,是一种既具有匿名性又有可追踪性的数字签名技术。签名者可以使用自己的私钥代表群来产生签名,签名验证者可用群公钥对群签名的有效性进行公开验证。群签名兼顾匿名性和可追踪性,在实际场景中有广泛的应用,诸如匿名认证、数字货币、可信计算等。

图 8-16 描述了群签名的一般流程。群签名方案由多用户组成一个群,包含一个群管理员和若干群成员。群管理员生成自己的私

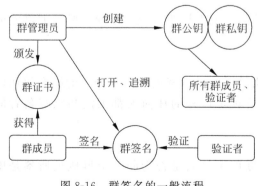

图 8-16 群签名的一般流程

钥和共享的群公钥,并为每个群成员颁发一个签名私钥。群成员可使用自己的私钥代表整个群对任意消息进行签名。验证签名时,验证者仅需用消息和共享的群公钥就能验证签名的有效性。由于全体成员共享群公钥,因此验证者无法确定签名是由哪个群成员生成的。因此,群签名为成员提供了身份的隐私保护,即匿名性。同时,在必要的情况下(比如涉及法律纠纷,或其他违法情况),群管理员可以用他的部分私钥(追踪私钥),找到签名者的身份。

群签名方案一般包括(GKeyGen, GSig, GVer, Open)四个算法。

(1) 群签名密钥生成算法 $GKeyGen(1^k, 1^n) \rightarrow (gpk, gmsk, gsk)$。

概率算法,用于产生群管理员私钥、群公钥和群成员私钥。其中,输入安全参数 $k \in N$ 和群成员的个数 $n \in N$,输出群公钥 gpk、群管理员私钥 gmsk 和 n 维密钥向量 gsk,其中 $gsk[i]$ 表示群成员 i 的签名私钥,$i \in [n]$。

(2) 群签名算法 $GSig(gsk[i], m) \rightarrow \sigma$。

概率算法,用于生成签名消息。群成员 i 使用自己的私钥 $gsk[i]$ 对消息 m 进行签名,生成签名消息 σ。

(3) 群签名验证算法 $GVer(gpk, m, \sigma) \rightarrow b$。

确定性算法,用于验证者验证签名是否有效。如果签名有效,则输出 1;签名无效,输出 0。

(4) 群签名打开算法 $Open(gmsk, m, \sigma) \rightarrow i/\bot$。

确定性算法,用于群管理员恢复签名者的身份。输入群管理员私钥 gmsk、消息 m 和群签名 σ,如果成功打开,输出签名者的身份 i;如果打开失败,输出 $\bot$。

对于动态的群签名方案还应包含(Join, Revoke)两个算法。

(1) 新成员加入算法 Join。

这种算法是在新成员与群管理者之间执行的交互协议。新用户成功加入群后,会获得一个成员证书和群管理员分配的私钥。

(2) 撤销成员算法 Revoke。

群管理员可通过 Revoke 算法撤销某成员的签名权利,撤销后该用户不能再代表该群生成有效的签名。

群签名方案需要满足下面几个安全性质。

(1) 完整性(Soundness and Completeness)。

消息与签名具有绑定性。任何对消息的修改都将导致签名无法通过验证,可防止对消息的篡改。

(2) 不可伪造性(Unforgeability)。

只有群成员才能产生有效的群签名,群以外的其他人想要生成一个通过验证的群签名是困难的。

(3) 匿名性(Anonymity)。

当敌手不知道打开密钥的情况下(打开密钥是群管理员密钥的一部分),能够有效地恢复签名者的身份是困难的。也就是说,除了群管理员以外的任何人都无法知晓签名者的身份。

(4) 不可关联性(Unlinkability)。

当敌手不知道打开密钥的情况下,能够判断两个签名是否为同一个群成员所签是困难的。

(5) 可追踪性(Traceability)。

在特殊情况下,掌握打开密钥的群管理员可以有效地恢复签名者的身份,并且任何成员都不能阻止打开一个签名。

(6) 抗合谋攻击(Anti-collusion)。

任何多个群成员合谋,也不能伪造其他群成员的有效签名。

群签名具备的匿名性和可追踪性,正适用于数字货币应用场景。在银行发行的中心化数字货币方案中使用群签名技术,既可以实现诚实用户之间交易的匿名性,又可以保障银行对于恶意的交易行为的可追溯性。

实际应用中,往往会涉及新成员的加入。一般的群签名方案都是静态的,不允许新成员的加入,应用范围受限。一旦系统中有新成员加入,群管理员需要重新生成群公钥,重新分配群成员的私钥。同样地,群签名方案也不能实现成员撤销,即群管理员无法强制群成员丢弃他的私钥。即使一些动态群签名方案支持成员加入和撤销,也会由于方案设计复杂,面临效率低下的问题。另外,群签名要求群管理员是安全可信的,所有成员都相信群管理员是诚实的,存在安全隐患。因此,如何设计更安全、灵活和高效的群签名方案是群签名研究的重点之一。

8.4.3 环签名

在实现身份认证功能的同时,为了提供更强的匿名性,环签名的概念被提出。环签名是一种特殊的群签名,在环签名方案中,不需要管理员,任何人不能追踪签名者的真实身份。签名者利用自己的公私钥和若干个用户公钥来生成一个环签名,签名的过程是自发式的,签名者不需要通知被选中的用户,仅需要知晓他们公开的公钥即可生成一个环结构,将自己的身份隐藏在环中。环签名兼顾了认证功能和隐私保护功能,在发布机密、匿名举报、电子支付等应用场景中都发挥巨大的作用。另外,环签名在一些特殊情况下非常有用,例如,即使在 RSA 被破解的情况下,环签名仍然可以保持匿名性。

1. 环签名算法

在生成环签名的过程中,签名参数 c_i 会按照一定顺序形成首尾相接环,环签名因此得名。任何用户都可以用自己的私钥和环中其他成员的公钥签名而不需要通知其他成员。其他的环成员可能完全不知道他们的公钥已经被真实签名者用于签名。

设有 n 个用户,每个用户 u_i 都有一对用于签名的公私钥对 (pk_i, sk_i)。环签名一般由 (RKeyGen, RSig, RVer) 三个算法组成。

(1) 密钥生成算法 $\text{RKeyGen}(1^k) \rightarrow (pk_i, sk_i)$。

签名者执行密钥生成算法,输入安全参数 k,输出对应的密钥对 (pk_i, sk_i)。RKeyGen 为每一个用户 u_i 都产生一个与之对应的密钥对 (pk_i, sk_i)。

(2) 签名算法 $\text{RSig}(m, PK, sk_i) \rightarrow \sigma$。

签名者 u_i 执行签名算法,输入待签名消息 m、所有用户公钥的集合 PK 和签名者私钥 sk_i,输出一个对消息 m 的环签名 σ。

(3) 验证算法 $\text{RVer}(m, \sigma) \rightarrow b$。

所有验证者均可以执行验证算法,输入消息 m 和签名。如果签名有效,则输出 1;签名无效,输出 0。

签名生成算法和签名验证算法是环签名的关键。图 8-17 描述了环签名的基本原理。环签名的一般模型如下。

(1) 签名生成算法基本步骤

① 对签名消息进行散列处理 $k=h(m)$;

② 签名者 u_s 随机选择初始值 $v\in_R\{0,1\}^b$;

③ 签名者为其他环成员随机选择 $x_i\in_R\{0,1\}^b, i\in\{1,2,\cdots,n\}, i\neq s$,并计算 $y_i=g_i(x_i)$;

④ 从环方程 $C_{k,v}(y_1,y_2,\cdots,y_n)=v$ 中求解出 y_s;

⑤ 求解陷门置换的逆 $x_s=g_s^{-1}(y_s)$;

⑥ 签名为 $\sigma=\{PK,v,x_1,\cdots,x_n\}$。

(2) 签名的验证算法基本步骤

① 验证者对每一个 $i\in\{1,2,\cdots,n\}$ 计算 $y_i=g_i(x_i)$;

② 计算 $k=h(m)$;

③ 验证环方程 $C_{k,v}(y_1,y_2,\cdots,y_n)=v$,等式成立,则验证算法输出 1,签名有效;否则,签名无效。

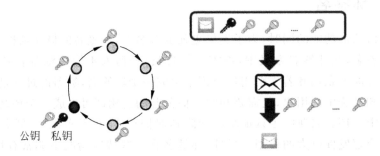

图 8-17 环签名的基本原理

一般的环签名需要满足下列安全性需求。

(1) 正确性(Correctness)。

按照正确的签名步骤对消息进行环签名,那么任何人都可以有效地验证签名,并且该环签名可以通过验证。

(2) 不可伪造性(Unforgeability)。

任何多项式时间的敌手难以有效地伪造签名。

(3) 无条件匿名性(Unconditional Anonymity)。

除了签名者以外,任何人能够确定真实签名者身份的概率都不会超过猜想的概率。简单地说,任何人都无法确定签名者的真实身份。

环签名与群签名不同,没有群管理员,签名用户没有组织结构程序,环中的成员地位平等,不用协调一致,除签名者以外,环签名对环中其他成员是匿名的。举例来说,在匿名举报的应用场景中,某组织内部成员想要匿名检举内部另一成员的贪污问题,他既要向外界证明这条检举消息来自组织内部,又要对公众隐瞒自己的真实身份。群签名是无法同时满足两个条件的,由于群管理员会知道举报人的真实身份,无法实现完全匿名,可能会遭到群管理员的报复。而环签名可以将举报人的身份隐藏在众多的环签名公钥中,不存在管理员等中心化节点,解决了群签名中群管理员权限过大的问题,可实现对签名者身份的无条件匿名性。

环签名还存在一些效率、签名长度、安全性等方面的问题。签名者在生成环签名的过程中需要使用所有成员的公钥。形成环的成员数量直接影响签名算法的效率和签名长度。当选择的成员数量过多时,签名效率会下降,签名长度也会增加。由于环签名技术实现的是无条件匿名,恶意的签名者能够通过构造一个可以通过验证的环签名,对其他用户进行诬陷。环签名中的密钥泄露也是非常严重的安全性问题,任何一个环成员的密钥泄露都会造成之前所有环签名失效。

2. 可链接环签名

考虑到实际的应用场景,环签名的概念被进一步延伸到可链接环签名、可转换环签名、门限环签名等。其中,可链接环签名是区块链上实现匿名交易的主流技术之一。可链接环签名是一种防止匿名性滥用的环签名方案,签名方案中有一个包含环用户列表的标签,在某一标签下每个用户只能作一次匿名的环签名。如果同一用户在某一标签下对相同消息做了两次环签名,则追踪算法可以发现这两次签名是相关联的;若同一用户在某一标签下对不同消息做了环签名,则追踪算法不仅可以发现这两次签名是相关联的,而且可以指出签名者,撤销签名者的匿名性。

可链接环签名一般由(RKeyGen,RSig,RVer,Link)四个算法组成。

(1) 密钥生成算法 RKeyGen(1^k)→(pk_i,sk_i)。

签名者执行密钥生成算法,输入安全参数 k,输出对应的密钥对(pk_i,sk_i)。RKeyGen 为每一个用户 u_i 都产生一个与之对应的密钥对(pk_i,sk_i)。

(2) 签名算法 RSig(m,PK,sk_i)→σ。

签名者 u_i 执行签名算法,输入待签名消息 m、所有用户公钥的集合 PK 和签名者私钥 sk_i,签名者先计算一个关联标签,然后再代表整个环对消息 m 进行签名,输出环签名 σ。

(3) 验证算法 RVer(m,σ)→b。

所有验证者均可以执行验证算法,输入消息 m 和签名。如果签名有效,则输出 1;签名无效,输出 0。

(4) 关联算法 Link(σ_1,σ_2)→t。

对于给定用户群 PK 和与 PK 相关的签名 σ_1 和 σ_2,验证者通过验证两个签名的关联标签是否相等,即可判断签名 σ_1 和 σ_2 是否为同一个签名者代表用户群 PK 产生的。

可链接环签名在环签名的基础上额外添加了可链接性(Linkability),即对同一标签,在同一时间段同一签名者所做的两次以上签名是相关联的。对同一标签,同一签名者只能做一次匿名的环签名。与一般环签名的无条件匿名性略有不同,可链接环签名所具备的匿名性是指:如果签名者使用一个关联标签仅做了一次环签名,那么该签名满足无条件匿名性,即任何人无法知道真正的签名者;同一签名者使用不同的关联标签所做的签名是不相关联的,任何人无法确定他们是属于同一签名者。

在门罗币中,可链接环签名既保证了区块链上交易的匿名性,又利用可链接性检测双花攻击。应用可链接环签名后,一旦发现签名消息中的关联标签相同,便可有效地恢复出攻击者的身份信息,以此来防止双花攻击。门罗币中的可链接环签名的具体算法如下。

(1) 密钥生成算法 RKeyGen

① 选择一组公钥 P_i 用于椭圆曲线签名 $(i=0,1,\cdots,n)$ 和一个秘密索引值 j，满足 $xG=P_j$，其中 G 是 ED25519 的基点，x 是签名者的支付密钥（私钥），待签名消息为 m。

② 计算密钥像（关联标签）$I=xH_P(P_j)$，其中 H_P 是哈希函数，返回一个点。

(2) 签名算法 RSig

① 在域 Z_q 上随机选取 $\alpha, s_i, i\neq j, i\in\{1,2,\cdots,n\}$。

② 计算 $L_j=\alpha G, R_j=\alpha H_P(P_j), c_{j+1}=h(m,L_j,R_j)$，其中 h 是域 Z_q 上的哈希函数。

③ 计算

$$L_{j+1}=s_{j+1}G+c_{j+1}P_{j+1}$$
$$R_{j+1}=s_{j+1}H_P(P_{j+1})+c_{j+1}\cdot I$$
$$c_{j+2}=h(m,L_{j+1},R_{j+1})$$
$$\cdots$$
$$L_{j-1}=s_{j-1}G+c_{j-1}P_{j-1}$$
$$R_{j-1}=s_{j-1}H_P(P_{j-1})+c_{j-1}\cdot I$$
$$c_j=h(m,L_{j-1},R_{j-1})$$

由 (L_j,R_j,c_{j+1}) 得到 $c_1,c_2,\cdots,c_n$。

④ 令 $s_j=\alpha-c_j\cdot x_j \bmod l$，其中 l 是 ED25519 的椭圆曲线阶，$\alpha=s_j+c_j\cdot x_j \bmod l$ 满足 $L_j=\alpha G=s_j G+c_j\cdot x_j G=s_j G+c_j P_j$。

⑤ 计算

$$R_j=\alpha H_P(P_j)=s_j H_P(P_j)+c_j I$$
$$c_{j+1}=h(m,L_j,R_j)$$

形成一个封闭的环结构。因此，给定一个 c_i、一组 P_j 和密钥像 I 和所有的 s_j，其他所有 c_i 的值 $(i\neq j)$ 都可以被观察者恢复。

⑥ 签名为 $\sigma=(I,c_1,s_1,\cdots,s_n)$。

(3) 验证算法 RVer

① 对于所有 i，观察者计算 L_i, R_i 和 c_i，验证 $c_{n+1}=c_1$ 是否成立。

② 对于所有 i，验证 $c_{i+1}=h(m,L_i,R_i)$。

(4) 关联算法 Link：签名中的密钥像 I 重复时，交易将被拒绝。

8.4.4 零知识证明

零知识证明（Zero-Knowledge Proof）起源于最小泄露证明。Goldwasser 等于 1985 年首次提出零知识证明的概念。零知识证明是密码学的核心概念之一，在几乎所有密码体制的分析与设计中都有极其广泛的应用。它还是联系密码学与计算复杂性理论的纽带，被广泛地应用在安全协议的设计中，如身份认证协议、匿名电子投票协议、数字货币协议等。

1. 零知识证明的相关概念

假设 P 是掌握某些信息，并且希望向某人证明自己拥有这些信息的实体，简称为证明者。假设 V 是证明 P 拥有某些信息这一事实的实体，简称为验证者。假设某个协议 Π 向验证者 V 证明了证明者 P 的确拥有这些信息，但验证者 V 无法推断出这些信息到底是什么，我们称证明者 P 实现了最小泄露证明。在此基础上,如果验证者 V 除了知道证明者 P 掌握了这些消息以外,不能够获得其他与证明者掌握的信息相关的任何信息,我们就称证明者 P 实现了零知识证明,相应的协议 Π 被称为零知识协议。

一般来说,一个零知识证明协议应该满足以下三个条件。

(1) 完备性(Completeness)。

如果证明者 P 对验证者 V 的声明是真的,那么验证者 V 将以一个很大的概率接受证明者 P 的声明。

(2) 合理性(Soundness)。

如果证明者 P 对验证者 V 的声明是假的,那么验证者 V 将以一个很大的概率拒绝证明者 P 的声明。

(3) 零知识性(Zero-knowledge)。

如果证明者 P 对验证者 V 的声明是真的,在验证者 V 没有违反协议的前提下,无论验证者 V 采用何种方法,他只能接受证明者 P 的声明,而无法获得与证明者 P 所声明的内容的任何信息。

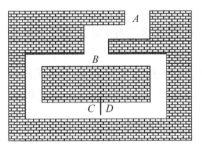

图 8-18 零知识洞穴

为了更好地理解零知识证明协议,Quisquater 等人给出洞穴的例子,来通俗地解释零知识证明协议,如图 8-18 所示,在位置 C 与 D 之间存在一条秘密通道,并且只有知晓对应的密语的人才能打开密门,通过通道。假设证明者 P 知道打开密门的密语,并且欲向验证者 V 证明,同时不泄露有关密语的任何信息,可以按照下面协议步骤执行:

(1) 验证者 V 站在位置 A 处;

(2) 证明者 P 从 A 处进入,走到位置 C 或位置 D 处;

(3) 当证明者 P 消失在密道里后,验证者 V 走到位置 B 处等待;

(4) 验证者 V 随机地要求证明者 P 从左边通道或者右边通道走回位置 B 处;

(5) 证明者 P 按照验证者 V 要求的通道走出,如果有必要,则使用密语打开密门,穿过通道;

(6) 证明者 P 与验证者 V 重复执行步骤(1)~(5) n 次。

若证明者 P 没有掌握打开密门的密语,那么他只能从进入通道的那一侧走出来。仅靠猜测,不知道密语的证明者 P 每次能按照验证者 V 的指令走出来的概率为 1/2。协议重复 n 次,证明者 P 能够连续猜中,均能按照验证者 V 的要求走出的概率为 $1/2^n$。如果重复执行协议的轮数越高且证明者 P 均能按要求走出,那么证明者 P 掌握密语的这一声明越可信。也就是说,当 n 足够大时,证明者 P 能够成功欺骗验证者 V 的概率是可忽略的。经过 16 轮后,证明者 P 仅有 1/65 536 的概率可以连续猜中。验证者 V 就可以假定,如果 16 轮的操作中证明者 P 的行为均有效,那么证明者 P 一定知道打开密门的密语。

零知识证明协议的构造基于计算困难问题,主要包括以下三类困难问题。

(1) 大整数分解问题(Factoring)。

给定一个正整数 n,找到它的素因子分解,即将 n 写成 $n = p_1^{e_1} p_2^{e_2} \cdots p_k^{e_k}$ 的形式,其中 p_i 是素数,$e_i \geqslant 1, i \in (1, 2, \cdots, k)$。

(2) 二次剩余问题（Quadratic Residuosity）。

给定一个奇合数 n 和一个整数 a，a 的雅各比符号为 $(a/n)=1$，判断 a 是否是模 a 的二次剩余，即是否存在整数 x 满足 $x^2 \equiv a \pmod{n}$。

(3) 离散对数问题（Discrete Logarithm）。

假设 G 为阶为素数 q 的双线性群，给定元素 $\beta \in G$，求整数 $x \in Z_q^*$，使得 $\beta = g^x$。

2. 交互式零知识证明

交互式零知识证明（Interactive Zero Knowledge Proof）是指执行协议的证明者 P 与验证者 V 两方进行有连接的通信，证明者 P 执行完一步协议操作后，等待验证者 V 的应答，证明者 P 收到答复后，再做出相应的操作给予反馈。参与协议的双方以交互式应答的方式执行完整的协议。

严格地讲，假设证明者 P 和验证者 V 是两个概率图灵机，其中证明者 P 具有无限计算能力，验证者 V 有多项式时间的计算能力。如果一个交互式的证明满足完备性、合理性和零知识性三个条件，那么就称该证明为交互式零知识证明。

基本的零知识证明协议包括证明者 P 与验证者 V 之间的多次交互，交互式零知识协议一般可以总结为下列步骤：

(1) 证明者 P 根据他自己掌握的信息和 n 个随机数把用于构造零知识证明系统的难题转换成 n 个不同的同构难题，然后使用他自己掌握的信息和随机数来解决这 n 个新难题；

(2) 证明者 P 提交 n 个新难题对应的解法；

(3) 证明者 P 向验证者 V 提交这 n 个新难题，但是验证者 V 无法根据这些信息得到原问题以及其他解法的任何信息；

(4) 对于 n 个新难题中的每一个，验证者 V 都向证明者 P 要求：证明新难题与原难题的同构关系或者公开他在步骤 2)中的新难题的解法，并证明他是这个新难题的解；

(5) 证明者 P 对这 n 个新难题中的每一个都表示同意。

我们以图论中的图同构 GI 零知识证明系统作为交互式零知识证明系统实例进行介绍。图是否同构是 NP 完全问题。对于一个非常大的图，判断两个图是否同构是非常困难的。图同构问题可以描述成：有两个图 $G_0(V_0, E_0)$ 和 $G_1(V_1, E_1)$，如果存在一个一一对应的函数 F，从定义域节点集 V_0 映射到值域节点集 V_1。当且仅当对于任意一条边 $\alpha \in E_0$，都有 $F(\alpha) \in E_1$，那么就称 G_0 与 G_1 同构。

假设证明者 P 知道图 G_0 与 G_1 是同构的，证明者 P 和验证者 V 执行如下零知识证明协议：

(1) 证明者 P 对图 G_0 进行随机置换操作，生成一个与图 G_0 同构的图 H。由于证明者 P 知道图 G_0 与 G_1 是同构的，那么图 H 与 G_1 也是同构的；

(2) 证明者 P 将图 H 发送给验证者 V；

(3) 验证者 V 可选择一个要求证明者 P 进行证明：证明图 H 与 G_0 同构，或者图 H 与 G_1 同构。验证者 V 不能要求两者都证明；

(4) 证明者 P 按照验证者 V 的要求给出证明；

(5) 证明者 P 与验证者 V 重复执行步骤(1)～步骤(4) n 轮。

如果上述协议成功执行了 n 轮，那么验证者 V 接受证明者 P 的声明，相信证明者 P 知

道图 G_0 与 G_1 是同构的。如果证明者 P 不知道图 G_0 与 G_1 是同构的,那么他就只能产生一个仅与图 G_0 同构或者与图 G_1 同构的新图。在每一轮协议中,证明者 P 仅有 1/2 的概率可以猜中验证者的选择,给出有效的证明。协议重复 n 次,证明者 P 能够连续猜中的概率为 $1/2^n$。也就是说,当 n 足够大时,证明者 P 能够成功欺骗验证者 V 的概率是可忽略的。因此,不知晓图 G_0 与 G_1 是否同构的证明者 P 是无法实施有效欺骗的。

3. 非交互零知识证明

早期的零知识证明协议都是交互式的,可靠性依赖协议执行的轮数,在无法达成有效连接的参与方之间并不适用。1988 年,Blum 等人提出了非交互零知识证明(Non-Interactive Zero-Knowledge Proof),它是一般零知识证明的变体,比交互式零知识证明的适用范围更广,在公钥密码、数字签名、密钥分配等非交互场景中有着广泛的应用。

与交互式零知识证明协议相比,非交互零知识证明协议是无连接的、单向的,这些协议不需要参与方之间进行任何交互,也能够向任何花时间对此进行验证的人证明证明者的声明和协议是有效的,同时保证了零知识性,即在证明过程中不泄露任何额外的秘密信息。从交互式证明到非交互式证明的过渡是有代价的,需要在协议过程中引入一个可信第三方。然而,对于非平凡语言在没有可信第三方和交互的情况下,是无法构造一个零知识证明系统的。因此,在实际应用中,为了提高效率等目的,通常假设系统中存在 PKI 等可信第三方,这就使得非交互零知识证明系统在实际应用中是可行的。

非交互零知识证明系统的模型包含公共参考串(Common Reference String,CRS)和计算复杂性两个必要元素。系统中的可信第三方生成公共参考串,由证明者和验证者共享。在非交互零知识证明协议中,证明者仅需要向验证者发送一次消息,然后验证者可根据这条消息验证协议的有效性和是否接受证明者的声明。

非交互零知识证明协议也要具备完备性、合理性和零知识性。此外,非交互零知识证明根据证据是否可以被公开验证分为两种情况:一种是证据仅针对验证者 V 一人,仅验证者 V 可以进行有效验证;另一种是证据可以被系统中的所有用户公开验证。

非交互零知识证明协议一般包括以下几个步骤。

(1) 证明者 P 根据他自己掌握的信息和 n 个随机数把用于构造零知识证明系统的难题转换成 n 个不同的同构难题,然后使用他自己掌握的信息和随机数来解决这 n 个新难题。

(2) 证明者 P 提交 n 个新难题对应的解法。

(3) 证明者 P 把所有这些提交的解法作为一个单向散列函数的输入,然后保存这个单向散列函数输出值的头 n 个比特位。

(4) 对于任意的 $i \in (1, 2, \cdots, n)$,证明者 P 针对第 i 个新难题,从步骤(3)中得到的 n 个比特位中选出对应的第 i 位。若该位置为 0,则证明新旧问题是同构的;若为 1,则公布他在步骤(2)中提交的解法,并证明他是这个新问题的解法。

(5) 证明者 P 公开步骤(2)中的约定和步骤(4)中解法。

(6) 任何感兴趣的验证者 V 可以验证步骤(1)~步骤(5)是否被正确执行。

在非交互零知识证明中,单向散列函数扮演着交互式零知识证明中验证者 V 的角色,用于随机地选择两个证明方向(或证明与否),为零知识协议引入随机性。由于证明者 P 无法预测单向散列函数的输出结果,所以对于任意多项式时间的敌手,都无法实施欺骗。

我们以离散对数的非交互零知识证明协议作为交互式零知识证明系统实例进行介绍。假设 G 为阶为素数 q 的循环群,证明者 P 与验证者 V 之间共享 (y,g),证明者 P 想验证者 V 证明自己知道 y 的离散对数是 α,即 $y=g^\alpha \bmod q$。假设证明者 P 与验证者 V 双方共享的公共参考串是单向散列函数 $H:\{0,1\}^* \to \{0,1\}$。协议的执行步骤如下。

(1) 证明者 P 生成知道 y 的离散对数是 α 的证据:随机选择 $t \in Z_q^*$,计算
$$z = g^t \bmod q$$
$$c = H(y,z)$$
$$w = t + c\alpha \bmod q$$

(2) 证明者 P 将产生的证据 (z,w) 发送给验证者 V。

(3) 验证者 V 接收后,计算 $c = H(y,z)$,验证 $g^w = z \cdot y^c$ 是否成立。

4. zkSNARK

zkSNARK(zero-knowledge Succinct Non-interactive Arguments of Knowledge)是一种非交互零知识证明系统的变体,更关注生成证据的长度和验证算法的计算复杂度。zkSNARK 具有简洁性,通俗地讲,协议产生的证据较短且易于验证。2013 年,Bitansky 等人构造了一种允许验证者执行一个与之后要被证明的声明无关的线下操作的预处理 SNARK 方案,其可公开验证,证据编码长度仅有 $O(1)$,证据可由线性大小的算术电路进行验证。随后,这种 zkSNARK 方案被用于构造数字货币方案 Zerocash,实现区块链上的匿名交易。

zkSNARK 零知识证明系统通常包括 (KeyGen, Prove, Verify) 三个算法。

(1) 密钥生成算法 $\text{KeyGen}(1^\lambda, C) \to (pk, vk)$

输入安全参数 λ 和算术电路 C,概率算法 KeyGen 会随机抽取出一个证明者 P 的证明密钥 pk 和一个验证密钥 vk。

(2) 证明算法 $\text{Prove}(pk, x, a) \to \pi$

输入证明密钥 pk 和 (x,a),其中 (x,a) 满足算术电路 $C(x,a) = 0^l$,输出一个证据 π,用于证明声明:证明者 P 知道存在一个 a,满足算术电路 $C(x,a) = 0^l$。

(3) 验证算法 $\text{Verify}(vk, x, \pi) \to b$

输入验证密钥 vk、x 和证据 π,验证者利用验证算法对证据 π 的有效性进行验证。若输出为 1,则验证者相信证明者 P 知道存在一个 a,满足算术电路 $C(x,a) = 0^l$;若输出为 0,则证明者 P 的声明无效。

zkSNARK 零知识证明系统除了满足完备性、合理性两个条件以外,还满足以下两个性质。

(1) 简洁性。

诚实执行协议产生的证明与真正需要计算的证明相比,长度较小,仅为 $O_\lambda(1)$ 比特;验证算法的计算复杂度为 $O_\lambda(|x|)$。

(2) 完美的零知识性。

多项式时间的模拟器产生的证据与诚实执行协议产生的证据是不可区分的。

另外,zkSNARK 方案还具备公开可验证性,更适用于需要公开验证的区块链应用场景。为了更好地理解 zkSNARK,我们介绍 zkSNARK 方案在 Zerocash 中的具体实现。在

Zerocash 中,zkSNARK 方案主要被用于实现匿名交易,即用户 A 将 v 转移到用户 B 的账户上,同时不泄露交易发送方和接收方的账户信息、交易金额等内容。zkSNARK 方案的执行过程如下。

(1) 把需要验证的问题编码成一个多项式方程。

在 Zerocash 中,需要将交易验证的计算过程进行编码。交易验证的证明是指当交易发送方从自己的账户 pk_1 将 v 转移到交易接收方的账户 pk_2 的过程中,保证交易发送方的账户余额足够支付 v 且保存用户账户信息的 Merkle 树的根从原来的 r_1 转变成 r_2 所产生的证明 π_1、π_2。那么,验证交易就是验证产生的证明是否有效,可编码为多项式方程: $f(r_1, r_2, pk_1, pk_2, \pi_1, \pi_2, v) = 1$,匿名交易有效当且仅当等式成立。其中 r_1、r_2 是公开保存在区块链上的,$(pk_1, pk_2, \pi_1, \pi_2, v)$ 作为证明者掌握的信息被称为证据,需要具备零知识性,即验证者无法获得证据的任何信息。

(2) 将交易验证问题转化成 QSP(Quadratic Span Program)问题。

QSP 问题是由一组多项式和寻找给定多项式倍数的线性组合任务构成的。输入长度为 n 的域 F 上的 QSP 问题就是求解给定的多项式的线性组合等于目标多项式的倍数的问题,由以下部分构成:

① 一组域 F 上的多项式 $v_0, v_1, \cdots, v_m, w_0, w_1, \cdots, w_m$;

② 一组域 F 上一个目标多项式 t;

③ 一个单向函数 $f: \{(i,j) | 1 \leqslant i \leqslant n, j \in \{0,1\}\} \to \{1, 2, \cdots, m\}$

④ 一个输入 u 会通过 QSP 问题的验证当且仅当域 F 上的 $a = (a_1, a_2, \cdots, a_m)$, $b = (b_1, b_2, \cdots, b_m)$ 满足:

$$\begin{cases} a_k, b_k = 1, \text{if } k = f(i, u[i]), u[i] \text{ 表示 } u \text{ 的第 } i \text{ 位} \\ a_k, b_k = 0, \text{if } k = f(i, 1-u[i]) \end{cases}$$

⑤ 目标多项式整除 $v_a w_b$, $v_a = v_0 + a_1 v_1 + \cdots + a_m v_m$, $w_b = w_0 + b_1 w_1 + \cdots + b_m w_m$。

这样,Zerocash 中的多项式方程: $f(r_1, r_2, pk_1, pk_2, \pi_1, \pi_2, v) = 1$ 就可以编码成 $t(x)h(x) = v(x)w(x)$。交易验证过程就可以转化成检验一个多项式能否整除另一个多项式,即证明者是否可以提供一个满足 $th = v_a w_b$ 的多项式 h。

(3) 简单随机抽样。

验证者会选择一个秘密评估点 s,计算所有 k 对应的 $t(s)$、$v_k(s)$ 和 $w_k(s)$,进而验证 $t(s)h(s) = v_a(s) w_b(s)$。这样,多项式加法、乘法和标量乘法都可以简化成域上的加法和乘法。交易验证问题也转化为验证等式 $t(s)h(s) = v(s)w(s)$ 的问题,而不需要真正去计算 v_a、w_b 的乘积。

(4) CRS 的生成。

选择一个生成元为 g 的椭圆曲线群,加密算法为 $E(x) := g^x$。同时选择配对函数 $e(g^x, g^y) = e(g,g)^{xy}$。随机选择秘密值 s,计算 $E(s^0), \cdots, E(s^d)$ 作为 CRS 的一部分公布出来,其中 d 为所有多项式的最高阶。那么,$E(f(s)) = E(s^0)^{n_0} \cdots E(s^d)^{n_d}$。然后随机选择另一个秘密元素 α,并公开 $E(\alpha s^0), \cdots E(\alpha s^d)$,则 $E(\alpha f(s)) = E(\alpha s^0)^{n_0} \cdots E(\alpha s^d)^{n_d}$。因此,证明者仅需要公布 $A := E(f(s))$ 和 $B := E(\alpha f(s))$ 即可。验证者检验 $e(A, g^\alpha) = e(B, g)$ 是否成立。验证者不需要计算完整的多项式,降低了验证算法的计算复杂度。此

外，CRS 还包括 QSP 中用到的两组已知多项式经加密算法 E 处理之后的结果。

(5) 增加零知识性。

证明者随机选取 δ，计算
$$A':=E(\delta+f(s)) \text{ 和 } B':=E(\alpha(\delta+f(s)))$$

那么
$$A':=E(\delta+f(s))=g^{\delta+f(s)}=g^{\delta}g^{f(s)}=E(\delta)E(\delta f(s))=E(\delta)A,$$
$$B':=E(\alpha(\delta+f(s)))=E(\alpha\delta+\alpha f(s))=g^{\alpha\delta+\alpha f(s)}$$
$$=g^{\alpha\delta}g^{\alpha f(s)}=E(\alpha)E(\alpha f(s))=E(\alpha)\delta B。$$

因此，证明者可以在不知道 α 和 s 的情况下计算出 A' 和 B'。验证者也可验证 $e(A',g^{\alpha})=e(B',g)$，同时验证存在某个 a 满足 $A=E(a)$ 和 $B=E(\alpha a)$，即 $a=f(s)$。同样地，在 QSP 问题中，证明者也可以通过乘以一个数来替换 $E(t(s))$、$E(h(s))$、$E(w(s))$、$E(v(s))$，这样，在加密算法不会被攻破的假设下，验证者就可以在不知道真实的编码值的情况下验证多项式结构是否正确。也就是说，对于随机的偏移量 k，检验 $t(x)h(x)=v(x)w(x)$ 和 $t(x)h(x)k=v(x)w(x)k$ 是否成立是不可区分的。同时，对于只接收到 $t(s)h(s)k$ 和 $v(s)w(s)k$ 的验证者来说，求解 $t(s)h(s)$ 和 $v(s)w(s)$ 是困难的，从而保证了零知识性。

综上所述，zkSNARK 零知识系统通过将较复杂的校验问题简化为单一点的验证问题，在证明长度和验证算法的计算复杂度上取得了明显的优势。zkSNARK 零知识系统通过预处理实现了非交互模式，同时支持公开验证，适用于区块链等分布式应用平台。诚然，zkSNARK 零知识系统在追求证明长度短、计算复杂度低的同时，也牺牲了部分安全性，暴露出 CRS 过长的问题。另外，依赖可信第三方初始化也使得 zkSNARK 零知识系统在去中心化应用场景中面临安全性质疑。

8.4.5 同态加密

同态加密（Homomorphic Encryption）是一种加密形式，技术的核心思想是在不知道密钥的情况下，对密文进行的计算能够作用到解密后对应的明文上。同态加密除了具有加密功能以外，支持对加密后的数据进行诸如检索、比较等操作，在处理过程中不需要对数据进行解密，就可以得到正确的结果，从根本上解决了将数据委托或保存在第三方时的隐私保护问题。

同态加密技术为解决大数据和云计算等领域中的分布式计算环境下的用户隐私保护提供了强有力的技术支撑。图 8-19 和图 8-20 把一般加解密与云环境下加解密进行对比。随着大数据与云计算的发展与应用，规模庞大且增速难测的数据往往需要存储在云上，但是云存储的提供者并不完全可信。同态加密技术在这样的场景中发挥巨大的作用。利用同态性，服务器可代替用户对加密后的数据进行处理，并作用到原始数据上。同态加密技术具有广泛的理论与实际应用，除了确保云计算环境下的用户数据安全之外，还可应用于委托计算、安全多方计算、密文检索等领域。

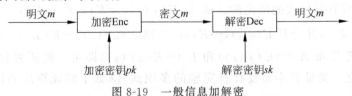

图 8-19　一般信息加解密

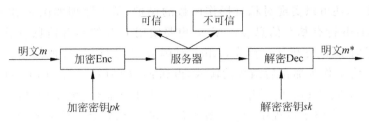

图 8-20 云环境下的信息加解密

一般的同态加密方案由(KeyGen, Enc, Dec, Eval)四个多项式时间算法构成。

(1) 密钥生成算法 $KeyGen(1^\lambda) \rightarrow (pk, sk, ek)$：输入安全参数 λ，随机输出加密公钥 pk、解密私钥 sk 和公开的同态计算密钥 ek。

(2) 加密算法 $Enc(pk, m) \rightarrow c$：以加密公钥 pk 对明文消息 m 进行加密，得到密文 c。

(3) 解密算法 $Dec(sk, c) \rightarrow m$：用解密私钥 sk 对密文 c 进行解密，得到明文 m。

(4) 密文计算算法 $Eval(ek, f, (c_1, c_2, \cdots, c_k)) \rightarrow c_f$：使用同态加密密钥 ek，向电路(函数) f 输入一组密文向量 $(c_1, c_2, \cdots, c_k)$，其中电路 $f(x_1, x_2, \cdots, x_k) \in \mathcal{F}$，输出相应的结果密文 c_f。其中，$\mathcal{F}$ 为同态计算电路(功能)组成的集合，通常为包括加法门和乘法门的算术电路集合。

密钥生成算法、加密算法与解密算法是构成同态加密方案的基础，提供基本的加密解密功能。密文计算算法是核心算法，用于实现对密文的计算。同态加密要求对密文的计算结果进行解密之后，能够与明文进行计算后的结果相同，在一定程度上保持了代数结构的同态性。因此，同态加密方案需满足相应的正确性，定义如下。

同态加密的正确性：对任意的 KeyGen 生成的密钥对 (pk, sk)，任意的电路 $f(x_1, x_2, \cdots, x_k) \in \mathcal{F}$，任意的明文向量 $(m_1, m_2, \cdots, m_k)$ 以及任意的密文向量 $(c_1, c_2, \cdots, c_k)$。若有 $c_f \leftarrow Enc(pk, f, (c_1, c_2, \cdots, c_k))$，则 $Dec(sk, c_f) \rightarrow f(m_1, m_2, \cdots, m_k)$ 成立，则称该同态加密方案对于电路 f 是正确的。

同态加密技术常被用于对私有信息的保护，基本原理如图 8-21 所示。Alice 持有私有函数 f 和私有信息 x，Bob 持有私有信息 y。Bob 想要使用 Alice 提供的函数服务对 y 进行处理，但是又不想向 Alice 暴露 y。首先，Bob 用自己的公钥 pk_B 对 y 进行加密，把密文发送给 Alice。然后 Alice 对密文作为函数 f 的输入进行操作，计算 $f(x, Enc(pk_B, y))$，将结果返回给 Bob。最后，Bob 收到 Alice 对密文的操作结果后，用私钥 sk_B 解密。由于同态性，解密后 Bob 会得到经过函数 f 处理后的 $f(x, y)$。在整个过程中，$f(x, y)$ 和 y 被隐藏，Alice 无法知晓具体的信息。

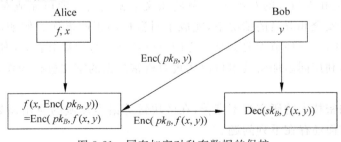

图 8-21 同态加密对私有数据的保护

同态加密技术还可以实现对私有操作函数的保护,基本原理如图 8-22 所示。Alice 持有私有函数 f,Bob 持有私有信息 y。Alice 想要使用 Bob 的私有信息 y 作为函数 f 的输入,但是又不想向 Bob 公开 f。首先,Alice 对函数 f 进行加密,把加密后的函数发送给 Bob。然后 Bob 将 y 作为加密后函数的输入,得到 $\text{Enc}(f)(y) = \text{Enc}(f(y))$,将结果返回给 Alice。最后,Alice 收到 Bob 的操作结果后解密。由于同态性,解密后 Alice 会得到输入为 y 的函数值 $f(y)$。在整个过程中,$f(y)$ 被隐藏,Bob 无法知晓具体的函数。

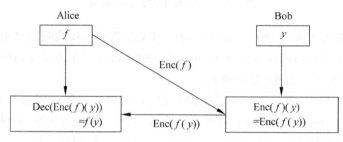

图 8-22　同态加密对私有函数的保护

根据支持的运算类型和运算次数的不同,目前的同态加密方案大体被分为部分同态加密和全同态加密(Fully Homomorphic Encryption,FHE)两类。部分同态加密是指仅支持单一或有限次数同态运算的加密算法,仅支持加法同态或者乘法同态。相对于部分同态加密,全同态加密是指可以同时支持加法同态和乘法同态以及任意次数的运算。部分同态加密方案不具备通用性,难以应用在真实场景中。全同态加密概念的功能强大,应用场景更加广泛。

由于区块链平台大量涌现、智能合约功能逐渐丰富、用户数量不断增加,区块链需要存储和传输的数据越来越多。目前,大部分区块链平台上的数据都是对全网公开的,缺乏有效的隐私保护方案。特别是在公有链和联盟链中,不乏涉及某些项目甚至企业的关键性数据,这些数据理应享有较高的安全性等级,亟需外部工具对数据进行加密处理。

零知识证明作为 Zerocash 的底层隐私保护技术备受关注,实现了对交易发送方、接收方和交易金额的匿名性。但是,零知识证明需要依赖可信第三方进行初始化,在去中心、无信任的区块链平台上存在一定安全隐患。另外,零知识证明无法支持对密文的函数操作,不适用于智能合约和参与方对区块链上的保密数据进行处理。

面临去中心化区块链的数据体量庞大、相关属性众多等特点,同态加密技术的重要性显得尤为突出。可以解决区块链上互不信任的参与方之间进行互操作的信息安全问题,将区块链中发布的数据内容和交互数据、数据状态属性进行同态加密。利用加密算法的同态性实现数据信息存证和参与方的互操作,无须将密文解密成明文即可完成对明文数据的运算处理,在保证数据安全和匿名的情况下,完成了对数据的正确操作。例如,公有链或联盟链中的两个公司合作,某一环节需要共享双方的机密数据进行运算分析,在使用区块链保证数据共享的前提下,利用同态加密技术可以实现对机密数据的密文进行操作,双方均可得到想要的结果。

然而,同态加密技术的研究尚不完善,在区块链等诸多领域的应用还处于探索阶段,在效率、安全性等方面还存在下列问题。

(1) 现有的同态加密方案仅能实现对单比特的运算,即明文 $m \in \{0, 1\}$,缺乏高效的实现方案,效率差。

(2) 目前的同态方案的安全性大多基于未被论证的困难问题,缺乏完整的安全性支撑。同时,大多方案仅能达到 IND-CPA 安全(不可区分选择明文攻击,敌手选择明文,通过询问加密预言机得到相应的密文,降低密码体制安全性),鲜少有能达到 IND-CCA1 安全(不可区分非适应性选择密文攻击,敌手通过询问解密预言机得到所选密文对应的明文,能够推导出之前没有询问过的密文对应的明文)的,更没有达到 IND-CCA2 安全(不可区分适应性选择密文攻击,敌手通过询问解密预言机得到所选密文对应的明文,当收到挑战密文后,仍可以访问解密预言机,但不能询问挑战密文)的方案,同态加密安全性研究有待提高。

(3) 在同态加密过程中引入的随机性会形成噪声,随着对密文的计算,噪声也会迅速增强,达到阈值后造成解密结果不可靠,方案需要额外的降低噪音的开销。如何设计一个具有自然同态性的全同态加密方案依然是一个开放性问题。

受限于效率低、安全性弱、构造难等问题,同态技术在区块链等相关领域的应用有待进一步开发。

8.4.6 安全多方计算

安全多方计算(Secure Multi-Party Computation,SMPC)是融合了密码学和分布式计算技术的信息安全领域的重要技术,目的是保证多参与方在一个分布式网络中以一种安全的方式共同执行运算任务而不泄露各个参与方的任何输入信息。与传统计算方式需要引入可信第三方相比,安全多方计算能保证多个互不信任的参与方执行计算的安全性和公平性,具有广泛的应用前景。目前已有的安全多方计算协议包括掷币协议、选举协议、电子拍卖协议、广播协议、数字货币协议、保密信息检索、保密数据库访问等协议。

形式上,安全多方计算是指在分布式环境下,多个互相不信任的参与方 $P_1, P_2, \cdots, P_n$ 各自拥有隐私信息 $x_1, x_2, \cdots, x_n$,他们希望共同合作,安全地计算某个约定好的多项式时间函数 f。最终,参与方分别可获得正确的计算结果 $y_1, y_2, \cdots, y_n$,但无法获知其他参与方计算 $f(x_1, x_2, \cdots, x_n) = (y_1, y_2, \cdots, y_n)$ 时的输入信息。同时,在整个计算过程中,协议必须满足:(1)信息输入的独立性;(2)隐私信息的保密性;(3)计算结果的正确性。

因此,可以把安全计算抽象成在函数 $f = (f_1, f_2, \cdots, f_n): \{0,1\}^* \times \cdots \times \{0,1\}^* \to \{0,1\}^* \times \cdots \times \{0,1\}^*$ 确定的情况下,参与方的输入 $(x_1, x_2, \cdots, x_n)$ 和输出 $(f_1(x_1, x_2, \cdots, x_n), \cdots, f_n(x_1, x_2, \cdots, x_n))$ 之间映射关系的随机过程,即

$$(x_1, x_2, \cdots, x_n) \mapsto (f_1(x_1, x_2, \cdots, x_n), \cdots, f_n(x_1, x_2, \cdots, x_n))$$

姚氏百万富翁问题是经典的安全两方计算问题,它的解决方案已经成为许多安全多方计算方案中的一个基本模块。该问题的具体表述为:两个百万富翁 Alice 和 Bob 都想知道谁更富有,但是都不愿意透露自己财富的具体数目。它的提出者姚期智给出了一个解决方案。

假设 Alice 持有整数 i,Bob 拥有整数 j。Alice 和 Bob 希望在不向对方透露 i 和 j 的情况下知道 $i \leqslant j$ 还是 $i > j$。为了便于理解,假设 $i, j \in [1, 100]$。Bob 拥有一对公私钥 (pk_B, sk_B)。Alice 和 Bob 执行如下操作。

(1) Alice 随机选取一个大数 x,用 Bob 的公钥加密 $c = \text{Enc}_{pk_B}(x)$,计算 $c - i$,并将结果发送给 Bob。

(2) Bob 按如下方式计算 100 个数：

$$y_u = \text{Dec}_{sk_B}(c - i + u), \quad u = 1, 2, \cdots, 100$$

Bob 随机选一个大素数 p（Alice 可告知 Bob x 的范围，使得 $p < x$），按如下方式计算 100 个数：

$$z_u = (y_u \bmod p), \quad u = 1, 2, \cdots, 100$$

对所有的 $u \neq v$，验证 $|z_u - z_v| \geq 2$；并对所有 u 验证 $0 < z_u < p - 1$。

如果不成立，Bob 需要再选择一个大素数重新计算并验证。

验证通过后，Bob 将以下数列发送给 Alice：

$$z_1, z_2, \cdots, z_j, z_{j+1} + 1, z_{j+2} + 1, \cdots, z_{100} + 1, p$$

(3) Alice 验证数列 $z_i \equiv x \bmod p$ 是否成立。如果成立，则 $i \leq j$；否则，$i > j$。

(4) Alice 将结论发送给 Bob。

该方案很好地将 i 和 j 隐藏在数列中，Alice 和 Bob 仅能知道各自的 z_i 和 z_j 的真实位置，并能判断出数值大小。然而，该方案在公平性和效率两方面存在严重问题。假设一种情况：Bob 诚实地执行协议，向 Alice 发送验证数列，Alice 接收后判断出数值大小，未将结果返回给 Bob，就提前终止协议。这是安全多方计算协议中常出现的问题，一方获得正确结果后提前终止协议，使得其他参与方未获得对应的运算结果，破坏协议的公平性。考虑方案的效率，假设该方案两个数的二进制长度为 n，那么数的范围为 2^n，需要进行的解密次数、模运算次数、验证次数均为指数级，计算复杂度为 $O(2^n)$。当需要比较的数的规模很大时，指数级的计算复杂度实际上是无法实现的。效率问题也是目前安全多方计算研究的一个重要方向。

安全多方计算的分布式应用背景、无信任的多个参与方、能够实现保密计算等特点都与区块链技术分布式、去中心、匿名等性质高度吻合。安全多方计算与区块链技术之间相互作用，相辅相成。

一方面，安全多方计算技术可以解决区块链上的隐私泄露问题。与同态加密技术功能相类似，安全多方计算更多解决的是链上的保密计算问题，而在安全多方计算协议的构造中，同态加密方案、零知识证明等密码学组件常作为基本工具出现。众所周知，以以太坊为代表的智能合约平台已经具有链上计算的能力，但是由于区块链上的数据对全网公开，以太坊的智能合约在运行的过程中难免会暴露一些机密信息，使得区块链技术在企业级以及金融领域的应用受到限制。安全多方计算技术在区块链这一分布式平台中的作用逐渐凸显出来。在智能合约设计中引入安全多方计算，可以有效保护用户机密信息。安全多方计算可以被用于公有链成员间的保密计算和跨区块链平台之间的保密计算。

另一方面，区块链技术的出现也为安全多方计算的设计提供了新的方案。区块链中的共识算法解决了分布式网络中的一致性问题，能够监测安全多方计算的执行。区块链中脚本语言提供的押金机制能有效增强安全多方计算协议的公平性，规避顺序优势参与方提前中止协议的问题。例如，在经典的两方掷币协议中要求两个参与方诚实地执行承诺方案并公开承诺值，若一方收到对方的数据后提前中止协议，则会出现恶意方获得正确结果而诚实方一无所获的不公平情况，如图 8-23 所示。图 8-24 利用带押金机制的区块链很好地解决了这一问题。在协议开始阶段，参与者均将承诺值和押金绑定，冻结在区块链账本上。只有诚实执行协议的参与方才能赎回自己的押金。若一方不诚实，提前中止协议，那么就相当于恶意参与方用押金购买了计算结果，从而实现相对公平。

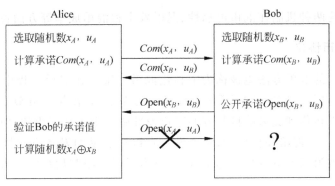

图 8-23　一方提前中止掷币协议的情况

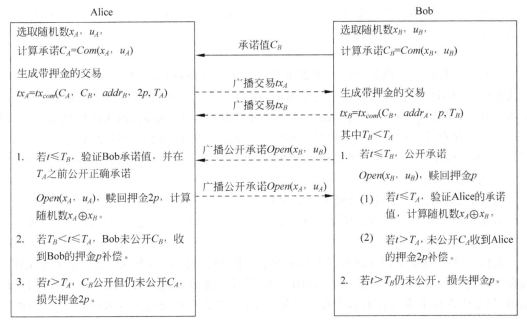

图 8-24　区块链上的两方掷币协议

8.4.7　混币技术

除了借助零知识证明、环签名等密码学技术以外，混币技术能在不对数字货币交易内容进行加密处理的情况下有效对抗交易图谱分析，增加了攻击难度。混币技术的核心思想是通过中间人介入或自发式混淆等方式对资金进行混淆中转，使攻击者无法直接将交易中真实的发送方和接收方关联起来。以比特币为例，混币技术可以很好地破坏区块链中交易的可追溯性，使攻击者无法追踪一笔交易的来源与去向。数字货币的混币技术原理如图 8-25 所示。

根据混币过程中有无第三方节点参与，现有的混币方式可以被分为基于中心节点的混币方法和去中

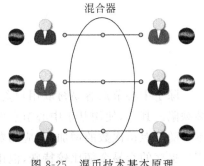

图 8-25　混币技术基本原理

化的混币方法。这两种机制在混币可靠性、混币效率和混币成本等方面各有优势和缺陷。

1. 中心化混币协议

基于中心节点的混币方法也被称为中心化混币方案。在混币过程中,若干交易的发送方作为发起混币的用户将自己的货币发送给第三方节点,再由第三方节点将货币重新分配,将指定金额的货币转移到交易的接收方的账户地址中。由于在混币的过程中有很多交易参与,由第三方节点进行混淆和再分配,货币没有直接在交易的发送方和接收方之间传递,交易双方的关联性被第三方节点隐藏起来,因此攻击者很难跟踪用户的货币流向,保证了数字货币交易的匿名性。

基于中心节点的混币方法简单,不需要额外的技术改进,适用于比特币等众多数字货币方案。目前很多网站都提供混币服务,例如 Blockchain.info、Bitlaunder 等。常见的基于中心节点的混币方案有如下几类。

1) 线上钱包

一些数字货币线上钱包可以提供混币服务。用户可以将自己的数字货币资金存储在线上钱包中。当用户取款或者发起支付交易时,用户将使用与预存货币不同的新的货币进行交易。但是,多数线上钱包不会承诺一定会对用户的资金进行混淆,也无法保证用户的交易记录不会被保存或泄露,甚至会窃取用户资产。与传统银行类似,一些在线钱包提供监管机制,要求用户登记身份信息。在这种情况下,混币钱包的安全性可能比普通钱包还要糟糕。

2) 专用混合服务

与线上钱包相比,专用混合服务不会保存用户的交易记录,也不要求用户登记身份。用户仅需要将资金发送给混合器的某一个账户地址,并告知混合器交易的接收地址即可。

3) 多混合器叠加

类似于 Tor 网络采用 3 跳链路保证匿名性,用户可以使用多个混合器以避免使用单一混合器时交易被记录或泄露的风险,如图 8-26 所示。这种方式降低了用户对单一混合器的依赖,只要所选择的多混合器其中有一个是诚实的,那么用户交易的匿名性就得到了保障。

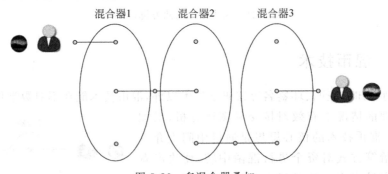

图 8-26 多混合器叠加

除了中心节点容易窃取用户资金、泄露混币过程以外,由第三方提供混币服务还存在很多缺陷。其一,使用基于中心节点的混币服务会给交易增加额外的混币费用,增加了交易成本。随着混币次数的增加,相应的费用也会增加,混币的时间成本也会随之增加。其二,当用户提交的交易金额比较特殊,混币缓冲池中仅有少数甚至没有交易具有相同金额时,混币机制无法实现对该笔交易的保护。因此,为了保证交易的不可关联性,混币服务一般要求统一交易金额。但是这一要求在实际操作中缺乏可行性。对大额交易来说,需要拆分成若干等额交易,混币效率将受到严重影响。

2. 去中心化混币协议

去中心化的混币方法的特点是在混币的过程中不需要第三方的参与。其中,CoinJoin 协议是最早的去中心化的混币方案,核心思想是利用 P2P 协议代替第三方节点,通过将多个交易合并成一个具有多输入多输出的交易,使得攻击者无法通过交易内容有效地判断交易的输入与输出之间的对应关系,从而隐藏各个交易发送方与接收方的关联性,如图 8-27 所示。随后的去中心化的混币方案多基于 CoinJoin 机制发展而来,先后出现在 Dark Wallet、CoinShuffle、JoinMarket 等比特币匿名交易服务中。

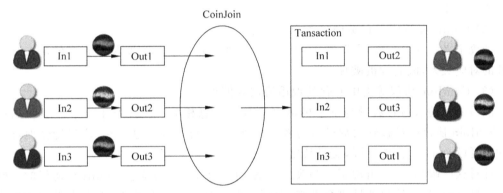

图 8-27 CoinJoin 协议基本原理

CoinJoin 协议的主要设计目标是使不同用户联合执行协议,能够创建一个比特币交易,交易的输入为所有参与协议的用户原有的公钥地址,交易的输出为所有用户新的公钥地址,交易的输入输出的顺序是随机的,其他人无法推测出交易中的输入地址与输出地址之间的对应关系。协议包括以下 5 个步骤。

(1) 寻找混币参与者。

协议开始前,想要执行混币协议的用户需要找到更多的参与者。这一过程可以通过服务器来完成。由于参与者不会将货币发送给服务器,所以服务器无法窃取货币,也无法知晓参与者的交易信息。

(2) 交换输入输出地址。

一组参与者被确定后,参与者需要交换他们的输入输出地址。为了防止外部攻击者监测交易地址的传递,参与者使用 Tor 网络进行传输,实现匿名通信。

(3) 构造交易。

交易的输入输出地址传递完成后,组内任意一名参与者按照输入输出构造一笔未签名的交易。

(4) 传递交易并签名。

参与者将这笔未签名的交易在组内传播。组内参与者验证这笔交易是否准确地包含了自己的输入输出地址。若交易正确,则签名并传递签名。

(5) 广播交易。

如果收到了所有参与者对该交易的签名,则将交易与签名集合打包,交易构造完成。最后广播完整的交易,等待交易被记录在区块链上。

当交易被发布在区块链上,由于 CoinJoin 协议将交易的输入和输出地址进行了随机化,因此外部攻击者无法将用户的输入输出地址进行对应。CoinJoin 协议不依赖第三方节点,能够有效避免由第三方带来的资金窃取、交易泄露和混币服务费等问题。在正常执行的情况下,CoinJoin 协议能够运行良好。但是缺乏中心节点参与的 CoinJoin 协议也存在一些缺陷。

(1) CoinJoin 协议无法抵御 DoS(Denial of Service)攻击。

攻击者混入参与者内部,在执行初期均诚实地执行协议,到了签名阶段拒绝签名,或者是签名之后又将自己输入地址的货币转移到其他地址上,发布到区块链上,使 CoinJoin 交易变成二次支付交易。

(2) CoinJoin 协议没有实现秘密交换地址。

如攻击者渗入参与者内部,攻击者很容易知道这笔 CoinJoin 交易中真实的输入和输出地址的对应关系,匿名性被破坏。

(3) CoinJoin 协议等去中心化的混币协议规模小。

混币协议的参与者数量与交易的匿名性程度息息相关。在没有中心节点组织的情况下,CoinJoin 协议很难找到大规模参与者。另外,当参与者数量过多时,协议传输地址和签名的时延就会很长,性能下降,交易长度过长。

针对这些缺陷,先后出现了一些改进方案。CoinShuffle 方案在 CoinJoin 协议的基础上增加了排序协议,将输出地址进行洗牌,保证混币的参与方无法将输入地址与输出地址进行关联。CoinParty 则利用安全多方计算保证了在部分参与者恶意或者失效的情况下,混币协议仍能正常执行。

8.4.8 TOR 网络

洋葱路由(The Onion Router),简称为 Tor 网络,是一种基于 Mix 思想开发的匿名通信网络系统。它将现代加密技术和网络拓扑相结合,使得攻击者无法通过常规攻击手段来推断通信双方的通信关系和 IP 地址等用户身份信息。

传统的信息加密技术能够实现对消息本身的保护,但是在公开网络中无法很好地隐藏通信双方的物理身份、通信关系、地理位置和通信模式等信息。同时,构成互联网的网络通信协议尚未具备隐私保护功能。攻击者可以通过监听或流量分析等手段推断出用户的身份信息。Tor 网络很好地解决了开放网络环境下如何实现隐私保护的问题。Tor 网络最初由美国军方开发,用于匿名传递情报,避免被监听。后来系统引入其他网络流量扩大混淆规模,Tor 网络在大众中推广。目前,Tor 网络由世界范围的志愿者维护,共计 7000 余节点,是互联网中体量最大、安全程度最高、应用最广的匿名通信技术,具有低时延、高扩展性、强匿名性、易于配置、服务稳定可靠等优点,是比特币维护团队推荐的应用层隐私保护技术。

Tor 网络是第二代洋葱路由,属于重路由低延迟匿名通信网络,主要目标是迷惑攻击者,使其无法将正在通信的节点关联起来,也无法将用户节点与传输数据包的路径关联起

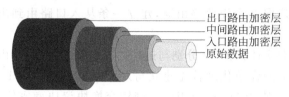

图 8-28　Tor 网络的加密结构

来。所谓"洋葱",是通过应用层通信协议栈实现加密,对客户端传输的数据包按照顺序进行逐层加密,形成类似洋葱的加密层结构,如图 8-28 所示。首先,Tor 网络为客户端发送数据包,随机地选择若干中间节点,按照一定顺序对数据包进行加密。中间节点需要对加密数据包进行解密,获得下一个 IP 地址,进行转发,类似洋葱剥皮的过程。经过逐层加密和多次跳转,中间节点仅能知晓数据包传输链路中自己的前一个和后一个 IP 地址,隐藏了源地址与目标地址之间的路径,使得网络中的节点很难确定通信双方的身份和 IP 地址,从而实现对用户身份和通信关系的匿名性。

Tor 网络采用目录式结构进行管理,除发送者和请求匿名访问的互联网中的服务器以外,还包含以下四个网络实体。

(1) 目录服务器(Directory Server)。

主要负责收集和更新网络中所有可用的中继节点信息,位于网络拓扑结构中的最上层,为客户端提供中继节点的公钥等建立链路的必要信息。

(2) 洋葱代理(Onion Proxy,OP)。

洋葱代理是用户接入 Tor 网络的代理程序,负责下载目录服务器中的中继节点信息,选择中继节点并建立数据传输链路,并将数据流发送至已经建立的传输链路上。

(3) 洋葱路由器(Onion Router,OR)。

洋葱路由器即 Tor 网络中的中继节点,是构建匿名通信链路的基础,负责匿名链路的建立并转发用户客户端和互联网服务器之间的通信数据。在转发数据的过程中,还要负责逐层的加解密工作,是实现匿名性的关键。按照位置的不同,中继节点又可分为入口路由(Entry Router)、中间路由(Middle Router)和出口路由(Exit Router)。入口路由是进入 Tor 网络的接入节点,与发送者直接通信,运行稳定且具有较高带宽;中间路由连接入口路由和出口路由,避免入口路由和出口路由互相检测出对方的位置;出口路由负责将网络内的流量转发给外部互联网中的服务器,每个出口节点都有一个对应的出口政策,规定了该出口节点能够使用的端口、协议,防止滥用 Tor 匿名网络。

(4) 洋葱包(Onion Cell)。

洋葱包即通信双方传输的数据包,通过代理技术,可以将 HTTP、SMTP、FTP 等应用层数据包转换成统一数据结构的洋葱包。洋葱包经过三个洋葱路由器解密,如图 8-29 所示。

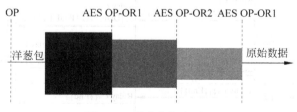

图 8-29　洋葱包解密过程

Tor 网络通信机制包括匿名链路的建立和数据传输两个过程。图 8-30 以用户 Alice 想要通过 Tor 匿名访问网站 Bob 为例讲解整个 Tor 网络的工作过程,基本过程如下。

(1) 在使用 Tor 网络匿名访问应用服务器之前,用户 Alice 必须在本地运行一个洋葱代理,从目录服务器中下载所有可用的洋葱路由器信息,并从中选取几个洋葱路由器,组成到达目的服务器的通信链路。Tor 网络默认选取 3 个洋葱路由器,建立一条从入口路由到出口路由的 3 跳链路。

(2) 通过 Tor 网络的握手协议实现单向实体认证,并分别与选择的入口路由、中间路由和出口路由协商会话密钥。具体地说,Alice 的洋葱代理首先建立与入口路由 OR1 的 TLS 连接,向 OR1 发送创建洋葱包的请求。随后使用 Diffie-Hellman 密钥交换协议协商密钥,获得 OR1 的公钥,完成第一跳的链路连接。Alice 重复上述步骤,实现与中间路由 OR2 和出口路由 OR3 的链路连接。

(3) 当 Alice 至 OR3 的链路建立完成之后,Alice 用协商后的密钥对 Begin<IP, Port>进行层层加密,然后将加密后的数据包在三个洋葱路由器组成的链路中传输。数据每经过一个洋葱路由,就进行一次解密。到达 OR3 时,最后一层被解开,将与目的服务器 Bob 建立一个 TCP 连接,并向 Alice 发送连接已建立的确认消息。至此,Alice 和 Bob 之间的链路建立完成,开始通信。

(4) 如果 Alice 与 Bob 通信时间较长,Alice 每隔几分钟会重新选择 3 个洋葱路由器建立新的通信链路以防攻击者窃听。如果 Alice 想要访问另一服务器 Charles,她也会重新选择洋葱路由器建立新的通信链路。

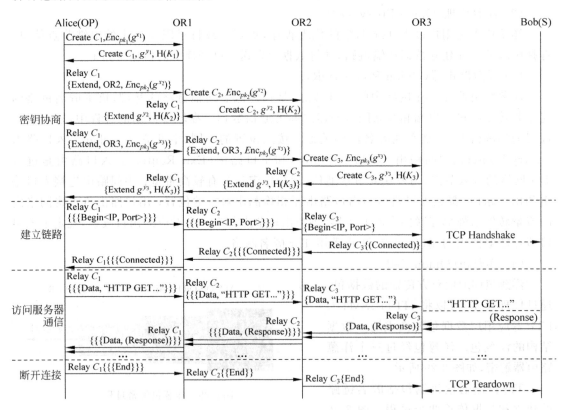

图 8-30　Tor 网络的 3 跳链路会话过程

Tor 网络融合了多代理技术、洋葱路由技术以及加密技术保护了用户的隐私,实现了匿名通信,具有以下特点。

(1) 完美的前向安全性。

Tor 网络使用这种逐层加密传输方式时,每个洋葱路由器只会获得它转发所需要的必要信息。由于用户可以随时改变通信链路,更换临时会话密钥,因此 Tor 网络能够抵御重放攻击,具有较高的安全性。

(2) 低时延。

Tor 网络没有使用传统的匿名通信系统所使用的随机时延、重排、流量填充等耗费计算量、占用大带宽的技术。在建立链路时采用非对称密钥算法加密,数据通信时采用对称密钥算法加密,从而提高数据传输效率,降低时延。

(3) 共享虚电路。

Tor 网络可以为每一个应用请求建立一条独立的链路,也允许多个应用共享一个虚电路。

(4) 拥塞控制机制。

当大量用户同时选择一个洋葱路由、攻击者向网络输入大量数据流时,就会造成链路中的某一段出现传输拥塞。为了避免这样的情况,Tor 网络设置了拥塞控制机制,包括数据流级拥塞控制和通道级拥塞控制,分别用于传输通道中某个数据流的流量控制和整个传输通道的流量控制。

(5) 速率限制。

Tor 网络服务器使用令牌环的方法来实现对各节点使用的网络带宽进行限制,同时允许短期的突发数据流。Tor 网络既保证了为交互数据流提供很好的延迟,也使批量数据流能够有很好的速度。

(6) 端到端的完整性检测。

尽管攻击者无法解密洋葱包,但是他可能会改变网络中的参数信息来猜测数据包的内容,从而破坏匿名性。Tor 网络提供端到端的完整性检测,要求每个洋葱路由器都保存一个包含他们创建的转发数据包的哈希值用于检测数据的完整性。

(7) 分布式目录服务器。

网络目录服务器采用了 HTTP 下载的方式,更方便更新目录信息而且安全性更好。为了防止目录服务器被攻击者控制,Tor 网络使用一组高效、稳定的服务器跟踪所有洋葱路由器的状态变化,并定期同步。

尽管 Tor 网络是应用最为成熟的匿名通信系统,但是它仍面临诸多威胁。Tor 网络易遭受 DDoS(Distributed Denial of Service)攻击。攻击者利用 Tor 网络提供的匿名性对网络中的中继节点实施 DDoS 攻击,企图使中继节点无法进行正常的转发工作。一旦攻击者控制了某条网络链路中的入口节点和出口节点,那么攻击者便可通过监控和流量分析推断出用户的身份和所访问的内容,成功破坏 Tor 网络的匿名性。Tor 网络为了保证网络性能,没有使用数据包填充和随机延迟等技术,因此,数据包之间具有很强的时间相关性。时间攻击正是利用这一问题,企图寻找入口节点和出口节点之间数据包在时间上的相关性,分析数据包的到达时间,从而分析出匿名路径。由于网络中的数据流的时间特性容易被监测,攻击者还可以实施通信流攻击,通过发送一条特殊的数据流,监测某一个中间节点的通信延迟,再根据这些延迟判断是否经过了被监测的节点,进而破坏匿名性。

8.5 典型加密货币案例

8.5.1 零币-Zcash

Zcash(ZEC)是一个去中心化的开源的数字货币项目,俗称"零币"(Zerocoin 被称为"小零币"),支持可选择性的匿名交易。Zcash 项目是在经过验证的比特币核心代码库的开源平台的基础上开发的,增加了隐私性,开创性地采用先进的 zk-SNARK 零知识证明技术,在不透露交易信息的情况下保证交易的有效性。通过匿名交易,为数字货币带来了可互换性,保证了任意相同面额的货币具有同等的价值。尽管 Zcash 的交易发布在一个公有链上,但是交易的发送者、接收者和交易金额仍然是保密的。

Zcash 自 2016 年 10 月 28 日成功发布后,引起了来自矿工和数字货币用户的井喷式的关注和兴趣,被斯诺登视为最有趣的比特币代币,是目前匿名性最好的数字货币方案。截至 2018 年 7 月 30 日,Zcash 的汇率为 216.72USD/ZEC,总流通市值约 9 亿美元,全球排名第 20。

1. Zerocash 协议

Zerocash 协议于 2014 年提出,是一种基于比特币模型的去中心化的匿名支付方案,是 Zcash 的基础协议,是目前区块链 UTXO 模型中隐私性最强的数字货币。它的核心思想是利用 zk-SNARK 零知识证明技术来实现匿名支付和交易的有效验证,主要包括以下过程。

1) 用户生成支付密钥、地址

用户首先生成一个随机支付私钥 a_{sk},由 a_{sk} 生成对应的公钥 a_{pk} 和用于加密的公私钥对(a_{enc_pk}, a_{enc_sk})。相应地,用户的地址公钥为(a_{pk}, a_{enc_pk}),用于生成一笔匿名交易;地址私钥为(a_{sk}, a_{enc_sk}),用于接收匿名交易中的货币,其中地址公钥(a_{pk}, a_{enc_pk})对其他用户公开。

2) 生成一个 Mint 交易

Mint 交易是将比特币转换为零币的过程,即生成新币的过程,也被称为铸币交易,基本过程如图 8-31 所示。其目的在于保证新币持有者的身份信息的情况下,实现公开的货币承诺值与持有者的身份的绑定关系。用户首先随机选择一个整数 ρ,用于计算这枚新币的序列号。然后选择两个随机数 r 和 s 作为承诺方案的陷门,连续执行两次承诺方案对用户公钥 a_{pk}、序列号 ρ 和新币面额 v 进行承诺,实现用户身份、货币与金额之间的绑定关系。因此,一枚货币由(a_{pk}, v, ρ, r, s, cm)六元组构成,表示持有公钥 a_{pk} 对应的支付私钥 a_{sk} 的用户拥有面额为 v、公开的承诺值为 cm 的货币。之后生成一笔 Mint 交易,$tx_{Mint} = (cm, v, k, s)$,其中 k 为两次承诺的中间值,用于验证承诺值 cm 与面额 v 的绑定关系。最后,用户广播 tx_{Mint},铸币交易完成。Mint 交易会公开在账本上,但是新币不会被公开,持有者自己保留,仅将新货币的承诺值记录在承诺树上。

3) 生成一个 Pour 交易

Pour 交易是实现匿名支付的过程,是 Zerocash 协议的核心,其目的在于在公开的区块

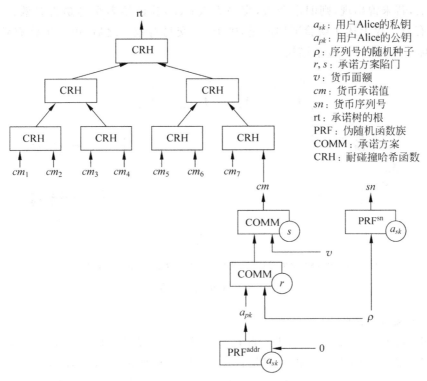

图 8-31 Mint 交易生成过程

链账本中采用 zk-SNARK 零知识证明技术以实现对交易发送者和接收者身份地址以及交易金额的隐私保护。如图 8-32 所示，以交易发送者 Alice 用自己的两枚零币 c_A^1 和 c_A^2 向 Bob 和 Charles 分别支付 v_B 和 v_C 的匿名交易为例，介绍 Pour 交易的生成过程，其过程可以理解为 Alice 将自己拥有的两枚零币 c_A^1 和 c_A^2 熔化重铸为两枚仅 Bob 和 Charles 可以使用的新币 c_B 和 c_C。首先，Alice 用两枚货币的 ρ_A^1 和 ρ_A^2 生成对应的货币序列号 sn_A^1 和 sn_A^2。Alice 用 Bob 和 Charles 对应的公钥 b_{pk} 和 c_{pk} 按照 Mint 交易的生成过程产生两枚属于 Bob 和 Charles 的新币 $c_B=(b_{pk},v_B,\rho_B,r_B,s_B,cm_B)$ 和 $c_C=(c_{pk},v_C,\rho_C,r_C,s_C,cm_C)$。这一过程中，虽然 Alice 知晓生成新币的随机数 ρ,r,s，但是由于 Alice 无法获取 Bob 和 Charles 的私钥，因此 Alice 无法窃取 c_B 和 c_C。Alice 再用 Bob 和 Charles 的公钥对 c_B 和 c_C 进行加密，实现保密传输。之后，Alice 生成零知识证明的证据 π，证明内容主要包括：旧币 c_A^1 和 c_A^2 与新币 c_B 和 c_C 的生成过程有效、货币序列号 sn_A^1 和 sn_A^2 对应的承诺值在承诺树 rt 上、旧币 c_A^1 和 c_A^2 的金额不少于新币 c_B 和 c_C 的金额总和。最后，Alice 生成 Pour 交易 $tx_{Pour}=(rt,sn_A^1,sn_A^2,cm_B,cm_C,Enc(b_{enc\_pk},c_B),Enc(c_{enc\_pk},c_C),\pi,info,\sigma_A)$ 并广播。Pour 交易可实现多输入多输出，也可将实现匿名支付到公开的地址上。

4）交易验证

Zerocash 方案中矿工的交易验证分为两种：一种是对 Mint 交易的验证，一种是对 Pour 交易的验证。对 Mint 交易的验证仅需要验证第二层承诺方案是否有效，即 $Comm_s(v,k)=cm$ 是否成立。对 Pour 交易的验证包括：(1) 验证货币序列号 sn_A^1 和 sn_A^2 是否出现在区块链上，若曾出现，则为双重支付，交易无效；(2) 验证承诺树的根 rt 是否保存在区块链上,若未曾出现,则旧币造假,交易无效;(3)验证签名交易是否有效;(4)验证证据 π 是否有效。仅上述 4 项验证均通过,则 Pour 交易有效。之后,由矿工将有效交易记录到区块链账本中,同时修改承诺树。

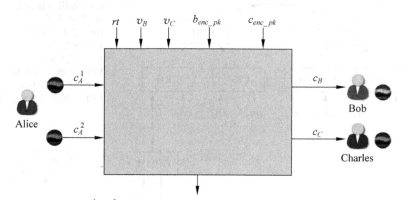

图 8-32 Pour 交易示意图

5) Pour 交易的接收

当 Bob 收到 Pour 交易 tx_{Pour} 时,首先解密获得自己的货币 $c_B = (b_{pk}, v_B, \rho_B, r_B, s_B, cm_B)$。之后,验证承诺值 cm_B 的生成是否正确,即是否满足 $(b_{pk}, v_B, \rho_B, r_B, s_B, cm_B)$ 之间的绑定关系。最后计算 c_B 的序列号 sn_B,查找 sn_B 是否出现在区块链上。若曾出现,则 c_B 无效。若均为有效,则 Bob 将 c_B 保存在自己的钱包中。Charles 也用同样的验证方式接收 Pour 交易中的 c_C。

Zerocash 协议中 Mint 交易在铸币阶段使用两次承诺,将货币的序列号 sn、承诺值 cm、面额 v 和持有人公钥 a_{pk} 绑定起来,实现了对货币持有者身份的保护。利用序列号 sn 和承诺值 cm 之间的绑定关系,矿工可通过验证序列号 sn 是否重复出现判断序列号 sn 对应的货币是否已被使用,有效地检测和防止双花攻击。Pour 交易的发送者仅需要公开一个未曾使用过的序列号 sn 和相关证据即可完成交易,并且使用一次性签名保证 Pour 交易的完整性,整个交易过程无交互,不公开交易发送者实用的货币的承诺值、货币金额和公钥地址信息,实现了对交易发送者身份的保护和对交易金额的保护。为了实现接收者匿名,交易发送者将 Pour 交易中输出的两个新货币用接收者公钥进行加密,除接收者以外,其他人无法知晓新币的相关信息,估计者也无法有效地推断出接收者身份,实现了对交易接收者身份的保护。

2. 挖矿算法

相比于比特币,Zcash 在挖矿算法方面进行了修改。Zcash 同样基于工作量证明原理,采用 Equihash 算法,目的在于缩小 ASIC 等专用硬件矿机与 PC 等商用硬件之间的差别,弱化显卡优势,强化内存带宽为工作量证明的瓶颈,从经济上反制 ASIC。

Equihash 算法依据广义生日问题(Generalized Birthday Problem,GBP)。广义生日问题也被称为生日悖论问题,可以描述为:假设一年有 365 天,每个人的生日均匀分布在 365 天中,那么至少要多少人才能保证至少有 1/2 的概率存在 2 个人的生日相同。Equihash 算法用计算机语言可以描述为：随机生成一个由 n 个 n 位字符串组成的列表 L，要求从这些字符串中找到 2^k 个 $\{X_{i_j}\}$，满足

$$X_{i_1} \oplus X_{i_2} \oplus \cdots \oplus X_{i_{2^k}} = 0$$

当 $k=1$ 时，这个问题的求解过程就是寻找碰撞的过程。

Zcash 困难问题的产生和解决过程如图 8-33 所示。Zcash 内置一个专用的哈希函数 Equihash Generator，将版本号、前驱区块哈希值、交易 Merkle 树的根、随机数、更新时间、难度等信息组成的区块头部、系统参数 n、k 以及尝试次数 i 作为输出，输出一个由 n 个 n 位字符串 $\{X_i\}$ 组成的列表 L。把列表 L 当成广义生日问题的条件，运用改良后的优化求解算法求解满足条件的 2^k 个 $\{X_{i_j}\}$。若生成的生日问题有解且满足难度检验，那么求解成功，可以发布区块。若生成的生日问题无解或者不满足难度要求，则重新选择随机数 Nonce，生成新的生日问题后再次求解，直至找到满足条件的解。

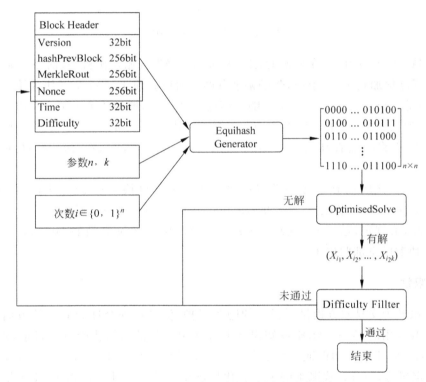

图 8-33　Equihash 算法困难问题的生成与求解

虽然在实际竞争中，Zcash 寻求更公平的挖矿环境并没有完全实现，但是它根本的以内存带宽作为工作量证明挖矿瓶颈的思想依旧成立，使得同等身价水平的 CPU 和显卡具备甚至相等的算力水平。这个原理为将来大众挖矿打下很好的基础，非专业挖矿的普通用户，也有可能积极参与挖矿，大幅削减专业矿机对传统 PC 和移动设备的经济优势，将有利于普惠大众对区块链的认知。

3. 激励奖励机制

Zcash 最小单位为 Zatoshi，总量与比特币相同，共计 2100 万个币，平均每隔 2.5 分钟产

生一个，每天 576 个块。区块奖励分为 2 个阶段：慢慢开始挖矿阶段和正常块奖励阶段。各阶段区块奖励如图 8-34 所示。

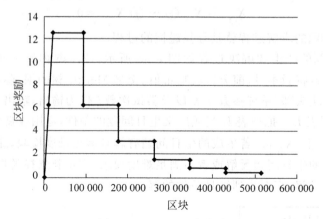

图 8-34　Zcash 区块奖励

为了照顾在开始阶段不懂挖矿的，Zcash 采用了慢慢开始挖矿机制，前 20 000 个块的奖励比较少，逐渐增加到 12.5 个币，奖励幅度分两个阶段。前 10 000 个区块为第一阶段。创世块的奖励是 0.000 625 币，区块奖励随着高度线性增长，增幅为 0.000 625 币，第 9999 个区块的奖励为 6.249 375 币。第 10 000～19 999 区块为第二阶段，第 10 000 区块的奖励为 6.250 625，区块奖励随着高度线性增长，增幅为 0.000 625 币，第 19 999 区块的奖励为 12.5 币。

从第 20 000 区块开始，挖矿将获得正常块奖励，每个区块奖励 12.5 个币，在第 940 000 区块（前四年）第一次减半，之后每产生 840 000 个区块（每 4 年），奖励减半。

此外，Zcash 规定，前 4 年（区块 0～839 999）产生的区块奖励的 20% 归 Zcash 公司。4 年后的区块奖励全部归矿工。

4. 局限性

Zcash 虽然为交易双方提供了强大的隐私保护，但是在安全性和效率等方面还不尽如人意。Zcash 采用的 zk-SNARK 零知识证明存在中心化的初始化问题。目前，Zcash 中的用于构造 zk-SNARK 零知识证明系统的初始化参数的生成和销毁由几个 Zcash 发起人控制，存在一定风险，与分布式账本的去中心化特点相矛盾。另外，zk-SNARK 零知识证明的数学过程十分复杂。虽然证据验证的时间仅在微秒级，但是生成一个 Pour 交易的时间需要几分钟，并且需要占用很大的内存。

为解决匿名交易生成缓慢的问题，Zcash 团队于 2017 年宣布基于椭圆曲线加密的新形式的 zk-SNARK 零知识证明，生成匿名交易的速度提高近 4 倍，交易生成时间降低至秒级，内存消耗降低到 40MB。原方案的 zk-SNARK 零知识证明依赖中心化初始化的过程也可以通过可信计算或者安全多方计算等技术实现。以太坊平台也在拜占庭版本中引入了 zk-SNARK 技术，并在预编译智能合约中加入了椭圆曲线加密等技术来兼容 zk-SNARK，采用与 Zcash 相似的铸币和匿名支付过程，保证交易的匿名性。

8.5.2 门罗币-Monero

门罗币(Monero,XMR)诞生于 2014 年 4 月 18 日,是一款开源的纯工作量证明的匿名数字货币项目。最初的门罗币项目是基于 CryptoNote 协议的 Bytecoin 数字货币项目的分叉,后正式更名为 Monero,是基于区块链的匿名数字货币的典型代表。截至 2018 年 7 月 30 日,门罗币的汇率为 123 USD/XMR,总流通市值约 22 亿美元,全球排名第 13。

门罗币以隐私(可替换)、可扩展和去中心化三大原则建立,采用环签名技术实现匿名交易,满足匿名交易的两项基本属性:(1)不可追溯性,即对于任意交易,它的可能的发送者之间是不可区分的;(2)不可关联性,即无法有效判断两个交易的接受者是否同为一个人。门罗币的区块大小没有限制,不存在扩容的风险。为了避免超大区块造成网络拥塞,门罗币的区块奖励随区块大小动态变化,实现动态扩展。门罗币又引入分权的思想,挖矿门槛低,目的让更多人参与挖矿,避免 ASIC 优势过大的超级节点的形成,打破大矿池的垄断控制。

1. 匿名交易基本原理

CryptoNote 协议致力于开发注重隐私保护的数字货币。为更好地保证交易的匿名性,2013 年发布的 CryptoNote2.0 协议包含了 2 个关键部分:隐蔽地址和环签名。隐蔽地址为交易接收方生成一次性的中间地址,保障交易接收方的身份信息。环签名技术打破了签名与签名者公钥的一一映射关系,模糊了身份认证,被用于保证交易发送方的隐私,实现交易的不可追溯性。之后又引入了环保密交易(Ring Confidential Transaction,Ring CT)机制,可用于对交易信息本身的保护,主要指对交易金额的隐藏。

隐蔽地址的目标是保护交易接收方的身份信息,核心思想是在创建交易之前,交易的发送方需要利用接收方的公钥计算一个一次性的中间地址,然后将自己的门罗币发送到这个中间地址,接收者可以利用自己的公私钥找到那笔交易,从而接受交易并进行其他支付操作。这样,网络上包括矿工在内的其他用户虽然可以验证交易的有效性,但是无法通过中间地址推测出交易接收方的具体身份。另外,中间地址是一次性的,每笔交易都会重新生成一个中间地址。因此,攻击者也就无法通过中间地址推测两笔交易是否存在关联关系,进而保证交易的不可关联性。如图 8-35 所示,假设 Alice 想向 Bob 转账,利用隐蔽地址的交易过程如下。

(1) Bob 选取 a 和 b 作为私钥,并在 Ed25519 椭圆曲线上计算出对应的公钥 $P_B=(A,B)$,其中 $A=aG, B=bG$,G 为椭圆曲线上的一个基点。Bob 向全网公布公钥 $P_B=(A,B)$。

(2) Alice 随机选择整数 q 作为自己的另一个私钥,计算 $P'_B=H_P(qA)G+B$。实际上就是将点 B 平移 $H_P(qA)G$ 个单位长度得到点 P'_B,作为匿名交易中 Bob 的中间地址。

(3) Alice 计算 $Q_B=qG$,并广播包含 Q_B 和中间地址 P'_B 的匿名交易。

(4) Bob 扫描区块链账本并用自己的私钥 (a,b) 进行检验,计算 $P'=H_P(aQ)G+B$。若 $P'=P'_B$,则这笔交易的接收方是 Bob;否则,隐蔽地址无效,Bob 未收到 Alice 的转账。

(5) Bob 接收到匿名交易后,计算 $x=H_P(aQ)+b$,为 P 对应的私钥。Bob 可利用私钥 x 来使用这笔钱。

(6) 一旦交易过程中出现 Bob 抵赖的情况,Alice 可以通过公开私钥 q 来证明自己的确进行了转账。

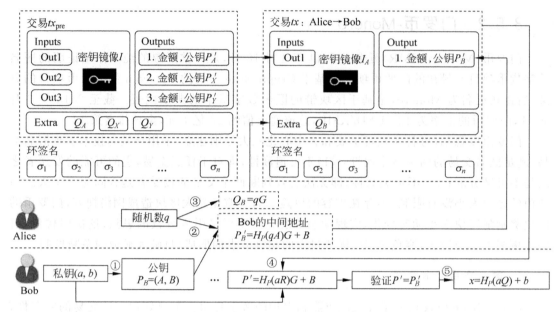

图 8-35 匿名地址的产生过程

在隐蔽地址的生成过程中,由于哈希函数 H 具有单向性,攻击者无法通过公开的 P 和 R 有效推测出 P 对应的真实公钥 (A,B)。当匿名交易被写入区块链后,由于 Alice 不知晓 Bob 的私钥 (a,b),所以他无法推算出私钥 x,无法窃取这笔钱。因此,隐蔽地址可以安全地保证交易接收方的身份信息,具有不可关联性。

CryptoNote 协议中的交易格式与比特币相似,每笔交易可以具有多个输入交易、交易输出和找零地址。对交易发送方的隐私保护通过环签名技术来实现。在 CryptoNote2.0 协议中提到的环签名算法过于复杂且签名长度过大,逐渐被 Adam Back 的改进算法所替代。我们以 Alice 将自己接收到的一笔交易作为输入向 Bob 转账来介绍利用改进后的环签名构造交易的过程。

(1) Alice 从公开的公钥中选择一组 $P_i, i=1,2,\cdots,n$,用于构造环签名,其中 Alice 将自己的公钥 P_A 放在第 j 个位置上,即 $P_j=P_A$,对应的私钥为 x_A,由 Alice 接收到的交易 tx_{in} 中的 (P_A', Q_A) 计算得到。Alice 计算密钥像关联标签 $I=xH_P(P_j)$,用于二次支付检测。

(2) Alice 计算 Bob 的隐蔽地址 P_B' 和用于计算私钥的 Q_B。一笔匿名交易格式为 $tx=(tx_{in}, P_B', Q_B, info, \sigma)$,其中 v 表示转账金额,$info$ 表示找零、版本号等其他信息。$(tx_{in}, P_B', Q_B, info)$ 即为待签名消息,用 m 表示。

(3) Alice 开始利用所有的 P_i 构造成一个环形结构。首先,Alice 随机选取 $\alpha, s_i, i\neq j$,$i\in\{1,2,\cdots,n\}$。计算 $L_j=\alpha G, R_j=\alpha H_P(P_j), c_{j+1}=h(m,L_j,R_j)$,其中 h 是域 Z_q 上的哈希函数。然后,根据 (L_j, R_j, c_{j+1}) 从 j 开始分别按照递增和递减的顺序依次计算每个 i 对应的 (L_i, R_i, c_i)。对于任意的 $i, i<j, L_{j-1}=s_{j-1}G+c_{j-1}P_{j-1}, R_{j-1}=s_{j-1}H_P(P_{j-1})+c_{j-1}\cdot I, c_j=h(m,L_{j-1},R_{j-1})$。对于任意的 $i, i>j, L_{j+1}=s_{j+1}G+c_{j+1}P_{j+1}, R_{j+1}=s_{j+1}H_P(P_{j+1})+c_{j+1}\cdot I, c_{j+2}=h(m,L_{j+1},R_{j+1})$。为了形成一个封闭的环结构,要求 j 对

应的 $s_j = \alpha - c_j \cdot x_j \bmod l$,其中 l 是 Ed25519 的椭圆曲线阶。生成的签名为 $\sigma = (I, c_1, s_1, \cdots, s_n)$。

(4) Alice 广播交易 $tx = (tx_{in}, P_B, Q_B, info, \sigma)$。

(5) 矿工收到交易 tx 后对交易 tx 进行验证。由 c_1 计算出所有 $c_i, i = 2, 3, \cdots, n+1$。若 $c_1 = c_{n+1}$,则说明签名有效。判断 I 是否曾经出现在区块链上,若未出现,则说明未进行双重支付。之后,矿工将有效的交易记录在区块链上。

(6) Bob 扫描区块链找到交易 tx,验证后计算私钥 x_B。

环签名技术将真实签名者的公钥隐藏在一组公钥中,所有的 (c_i, s_i) 形成了一个模 n 的循环,如图 8-36 所示,构造环签名的过程就是凑出一个 s_j 满足已知任意一个 c_i 都可以求得全部的 c。环形结构保证了攻击者无法判断哪一个公钥节点是起始计算节点,所有节点都有可能是真实的签名者。除 Alice 以外的其他节点无法有效分辨出实际签名者的真实身份。因此,每一个参与签名的公钥都有可能是真正的签名者,实现了对交易发送方的隐私保护,具备不可追溯性。

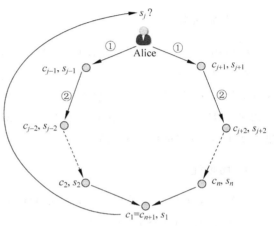

图 8-36　环签名的结构

隐藏地址与环签名技术隐藏了交易双方的身份信息,但是不足以实现对交易金额的保护。最初的门罗币没有保护交易金额的匿名机制。在构造匿名交易时,Alice 通常需要钱包寻找与自己拥有的交易金额相同的其他用户的公钥来构造环签名。若 Alice 的支付金额过大或者过小,具有该金额交易的用户可能很少,那么环签名的匿名性就随之降低,系统的匿名性失去保障。2015 年门罗币团队研发了 Ring CT 机制并于 2017 年 1 月正式启用,用于隐藏交易金额,为每一笔交易都自动提供环签名,具有更强的匿名性。Ring CT 的出现意味着所有的交易输入都不需要再被拆分为已知的面额,钱包也可以从任意的 Ring CT 输出中选择用于生成环签名的公钥成员。

在 Ring CT 交易中,交易的发送方不需要将交易金额 v 直接包含在交易中,而是由钱包生成一个随机数 x,为实际交易金额附加随机性。之后,钱包计算 $rct = xG + vH_P(G)$,并将 rct 作为交易金额的输出。网络中的矿工可以通过 rct 来判断交易的输入金额与输出金额是否相等,已确认在交易的过程中没有额外的门罗币被伪造出来。另外,Ring CT 还要求交易的发送方必须提交交易金额的范围证明,以保证交易金额非负。

2. 挖矿算法

门罗币团队意识到挖矿的投资成本与收益之间的关系不是线性的,少数矿工投资一定成本,却可以获得相当大优势的算力。与 Zcash 的挖矿思想相似,门罗币提出了一种平均主义的工作量证明机制,目的是缩小 CPU 与 GPU、FPGA、ASIC 等设备在挖矿工程中的差距,设计一种相对公平的挖矿机制,尽可能降低专用设备的优势。

门罗币采用一种依赖内存的工作量证明定价函数,称为 CryptoNight 算法。

CryptoNight 实际上是利用 AES 加密算法和 Keccak 哈希函数构造的一个依赖物理内存的高强度哈希函数。算法要求每个计算实例需要具有 2MB 的高速缓存作支持,适用于 CPU 运算,即使是低端的 PC 设备也可以参与挖矿计算。CryptoNight 算法具备一定抗 ASIC 能力,由于算法对缓存的要求,并且在 ASIC 设备中添加大量缓存需要很高的成本,因此 CryptoNight 算法一度被认为是抗 ASIC 的有效机制。CryptoNight 算法也适用于 GPU 挖矿,但是 GPU 与 CPU 内置缓存的带宽有很大差距,即使 GPU 可以多线程计算,也不会具有明显的挖矿优势。

3. 奖励机制

门罗币的最小单位为 Monoshi,$1XMR=10^{12}$ Monoshi。门罗币平均 1 分钟产生一个区块,挖矿奖励与交易流量有关,变化平稳。区块奖励$=(M-A) \cdot 2^{-20} \cdot 10^{-12}$,其中 A 表示现有的流通量,M 为原子单位的实际数目,$M=2^{64}-1$。这样的动态挖矿奖励会持续到 2022 年 5 月 31 日。之后,系统设定为 0.3XMR/min 的区块奖励。将来可能会有<1% 的通货膨胀量,以保证矿工的挖矿动力。

4. 局限性

环签名技术是门罗币实现匿名交易的核心技术,但是相比椭圆曲线签名,环签名的签名长度明显增大,占用区块空间也明显增大,环签名在生成和验证过程中的复杂度也相对增加,这些会给网络负载、矿工和用户带来额外的负担。尽管门罗币采用了 CryptoNight 挖矿算法来防止依赖 ASIC 挖矿的算力中心化的趋势,但是目前排名前三的门罗币矿池的算力接近 43%,没有达到平均主义的设计初衷。另外,门罗币不是基于比特币原型发展而来的数字货币,挖矿算法和匿名交易生成算法不易理解,公众入门困难,在一定程度上也影响了门罗币的受关注度和流通。

8.6 未来区块链安全方面研究重点

区块链的创新性在于实现了分布式共识,其上运行的智能合约也可实现丰富的业务功能,具有重要的研究价值和广阔的应用前景。尽管区块链的理论研究和应用发展日新月异,但是目前区块链体系架构中的各个层面均存在安全缺陷,还需要在共识算法、隐私保护、监管机制、跨链技术等方面进一步研究探索。

8.6.1 打破"不可能三角"

共识算法是保证区块链数据一致性的关键,也是影响区块链系统性能效率的主要环节,在区块链出现至今的发展历程中,一直都是学术界和产业界关注的焦点。虽然共识算法的研究取得了一些成果,但是依然面临去中心化、安全性和可扩展性三者不可兼顾的问题。PoW 是最早应用在区块链上的共识算法,一直存在效率低、能耗高等问题。低能耗的 PoS 系列共识方案面临易分叉的安全问题。有相对完善理论证明体系的 BFT 协议不支持大规模节点扩展,网络开销较大。通过分片技术提高系统效率的同时也造成安全性弱的问题。利用可信硬件实现共识可能会有后门风险。

共识算法的发展受到安全性、扩展性和去中心化难以兼顾的问题,如何打破"不可能三角"互斥僵局,兼顾去中心化、安全性和可扩展性是区块链共识算法发展中要解决的重要问题。

8.6.2 隐私保护与可控监管

隐私保护和监管机制都是未来区块链安全方面需要重点研究的方向。隐私保护在开放式网络环境中必不可少。在区块链体系架构中,隐私保护涉及数据层、网络层、合约层和应用层,依赖零知识证明、同态加密等密码学技术、混币技术、Tor网络等匿名网络通信技术,实现对交易数据、用户身份、智能合约和用户行为信息的保护。各种技术在实际应用过程中都存在局限性。未来区块链隐私保护的发展既要依赖具有高安全性、高效率的密码方案,也要关注用户身份、交易信息、合约代码等多方面的隐私保护。

监管机制是区块链世界与现实社会组织结构之间重要的衔接点,有助于拓宽区块链的应用范围,为区块链应用平台提供纯净健康的网络环境,是区块链应用层架构不可或缺的组件。未来区块链上的监管机制设计将从政策规定和技术工具两个层面并行发展,关注区块链的内容安全。国家要加强制定不同领域区块链应用的合法操作规则和必要的政策约束。

企业也需要根据具体应用设置适用的政策制度,如银行必要的KYC和AML政策。政策规定的制定有利于明确违法行为范畴和技术层面的设计目标。技术层面上将更关注去中心化的区块链平台上的监管技术的设计和实现,研究智能化内容抽取、分析、处理技术和分布式网络舆情预警技术。

在未来区块链发展中,如何兼顾隐私保护和监管至关重要。监管机制一方面要从预防、检测、追踪、追责等方面处理区块链网络中的违法数据,另一方面也要保护合法用户的隐私信息,在隐私保护与监管这一对矛盾体中寻求平衡,建立保护诚实用户隐私、追踪非法用户信息的可控监管体系。

8.6.3 区块链互联

为了丰富区块链的功能、完善区块链生态、实现区块链价值最大化,区块链与外部数字世界、物理世界和异构区块链之间的互联将成为未来发展趋势。在实现区块链互联的过程中会面临诸多安全问题,也将成为未来区块链安全方向的研究重点。

区块链应用大多针对数字货币,数据流动也仅限于区块链内部,形成数据孤岛。为了使区块链上数据多元化,支持更多功能,区块链不可避免要引入外部数据源,实现与外部数字世界的互联。预言机是目前实现区块链与外部数字世界安全互联的主流研究方向。在与外部数字世界互联时,区块链的去中心化与外部数据源的中心化运营形成对立。如何保证由第三方服务器提供的数据源真实可信,是区块链与外部数字世界互联要解决的核心问题。

区块链在物联网行业具有可观的应用前景。区块链与物理世界的安全互联有助于加快去中心化物联网管理系统的实现,有望解放物理世界中心化负载严重的问题,颠覆物理世界的组织管理模式。区块链与物理世界互联既要利用区块链的优势解决物理世界的信息安全、大规模存储和效率等问题,也要平衡去中心化区块链与中心化物理世界的冲突关系。

大量区块链平台分立于区块链生态体系中，处于相互独立状态。众多异构的区块链平台需要有效的跨链技术实现互联。然而，区块链跨链技术普遍存在效率低的问题。Interledger、Cosmos等主流跨链协议也仅能实现跨链的金融支付交易，协议移植差，不适用其他应用场景。虽然Polkadot跨链方案支持更多类型的区块链互联，但是方案设计尚处于研究阶段，不能广泛应用在区块链平台上。跨链技术在设计过程中需要更加注意安全性、执行效率和跨链操作的原子性问题。

8.6.4 系统级安全体系

区块链的发展还需要建立系统级安全体系，从整体上提升区块链的安全性，推动区块链安全标准化，为区块链开发和使用提供设计、管理和使用指南。区块链系统级安全体系的构建将围绕数据安全、共识安全、隐私保护、智能合约安全和内容安全等安全目标，关注区块链节点的物理存储、密钥管理、网络传输、功能应用、机密数据和可控监管等方面的保护措施。

第9章 数字货币

数字货币是区块链技术最成熟也最成功的应用。区块链技术为货币的交易模式与发行生态带来深刻变革,促进了效率和安全性的提升;同时,区块链技术也得益于数字货币的发展,获得了更深层次以及更广范围的拓展与认知。本章我们将梳理货币的历史及分类,介绍数字货币的定义、思想基础、发展历史、核心要素以及竞争币等,探讨数字货币估值模型、交易市场、稳定币以及法定数字货币等。

9.1 货币的历史及分类

货币作为购买商品、保存财富的媒介,其本质是交换权的契约,反映的是个体与社会的经济协作关系,是经济运行的基础。按发行主体来分,货币可以分为法定货币、私营货币以及区域货币。法定货币一般由政府来发行,且占主导地位,而私营货币以及区域货币则由非政府机构发行。按性质来分,货币可以分为实体货币和虚拟货币。按材质来分,货币在不同的历史时期有不同表现形式,经历了由低级向高级的不断演变过程,从古代的实物货币,发展到近代的贵金属货币和代用货币以及当代的信用货币、电子货币、虚拟货币、数字货币等。

1. 实物货币

实物货币是货币形态发展的最原始形式。它的出现使得原始的交易方式从最简单的以物换物模式发展到有中间媒介标的物的非直接交换模式。在人类历史上,各种商品,如米、布、木材、贝壳、家畜等,都曾在不同时期内扮演过货币的角色。它将物品的货币用途价值与非货币用途价值直接等价,也就是说货币商品本身所包含的社会必要劳动时间,既决定了货币商品的价值,又决定了实物货币的价值。

2. 贵金属货币

金属冶炼技术的提高,使得金属作为商品参与到交换过程中,促进了实物货币向金属货币的演进。随着商品交换日益突破空间的限制,金属货币的材质也由铜、铁等贱金属发展成为以金、银等贵金属为主。为了适应商品交换过程中对货币便携带性、易衡量性以及可鉴别性的需求,金属铸币应运而生。金属铸币是由国家印记证明其质量和成色的金属块,具备特定的形状、特定的质量和特定的成色。最初，各国的铸币形状各有不同，但最终都逐步统一为圆形，这是因为圆形不仅便于携带而且不易磨损。贵金属货币的出现是货币发展史上里程碑式的进步，它的出现奠定了货币制度的基础。

3. 代用货币

最常用的代用货币是纸币，它是为迎合商品生产和流通发展的需求产生的，以解决贵金属货币的供应不足以及流通效率低下的问题。代用货币的最主要特征是其作为物品本身的价值要远远低于它所代表的货币价值。代用货币所代表的是金属货币，其在市面上流通，从形式上发挥着交换媒介的作用，但是背后却有相应的贵金属准备，其还没完全脱离贵金属数量的限制，而且也可以与贵金属进行兑换。

4. 信用货币

信用货币是由国家法律规定的，强制流通是不以任何贵金属为基础的独立发挥货币职能的货币。信用货币是以信用作为保证，通过一定的信用程序发行，充当流通手段和支付手段的货币形式，是代用货币进一步发展的产物。目前，几乎所有国家的法定货币都会采用这一货币形态。20世纪30年代的世界性经济危机和金融危机使得金本位制被弃用，导致金属货币制度的崩溃，这在一定程度上促进了信用货币的产生。信用货币最显著的特征是作为商品的价值与其作为货币的价值是不相同的，是一种不可兑换的符号。信用货币的发行不要求贵金属准备，往往受国家管理和控制，以国家信誉以及发行机构的信誉为担保。信用货币主要包括银行券、支票、银行存款、辅币等。

5. 电子货币

随着现代信用制度和电子技术的发展，货币形式的发展从有形到无形，逐步产生了电子货币。电子货币是指用一定金额的现金或存款从发行者处兑换并获得代表相同金额的数据；或者通过银行及第三方推出的快捷支付服务，通过使用某些电子化途径将银行中的余额转移，从而能够进行交易。电子货币是法定货币的数字化表现，被用来进行法定货币的电子化交易。电子货币是一种概念性货币，不需要任何物质性的货币材料，其主要特点为匿名性、节省交易费用、节省传输费用、持有风险小、支付灵活方便、防伪造及防重复性、不可跟踪性。电子货币主要包括储值卡、信用卡、电子支票、电子钱包等。

6. 虚拟货币

虚拟货币主要指非真实的货币。与一般货币相比，虚拟货币在流动性和增值性以外，具有信息功能以及文化价值定位。虚拟货币的价值形成机制、货币制定机制以及价值交换机制与一般货币均不同。具体来说：一般货币的价值基础是效用，而虚拟货币的价值基础是价值本身。虚拟货币不是一般等价物，而是价值相对性的表现形式，或者说是表现符号。一般货币由央行决定，虚拟货币由个体决定。一般货币的价值转换在货币市场内完成；而虚拟货币的价值转换在虚拟货币市场内完成。常见的虚拟货币可以分为两类：第一类是游戏币，当互联网游戏诞生之后，这类虚拟货币也形成了自有的"金融市场"；第二类是门户网站或者即时通信工具服务商发行的专用货币，用于购买本网站内的服务，主要包括一些网站代币、网络积分币等。

7. 数字货币

数字货币是电子货币形式的替代货币。数字货币不同于虚拟货币,因为它能被用于真实的商品和服务交易,而不局限在网络游戏或者特定网站应用方面。现在的数字货币主要指数字加密货币(Digital Cryptocurrency),是一种使用密码学原理来确保交易安全及控制交易单位创造的交易媒介。例如:目前比较流行的比特币、莱特币和点点币等都是依靠校验和密码技术来创建、发行和流通的,其主要特点是运用去中心化的 P2P 对等网络技术来发行、管理和流通货币,从理论上避免了中心节点的干预与审批,让每个人都有权发行货币。

美国证券交易委员会(Securities and Exchange Commission,简称 SEC)将加密货币分为两类:实用型代币(Utility Token)和证券型代币(Security Token)。其中,实用型代币主要由公司发行,用来资助他们项目的开发,其价值由代币未来的利用率决定,一般在交易所进行交易。例如,持有某家公司发行的代币可以用来购买该公司的产品或服务,且享受到更优惠的价格,这就有点像在网店的购物积分可以用来冲抵部分价格一样。证券型代币通常是由一定资产支持的,例如股票、有限合伙公司的股份或者商品。证券型代币持有者可以被授予公司的所有权或者股份。证券型代币也用来支持传统 IPO(首次公开募股),在监管方面,证券型代币受到联邦法规的约束。

9.2　数字货币的定义

数字货币(Digital Currency)是指以数字形式存在的货币,目前尚无统一定义[55]。

国际货币基金组织(International Monetary Fund,IMF)称数字货币为"价值的数字表达"。2018 年,国际清算银行(Bank for International Settlements,BIS)下属的支付和市场基础设施委员会(Committee on Payments and Market Infrastructures,CPMI)提出了一个"货币之花"的概念模型,从四个方面对数字货币进行分类与定义:发行人(中央银行或非中央银行)、货币形态(数字或实物)、可获取性(广泛或受限)及实现技术(基于账户或基于代币)。

反洗钱金融行动特别工作组(Financial Action Task Force on Money Laundering,FATF)认为数字货币是一种价值的数据表现形式,通过数据交易并发挥交易媒介、记账单位及价值存储的功能,但它并不是任何国家和地区的法定货币。没有政府当局为它提供担保,它只能通过使用者间的协议来发挥上述功能。

瑞典央行将数字货币直接称呼为"数字克朗",即数字现金。英格兰银行对数字货币的界定是央行通过特定规则发行的、与法定货币等价并且生息的数字货币,向公众授予了一种可以随时随地、电子化接入央行资产负债表的方式。加拿大央行则认为数字货币是由中央银行负债发行用于支付的数字价值形式。欧洲央行的提法则是数字基础货币(Digital Base Money),这种货币具有两个特征:一是和流通的纸币一样,代表对中央银行的债务求偿权;二是与纸币不同,它是数字化的央行负债。

我国关于数字货币的定义是数字化的人民币,属于法定加密数字货币,其本身是货币而不仅仅是支付工具①。可以从四个维度对法定数字货币的本质内涵进行界定和剖析:法定数字货币在价值上是信用货币,从技术上看是加密货币,在实现上是算法货币,从应用场景上看则是

---

① https://www.sohu.com/a/202641996_499199

智能货币。中国人民银行在谈及数字货币时,指出"数字货币本质上不是货币,它更取代不了货币",并将其纳入了"资产"概念范畴,且同时强调,"即使发行数字货币,也只能由央行来发行"。

由此可见,对数字货币的定义尚未形成一个行业普遍公认的标准化定义。为统一认识,本书中的数字货币主要是指由区块链及其相关技术支撑的数字加密货币。

9.3 数字货币的思想基础

货币的中立性和竞争性是数字货币诞生的重要思想基础。货币中立性最早是由著名经济学家、瑞典学派的创始人克努特·维克塞尔提出的,主要是指货币通过自身的均衡保持对经济过程的中立性,既不发挥积极作用,也不产生消极影响,使经济在不受货币因素的干扰下,由实物因素决定其均衡。哈耶克在维克塞尔中立货币概念的基础上进一步研究了货币与物价、货币与经济均衡的关系。哈耶克在其著作《物价与生产》中阐述了"中立货币论",指出货币与经济关系密切,货币变动会影响经济变动。只有当货币保持中立时,对经济影响最小,对经济发展最有利。哈耶克认为防止通胀、稳定经济、免除危机的唯一有效办法,是减少甚至消除人为的货币增长带来的信用膨胀,让自由竞争的市场机制充分发挥其自动调节社会经济运行的作用。哈耶克认为货币中立的最重要条件是保持货币数量固定不变,这就需要依赖于用刚性的货币制度取代弹性的货币制度。此外,货币中立性还需要自由价格机制以及对未来价格预期的准确性这两个条件来保障。

货币竞争性的思想是指用私营银行的竞争性货币作为国家货币的替代物。哈耶克认为市场经济在过去种种的不稳定,其实是因为市场上最重要的自我调节成分——货币没有充分自由地由市场机制调节。因此哈耶克主张允许私人(私营银行)发行竞争性的货币。在市场竞争中,只有质量高、价值稳定的货币才会形成对这一货币的需求,而低质量的货币将被淘汰。因此任何一个货币发行者都会保证货币的高质量和购买力的稳定性,而购买力的稳定性意味着没有通货膨胀和通货紧缩。

在现行主权实体货币发行体制下,货币中立性以及竞争性显然是难以实现的。但是,数字货币却可以满足这两个特性,从实践上印证了哈耶克的竞争性货币理论,例如:典型数字货币代表——比特币的发行总量是恒定的,满足了货币中立性的条件;另外,比特币的发行不受任何主权国家甚至中心节点的控制,完全在自组织的去中心化网络中实现发行与流通,与其他数字货币进行公开竞争,这就在一定程度上实现了货币的竞争性。

9.4 数字货币大事记

数字货币是伴随着互联网的兴起、密码朋克的思潮,以及分布式计算技术的大发展而诞生的;同时也是为了满足未来数字化社会和无现金社会的金融服务需求而诞生的,是数字化金融服务的典型尝试。数字货币的概念出现于1982年,由 David Chaum 在其论文"盲签名技术实现匿名的网络支付系统"中提出。经过近40年的发展,数字货币正逐步被人们所广泛接受,越来越成为重要的价值交换媒介与存储手段。本节回顾了自1992年实体数字货币产生以来,发展历程中的一些重要事件(见图9-1)。

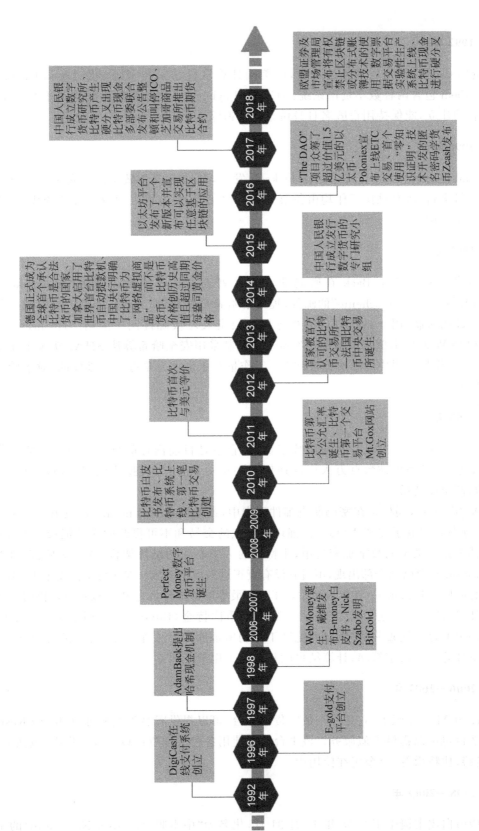

图9-1 数字货币大事记

1. 1992 年

DigiCash 是在线支付系统的先驱,由美国计算机科学家和密码学家 David Chaum 创立。DigiCash 包含两种数字货币系统:eCash 和 cyberbucks,这两种系统均基于 Chaum 的盲签名合约建立,能保持用户匿名且身份难以被追踪。

2. 1996 年

E-gold 由著名肿瘤学家 Douglas Jackson 发起,背后有黄金做支撑。它是完全基于互联网的支付平台,所有兑换工作均由各第三方机构完成,具有匿名、快捷、方便的优点,曾经一度被广泛应用。

3. 1997 年

1997 年 3 月,Adam Back 在密码朋克邮件列表发送了一封主题为"A partial hash collision based postage scheme"的邮件,提出了哈希现金机制(HashCash)。哈希现金是一种工作量证明机制,用于抵抗邮件的拒绝服务攻击及垃圾邮件网关滥用。Hashcash 也为 RPoW 和 PoW 的提出奠定了基础。哈希现金机制采用安全哈希算法 SHA1 实现工作量证明,解决了工作量证明中的不对称性问题:工作量对于请求方是有一定难度的,对于验证方则是容易的。

4. 1998 年

WebMoney 诞生,它是一种通用数字货币,它也是目前尚存的少数未加密的数字货币之一。至今,该货币仍被数百万人广泛地使用和接受,它可以转换为法定货币,如卢布、美元、英镑,甚至比特币。

1998 年 11 月,同样是在密码朋克邮件列表中,戴维发布了 B-money 白皮书。这是一种匿名的、分布式的电子加密货币系统,强调点对点的交易和不可更改的交易记录。B-money 是第一种真正意义上的数字加密货币,比特币的去中心化的结算架构、匿名交易、点对点网络,在 B-money 已经全部出现,不过它没有真正进入应用领域。在比特币白皮书中,第一个被引用的资料是 B-money;在以太坊中,ETH 的最小单位被命名为 Wei,以示对戴伟的敬意。

另外,Nick Szabo 在 1998 年发明了数字货币比特金(BitGold),使用了工作量证明机制。比特金通过使用被称为"解题功能""工作功能证明"或"安全基准功能"的客户端,以一段字符串计算另一段字符串,计算结果就是它的工作量证明。

5. 2006—2007 年

Perfect Money 诞生,它是一个数字货币平台,可以提供匿名汇款服务,Liberty Reserve 等其他平台也可以提供类似服务。该平台可以使用各种法定货币以及数字货币,包括美元、欧元、英镑、比特币等,至今仍在使用中。

6. 2008—2009 年

比特币白皮书诞生于 2008 年 10 月 31 日,化名为"中本聪"(Satoshi Nakamoto)的学者在密码学邮件组发表奠基性论文《比特币：一种点对点电子现金系统》，比特币系统上线时间为2009年1月4日，是迄今为止最成功的数字货币。它基于去中心化的区块链技术，将交易信息存储在分布式账本中，保证了整个系统和链上交易的稳定性及安全性。历史上比特币的第一笔交易是一周后中本聪发送了10个比特币给密码学家哈尔芬尼。

7. 2010年

美国佛罗里达州杰克逊维尔(Jacksonville, Florida)的程序员 Laszlo Hanyecz，用1万比特币购买了价值25美元的披萨优惠券，从而诞生了比特币的第一个公允汇率。2010年7月17日，Jed McCaleb 创设 Mt. Gox 网站，作为第一个比特币交易平台。

8. 2011年

2011年2月9日，比特币首次与美元等价，每个比特币价格达到1美元。在之后的两个月内，比特币与英镑、巴西币、波兰币的互兑交易平台先后开启。

9. 2012年

2012年12月6日，世界上首家被官方认可的比特币交易所——法国比特币中央交易所诞生，这是首家在欧盟法律框架下运作的比特币交易所。

10. 2013年

比特币价格快速上涨，并在2013年12月创下每枚比特币兑换1242美元的历史高值，超过同期每盎司黄金价格，大量业界人士和学者涌入比特币市场以及相关科研与产业领域。世界各国也开始关注比特币这种新经济现象，并制定了或积极或谨慎的政策。8月，德国正式成为全球首个正式承认比特币合法货币地位的国家，正式承认比特币的合法货币地位，用户将可以使用比特币缴纳税金或者用作其他用途。10月，加拿大启用了世界首台比特币自动提款机，通过提款机可办理加拿大元与比特币的兑换。12月，中国央行联合五部委联合印发《关于防范比特币风险的通知》，明确指出比特币是"网络虚拟商品"而非货币，同时规定金融机构与支付机构不得开展与比特币相关的业务。

11. 2014年

中国人民银行成立发行数字货币的专门研究小组，对数字货币的业务运行框架、关键技术以及流通环境等进行深入研究，论证发行法定数字货币的可行性。

12. 2015年

2015年8月，以太坊(Ethereum)平台发布了一个新版本，并宣布可以实现任意基于区块链的应用。

13. 2016年

2016年4月，"The DAO"项目开启众筹，在短短28天里，累计筹集了超过价值1.5亿美元的以太币，成为历史上最大的众筹项目，然而，该项目于6月遭受黑客攻击，被迫实施硬分叉；7月，全球最大的ETH交易所Poloniex宣布上线ETC交易。10月，首个使用"零知识证明"技术开发的匿名密码学货币——Zcash发布了创世块。一枚Zcash的单价最高达到3000比特币。

14. 2017年

2017年2月，中国人民银行旗下的数字货币研究所正式挂牌成立。8月1日，比特币产生硬分叉，出现新的电子加密货币比特币现金（Bitcoin Cash）。9月4日，多部委联合发布《关于防范代币发行融资风险的公告》，启动了对ICO活动的整顿，叫停ICO。12月18日，全球最大的期货交易所——芝加哥商品交易所（CME）推出了自己的比特币期货合约，并以"BTC"为代码进行交易。

15. 2018年

2018年1月1日，欧盟证券及市场管理局（ESMA）宣布将有权禁止区块链或分布式账簿技术（DLT）的使用。1月25日，数字票据交易平台实验性生产系统成功上线试运行，结合区块链技术前沿和票据业务实际情况对前期数字票据交易平台原型系统进行了全方位的改造和完善。11月15日，比特币第一次硬分叉产生的分叉币比特币现金（BCH）进行了硬分叉。

9.5 数字货币生态的核心要素

我们以比特币为例介绍数字货币生态系统的若干核心要素。比特币系统的核心要素主要包括钱包、矿池、区块、交易、矿工等，后三者已经在前述章节详细介绍过，本节将主要详细介绍钱包以及矿池。

9.5.1 钱包

比特币钱包是基于比特币协议开发的客户端软件，用户使用比特币钱包完成比特币的接收、发送和存储。基于不同的标准，比特币钱包有不同的分类。基于比特币钱包所在平台分类，有电脑钱包（桌面钱包）、手机钱包（移动钱包）、在线钱包、硬件钱包。基于钱包的互联网访问状态，可以分为冷钱包和热钱包。另外，还有一些钱包，例如脑钱包和纸钱包，其实并不能算是真正意义上的钱包，它们是保存私钥的一种方式，因为使用比特币时需要借助其他钱包，把私钥和地址导入其他的钱包之后才能进行比特币交易。目前，主流的桌面钱包有Bitcoin Core、Armory等，移动钱包有Bitcoin Wallet、Electrum等，硬件钱包有Trezor、Ledger Nano S等，在线钱包有Bitcoin.com、Coinbase等。我们以如下几个代表性钱包为例进行简要介绍。

1. Bitcoin Core

这是一款桌面客户端钱包，适用于Windows/Linux/Mac操作系统，是最早、最完整和最安全的钱包之一，缺点是用户使用时需要同步和下载全网区块链数据，占用的空间较大。

2. Bitcoin Wallet

这是一款支持安卓操作系统的轻量级移动钱包。钱包的安全性不依赖于第三方,私钥掌握在自己手中。在比特币网络中,使用了 SPV 验证,不需要同步全网数据。由于钱包是通过手机加载的,如果手机系统存在一定的安全漏洞风险的话,Bitcoin Wallet 钱包也会存在安全漏洞风险。

3. Ledger Nano S

这是一个安全的比特币硬件钱包。它通过 USB 来连接电脑并有一个内嵌的 OLED 显示屏来双重验证每一次交易。如果钱包内的资金量较大,可以选择硬件钱包,硬件钱包的安全性最佳。

4. Bitcoin.com

这个钱包要求每一笔交易必须和第三方一起授权。在默认情况下,这个钱包依赖于一个中心服务。由于钱包是通过网址访问的,不管何时使用钱包,都需要信任开发者。所以钱包的使用环境可以是不安全的。

另外,基于比特币钱包与比特币网络的交互方式,可以分为桌面全节点客户端、移动轻量级客户端和第三方 API 客户端。目前,比特币钱包大都采用了多重签名、双重验证等技术,其安全性已经很高。使用钱包的过程中,密码的正确管理是保证钱包安全最关键的因素。每种钱包都有各自的优势和缺点,用户可以根据钱包的功能和实际需求选择钱包。对于技术人员,可选择桌面全节点客户端;对于普通人员,通常选择移动轻量级客户端即可。这三种钱包的优缺点及适用范围介绍如表 9-1 所示。

表 9-1 比特币钱包类型

类 型	优 点	缺 点	适用范围
桌面全节点客户端	拥有完整的历史交易记录,可独立进行交易验证;可访问比特币系统的 API 接口	占用较多的计算机系统资源,目前占用约 200G 硬盘空间,2G 内存空间	技术开发、矿工等
移动轻量级客户端	占用设备系统资源少,可独立创建、验证和传输交易	需连接完整客户端获得历史交易信息	用户等
第三方 API 客户端	不需要任何硬件设备,在网页浏览器上即可创建/使用钱包	钱包创建和存储依赖于第三方服务商	小额或单次比特币储存/交易的用户

9.5.2 矿池

从 2009 年至今,比特币挖矿硬件总共经历了如下四个发展时期。
- CPU 挖矿(2009 年前后):在比特币发行初期,挖矿难度小,一台普通电脑 CPU(Central Processing Unit,中央处理器)就可以挖矿,2009 年 1 月 3 日,中本聪用一个小型的服务器挖到了 50 个比特币。
- GPU 挖矿（2010 年）：随着比特币全网算力的不断提高，全网挖矿难度增加，较难的挖矿算法使得普通的电脑挖矿很难挖到比特币，然而 GPU（Graphic Processing Unit，图形处理器）的并行哈希计算能力远超 CPU，挖矿效率远超 CPU 挖矿，用户开始用 GPU 挖矿。
- FPGA 挖矿（2011 年底）：比起 CPU 和 GPU 挖矿，FPGA（Field－Programmable Gate Array，现场可编程门阵列）的功耗较低，但是计算性能没有明显优势，仅持续了半年左右。
- ASIC 挖矿（2013 年）：相比 FPGA 挖矿，ASIC（Application Specific Integrated Circuit，专用集成电路）矿机的诞生给比特币生态系统带来了彻底的改变，比特币挖矿速度得到很大提升，比特币挖矿进入了一个全新的时代。

1. 矿池的分配模式

比特币挖矿硬件的增长促进了比特币算力的持续高速增长，这种增长速度使得矿工以 SOLO 的挖矿模式越来越难以获得收益。随着挖矿硬件要求越来越高，比特币的挖矿模式也从 SOLO 挖矿逐步发展至加入矿池挖矿。SOLO 模式下，矿工一旦发现了区块，这个区块所有的奖励都归矿工个人所有；矿池模式下，区块的奖励一般按照一定的方式分配给矿工。现在主流的矿池分配模式主要有 PPS（Pay Per Share）、PPLNS（Pay Per Last N Shares）、PPS＋（PPS＋PPLNS）和 SOLO。

2. 矿池的算力分配

根据 BTC.com 网站的数据，2018 年底十大矿池算力分布如图 9-2 所示。可以看出，比特币全网算力集中在几个大的矿池，其中在排列前十的矿池中，有八家矿池来自中国，分别是 BTC.com、AntPool、F2Pool、ViaBTC、BTC.TOP、Poolin、DPOOL、BitClub，算力如此集中的中心化特征，可能会危及整个比特币系统的安全性。

				24小时变化	3天幸运值
1	BTC.com		8452.00 PH/s	2.94%	84.66%
2	AntPool		6203.03 PH/s	3.40%	110.08%
3	SlushPool		5923.13 PH/s	-0.02%	68.38%
4	F2Pool		4636.63 PH/s	1.86%	114.95%
5	ViaBTC		4500.28 PH/s	-1.54%	145.63%
6	BTC.TOP		4442.00 PH/s	-6.23%	114.88%
7	Poolin		2366.00 PH/s	15.70%	54.37%
8	DPOOL		1452.00 PH/s	-4.47%	97.08%
9	BitFury		1370.49 PH/s		
10	BitClub		1300.00 PH/s	9.24%	65.14%
11	Huobi.pool		1090.77 PH/s	5.34%	103.15%
12	WAYI.CN		563.00 PH/s	1.81%	64.07%
13	Bixin		498.36 PH/s		
14	tigerpool.net		498.36 PH/s		
15	Bitcoin.com		372.19 PH/s	-17.59%	177.53%

图 9-2　矿池算力分布

3. 矿池的工作原理

挖矿的过程其实就是矿工不停地对区块头数据反复执行哈希函数运算的过程,直到找到一个符合条件的总长度是 256 位的二进制目标值。矿池的核心工作是给矿工分发任务,统计任务量并分配收益。首先,矿池通过挖矿协议把网络上的矿工相连接,矿工进行挖矿配置;然后,矿池根据矿工的算力大小将区块难度分成很多难度更小的任务发给矿工。矿工在完成任务的同时如果挖到区块,区块奖励先支付到矿池的地址,矿池再根据矿工设置的收益分配方式,把区块奖励分配给矿工并收取一定的费用作为矿池的回报。

9.6 竞争币

由于比特币是开源项目,基于比特币的代码思想,目前,金融市场上衍生出了上千种适用于各种场景的加密货币。它们是在比特币底层技术基础上进行了有创新地改进并迅速流通到加密货币市场中。这类加密货币多数被称为竞争币(与竞争币相对,没有实质创新,仅简单复制和微调比特币等数字货币的系统代码与参数而形成的新币种,一般称之为山寨币),旨在提高数字货币系统各方面的性能。可以将竞争币划分成六大类[12],如图 9-3 所示。

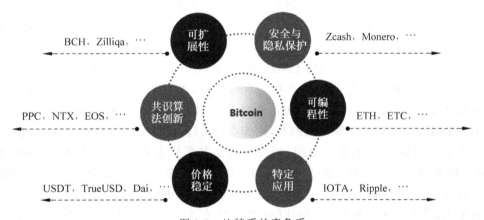

图 9-3 比特币的竞争币

第一个维度主要关注可扩展性,例如:比特币现金,于 2017 年 8 月 1 日从比特币网络区块链分叉,形成了新的链。比特币现金去除了 Segwit(隔离见证)功能,具有相对较高的稳定性、安全性、鲁棒性,是现行比特币协议和比特币系统的备份。这次分叉比特币现金支持将区块大小提升至 8MB,采用链上扩容的技术路线,使得区块一次可以处理更多的交易,大幅提升了区块交易处理能力并缩短了交易确认时间。比特币现金开始执行新的代码,打包大区块,形成新的链。比特币现金于 2018 年 5 月 15 日进行了分叉升级,将原先 8MB 的区块升级到了 32MB,2018 年 11 月 16 日凌晨,BCH 在区块高度为 556766 上又一次分叉,自此,比特币现金 BCH 正式分叉为两条链。

第二个维度旨在提高安全与隐私保护,采用了包括零知识证明和同态加密等主流密码学算法在内的区块链加密技术,代表性竞争币如 ZCash(ZEC)及门罗币(Monero)等。

ZCash 创建于 2016 年,总供应量为 2100 万,Zcash 付款在公共区块链上发布,允许用户在区块链上交易时将发件人、收件人和交易信息进行隐藏设置。与 ZCash 不同的是,门罗币基于 CryptoNote 协议,采用环形机密交易(Ring Confidential Transactions)算法,不向没有直接参与交易的人员揭示交易中所涉及的金额,并且门罗币所有的用户都被授予"隐身地址",这些独特的地址被加密,防止任何交易被追溯到其原始账户,交易的隐私性得到进一步加强。

第三个维度是增强区块链系统的可编程性,最著名的例子是以太坊(Ethereum,简称 ETH)。以太坊的概念首次在 2013—2014 年间由程序员 Vitalik Buterin 受比特币启发后提出,2014 年通过 ICO 众筹开始得以发展。众筹阶段之后,以太币每年的产量被限制在 7200 万以太币的 25%(每年以太币的矿产量,不高于 1800 万,除了一次性为 crowdsale 而发行的 7200 万以太币)。以太坊包括一个内置的图灵完备的脚本语言,允许通过被称为"合约"的机制来为自己想实现的特性写代码。一个合约就像一个自动的代理,每当接收到一笔交易,合约就会运行特定的一段代码,这段代码能修改合约内部的数据存储或者发送交易。高级的合约甚至能修改自身的代码。在 ETH 网络中,用户可以在区块链上编写智能合约并上传到区块链上供其他用户使用,并由 EVM 在收到外部条件时计算运行智能合约,降低违约风险。

第四个维度是以价格稳定为目标。例如 Tether 公司发行的 USDT 作为稳定币的先例,与美元 1∶1 锚定,属于法定资产抵押型稳定币。USDT 于 2015 年 2 月开始运行,通过保证 1∶1 的兑换比例,稳定币的价值可以得到保证。其背后有 100% 的美元支撑,因为用户每购买一个 USDT,Tether 公司都会在其账户上增加一美元的资金储备。当用户需要兑换美元时,Tether 就会将相对应的 USDT 销毁,而用户需要缴纳 5% 的手续费。USDT 的操作简单,流程易懂,并且抵押的资产作为有效法币,不在区块链上,避免了潜在的黑客攻击。除此之外,还有加密资产抵押型和无抵押/算法式稳定币这两种类型的稳定币。

第五个维度是基于共识算法的创新,比如点点币(PeerCoin)和 EOS。点点币于 2012 年 8 月 19 日正式发布,其没有供应上限,最大创新是其采矿方式混合了 PoW 及 PoS 两种方式,采用 PoW 机制发行新币,采用 PoS 机制维护网络安全,这是权益证明机制在加密电子货币中的首次应用。而 EOS 是一款商用分布式应用设计的区块链操作系统,引入一种新的区块链架构,旨在实现分布式应用的性能扩展。它在本质上并不是比特币那样的加密货币,而是基于 EOS 软件项目之上发布的代币。EOS 通过创建一个对开发者友好的区块链底层平台,支持多个应用同时运行,为开发 DAPP 提供底层的模板。EOS 通过并行链和 DPOS 的方式解决了延迟和数据吞吐量的难题,实现每秒上千级别的处理量,大大超过了比特币和以太坊。EOS 上开发 DAPP,需要用到的网络和计算资源是按照开发者拥有的 EOS 比例分配的。

第六种加密货币专门用于特定的应用场景,如面向物联网的 IOTA 和瑞波币(Ripple,简称 XRP)。IOTA 是于 2014 年众筹的一个项目,IOTA 网络于 2016 年 11 月正式发布了主节点代码,核心技术采用的是独特的分布式确认算法——缠结(Tangle),而非区块链架构,专注于解决机器与机器(M2M)之间的交易问题。区别于之前数字货币广泛采用的区块链技术,Tangle 既没有储存交易资料的区块,也没有链,这能够克服现有区块链设计中的低效性,并为去中心化 P2P 系统共识的达成创造了一种新方法。不同于 IOTA 的应用场景,瑞波币是一个网络内的工具,它有两个作用:一是防止垃圾请求攻击,为了避免恶意攻击者制造大量的垃圾账目;二是作为桥梁货币,成为各种货币兑换之中的一个中间物。瑞波币的发行总数量为 1000 亿。

9.7 数字货币估值模型

数字货币市场作为一个新兴市场,在有关其价值估计方面的研究十分有限。现有的模型都相对较为简单,且具有一定局限,而且大多数是从其他资产估值模型中直接借鉴过来的,对于数字货币独有特性的融合与凝练还十分不足。因此,数字货币估值模型的研究还有很大的空间,需要我们继续在该问题上进行深入挖掘,以提出更为有效、合理的数字货币估值模型。下面,我们将简单介绍六种现在比较流行的数字货币估值模型。另外,还有一些模型方法未来也可能被用来对数字货币进行估值,例如:数字货币发展出预期股息或分红等股本特征时,我们就可以使用贴现现金流量分析(Discounted Cash Flow Analysis,简称 DCF)对其进行估值;数字货币的数据维度相关指标足够多的话,我们可以借鉴公司股票价格估计方法来对其进行估值。

9.7.1 价值存储理论

当数字货币能够在设计上做到价格稳定或者预期可升值,那么它就应该具备价值存储功能,成为可投资的资产。在这个前提下,我们可以利用价值存储理论对数字货币进行估值。

该项理论的核心思想为:与任何没有内在效用的法定货币或商品一样,人们对某项资产的接受程度、集体信念和信心是其作为"价值储存"的基础。对于此类数字货币的估值,我们可以参考黄金等储值资产。例如,如果黄金的现货价格为 x 美元/吨,总黄金储备为 y 吨,则它们的总价值为 yx 美元。假设某一数字货币前景足够好,预计未来可以取代黄金成为价值储备资产,那么我们可以计算出该数字货币的估计价格为 yx/m,其中 m 为该数字货币的总供应量。

9.7.2 流通理论

从本质上来讲,加密资产是它所支撑的协议经济中的货币。因此,我们用来理解实际经济体货币流通的公式,即货币交换方程(也称费雪方程)$MV=PQ$,也应当可以被用于加密货币的估值。该方程反映了数字货币/加密资产的流通速度是决定长期价值的关键因素之一。

在加密资产估值中,该方程的四个变量分别表示为:

M:加密资产基础规模;

V:加密资产流通速度,也就是一定时期内转手的次数;

P:数字资源价格,而不是加密资产的价格;

Q:交易的数字资源数量。

在估值过程中,我们通过方程 $M=PQ/V$ 求解 M。M 是给定流通速度 V 情况下,支撑

一个规模为 PQ 的加密经济体所需的基础规模。其中，PQ 代表了加密经济体提供服务的总价值，与国家的国内生产总值 GDP 类似。在加密网络中，区块链作为一个公开透明的、不可篡改的账本记录着这个网络的 GDP。尽管链上交易量很好地代表了加密网络的 GDP，但它并不是完美的。因为超过 30% 的链上交易量是转账交易，这部分交易并不是网络中数字资源的价值交换，而是一种投机手段，应当从 GDP 中扣除。此外，两层扩容网络使得加密网络 GDP 的评估偏保守。

流通速度是加密资产价值的重要影响因素。一般地，流通越慢，则加密资产价值越高。由该理论可得出，在其他条件不变的情况下，无论何种原因（投机、价值储存等）导致其在钱包中放置时间越长，流通越慢，价格会越高。一般来说，PoS 权益证明协议有助于降低流速。

在实际计算中，我们可以用 H 代替 $1/V$，其表示该加密资产在交易之前的持有时间。再用 C 替换 $1/P$，其表示加密资产价格。我们可以得到 $MC=TH$，表示某个加密资产的市值等于其每天交易的经济价值乘以用户在使用其进行交易前的持有时间。

该估值模型在实际运用中也存在着一些问题。首先，流通速度 V 无法被精确定义或测量，而该模型需要假设它可以被定义或估计。其次，方程中的其他因素也不容易测量或估计。第三，当流通速度发生变化时，会对其他因素造成影响，而且这些影响是动态的、耦合的，因此流通速度与其他三个因素有稳定关系的假设是十分强的。另外，M 在加密网络中也是很难测量的，因为如果加密货币的开采或发行增长速度非常迅速的话，我们就需要考虑一个动态可变的 M，这就使得估计变得更为复杂。

9.7.3 INET 模型

INET 模型是由 Chris Burniske 构建的一个财务模型，用于对一个虚构的名为 INET 的通证进行估值[①]。INET 通过分散的虚拟专用网络（VPN）共享带宽供应。INET 模型主要包括三个步骤：首先，计算流通中的通证数量；其次，用费雪交换方程对协议经济体进行数量分析；最后，将未来效用值折算为现值，以得到加密资产的市场价格。

首先，确定 INET 经济体中流通的通证数量。ICO 发行了一定数量的 INET 通证（总量中的一部分），那么这部分通证就具有了流通性，剩下的那部分则锁定在私募投资者、基金会和创始人手里，将在特定的时间根据预设的货币政策解锁。随着 PoS 权益证明以及其他类似共识算法的推广，更多的通证被节点锁定以支持网络运行。恰当的锁仓行为应予以奖励，否则就应当遭受惩罚。另外，两层扩容方案，比如闪电网络、雷电网络等，也会要求锁定部分通证，以支持链下经济活动。而囤仓则是由通证购买力上升的期望造成的，体现了它的价值存储功能。在计算中，需要除去锁仓和囤币的通证流通量，因为这部分的通证流通速度为 0，所以应当在估值计算中将其排除在外。另外，没有区块奖励而只有交易费的挖矿行为不会导致通证供应量膨胀，但是还需要考虑有区块奖励的挖矿行为的影响。

其次，分析 INET 经济体，根据费雪方程式，通证价格等于未来预测的货币基数 M 除以未来流通货币的数量。由此可得，$M=PQ/V$，即链上交易量（或"加密网络 GDP"）除以通证流速。

其中，P 是使用每 GB 的 INET VPN 网络流量的价格。一般情况下，加密网络提供的资源往往是通缩的，即价格下降，因此模型中也考虑下降的 P。Q 则是基于最大目标市场

---

① https://medium.com/@cburniske/cryptoasset-valuations-ac83479ffca7

(TAM)以及加密网络在目标市场的渗透率的预测推导出来的。其中,目标市场的渗透率可以用 S 曲线进行模拟,该方法只需要四个输入:(1)加密网络落地应用时间(基期);(2)目标市场的最大份额(饱和率);(3)达到饱和率的 10% 的时间(进入快速发展期);(4)从饱和率的 10% 上升至 90% 所需的时间(接管时间)。由于市场规模的数量级通常很大,因此饱和率对模型的影响十分显著,而接管时间的设定会直接决定 S 曲线的陡峭程度。然后,将 P 与 Q 相乘可得 INET 的 GDP。要算出支持该 GDP 所需的通证基础规模 M,我们还需考虑流通速度 V,一般可以通过通证持有时长的倒数来计算获得。将这三个参数的数值代入费雪方程,我们可以求得通证的效用现值。

最后,通证的效用现值并不等于加密资产的市场价格。市场价格往往反映的是对未来加密经济规模的预期以及用于支撑这一预期规模所需要的未来通证效用值。因此,需要将通证的未来效用值按一定的贴现率进行折现以得到加密资产的市场价格。折现率体现了因为持有风险资产而期待的补偿。

9.7.4 网络价值与交易比率

网络价值与交易比率(Network Value-to-Transaction Ratio,NVT 比率)借鉴了股票价格的市盈率估价思想,用加密市场市值除以每日网络交易数量来衡量加密资产交易活动的美元价值与网络价值之间的关系,用于比较不同网络中的链上交易的单位市场价格。该比率最重要的意义在于判断加密资产的价格水平是否合理。

NVT 比率体现了用户认定的加密资产所具有的实用价值,当 NVT 比率非常高时,可能意味着它的价值被高估了。例如,比特币的链上交易量表明它为用户提供了匿名性高且成本较低的交易转账方式,因此这部分用户会认为它具有很好的价值。利用比特币实际数据验证 NVT 比率,结果是比较理想的。该比率可以非常准确地预测比特币涨至近 2 万美元,也曾指出比特币在 8000 美元的时候仍处于较大的泡沫中,这些都与比特币的实际价格走势具有相当高的吻合度。

但是这个比率本身是存在一定缺陷的。最突出的一点就是交易量和价格这两个变量本身具有内生性和相互决定的耦合关系,这就在一定程度上削弱了 NVT 比率的解释力。

9.7.5 梅特卡夫定律网络价值比率

与 NVT 模型类似的还有 NVM 比率,即梅特卡夫定律网络价值比率(Network Value-to-Number Ratio,简称 NVM 比率)。该比率旨在反映网络早期阶段的采用程度,该定律认为网络价值与用户数的平方成正比,用户数量越多表示用户对该加密网络的认可度越高,其对应的加密资产价值就越大。该比率的计算公式为: $V = K \times N^2$,其中 K 为价值系数,N 为用户数量。

这种评估模型已经比较成熟了,而且已经被 Facebook 和 LikedIn 等企业采用,基本上能够合理地呈现月活跃用户量与企业价值之间的相关性。将该比率运用于数字货币估值中的前提假设是:加密资产的市场价值在于它所处的连接世界各地用户的加密网络,越多人和实体使用它来结算交易,它就越能获得流动性和效用,因而具有更高的价值。在该假设下,加密资产的 NVM 比率可以通过区块链上的每日活跃地址来估算。与软件和应用程序的日常活跃用户类似,日活跃地址可以提供有关加密市场用户数量的信息,这些信息可以显示出加密市场的活跃度与参与度。

9.7.6 CAPM 模型

资本资产定价模型(Capital Asset Pricing Model,CAPM)是在资产组合理论和资本市场理论的基础上发展起来的,主要研究证券市场上资产的预期收益率与风险资产之间的关系,是现代金融市场价格理论的支柱,广泛应用于投资决策和公司理财领域。

CAPM模型的前提假设是:投资者是理性的,而且严格按照马科威茨模型的规则进行多样化的投资,并将从有效边界的某处选择投资组合;资本市场是完全有效的市场,没有任何摩擦阻碍投资。CAPM的核心在于探索风险资产收益与风险的数量关系,即为了补偿某一特定程度的风险,投资者应该获得多少报酬率。当资本市场达到均衡时,风险的边际价格是不变的,任何改变市场组合的投资所带来的边际效果是相同的,即增加一个单位的风险所得到的补偿是相同的。用公式具体表示为:

$$E(r_i) = r_f + \beta(E(r_m) - r_f)$$

其中,$E(r_i)$表示资产i的预期回报率,r_f是无风险利率,β是资产i的系统性风险,$E(r_m)$是市场m的预期回报率,那么$E(r_m)-r_f$则表示风险溢价。可以看出,β系数是用来衡量一种证券或一个投资组合相对总体市场的波动性的。如果将该模型运用于估算数字货币通证的价值,那么β系数将可用于反映加密资产对市场因素的预期波动性。其表现的是相对于市场收益率变动时,某个加密资产收益率同时发生变动的程度,是一个标准化的度量单项加密资产对市场组合方差贡献的指标,而无法反映该加密资产本身的非系统性风险。

该模型运用于加密资产估值是存在一定问题的。首先,投资者理性假设在加密经济体中可能无法实现,在加密网络中我们能看到一些非理性的投机行为;其次,很多用户并不会同时投资多个加密数字货币,而且目前市场上也极少存在加密数字货币投资组合供用户选择;第三,加密资产的生成与交易市场可能都不是有效市场,投资边界和投资门槛是现实存在的,摩擦导致的市场交易成本也是无法避免的。

9.8 数字货币交易市场

据区块链实时监控网站 Blockchain.info 数据统计显示,截止到 2018 年 11 月 30 日,数字货币总市值高达约 1361 亿美元,数字货币交易持续升温,尤其是以比特币为代表的主流数字货币交易市场尤为活跃。为满足不同交易的需求,借鉴金融交易市场的发展理念,数字货币领域不断衍生出了不同类别、不同层级的交易市场。按照交易的层级,我们可以将数字货币交易市场分为二级交易市场、金融衍生品市场以及数字货币交易所等。本节将主要介绍这三类数字货币交易市场。

9.8.1 二级市场交易

数字货币二级市场的概念是从金融二级市场借鉴过来的。在金融市场中,一级市场是股票和债券等证券的发行市场,是筹集资金的公司将其新发行的股票和债券等证券销售给最初购买者的金融市场,而二级市场是证券的交易场所和流通市场,是对已经发行的股票债券等金融产品进行买卖的市场。任何一个股票或者债券进入二级市场进行交易时必须先要经过一级市场的发行。所以说,一级市场是二级市场的基础和前提,二级市场是一级市场得以生存和发展的条件。

对应到数字货币市场,数字货币产生和发挥原始作用的市场为一级市场,数字货币进行买卖交换的市场则为二级市场;即矿工购买矿机、加入到矿池中进行挖矿获得的数字货币收益属于一级市场的行为,将所持有的数字货币在私下或者通过数字货币交易所进行货币交易则是二级市场行为。

早期由于数字货币市场刚刚兴起,加上数字货币的市值较低,数字货币二级市场上只有 Bitfinex、Mt. Gox、BTC-e 三家主要的交易所,并且进入二级市场的交易者也很少。直到 2016 年,由于比特币价格的持续上涨,交易所才逐步增多。到 2017 年初,中国三大交易所火币、OKCoin、BTCC 的交易量占据的市场份额很大,几乎占了全世界交易量的 99.5%。据区块链实时监控网站 Blockchain.info 数据统计显示,截止到 2018 年 11 月 30 日,全球数字货币交易所的数量已经超过 1.5 万。

目前,数字货币的二级市场交易仍处于起步阶段,监管措施还不完善。我国对于数字资产交易平台有明确的法律规定,中国人民银行等五部委联合发布的《关于防范比特币风险的通知》(简称《通知》)中明确规定,提供比特币登记、交易等服务的互联网站应当按照《中华人民共和国电信条例》和《互联网信息服务管理办法》的规定在电信管理机构备案。一方面,要求数字资产交易平台需要按照规定取得电信资质;另一方面,数字资产交易平台要保证数字资产信息的真实性,具体要对数字资产信息进行审视评估。

9.8.2 金融衍生品市场

金融衍生品是指以杠杆或信用交易为特征,从金融产品的基础上派生出来的具有新价值的金融工具,主要包括货币、债券、股票等。金融衍生品的价值取决于一种或多种基础资产或指数。金融衍生品市场主要有以下几类:金融期货市场、金融期权市场、金融远期市场和金融互换市场。功能主要包括风险转移、价格发现、增强市场流动和在几个不同环节上的衍生功能等。数字货币的衍生品市场借鉴了传统的金融衍生品市场的概念与发展模式。

目前,一些数字货币交易所已推出了比特币以及其他加密数字货币的衍生品交易。2017 年 12 月,美国芝加哥期权交易所(Chicago Board Options Exchange,简称 CBOE)和芝加哥商业交易所(Chicago Mercantile Exchange,简称 CME)相继推出比特币期货合约,将数字货币衍生品正式引入主流金融市场。2018 年,CBOE 还向美国证券交易委员会 SEC 提交了比特币交易所交易基金(Exchange Traded Funds,简称 ETF)的申请。除此之外,总部位于英国的加密期货交易所 Crypto Facilities 平台已增加了比特币、以太坊、瑞波币、莱特币和比特币现金的期货合约业务。Ledgerx 也是第一个同时拥有交换契约执行设施和衍生产品清算机构头衔的数字资产平台,其在 2018 年 5 月 15 日宣布,已经设计出一种比特币期权业务,该项业务与传统的期权业务相似,既可以作为风险对冲产品,也可以作为固定收益类产品。除此之外,还有最大的比特币期货交易所 ICBIT.se 等。

目前,数字货币的衍生产品主要有以下三种:数字货币合约交易、数字货币交易所交易票据(Exchange Traded Notes,简称 ETN)和数字货币交易所交易基金。用户通过数字货币交易所交易票据和数字货币交易所交易基金投资时,都无须直接持有数字货币。

(1) 数字货币合约交易。

类似于期货,承诺在未来某个时间交割一定数量标的标准化合约,通常是以数字货币价格指数为标的标准化合约。在数字货币合约交易中,由于加入了杠杆,用户只需要支付一定量保证金,就可购买一份等价于保证金几十倍的合约。

(2) ETN。

投资者无须购买真正的数字货币,通过追踪数字货币的价格变动参与投资。投资者所持有的是在一段时间内依其价格指数涨跌兑付资金的承诺。

(3) ETF。

是一种基于数字货币指数的开放式基金,在交易所上市交易、基金份额可变的开放式基金。ETF 投资者不用直接持有数字货币,而是通过持有数字货币交易所交易基金来就可以达到投资数字货币的目的。

9.8.3 数字货币交易所

数字货币交易所在数字货币交易中起着非常重要的作用。交易所主要通过不同数字货币之间以及数字货币与法定货币之间的交易实现数字货币的流通与价格确定。

数字货币交易所除了撮合交易赚取交易手续费(千分之一到千分之二左右)之外,往往还承担做市商和投资银行的角色。交易所利用做市商角色赚取交易差价,发挥增加市场流动性的功能;利用投资银行角色提供数字货币的发行与承销等金融服务,以赚取项目上币费或保证金。除此之外,有些数字货币交易所还通过发行平台币来盈利。

按照市场交易所的交易模式可分为中心化交易所和去中心化交易所。目前,全球绝大多数数字货币交易所都是中心化的交易所,其优点是技术完善、流程规范,但同时也存在资金不安全、交易手续费高、用户数据易泄露等诸多缺点。2010 年 3 月,全球第一家中心化数字货币交易所 Bitcoin Market 成立,同年 7 月,著名的比特币交易所 Mt. Gox 成立。随着比特币市场的发展以及交易量的攀升,交易所的数量也在不断的增长。2011 年 6 月,国内第一家数字货币交易所——比特币中国正式上线。随后,OKCoin、火币网于 2013 年相继上线,使得中国一度成为全球交易量最大的交易市场。但是,在 2017 年 9 月,中国出台了对国内数字货币交易所的监管政策,要求关闭虚拟数字货币交易所,停止国内所有的数字货币交易业务。现今,全球比较知名的中心化交易所有 Bitfinex、Bitmex、Coinbase、Bittrex、Poloniex、GDAX 等。据 Blockchain.info 数据统计,截止到 2018 年 11 月 30 日,全球数字货币交易所的数量已经超过 1.5 万。

另外,我们还可以基于交易类别进一步将中心化交易所分成三种:法币交易所、币币交易所和期货交易所。

1. 法币交易所

允许用户将法币转换为数字货币。根据交易的履约形式,法币交易所可分为两种:场内交易所和场外交易所(OTC 交易所)。场内交易所允许用户在交易所直接通过电子银行、信用卡等转账方式购买数字货币,主要的场内交易所有 Coinbase、K 网等。OTC 交易所是交易所不直接参与兑换过程而是提供交易信息撮合交易用户双方在交易所以外完成数字货币兑换，主要的场外交易所有火币网、OTCBTC、Gate等。场内交易受标准合约约束并接受第三方监管，而场外交易往往只是交易双方私下的协定，具备较高的风险。下面以Coinbase为例介绍法币交易所。

Coinbase：成立于2012年，是美国第一家持有正规牌照的比特币交易所。Coinbase业务主要包括比特币钱包和交易平台，2014年，Coinbase成立美国首家正规比特币交易所。为了更好地突出交易所，2016年5月，Coinbase交易所更名为Global Digital Asset Exchange(GDAX)，意味全球数字资产交易所，目前主要支持币种有BTC、BCH、ETH、LTC等。其优点是用户可以使用法币兑换数字货币，由于交易所有正规牌照，所以用户交易相对安全；缺点则是支持的数字货币种类少，只支持主流货币。

2. 币币交易所

币币交易所主要是针对数字货币之间的交易，不涉及法币。目前主要的币币交易所主要有Bittrex等。

Bittrex：也称B网络，创建于2015年，是首批申请纽约比特币牌照的交易所。交易数字货币种类较多，超过190种。国内禁止ICO后，很多山寨币都在该平台交易，中国用户较多。支持USDT、BTC、ETH等199种数字货币。交易费为0.25%。优点是数字货币较全，分为BTC、ETH、USDT 3个基准货币，交易量大，安全性较高；缺点是没有法币交易，认证效率较低。

3. 期货交易所

期货交易所可以让用户买卖数字货币期货合约，操作需要交纳保证金，可以加杠杆操作，风险较大。著名的期货交易所有Bitmex、Bitfinex等。下面以Bitmex为例介绍期货交易所。

Bitmex成立于2014年，是一家纯期货交易所，可操作高到100倍杠杆的加密货币衍生交易，交易量较大。由于此交易所的合约定价是根据其他交易所的平均价格制定的，被操控性较低。目前支持币种主要包括BTC、LTC、BCH、EOS、ETH、Ripple、Cardano、Tron/trx。优点是采用了昂贵的交易引擎，API更强大，交易速度快；缺点是相比其他的期货交易平台，手续费(0.25%)略高，杠杆倍数高，风险非常大。

为了克服中心化交易所的缺陷，诞生了去中心化的交易所，其可以保证整个交易流程的去中心化。用户自己掌握着交易资金的控制权，资金托管在自己的钱包；基于区块链，交易的撮合由智能合约自动执行，减少了人为干预，并且交易资金的结算也是在区块链上完成的。

去中心化交易所从2015年后不断出现。比较著名的去中心化交易有EtherDelta、0X、GDAX、IDEX、Kyber Network、Bancor等。据dappradar.com数据统计显示，截止到2018年12月6日，在ETH上的去中心化交易所DAPP有44个，如IDEX、Kyber、Bancor等。EOS上的去中心化交易所DAPP有16个，如Newdex、DEXEOS等。下面以EtherDelta为例介绍去中心化交易所。

以德(EtherDelta)是基于以太坊智能合约的交易系统，成立于2016年。具有分布式、去中心化和加密签名交易的特性，不需登录即可在全球范围内无障碍使用，可投资各种以太坊资产。由于以太坊资产的通用性,全球各种公司都可以通过ICO发行以太坊代表的股份,因此用以德交易系统可以投资各种公司,也可以退出投资变现。支持大多数在以太坊平台上发行的ICO币种,但只能进行币币之间的交易。除以太坊交易费外,存款取款均不收取手续费。

9.9 稳定币

金融学理论认为,货币应具有价值尺度、流通手段、贮藏手段、支付手段和世界货币五大基本职能。这些也理应是加密货币作为数字空间的"货币"所应具备的职能。为此,一般认为优秀的加密货币设计通常应具有如下四个优点,即去中心性、可扩展性、隐私保护和价格稳定性,其中前三者通常可以借助技术手段加以实现,而价格稳定性则更多地依赖于市场。然而,以比特币和以太坊为代表的诸多加密货币通常是高度不稳定的,其币值在一天之内涨跌幅度超过10%甚至20%的情况屡见不鲜,这极大地阻碍了加密货币在日常交易和支付中的普及应用。试想一下,如果今天花费价值5美元的比特币买一杯咖啡,而明天发现这些比特币可以涨到8美元,显然用户今天会选择持币待涨;反之,当加密货币处于跌势时,商家则更希望选择其他更为稳定的加密货币或者法币。由此可见,加密货币币值的不稳定性已经成为其执行货币职能,进而普及应用的主要障碍之一。因此,稳定币应运而生。

稳定币是指锚定其他稳定资产(如黄金、美元或者一揽子法币的组合)的加密货币,被誉为是加密货币领域的"圣杯"。顾名思义,稳定币是致力于维持币值稳定的货币,这种稳定并非体现在央行追求的以货币跨期购买力稳定为核心的货币金融环境,而是体现在加密货币维持与法定货币或者实际资产的汇率稳定,其本质是将纯粹数字经济体系中的加密货币锚定到实体经济中相对稳定的法定货币或者物理资产,以稳定加密货币的币值。

稳定币通常被视为沟通加密货币和法定货币的桥梁,且兼具加密货币的去中心性和法定货币的稳定性。这种桥梁作用体现在两个方面:首先是避险作用,当加密货币市场普遍处于跌势的时候,由于加密货币与法定货币的直接兑换渠道可能会受到政策监管等因素影响,此时稳定币将承担起避风港的作用。投资者可以暂时将持有的加密货币兑换成稳定币以规避市场风险;其次是稳定货币作用,可以部分代替其他加密货币执行价值尺度、流通手段和支付手段等职能,解决加密货币因币值不稳而导致的持币待涨或者拒收防跌等现象,促进加密货币真正落地到实体经济的流通支付环节。

因此,稳定币的历史尽管不长,但发展速度非常快。最早的稳定币可以追溯到2012年由J.R. Willett在Mastercoin(万事达币)白皮书中提出的锚定资产的加密货币的想法。目前市场上的稳定币主要分为三种类型,即法定资产抵押型、加密资产抵押型和无抵押/算法式稳定币。

1. 法定资产抵押型

这是最简单和常见的稳定币类型,通常是锚定法定货币。这类稳定币的实现原理类似于货币局制度,由中心化机构采用足额法定货币存款作为抵押物保证稳定币的币值。该中心化机构定期审计,保证发行和流通的稳定币数量不高于实际抵押的法定货币存款。例如,2015年2月,Tether公司基于比特币发行的锚定美元的Tether USD(USDT,泰达币)是最早的稳定币之一；2018年9月，纽约信托公司Gemini和初创公司Paxos相继基于以太坊推出锚定美元的稳定币Gemini Dollar(GUSD)和Paxos Standard(Pax)，并分别获得美国监管局和纽约金融服务署批准，是首次官方发行的稳定币。这类稳定币是相对中心化的设计思路，其最大的问题在于中心机构的信息不对称和流程不透明而可能导致的抵押物不足或者随意增发等。

2. 加密货币抵押型

即通过锚定其他加密货币并进行超额抵押来维持币值稳定，同时利用写入智能合约的算法自动化进行风险管理，在抵押资产价格低于某一阈值时自动清算，确保流通中的稳定币始终有超额抵押品做背书，从而维持对于法定货币的汇率锚定，例如2017年MakerDAO发行的锚定以太币的去中心化抵押稳定币Dai。这类稳定币的问题是价格不够稳定，且会受所抵押的加密货币的价格波动的影响。

3. 无抵押/算法式

即没有明确的潜在抵押品，通过去中心化的算法设计来主动调整供求关系、自动增发或者回收稳定币，以实现市场供求平衡和币值稳定，例如BASIS。这类稳定币是完全去中心化的、算法自动化的设计思路，具有非常好的发展前景，但问题在于去中心化所带来的可能的失控状态：当抵押的加密货币币值出现瞬时大幅下滑时，可能会出现抵押不足的情况，此时必须设计完善的风险防控机制，通过增加抵押品或者回收稳定币等方式使币值重新恢复稳定。

上述三种类型的稳定币的优点和缺点如表9-2所示。为方便读者进一步了解稳定币，本节以USDT、MakerDAO和BASIS为例，分别介绍三种类型稳定币的工作原理。

表9-2 稳定币的类型与优劣势分析

类 型	优 点	缺 点
法定资产抵押型稳定数字加密货币	流程简单、价格稳定	计算成本高、政策风险大
	区块链上无抵押品，不易受到黑客攻击	中心化——需要一个值得信任的托管人来储存法定资产
	加密货币整体下跌时起到避险作用	需要定期审查，以确保透明度
加密资产抵押型稳定数字加密货币	抵押资产在区块链上，更加公正透明	会受特定加密货币影响，价格暴跌时自动清算为抵押品
	可以快速、低价清算为加密资产抵押品	相比法定资产型稳定币，价格不够稳定
	可以用来实现杠杆	
无抵押的稳定数字加密货币	无须抵押品	稳定币需求量持续增长
	去中心化程度最高	易受加密资产下跌或崩盘影响，无法清算
	最独立——不受限于任何加密货币	很难界定安全界限和安全状况

9.9.1 法定资产抵押型：USDT

USDT 是法定资产抵押型稳定币的典型代表[①]，是通过比特币 Omni 层协议在区块链上以代币形式首次发行，且与美元 1∶1 锚定。每发行一个 USDT，相应地就有 1 美元作为抵押物存储在香港 Tether 有限公司。USDT 一旦被发行，就可以像比特币或其他加密货币一样被转移、储存和花费等，这就等价于使得储备的法定货币获得了加密货币的特性。凭借 Tether 有限公司的服务条款，持有人可以使用 USDT 赎回/兑换与其等值的法定货币，或者兑换成比特币。

USDT 理论上应保证有法定货币的足额抵押。任何时候，受抵押的储备法定货币余额需要等于（或大于）流通中的 USDT 的数量，这对于维持流通中的 USDT 和法定货币之间的价格平衡至关重要。然而，法定货币的抵押储备通常是由中心化运作的可信第三方机构管理，因此该第三方是否真正"可信"、是否公开透明的足额抵押，都是影响币值的重要因素。

USDT 白皮书指出，Tether 香港公司持有等量法定货币储备作为 USDT 抵押资产的托管人，并通过如图 9-4 所示的技术堆栈实现降低法定和加密审计的复杂性，同时提高审计的安全性和透明度。该堆栈有如下三个层次。

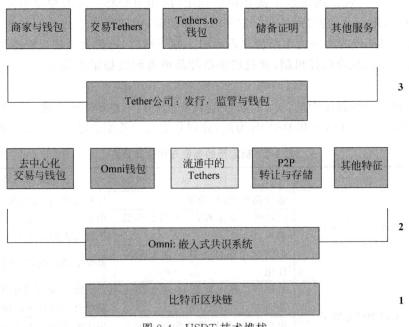

图 9-4　USDT 技术堆栈

1) 第一层是比特币区块链。USDT 交易账本作为元数据通过 Omni 嵌入式共识系统被嵌入到比特币区块链中。

2) 第二层是 Omni 协议层。Omni 是一项基础技术，它可以实现以下功能。

（1）授予（创建）和撤销（销毁）以嵌入比特币区块链中的元数据形式表示的数字代币，在本例中即锚定法定货币的数字代币 USDT。

[①]　https://tether.to/wp-content/uploads/2016/06/TetherWhitePaper.pdf

(2) 通过 Omnichest.info(Omni 资产 ID 为 31,例如代表 USDT)和 Omnicore API 跟踪和报告 USDT 的流通。

(3) 使得用户能够在下述情况交易和存储 USDT 和其他资产/代币。

① 点对点、伪匿名、密码学安全的环境。

② 开源、基于浏览器的加密网络钱包：Omni 钱包。

③ 多重签名和离线冷储存支持系统。

3) 第三层是 Tether 公司,其业务主要包括：

(1) 接受法定货币存款并发行相应的 USDT;

(2) 发送法定货币提款和撤销相应的 USDT;

(3) 监管流通 USDT 的法定货币储备;

(4) 公开报告储备金证明和其他审计结果;

(5) 启动和管理与现有比特币/区块链钱包、交易所和商家的整合;

(6) 运营 Tether.to,一个允许用户方便地发送、接收、存储和转换 USDT 的网络钱包。

如图 9-5 所示,USDT 生命周期通常包括如下五个阶段。

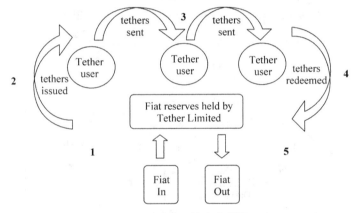

图 9-5　USDT 的生命周期

步骤 1：用户将法定货币存入 Tether 公司的银行账户。

步骤 2：Tether 公司生成并授信用户的 Tether 账户,生成 USDT 并进入流通。用户存入的法定货币数量等于发行给用户的 USDT 数量。

步骤 3：用户可以使用 USDT 进行交易,并通过开源、伪匿名和点对点的基于比特币的平台来转让、交换和存储 USDT。

步骤 4：用户向 Tether 公司存入 USDT 以赎回抵押的法定货币。

步骤 5：Tether 公司销毁 USDT 并将相应数量的法定货币发送到用户的银行账户。

Tether 公司是唯一可以发行(创造)或者回收(销毁)USDT 的公司,这是系统维持偿付能力的主要过程。一旦 USDT 进入流通环节,就可以在企业和个人之间自由交易。因此,用户还可以通过交易平台(例如 Bitfinex)或者其他个人获得 USDT。

USDT 的优势在于模式简单易行,目前也占据稳定币市场的大多数市场份额;然而其缺点就在于其中心化的运作模式,使得运作和管理 USDT 的机构容易遭受道德风险和安全风险等方面的质疑与攻击,此外 USDT 的价值来自于储备的法定货币,因而 USDT 无法脱离法币体系而独立运作。目前,许多研究者认为 USDT 并不是真正意义上的数字加密货币,而只是中心化运作的公司通过储备法定货币而发行的货币。

除法定货币作为抵押物的稳定币之外,还有以实际资产或者贵金属(一般为黄金)作为抵押物的稳定币,例如 Digix Global 和 HelloGold 等。

9.9.2 加密货币抵押型:MakerDAO

MakerDAO 团队设计提出的 Dai 是加密货币抵押型稳定币的典型代表[①],其基本思想是利用以太坊智能合约构建一个算法驱动的、能够接收以太币作为抵押资产并生成 Dai 稳定币的"数字银行"。Dai 已经形成相对完善的生态系统和精巧设计的价格稳定机制。为方便读者理解,本节以银行抵押贷款为例来说明 Dai 的运作机制。Dai 的设计思路示例如图 9-6 所示。

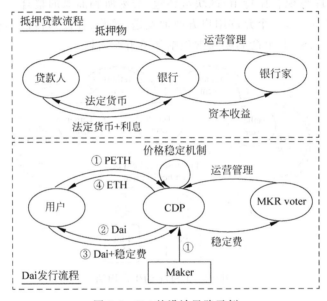

图 9-6　Dai 的设计思路示例

一般说来,银行抵押贷款流程中,贷款人首先将抵押物(如房产)抵押给银行,然后银行将一定数量的法定货币发放给贷款人;贷款人可以任意使用贷款获得的法定货币,并在向银行支付相应数量的法定货币和贷款期间产生的利息之后,可以赎回抵押物。银行则由银行家负责运营管理并获取资本收益。

Dai 的设计思路与上述银行抵押贷款方式大同小异:用户可以将特定数量和类型的以太坊资产作为抵押物存入 Maker 平台所生成的称为抵押债务头寸(Collateralized Debt Positions,CDPs)的智能合约中。Maker 本身是运行在以太坊上的智能合约平台,能够通过包含 CDP 合约、自主反馈机制、适度激励的外部活动者(Appropriately Incentivized External Actors)的动态系统来背书并稳定 Dai 的价值。Maker 使得任何人都能够利用其以太坊资产来创建 Maker 平台上的 Dai,而一旦 Dai 被创建后,就可以像其他加密货币一样

---

① https://makerdao.com/whitepaper-zh/DAI-Whitepaper-Chinese.pdf

使用,例如自由地发送给其他人,支付商品或者服务费用,或者长期持有。CDP 合约则相当于算法驱动的、自我运营的"数字银行",其在收到用户的抵押资产后,生成等量的 Dai 并发送给用户,同时也会生成累积债务(Accrues Debt)。这种债务能够有效地锁定存入 CDP 合约中的抵押资产,直到某天用户存入等量的 Dai 后赎回其抵押物为止。CDP 通常是超额抵押的,即抵押资产的价值必须超过债务的价值。一段时间后,用户可以将相同数量的 Dai 和一定数量的稳定费(类似于利息)支付给 CDP 合约后,即可赎回抵押的以太坊资产。CDP 通过精巧设计的价格稳定机制和自主反馈机制来调节和稳定 Dai 的价格;除面向用户的 Dai 之外,Maker 平台同时发行另一种称为 MKR 的代币,持有 MKR 代币的管理者(类似于银行家角色)通过投票来实现 Maker 平台和 CDP"数字银行"的运营管理,并采用全局清算、风险管理和监管建议等一系列措施来防控系统风险,同时也以 MKR 代币形式的稳定费作为资本收益。

下文将结合 Dai 白皮书,详细地介绍其中的 CDP 交互过程、价格稳定机制以及风险防控机制等核心要素。

1. CDP 运作过程

具体来说,CDP 运作过程包括如下四个步骤。

步骤 1:创建 CDP 合约并存入抵押物。CDP 用户需要首先发送一个交易到 Maker 平台来创建 CDP 合约,然后发送另一交易存入相应数量和类型的抵押资产,用以生成 Dai。

步骤 2:从已抵押的 CDP 合约中生成 Dai。CDP 用户发送一个交易来获取其希望从 CDP 合约中获得的 Dai 的数量。相应地,CDP 合约生成等量的债务,锁定到抵押物上直到该债务被偿付。

步骤 3:支付债务和稳定费。当用户希望重新赎回其抵押物时,必须支付 CDP 合约中的债务,以及在此债务中随时间积累的稳定费(例如每年 0.5%)。稳定费只能使用 MKR 代币来支付。一旦用户发送所需的 Dai 和 MKR 到 CDP 合约,付清债务和稳定费后,CDP 合约就变为无债务的(Debt Free)。

步骤 4:赎回抵押物并关闭 CDP 合约。付清债务和稳定费后,CDP 用户可以通过发送一笔交易到 Maker,自由地取回全部或者部分抵押物到其钱包中。

需要说明的是,2017 年 12 月发布的白皮书中,Dai 最初为单类型抵押(Single-Collateral)的稳定币,即只接受池化以太(Pooled Ether,PETH)一种类型的抵押物;用户可以将其持有的以太存入一个特殊的合约,该合约将接收到的以太放入一个池中,并返回给用户相应数量的 PETH。Dai 的升级版本将会演进为多类型抵押(Multi-Collateral)以支持任意多种类型的 CDP,此时系统将会使用以太 ETH 和其他新的抵押资产类型来代替 PETH。

2. 价格稳定机制

Dai 采用目标比率反馈机制(Target Rate Feedback Mechanism,TRFM)来维持其币价稳定。TRFM 是一种自动化的负反馈调整机制,当 Dai 的市场价格在任意方向上偏离其目标价格时,均会产生相反方向的"市场激励"以调整其价格重新回到目标价格。Dai 的目标价格初始设置为 1,即与美元实现 1∶1 软锚定(Soft Peg)。该目标价格主要有两个主要作用:①计算 CDP 合约的抵押物-债务比率;②确定全局清算情况下 Dai 持有者收到的抵押资产的价值。

如果市场出现严重波动时，TRFM 将被激活，并通过调整目标比率以使得 Dai 的市场价格重新稳定在目标价格左右。目标比率决定了目标价格随时间的变化，因此可以激励用户持有 Dai(如果目标比率为正)或者借出 Dai(如果目标比率为负)。当 TRFM 未被激活时，目标比率被设置为 0%，因此目标价格将不随时间变化，即 Dai 被锚定；而当 TRFM 被激活时，目标比率和目标价格均动态变化，通过激励用户生成或者持有 Dai 来平衡 Dai 的供给和需求。这种反馈机制将 Dai 的市场价格引导至可变的目标价格，抑制其波动性并在需求冲击时提供实时的流动性。

TRFM 被激活后，当 Dai 的市场价格低于目标价格时，目标比率将会提高。这使得目标价格也提高至一个更高的比率，导致 CDP 生成的 Dai 更为昂贵，从而降低 Dai 供给。同时，增长的目标比率导致持有 Dai 的资本收益增长，使得 Dai 的需求也相应增长；这种供给降低和需求增长的组合将导致 Dai 的市场价格提高，从而将其价格拉回目标价格。反过来，如果 Dai 的市场价格高于目标价格，上述机制也会反向操作，即目标比率降低，导致生成 Dai 的需求增长且持有 Dai 的需求降低，进而 Dai 的市场价格降低并拉回到目标价格。

敏感度是 TRFM 的重要参数，决定了目标比率在响应 Dai 的目标/市场价格偏离程度时的变化幅度。敏感度参数能够用于调整系统范围内的价格反馈比率，该参数可由 MKR 投票者设置，但是当 TRFM 被激活时，目标价格和目标比率由市场动态决定，而不是直接由 MKR 投票人控制。敏感度参数也可用来决定激活或废止 TRFM。如果敏感度参数和目标比率均为 0，则 Dai 将锚定于当前的目标价格。

3. 全局清算与 CDP 清算机制

为保证系统稳定和风险防控，Dai 稳定币同时设计了全局清算等风险防控机制，并由 MKR 投票者通过其拥有的 MKR 代币来投票决策。MKR 即 MaKeRcoin，是以太坊区块链拥有对 Maker 智能合约的治理权的代币。

当出现危及系统安全的黑天鹅事件时，例如极短时间内抵押资产的价格大幅崩盘而导致 Dai 抵押率不足的情况，将会启动全局清算过程。全局清算是为 Dai 持有者给出目标价格的密码学保证的最后手段，能够关闭 Maker 市场平台并且保证所有用户，包括 Dai 持有者和 CDP 用户，能够收到其资产的净值(Net Value)。该过程是完全去中心化的，受 MKR 投票人的控制以保证其仅在严重应急情况下使用，例如非理性市场、黑客攻击或者安全漏洞，以及系统升级等。全局清算过程如下所示。

步骤 1：激活全局清算。如果 Maker 监管授权的全局清算者中有足够的活跃者相信系统面临安全攻击，或者如果全局清算被作为技术升级的一部分，他们能够激活全局结算功能。这将停止 CDP 创建和操作，以固定价值、冻结喂价(Price Feed)。

步骤 2：处理全局清算声明。全局清算被激活后，需要一段时间来允许持有者根据固定的种子值处理所有 Dai 和 CDP 持有者的比例声明。该过程结束后，所有 Dai 持有者和 CDP 持有者将能够声明一个固定数量的 ETH。

步骤 3：Dai 和 CDP 持有者声明其抵押资产。每个 Dai 和 CDP 持有者能够调用 Maker 平台的一个声明函数，基于当前 Dai 的目标价格，以固定数量的、对应其资产计算值的 ETH 直接交换其 Dai 和 CDP。举例说明，如果 Dai 的目标价格是 1 美元，当全局清算激活时

ETH/USD 价格是 200，用户持有 1000 个 Dai，则全局清算处理过程之后，该用户能够声明 Maker 平台上的 5 个 ETH。

由于抵押资产快速贬值，CDP 将会处于欠抵押状态，此时 MKR 供给将会自动稀释并廉价出售来增加足够的资金实现系统的资产重组。为保证系统中的债务总是超额抵押的，CDP 将会在面临风险时自动清算。Maker 平台将通过比较清算比率（Liquidation Ratio）和当前 CDP 的抵押物/债务比率来决定合适启动 CDP 的清算过程。每种类型的 CDP 都有其唯一的清算比率，该比率基于此类型 CDP 的抵押资产的风险投资组合来确立并受到 MKR 投票者的控制。当达到清算比率时，CDP 启动其清算过程。Maker 平台将自动购买 CDP 的抵押资产并廉价出售。对单类型抵押的 Dai 来说，目前暂时采用流动性供给合约（Liquidity Providing Contract）机制，而对于多类型抵押的 Dai 来说，则采用债务拍卖机制，两种机制的实现方式详见 Dai 的白皮书。

4. 风险管理操作

为进一步防控风险，Maker 平台的 MKR 代币允许其持有者通过投票来执行如下所述的风险管理操作。

增加新 CDP 类型：创建带有唯一风险参数集合的新 CDP 类型。一种新 CDP 类型可以是一类新的抵押物，或者是现有类型抵押物的一种风险参数新集合。

修改现有的 CDP 类型：改变一种或多种现存 CDP 类型的风险参数。

修改敏感度参数：改变 TRFM 的敏感度。

修改目标比率：监管者可以改变目标比率。实践过程中，目标比率仅在一种特殊情况下可以修改，即当 MKR 投票者希望将 Dai 的价格锚定到当前目标价格时。目标比率的修改通常伴随着敏感度参数的修改，如果二者均设置为 0，TRFM 将被关闭，Dai 的目标价格被锚定到其当前价值。

选择可信预言机集合：Maker 平台从一个去中心化的预言机架构中获取其抵押资产的内部价格和 Dai 的市场价格，该架构包括一系列个体预言机节点。MKR 投票人可以控制该可信预言机集合中包含哪些和多少节点。半数节点失效不会破坏系统的持续性安全操作。

修改喂价敏感度：改变价格种子可以影响系统内部价格的最大变化的规则。

选择全局清算者结合：全局清算是允许 Maker 平台抵御针对预言机或者监管过程等攻击的关键机制。监管过程选择一个全局清算者的集合并确定需要多少清算者来激活全局清算过程。

5. 风险参数

CDP 有多个风险参数。每个 CDP 类型都有其唯一的风险参数集合，这些参数取决于 CDP 类型使用的抵押物的风险投资组合。这些参数直接受控于 MKR 持有者，每个 MKR 代币代表其持有者的 1 票。

CDP 的关键风险参数包括如下几种。

债务限额：即单类型 CDP 能够创建的债务的最大数量。一旦给定类型 CDP 创建了足够多的债务，则除非现有的 CDP 被关闭，否则不可能再创建更多债务。债务限额被用于保证抵押物投资组合有足够的多样性。

流动性比率：即抵押物与债务的比率。较低（高）的流动性比率意味着 MKR 投票人期望抵押物的较低（高）价格波动性。

稳定费：每个 CDP 都需支付稳定费，这是在现有 CDP 债务之上计算的年度比例产出并必须由 CDP 用户支付。稳定费以 Dai 计价但只能使用 MKR 代币支付，而支付的 MKR 数量由 MKR 市场价格的喂价计算得出。支付后，MKR 被燃烧掉，并永久地退出市场供给。

惩罚比率：用来确定流动性拍卖生成的 Dai 的最大数量，该拍卖用于从供给中收购或者移除 MKR。惩罚比率被用于补偿流动性机制的效率不足。在单类型抵押 Dai 阶段，流动性惩罚购买并燃烧 PETH，从而有益于 PETH/ETH 比率。

6. MKR 代币监管

除了可以支付 CDP 的稳定费之外，MKR 代币在 Maker 平台管理中发挥重要作用。Maker 平台的系统级管理是通过 MKR 投票人选举积极建议（Active Proposal）来实现。积极建议是通过 MKR 投票并授权修改 Maker 平台内部监管变量的智能合约，可包括两种形式：单一行动建议合约（Single Action Proposal Contracts，SAPC）和代表建议合约（Delegating Proposal Contract，DPC）。

SAPC 建议仅在获得根访问权限后被执行一次，且在执行之后立即将其结果应用到 Maker 平台的内部监管变量。单次执行之后，SAPC 自我删除且不可再复用。这种类型的建议通常用于 Maker 系统的第一阶段，其并不复杂但欠缺灵活性。DPC 则通过其内部编码的第二层监管逻辑，可以持续性地使用其根访问权限。第二层监管逻辑可以相对简单，例如定义一种每周针对更新的风险参数进行投票的协议；也可以实现更为高级的逻辑，例如将监管动作的范围限制在预定义的时间段，或者进一步将其某些或全部许可授权给一个或多个第三层 DPC。

任意以太坊账户都可以配置有效的建议智能合约。MKR 投票者能够使用其 MKR 代币来投票选择一个或者多个建议，称为"积极建议"。获得最大数量 MKR 投票者的赞成票的智能合约将会被选为积极建议。

9.9.3 无抵押/算法式：BASIS

这类稳定币没有法定资产或者加密货币作抵押，而是采用弹性稳定机制，通过模拟央行调控货币的机制，根据稳定币总需求的增减，来动态地扩张或者收缩稳定币的市场供给，从而实现币价稳定，采用这类稳定机制的币种包括 Basis 和 Fragment 等。下文以 Basis 为例阐述无抵押/算法式稳定币的工作原理[①]。

Basis 是一种完全去中心化的稳定币，其前身为 Basecoin。Basis 采用大多数国家中央银行调控货币的理论，即货币数量理论，来实现 Basis 与其锚定资产（可以是美元、任何其他法币、居民消费价格指数或任何一揽子商品等）的稳定兑换率，进而实现 Basis 的价格稳定。因此，为深刻理解 Basis 的工作机理，有必要先简单介绍货币数量理论。

---

① http://www.getbasecoin.com/basecoin_whitepaper_0_99.pdf。2018 年 12 月，Basis 项目因监管原因暂停运营，但其价格稳定机制设计新颖，可作为未来无抵押/算法式稳定币的重要参考。

1. 货币数量理论

货币数量理论基于这样一个经济现象：当经济繁荣时，人们手中有更多的钱并因此希望购买更多的商品，导致了商品价格的上涨，从而刺激消费并要求有更高的工资，这意味着人们有更多的钱，形成所谓的"通胀螺旋"；反过来，当经济萧条时，人们不敢购买商品，导致商品价格下跌使得人们进一步推迟购买，因而物价进一步下跌，形成"通缩螺旋"。两种情况下，央行都必须通过调控以切断通胀或通缩螺旋中的反馈循环。

货币数量理论认为，一个经济体的长期价格与流通中的货币总供应量成正比，因而其调控策略可以大致概括为：如果物价持续下跌，则央行可以增加货币供应量以促使物价回升；如果物价持续上涨，则可以通过减少货币供应量以促使物价回落。举个例子，人们对经济体中代币的总需求量（即代币的总市值）可以表示为代币价格与流通代币的数量的乘积，即：

$$总需求量 = 代币价格 \times 流通代币的数量$$

假设 Basis 与美元 1∶1 锚定，X 表示流通代币的数量（即代币供应量）。如果代币需求持续上涨使得代币升值为 1.1 美元，则此时：

$$总需求量 = 1.1 美元 \times X$$

假设总需求量此时保持不变，如果需要调整代币供给量（记为 Y）来引导币价恢复 1 美元，则：

$$调整前总需求量 = 1.1 美元 \times X$$
$$调整后总需求量 = 1 美元 \times Y$$

令调整前后总需求量相等，则：

$$Y = X \times 1.1$$

即保持总需求量不变的前提下，必须增加代币供给量为原来的 1.1 倍，方可使币价恢复为 1 美元。同理可以推导代币贬值的情况。综上所述，货币数量理论表明：如果 Basis 的交易价格暂设为 P，当 P 偏离 1 美元的锚定价格时，则可以通过将现有的代币供应量乘以 P 使得长期价格恢复至 1 美元：当代币升值时，$P>1$，此时即扩张代币供给量，当代币贬值时，$P<1$，此时即收缩代币供给量。由此可见，只需测定 Basis 价格并对代币供应量做出动态调整即可稳定币价，实现 Basis 与 1 美元（或其他资产或指标）的稳定锚定。

2. Basis 系统的代币

为实现 Basis 供给量的扩张和收缩，Basis 系统定义了如下三类代币，即 Basis 稳定币、债券币和股份币：

Basis：是系统发行的稳定币，主要用作交易媒介，并通过供给量的扩张和收缩来维持与锚定资产的挂钩。

债券币：简称为债券。当需要收缩 Basis 供应量时，区块链将会发行并以公开拍卖的形式销售债券。债券不挂钩任何资产或货币，新发行的债券币价格一般低于 1 Basis，并在未来的某些情况下可以用来抵作一个 Basis。Basis 协议为债券币价格设置的底线是 0.1 Basis。因此，债券币能带来具有竞争力的溢价和"收益"。例如，每个债券币可以 0.9 Basis 的价格购入，当需要收缩供给量时，最高出价的优先考虑，最低出价的订单部分履行，拍卖将一直持续直到一定数量的 Basis 供给量被消除为止。债券币被赎回的条件有如下三点，即区块链正在创建和发行 Basis,该债券还没到期(目前为 5 年期限),以及在此债券之前发行的所有的债券币都已被赎回或到期。

股份币：简称股份,这些代币的供给量在 Basis 区块链创建时即已经确定,且并不锚定任何资产或者货币。股权币的价值来源于分红政策。当因为扩张供给量而发行 Basis 新代币时,这些新代币会首先偿付给债券币持有人,债券币通常是按照比例偿还。如有剩余,这些新 Basis 代币将会分配给股权币的持有人。

3. Basis 的工作机理

基于货币数量理论,Basis 的工作机理如下。

步骤 1：设定锚定资产。首先,Basis 协议会指定待锚定的资产,例如美元;然后定义锚定资产的目标价格,例如 1 Basis 代币＝1 美元。

步骤 2：区块链监测汇率并测定代币价格。区块链会通过预言机(Oracle)系统获得 Basis 与美元的兑换率。

步骤 3：区块链根据汇率偏差,适量扩张和收缩 **Basis** 的代币供应量。

(1) 如果 Basis 的交易价格高于 1 美元,区块链会创造并分发新的 Basis。这些 Basis 会按照协议决定的次序,由债券币和股份币的持有者们获得。

(2) 如果 Basis 的交易价格低于 1 美元,区块链会创造并通过公开竞价的方式出售债券币,使其不再流通。债券币的购买单价低于 Basis 代币,且每一枚债券币都有"在 Basis 按需扩大供给时按 1 Basis 价格出售"的溢价潜力。这样的机制鼓励了投机者参与债券币的销售,也因此有助于销毁交易所中的 Basis,换取债券币未来的支付潜力。

(3) 返回步骤 2。

显然,由上述工作过程可知,Basis 代币系统并不是内生封闭的经济系统,而是必须连接外部世界以获取代币汇率;同时,Basis 系统必须制定有效的扩张和收缩政策,以实现币价的稳定调控。以下将详细阐述这两点内容。

4. Basis 代币兑换率的测定

Basis 与锚定资产的兑换率对于区块链来说是外部信息,因此必须通过合适的预言机获取该信息,并上传到区块链系统。通常来说,可以通过如下三种方式实现。

1) 可信信息源

最简单的方式就是选择单一可信的信息源,例如从信誉良好的大型交易所中获取实时兑换率并上传到区块链。显然,该方式简便易行,但存在中心化风险。

2) 半中心化受托人信息源

这是一种半中心化方式,其思路类似于 DPoS(委托权益证明)共识机制,即从 Basis 代币持有者中,投票选出一个用来获取信息源的群体。有了这组信息源,系统就可以从固定区间中取兑换率中值。任何持续被认为是试图破坏信息源的行为,可以被那些有保护系统长期价值动机的代币持有者们投票排除在系统之外。

3) 去中心化谢林点机制

这是一种完全去中心化的方式,采用谢林点方案来确定兑换率。其运行方式如下。

步骤 1：网络上的任何人都可以根据过去 5 分钟内的平均汇率进行投票。

步骤 2：每 5 分钟，汇总投票并按每个投票人拥有的代币数加权计算。换句话说，拥有的代币越多，则投票权重就越大。

步骤 3：计算得到的加权中值作为真实汇率。

步骤 4：计算加权后第 25 和第 75 百分位的估价值。在第 25 和第 75 百分位数之间猜中的人将获得预设好数量的新创建的 Basis。这种奖励不仅鼓励人们投票，并进一步能达成投票共识；同时，猜测值在第 25 或第 75 百分位之外的人可能会受到削减部分股份的惩罚。

以上三种方法都是为 Basis 区块链提供实时兑换率的有效方案。其中可信信息源和受托人信息源方式的特点是简单易行，但是牺牲了去中心化方面的一些优势。谢林点机制更新颖，其特点是通过设计谢林点共识的奖励规则，以激励足够用户去投票并惩罚偏离谢林点的用户。如果这些激励措施设计有效的话，其结果将提供与比特币等加密货币相同的安全性，即只要没有一个参与者拥有超过 50% 投票权的代币，该计划就能在很大程度上免受不良行为的破坏。

5. Basis 供给量扩张机制

Basis 供给量的扩张机制如下。

首先，区块链记录任何未偿付的债券代币，并根据其创建时间的先后顺序进行排序，称为债券币序列。同时，区块链也会记录所有未偿还的股份币。

然后，区块链创建 N 个新的 Basis 并按如下方式分配。

债券币持有人将按照先进先出（FIFO）的顺序优先偿付，即如果有任何未偿付的债券币，区块链会根据他们在债券币序列中的顺序，一对一地将债券币转换为 Basis 代币。例如，如果需要创建 100 个 Basis，则将 100 个最老的未偿还债券币转换为 100 个新 Basis 代币。FIFO 队列激励人们较早地购买债券币，因为较早购买的债券币要在新债券币发行前赎回。

股份币持有者将在债券币持有者之后偿付。若没有更多未偿付的债券币，系统会按照比例将剩余的新代币分配给股份币持有者。例如，如果创建 100 万个 Basis，并且有 0 个未偿付的债券币和 1000 万已发行股份币，则每个股份币将会获得 0.1 枚 Basis。

为防止因债券币序列排队过长而导致的后位投机者对新债券币的不再重视，债券币设置了有效日期。债券币序列增长的时间越长，排在序列后面的债券币获得支付所需的时间就越长。由于投机者们会为多花费的时间和承担的风险而要求更高的回报，这将导致新债券币的价格下跌。但如果新债券币的价格降到 0，那么系统就不能再继续缩紧供应，价格为 0 意味着没有人愿意用 Basis 兑换成债券币。为防止这种情况的发生，系统强行"终止"已经在债券队列中超过 5 年的所有债券，即使他们还尚未偿付。经过严格的模拟表明，即使在价格剧烈波动的情况下，5 年的债券有效期也足以产生一个债券币价格足够高的强健的系统。

综上，Basis 供给量的扩展机制可以通过一个示例来辅助理解：假设债券币队列中有 500 个债券币，其中 200 个债券币是在 5 年前创建的（即已过期）。此外，假设有 1000 个股份币在流通。如果系统需要创建 1000 个新代币以扩张供给量的话，将会首先使 200 个最老的债券币到期，留下 300 个债券币。如果系统创建代币数量少于 300 个，则只需要赎回这些旧的债券币即可。现在创建了 1000 个代币，因此需要首先赎回 300 个债券币，并将剩余 700 个 Basis 代币均匀分配到 1000 个股份币中，每份股份币将收到 0.7 个代币。

6. Basis 供给量收缩机制

Basis 供给量的收缩机制如下。

为收缩 Basis 代币供给量，必须适当地激励 Basis 代币持有者锁定其 Basis 以期换取未来收益，而创建和出售债券币可实现这一目标。债券币将在公开拍卖中以低于 1 个 Basis（高于 0.1 个 Basis）的价格出售，并在其有效期内可以抵付 1 个 Basis 作为回报。

Basis 区块链将进行连续公开拍卖来出售债券币，其中投标人指定新债券代币的出价和出价大小。换句话说，投标人指定他们想要为每个债券币支付多少 Basis 以及他们想要以该价格购买多少债券币。例如，可以指定他们想要按照每个债券币是 0.9 个 Basis 的价格购买 100 个债券币。当区块链决定收缩代币供应时，它选择具有最高出价的订单并将持有者的代币转换为债券币，直到足够多的 Basis 被销毁。

同样采用一个示例来方便理解 Basis 供给量收缩机制：假设系统希望卖出 100 个债券币，而订单中共有三个买单：出价 0.8 Basis 换购 80 个债券币、出价 0.6 Basis 换购 80 个债券币，以及出价 0.4 Basis 换购 80 个债券币；此时系统将计算清算价格，所有债券币的报价都将以这个价格购买，此处为 0.6 Basis；因此，第一个用户将以 $80 \times 0.6 = 48$ 枚 Basis 代币换取 80 个债券币，而第二个用户将以 $20 \times 0.6 = 12$ 个代币换取剩余的 20 个债券币。

9.10 法定数字货币

9.10.1 英国央行数字货币 RSCoin

RSCoin 是英国央行于 2016 年推出的法定数字货币原型，主要开发者为伦敦大学学院的 George Danezis 和 Sarah Meiklejohn[56]。该原型将货币供应量的产生与交易账本的维护进行解耦，旨在强化本国的经济以及国际贸易。RSCoin 的主要设计动机是创造可扩展的加密数字货币，其结合了分布式账本技术的优势以及传统中心化货币管理模式的特点。

RSCoin 与传统加密数字货币最大的不同在于中心化的货币供给。每一单位的特定货币都是由特定的中央银行创建的，这使得基于 RSCoin 的加密数字货币对政府来说是更加可接受的。尽管有这种中心化的特质，RSCoin 仍然比使用透明交易分类账本的现有（非加密）货币更有优势，其使用分布式系统进行维护，而且有全球可见的货币供应量。这使得货币政策更具透明度，允许直接的支付和价值转移，支持匿名，并受益于区块链以及数字货币的创新使用。

1. 主要架构

货币管理的中心化使得 RSCoin 能够解决完全非中心化加密数字货币的部分扩展性问题。中央银行可以授权给被称为 mintettes 的机构进行交易验证。他们不同于传统加密数字货币中的矿工（miners），是非匿名的，而且需要对不当行为负责。RSCoin 可以通过一个简单快速的机制来检测双花问题。RSCoin 采用一个可变的两阶段提交（Two-Phase Commit，简称 2PC）协议来保证交易账本的可信性。RSCoin 还可以保证稳健的交易费，使得 mintettes（一般为商业银行）有足够的经济激励来为中央银行提供服务。RSCoin 对 minettes 的激励主要包括交易费以及授权，并且 mintettes 只会因为有效参与而获得这些激励。

RSCoin 将一定程度的中心化引入区块链账本的两个典型非中心化要素：货币供给的生成以及交易账本的构成。最简单的形式就是为 RSCoin 系统设定两个结构化的实体：中央银行，一个中心化的且对货币供给生成具有永久完全控制权的实体；一组分布式的 mintettes 负责维护交易账本。各个实体之间的相互关系如图 9-7 所示。

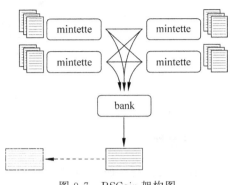

图 9-7　RSCoin 架构图

类似传统加密数字货币系统的矿工，mintettes 搜集用户的交易并将它们记录进区块。但是他们不需要完成困难的计算任务，而是被中央银行授权进行交易搜集与确认。在 RSCoin 系统中，授权通过 PKI-类型功能完成，即中央银行为 mintettes 签署公钥，每一个低层区块（lower-level blocks）都必须包含其中一个签名才能被认为是有效的。将 mintettes 产生区块的时间间隔称为纪元（epoch），每个纪元的长度是可变的。由于这些区块并不会被加入主链，因此称之为低层区块。Mintettes 共同协作产生一个一致的账本，以便于他们在一个纪元内以一种间接的方式进行内部通信，不仅参考他们自己以前的区块，而且参考其他人以前的区块。这意味着这些低层区块形成了（潜在的）交叉引用链（cross-referenced chain）。

一个较长的预设的时间段（period）结束时，mintettes 会将其区块提交给中央银行，中央银行合并这些低层区块以形成一个新的高层区块（Higher-level Block）。高层区块最终被并入主链，这就意味着用户只需记录这些高层区块即可。当然，如果有些用户需要审计 mintettes 和中央银行的行为，他们也可以记录低层区块。

RSCoin 的交互跟现存的加密数字货币之间的交互是相似的，因为它们的区块链结构几乎是一样的，用户也可以通过同样的方式创建新的假名和交易。从本质上来说，RSCoin 不是一种独立的加密数字货币，而更是一个框架，因此可以融合各类加密数字货币的技术来实现不同的目标。例如：为了保证交易的隐私性，可以采用一些现有货币已经运用的密码学技术。

2. 共识协议

RSCoin 描述了一个共识协议，以保证低层区块被发送到中央银行时已经保持一致性，从而通过允许中央银行做必要的最小工作来确保整个系统保持可扩展。Mintettes 实际上是由中央银行授权的，在某种程度上是非匿名的，问责制使得他们在某种程度上是可以信赖的。因此，可以避免对完全去中心化加密数字货币的重量级共识要求，而使用改进的两阶段提交协议来替代，如图 9-8 所示。在 RSCoin 框架下，防止双花只需满足一个较弱的特性，即任何交易输出特征最多充当一笔其他交易的输入。

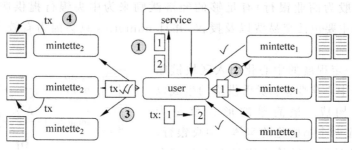

图 9-8　RSCoin 共识协议

3. 安全性

假设中央银行是诚实的,那么底层密码是安全的。诚实的 mintettes 按照协议工作,创造有效的交易;不诚实的 mintettes 任意作为,有双花或者其他破坏性行为。面对不同的环境设置,RSCoin 需要至少满足以下一些关键的诚实属性。

1) 无双重花费

有效交易的每个输出地址只会与至多一个其他有效交易的输入相关联。

2) 不可否认的密封

如果交易没有出现在下一个区块中,则用户从 mintette 处接收的确认信息(即承诺交易将被记录在分类账中)可用于暗示 mintette 的非诚实行为。

3) 定时的个人审计

用户具备对某个时间段内产生的低层区块的访问权,以确保 mintette 的隐含行为与先前交互时观察到的行为相匹配。

4) 通用审计

任何能够访问某个时间段内生成的低层区块的人都可以审计所有 mintette 处理的所有交易。特别是,mintette 不能在账本中追溯修改,监控或插入交易。

5) 暴露的非活动性

任何能够访问某个时间段内生成的低层区块的人都可以观察到任何 mintette 对 2PC 协议的实质性缺位。特别是,mintette 不能追溯索赔未及时提供服务的交易费。

如果每个央行都可以开发自己的 RSCoin 版本,那么将导致与今天的比特币及其所激发的许多山寨币类似的现象,其中大量重叠结构的多个实现导致基础架构碎片,跨代码库复制错误,并且不同山寨币之间的兼容性降低。因此,可以建议不同的央行使用相同的平台,以防止这种分割,并允许用户无缝地存储多个不同的货币。为了实现不同货币之间的兑换,可以采用一种协议来实现原子跨链(Atomic Cross-Chain)交易,以便公平地将一种货币的单位兑换为另一种货币。

9.10.2　中国法定数字货币

早在 2014 年,中国人民银行就成立了法定数字货币的专门研究小组,以论证央行发行法定数字货币的可行性。之后,央行更是开始了一系列的探索和研究。2015 年,央行开始对数字货币领域的一些重点问题开展调研并形成了一系列研究报告。2016 年 1 月 20 日,央行数字货币研讨会在北京召开,会议就数字货币发行的总体框架、货币演进中的国家数字货币、国家发行的加密货币等专题进行了研讨和交流。2017年1月29日,中国人民银行在深圳正式成立数字货币研究所,专门研究央行数字货币。2018年11月,开发出了央行数字货币原型框架。

央行数字货币(Central Bank Digital Currency,CBDC)是国家信用背书的法定数字货币,与比特币、以太坊等去中心化的数字货币不同,CBDC虽然也可以实现付款人和收款人之间点对点的交易,无须第三方的介入,但跟RSCoin类似,本质上是中心化的。

央行数字货币研究所所长姚前在《中国法定数字货币原型构想》一文中指出,中国法定数字货币的主要设计思路为:由央行主导,在保持实物现金发行的同时发行以加密算法为基础的数字货币,M0的一部分由数字货币构成[57]。为充分保障数字货币的安全性,发行者可采用安全芯片为载体来保护密钥和算法运算过程的安全。

中国法定数字货币发行总体框架(图9-9)可以描述为:根据现行人民币管理原则,央行数字货币的发行和回笼基于"中央银行—商业银行"的二元体系来完成,中央银行负责数字货币的发行与验证监测,商业银行从中央银行申请到数字货币后,直接面向社会,负责提供数字货币流通服务与应用生态体系构建服务。

央行数字货币体系的核心要素为一种币、两个库、三个中心。具体而言,该体系包括以下几项主要构成要素。央行数字货币私有云:用于支撑央行数字货币运行的底层基础设施。数字货币:由央行担保并签名发行的代表具体金额的加密数字串。数字货币发行库:人民银行在央行数字货币私有云

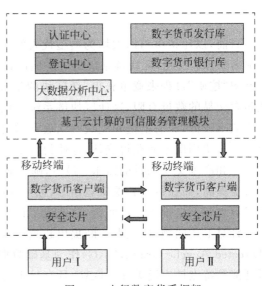

图9-9 央行数字货币框架

上存放央行数字货币发行基金的数据库。数字货币商业银行库:商业银行存放央行数字货币的数据库,可以在本地也可以在央行数字货币私有云上。数字货币数字钱包:指在流通市场上个人或单位用户使用央行数字货币的客户端,此钱包可以基于硬件也可以基于软件。认证中心:央行对央行数字货币机构及用户身份信息进行集中管理,它是系统安全的基础组件,也是可控匿名设计的重要环节。登记中心:记录央行数字货币及对应用户身份,完成权属登记;记录流水,完成央行数字货币产生、流通、清点核对及消亡全过程登记。大数据分析中心:反洗钱、支付行为分析、监管调控指标分析等。

第10章 分布式账本

目前，以比特币与以太坊为典型代表的区块链系统虽然被广泛接受与应用，但其具有以下显著缺点：首先，区块链系统的可扩展性较差，由于生成新区块的权力需要由大量矿工通过共识"挖矿"过程来竞争获得，新区块的生成和上链通常具有较长的时间间隔；而且新区块包含交易的数量有限，这使区块链系统难以实现较高的交易吞吐量；其次，区块链系统的运作效率较低，交易上链和完成确认通常需要等待若干个区块共识周期，例如比特币交易需要6个区块周期才能获得确认，这使得区块链技术难以满足许多商业应用的需求，特别是小额支付和高频交易场景的需求；最后，随着矿工数量的增加与大规模算力的投入，"挖矿"难度日益提高，而在每一轮挖矿竞争中，创建新区块的权力仅为单个矿工获得，其余矿工消耗大量算力却不会带来任何回报，这造成了计算资源的极大浪费。

针对上述问题，研究者不断提出超越区块链的新型分布式账本技术，其中以有向无环图（Directed Acyclic Graph，DAG）作为基础数据结构的分布式账本技术因其高并发、高效率、低耗能等特点被广泛关注。DAG具有异步运作、交易并行发布等特性，因而可实现较高的可扩展性与运行效率。考虑到DAG的技术特性、安全维护方式以及共识实现方式等与传统区块链技术有诸多不同之处，这里以IOTA、Byteball和HashGraph三个基于DAG的分布式账本为例，介绍DAG技术的实现细节。

10.1 DAG概述

与传统区块链技术基于链式数据结构不同的是，DAG账本的基础数据结构是有向无环图，即从任意节点出发无法经过若干条边回到该节点（无环）的有向图结构。如图10-1所示，DAG是以单个交易（而非区块链里的区块）作为图结构的单元节点，它是数据储存的最小粒度，一般称账本的第一个单元为"创世"单元。DAG的边由交易之间的哈希指针组成，哈希指针是单向且不可篡改的，其方向由子单元指向父母单元，在反映交易间的发布顺序的同时将交易在图中的位置固定。一般将哈希指针建立的操作称作批准（Approval），并将DAG可扩展方向上尚未被批准的单元称为末梢（Tip）。当新的交易发布时，会选择DAG中的末梢交易作为批准对象，同时新的交易单元会变为新的末梢单元。

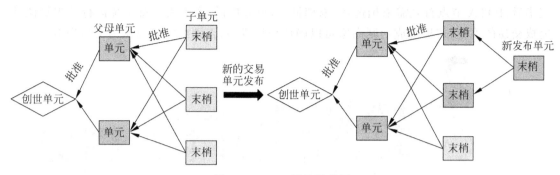

图 10-1 DAG 结构示意图

目前,DAG 在具体实现上有多种数据结构,这里主要介绍如图 10-2 所示的两种 DAG 结构,即以 IOTA 和 Byteball 等为代表的混合缠结式图结构,以及以 HashGraph 为代表的并列堆叠式图结构。就前者而言,各用户将其交易按照发布顺序混合组成如图 10-2(a)所示的混合缠结式 DAG,这里的缠结(Tangle)是由 IOTA 提出的数据结构;就后者而言,则是同一用户将其交易按照发布顺序通过哈希指针连接并排为一列,各列的交易通过哈希指针相互连接。相比之下,前者具有更好的匿名性,而后者则在用户交易发布顺序上更为清晰。

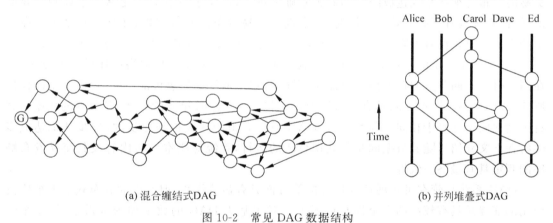

(a) 混合缠结式DAG (b) 并列堆叠式DAG

图 10-2 常见 DAG 数据结构

DAG 系统运作的主要步骤为交易单元产生、单元发布以及单元验证,其基本操作过程可总结如下。

(1) 节点发布交易,需选择若干(一般为 2 个)末梢作为新交易的父母单元。在末梢的选择上,节点需遵循系统规则或执行末梢选择算法,同时在检验新交易与其直接或间接批准的历史交易单元之间是否存在冲突之后,完成对 DAG 账本末梢单元的批准操作,从而实现新单元的生成。

(2) 新单元将通过分布式账本底层的 P2P 网络进行广播,其他节点在收到后将进行初步的冲突检验,若与 DAG 账本单元发生冲突,则会被其他节点拒绝。

(3) 各个节点会执行共识算法,实现对包含新单元的分布式账本状态的一致性同步,并完成对新单元交易是否为"双重支付"交易的反欺诈检验,为交易的接受方提供交易的可信度保障。

如图 10-3 所示,商家与用户使用 IOTA 完成对线下交易的线上支付,双方在交易填写完毕后,IOTA 节点首先需末梢选择,末梢批准,单元广播,商家需等待系统运行共识算法并完成交易的检验,若检验成功则商家可以确认交易成功,否则商家可以认为交易失败。

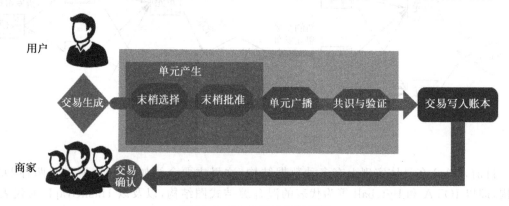

图 10-3　DAG 系统运作流程

所有用户节点可以在任意时刻根据需要产生交易单元并将其写入账本,由此可见,与区块链系统不同的是,DAG 系统运作方式是异步的。每个节点都有验证并发布交易的权利,交易的发布无须在系统达成统一的共识基础上进行,避免了节点竞争交易发布权所需要的消耗,使系统具有更高的效率。同时,这实现了交易发布的并行实现,即某一时刻发布在系统的交易数量是没有上限的。因此,DAG 系统可实现极高的交易吞吐量与可扩展性。

同时,由于系统的异步运作,以及可能存在的网络延迟与 P2P 网络广播过程的复杂性,在同一时刻不同节点的账本内容可能是不同的,账本末梢交易也可能不同,但由于批准操作所建立的哈希指针,单元间具有不可更改的链接顺序。随着单元的广播,各节点的数据内容将不断地同步并趋于相同。与此同时,DAG 系统共识的达成也是异步的(异步共识达成步骤将在下文介绍),随着数据同步与共识算法的运行,系统对账本交易内容及其交易发布顺序的判定具有最终一致性。

DAG 系统尽管在可扩展性与低耗能等方面具有显著优势,但其作为分布式账本被广泛应用的前提是具有较高的安全性与可靠性。对于基于 DAG 的数字加密货币来说,安全性的首要问题是解决双重支付攻击问题,而应对双重支付的前提是对交易的发布进行排序。由于 DAG 具有新的数据结构和技术特征,其安全情况有别于传统的区块链系统:攻击者可以搭建寄生链来对交易的排序进行干扰。

以比特币为代表的传统区块链的交易处理仅由最快求解复杂密码学问题的节点完成。该密码学问题求解是随机过程,其成功的可能性与用户的算力成正比;考虑到全网算力的迅猛增长和求解难度的提高,攻击者通常需要相当庞大的算力才能独揽交易处理权。区块链具有单向链式结构,能直接对交易进行排序,但由于网络延迟,可能会出现不同用户同时发布交易而使区块链分叉的情况,此时将选择最长的分支作为合法主链。攻击者唯有采用分叉的方式,使得携带双重支付交易的分支链的长度超过携带合法交易主链的长度,以实现剔除合法交易。然而,这种攻击的难度极高且收益可能远小于成本,攻击者可能难以承担所需的算力资源和成本,因此既保证了交易的无法更改又实现了对交易的排序。

DAG 系统中,冲突交易的发布顺序难以直接确定。对于采用混合缠结式图结构的 DAG 系统,攻击者可以通过发布许多交易、搭建寄生链,并竞争被新交易继承的机会,进而控制系统并完成双花交易,这种方式可称为寄生链攻击;而对于并列堆叠式 DAG,节点账本的交易事件要尽可能与其他节点账本的事件链接,以保障节点账本的交易事件被网络广泛的传播。因此,DAG 系统面对的攻击情况相比区块链更为复杂,从而需要建立相应的共识算法,为交易进行排序,辨识双重支付交易,以实现对寄生链等攻击的有效防御。

接下来的章节将会结合 IOTA、Byteball 和 HashGraph 三个具体案例,对 DAG 系统运作过程进行介绍。

10.2 IOTA

IOTA 中文译名为埃欧塔,是一种基于混合缠结式 DAG 结构的、专注于物联网应用的开源分布式账本,同时也是该分布式账本发行的一种数字加密货币[①]。IOTA 具有交易吞吐量大、零交易费等特点,特别适合物联网环境下的小额或微额支付场景。IOTA 采用惩罚机制而不是传统区块链的激励机制,即交易的发布不会给用户带来直接收益与成本,但如果出现不维持正常运作或罢工的"懒惰"节点,其他节点将会拒绝与其传输数据。IOTA 共识算法的实现是基于权重机制与马尔可夫链蒙特卡罗(Markov Chain Monte Carlo,MCMC)末梢选择算法。

10.2.1 权重机制

IOTA 系统的节点在发布新单元的同时要进行类似比特币"挖矿"的密码学求解运算,目的是求得节点的权重(weight),其取值范围为 3^n,其中 n 为自然数,权重的取值大小与节点发布交易时运行 PoW 权重所投入的算力大小有直接关系。同时密码学求解过程有效防止了由于大量交易发布而发生的网络堵塞问题。权重的生成所完成的密码学运算是轻量级的,与发布交易所进行的其他运算相比,对算力的敏感度较低,即攻击者无法通过运用大规模算力生成远超其他单元的权重值,这防范了生成累积权重过高的包含双重支付交易的单元来提升双重支付攻击成功的可能性,同时即使是攻击者采用量子计算机来加大算力,也对权重值不会有过大影响,这起到了"抵抗量子计算"的作用。这里累积权重是节点的自身权重与直接或间接批准该节点的所有子节点的权重的加和值。累积权重反映了该交易单元的可信度与不可篡改性,交易被批准的次数越多,其累积权重越大。累积权重是系统共识实现的基础,可将其作为交易发布排序的参考,以及冲突交易判别算法的主要影响因素。

累积权重的计算方式如图 10-4 所示,当 X 单元尚未发布在账本中时,D 单元的权重 $w_D=1$,D 单元积累权重为 $W_D=w_D+w_C+w_B+w_A=1+1+3+1=6$;当 X 单元发布在账本中时,X 单元的权重 $w_X=3$,X 单元间接批准 D 单元,此时 D 单元的积累权重为 $W_D=w_D+w_C+w_B+w_A+w_X=1+1+3+1+3=9$。即随着与 D 单元联通的末梢越多,D 单元会更加可信与难以篡改。

[①] https://www.iota.org/

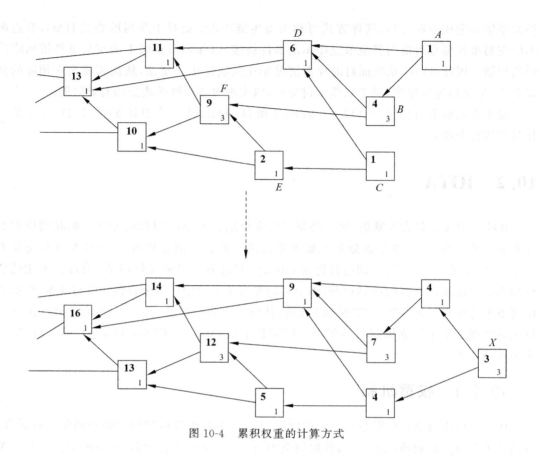

图 10-4 累积权重的计算方式

10.2.2 末梢选择算法与冲突交易判别

仅仅基于权重机制来辨别交易发布顺序存在着安全隐患,如图 10-5 所示,攻击者可以集中算力发布大量冗余单元搭建批准双重支付交易的寄生链。尽管寄生链中单元的权重相比一般合法单元小,但攻击者可以使寄生链大量分叉,从而产生大量末梢,而合法节点无法辨识寄生链,从而会批准寄生链单元,从而提高了双重支付交易单元的累积权重,进而使其在冲突交易的合法判别中取得优势。为防止寄生链攻击,IOTA 系统采用了 MCMC 末梢选择算法,并基于此算法设计了交易可信度的量化指标,以及通过此指标进行冲突交易的判别算法。

MCMC 算法的具体实现如下。

(1) 取 W 为一个相对较大的累积权重值,将累积权重在 $[W, 2W]$ 的所有单元称作集合 A。

(2) 将 N 个随机漫步者(Walkers)随机分散在 A 集合中各单元的位置上。

(3) Walkers 会朝着 DAG 边的方向,向末梢移动,计算其到达末梢的时间,抛弃少数过快到达末梢的 Walkers,在此基础上选择 Walkers 最快到达的末梢作为批准对象。

(4) Walkers 在节点遇到多个分叉边时,向累积权重最大的子单元移动的可能性最大。如果记从任意 x 单元向 y 单元移动的可能性为 P_{xy},则

$$P_{xy} = \frac{\exp(-\alpha(H_x - H_y))}{\sum_{z: z \to x} \exp(-\alpha(H_x - H_z))}$$

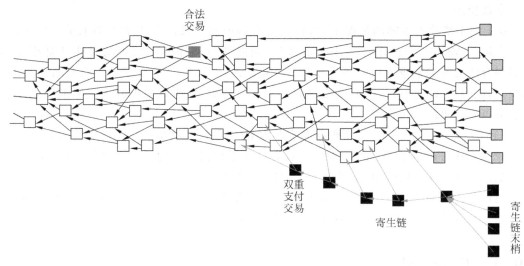

图 10-5 寄生链攻击情景展示

其中 z 为 x 的其他子节点,H_x 为 x 节点的累积权重值。同理,H_y 和 H_z 分别为 y 和 z 节点的累积权重值,α 为常数,且 $\alpha>0$。根据上式,Walkers 在向末梢移动时在各个交叉路口有很大概率选择较大积累权重的分支;同时,距初始位置路径相对最短的末梢将更可能被选择。经过大量的随机模拟后,通过在短期内大量生成冗余单元的寄生链将会被避开。同时,Walkers 到达末梢过快,则说明此时的末梢很可能是利用系统的异步运作而批准"旧"单元的"懒惰"末梢,这样的末梢将会被抛弃。

在系统运作中,无论是普通用户操作失误还是欺诈者恶意攻击,交易冲突是不可避免的。为了保障合法交易不会被与其冲突的双重支付交易取代,从而保障系统的可信性与不可篡改性,系统需对冲突交易进行合法判别,从而防止系统遭受双重支付攻击。同时,一旦交易被确认为高度可信以及极难篡改,可认为交易得到确认,收款方可以以此作为交易结算的依据。

冲突交易合法判别算法的规则是:多次运行 MCMC 末梢选择算法,统计两个冲突交易被选中末梢间接批准的次数,选择批准次数最高的交易作为合法交易。同时用户可以通过多次运行 MCMC 末梢算法并将用户交易被选中末梢批准的几率作为交易确认的依据。例如,若执行 100 次 MCMC 算法,批准 A 单元的末梢有 80 次被选中,可以认为 A 单元得到确认的几率为 80%,若 B 单元与 A 单元冲突,可以运行同样次数的 MCMC 算法,比较各自被选中的次数,从而完成冲突交易合法判别。算法的合理性在于:若冲突单元位于 DAG 主干部分而并非位于寄生链分支,主干部分末梢被选中 DAG 的概率是几乎相同的,发布时间越早的单元相连接的末梢会越多,考虑到两个冲突单元的发布存在时间差,先发布的交易被认为是合法交易,则合法交易所联通的末梢被 MCMC 算法选中的可能性会更大。

10.2.3 攻击情景分析模拟

攻击者发布双重支付交易时对末梢的选择有以下情况。

(1)选择直接或间接批准合法节点的末梢,两者的发布顺序会被轻易确定,则双重支付交易会被拒绝。

（2）在不搭建寄生链的情况下，选择没有直接或间接批准合法节点的末梢。由于普通节点会运行 MCMC 算法来完成末梢的选择，因此此时选择各个末梢的可能性是相近的。考虑到合法交易与双重支付交易发布具有一定的时间差，则合法交易通常会具有更高的累积权重，同时直接或间接批准合法交易的末梢数量会更多，所以根据冲突交易的判别算法，合法节点具有更高的可信度。

（3）选择没有直接或间接批准合法节点的末梢，并搭建继承此单元的寄生链，寄生链单元的权重相比普通单元小，而 MCMC 算法会避开累积权重小的分支，所以选择寄生链末梢的可能性会小很多，从而降低双重支付交易的可信度。

通过以上分析，IOTA 系统的共识算法在实现系统账本的一致性的同时能有效防御寄生链攻击与双花交易，完成交易的排序与结算工作。

10.3 Byteball

Byteball（字节雪球）没有采用权重机制，即节点不需要挖矿，并设立了交易费与激励机制。系统会根据交易的字节数计算交易费，即发布交易需要支付系统货币 Bytes，一部分交易费会支付给最先批准此单元的新单元的发布者，另一部分会支付给单元发布者所选择的见证人（witnesses）。由于发布单元需要花费交易费，因此可以避免节点发布垃圾冗余交易。同时，为了赚取交易费，不但节点被激励去批准末梢而不是旧单元，而且见证人也被激励去保持可信度，从而被更多节点选择[①]。

在共识算法上，Byteball 采用了见证人机制与主链机制，主链与大多数见证人的交易发布路径重合，以主链路径为基准，为账本交易建立不可篡改的账本交易发布排序，完成对冲突交易的判别与交易的确认。同时为了使用户以及见证人维持固定的交易发布路径，系统设定新交易的发布必须直接或间接批准账户已经发布的所有交易。

10.3.1 见证人机制

考虑到主链路径的搭建是基于见证人路径的，为了使主链具有可靠性与公信度，系统所选取的见证人为未匿名的在现实社会中具有高度可信度的个人或公司，且其利益一般与系统安全直接相关。见证人的任务是频繁有序发布交易，确保发布的交易满足固定路径。这为交易发布顺序无法准确的异步 DAG 系统，提供了客观排序的依据。同时，见证人的账户地址、身份与相关信息会被公开，用户可以查询并了解见证人情况。

10.3.2 主链机制

主链可以分为全局主链与当前主链。当前主链是指从任意末梢开始，建立通向"创世"单元的主链路径，每一个末梢有唯一当前主链，随着新交易的发布，当前主链会进行更新与变动。而全局主链是指所有的当前主链路径的相交点到"创世"单元的路径，系统具有唯一

---

① https://obyte.org/Byteball.pdf

全局主链并且不可篡改,账本交易根据全局主链完成排序,并达成系统共识。

如图 10-6 所示,首先,将单元沿其所在的当前主链到达创世单元的路径距离设为该单元的"**单元距离**"。为了衡量某单元距主链单元接近见证人单元路径主链,系统引入"**见证人距离**",即从任意单元开始,沿单元当前主链的反方向移动,每遇到新的见证人发布的单元会计数,直至经过绝大多数的见证人所发布的单元后停止移动,计算停止后的单元到创世单元的最长距离(经过最多单元的路径),并将此距离称作见证人距离。同时,这意味着,若使见证人距离最大,则该路径需经过绝大多数见证人最近发布的单元集合,可以称此集合为当前见证人单元集合。

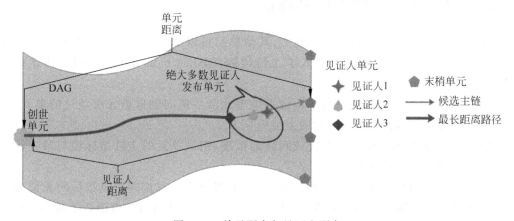

图 10-6　单元距离与见证人距离

为了使绝大多数见证人路径与主链路径重合,系统采用主链单元选择算法。

(1) 计算与选择最高见证人距离的单元作为主链候选单元。

(2) 若出现多个具有最大见证人距离的竞争者,我们选择具有最小单元距离的单元作为主链候选单元。

(3) 若在此基础上选中的单元仍不唯一,则选择单元哈希值最小的最佳父母单元。

新的末梢写入账本时,其主链单元需要尽可能接近大多数见证人最近发布的单元,还需要直接或间接地批准他们,这意味着当前主链路径与绝大多数见证人单元的路径是重合的。

10.3.3　全局主链与共识

随着账本的不断更新,所有的当前主链是不断变化的,而为了实现在整个系统内交易的统一排序,需要建立系统唯一、不可更改且实时更新的全局主链。

假设各个当前主链存在交汇点,考虑到最佳父母单元的选择只与账本历史有关,由于账本历史是不变的而且主链单元选择是单向的,则相交点之前的主链路径会被所有主链共有,我们称交汇点为稳定点,称主链共有部分为全局主链。我们将从稳定点出发的各个分叉称作候选主链,而随着新交易的写入,候选主链末梢的见证人距离不断增大,我们将具有最大见证人距离的末梢单元的候选主链称作当前主链。

在 DAG 中,最显著的稳定点是创世单元,所以稳定点是必然存在的。事实证明,稳定点是不断扩展的,以下将介绍全局主链扩展的条件,及其扩展方向。

(1) 从当前主链末梢单元向稳定点移动,标记经过的见证人单元并计算其见证距离,直到遇到绝大多数见证人单元后停止移动,将标记的见证人单元的见证距离中的最小值设为 min_level。设稳定点的单元距离为稳定点距离,若 min_level 小于稳定点距离,则全局主链不会扩展,稳定点不会改变;否则稳定点被直接或间接批准稳定点的单元代替。

(2) 全局主链会沿当前主链扩展,条件如下:在候选主链(除当前主链外)中的所有单元中,选择见证距离大于当前稳定点的单元,并将其中最大见证距离设为 max_level。若 max_level>min_level,则稳定点会在分支中继续扩展。

10.3.4 交易排序与交易确认

主链指标:在全局主链建立的基础上,其他单元可以通过与全局主链单元的父子关系进行排序,为了量化单元的次序,引入了主链指标(Main Chain Index,MCI),其计算方式如下。

(1) 主链单元的主链指标取值于主链上该单元沿主链向创世单元所经过的单元个数,即主链上单元的高度,其中创世单元的主链指标为 0。

(2) 其他单元会被主链单元直接或间接地批准,则该单元的主链指标将与最先将其批准的主链单元的主链指标相同。

主链指标越低的单元代表了发布越早,但若出现两个具有相同主链指标的无局部顺序单元时,依旧无法判断单元的先后发布,此时我们规定单元所具有哈希值数值最小的单元作为主链指标小的单元。如此,便完成了对其他单元的排序,如图 10-7 所示。

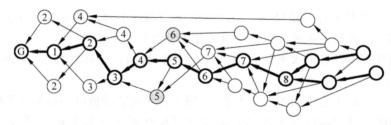

图 10-7 基于主链指标的交易排序

10.3.5 寄生链攻击防御

若攻击者利用系统的异步工作特性,秘密地搭建了包含双重支付交易的寄生链,在交易的接受方确认交易完成后,将寄生链末端合并到合法 DAG 中,此时会出现局部分叉,采用局部顺序的判别法会难以判断分支的合法性。考虑到寄生链合并到 DAG 前的等待时间,以及在将末端合并到 DAG 之前见证人是无法检测到的,主链会不断地进行扩展,当末梢合并到 DAG 时,寄生链末梢会被新生成的主链单元直接或间接批准,那么寄生链所有单元的主链指标会高于合法交易,如此便实现了对寄生链单元的淘汰,如图 10-8 所示。

上述防御能够成功的前提是大多数见证者不会与攻击者成为共犯,若大多数见证人将单元发布在寄生链中,则主链可能会搭建在寄生链中,从而增大合法交易的主链指标,并使之淘汰。

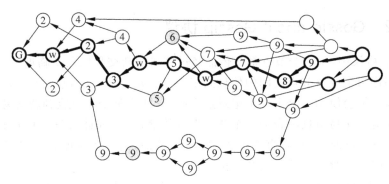

图 10-8 寄生链攻击

10.4 Hashgraph

IOTA 和 Byteball 系统为公有链系统，Hashgraph 主要应用领域则为联盟链和私有链。Hashgraph 采用了并列堆叠式 DAG 图结构，交易间具有较好的时序辨识度，系统可以更加容易地查询冲突交易的出现。与其他 DAG 系统一样，Hashgraph 同样具有极高的可扩展性与低成本等特性，同时具有极高的安全级别，其共识算法是 Gossip about Gossip 协议与虚拟投票协议的结合，其实质是拜占庭容错算法（PBFT）的异步实现[1]。

10.4.1 数据结构

如图 10-9（a）所示，账本以事件作为储存数据的基本单位，事件由若干交易、父母事件的 Hash 摘要、时间戳、事件创建者的加密签名组成。如图 10-9（b）所示，Hashgraph 采用了并列堆叠式的 DAG 图结构，图中的每一列代表了每一个节点用户的交易储存分区，该分区只有对应用户可以进行账本写入。与其他 DAG 系统相同，Hashgraph 也具有异步运作、并发式处理等特性。

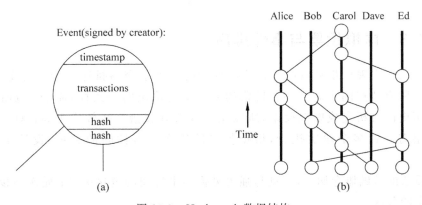

图 10-9 Hashgraph 数据结构

---

[1] https://www.swirlds.com/downloads/SWIRLDS-TR-2016-01.pdf

10.4.2　Gossip about Gossip 协议

在 Gossip 协议中,每一个节点都在传播经过签名的新交易以及从临近节点接收到的交易信息。我们称两个成员节点之间的信息同步为 gossip sync。完成一个 gossip sync 之后,每一个参与成员都会使用一个事件来记录这次同步,即当某个节点收到新交易信息后,可能添加自己所知道的交易信息组合为一个新的事件传播出去,如此反复循环直到所有节点都获得相同的信息。同时,一旦新事件加入 Gossisp 传播,其传播速度将会以指数级增长,这保障了新事件能在短时间内被其他节点接受。

在 Gossip 协议的基础上,Gossip about gossip 协议完成了每次同步 gossip sync 后生成新事件与交易双方账本末梢建立哈希指针,从而完成批准操作,此时账本不但储存了交易信息,还储存了各节点的同步历史。Gossip about gossip 协议的操作步骤如下。

(1) 各个节点遵循 Gossip 协议:重复随机选择其他节点同步账本内容,账本同步速度会以指数级增长,交易将会在系统内完成同步。

(2) 被同步的节点将会储存未知事件,并在其账本区域建立新事件来储存节点需发布的交易,以及批准发送方节点末梢以及被同步方末梢交易。

(3) 各节点经过同步后会继续执行 Gossip 协议,与其他事件进行同步。其他单元会获取新的事件以及事件传播历史。

如图 10-10 所示,当 Bob 向 Alice 进行同步时,Alice 创建了红色事件来记录此次同步,该事件不但包含了此时 Alice 需要发布的新的交易,而且包含了父母事件(蓝色事件和深蓝色事件)的 hash 值。其他浅灰色事件的交易内容虽不会在红色事件中储存,但通过 hash 指针实现了位置的固定。Gossip about gossip 不但完成了各节点的账本内容同步,而且将各节点的同步历史完成了广播。

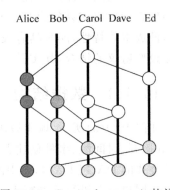

图 10-10　Gossip about gossip 协议

10.4.3　虚拟投票与事件排序

虚拟投票在实现异步拜占庭容错算法的同时引入了交易排序机制。首先,拜占庭容错算法通过所有节点同步进行多轮投票的方式确定系统的一致性,而 Hashgraph 则通过账本同步历史的分析完成虚拟投票,所以相比拜占庭容错算法效率更高;对一个事件完成虚拟投票需经过多个轮次执行,根据投票的轮次与事件间的关系,设计了交易排序机制。

虚拟投票的基础概念如下,可见与强可见描述事件间的链接关系;轮次与接受轮次完成了对账本的分区。

可见(Seeing):若 a 事件直接或间接批准 b 事件,则 a 事件可见 b 事件。a 事件可见 b 事件意味着,b 事件的节点与 a 事件的节点在历史上完成过同步。

强可见(Strongly Seeing):若 a 事件可见 c 事件,则存在由 c 通向 a 的通路。若所有由 c

通向 a 的通路经过了绝对多数(2/3 以上)的节点区域,则 a 事件强可见 c 事件。考虑到双重支付攻击以及用户误操作,用户账本会出现分叉情况,而经数学推导证明,若出现分叉事件,只有一个事件会被其他事件强可见,同时不会出现系统账本间的不一致,这与拜占庭容错算法对分叉问题通过投票解决的方法一致。同时,强可见具有连续性,若 a 事件强可见 b 事件,b 事件可见 c 事件,则 a 事件强可见 c 事件。a 事件强可见 c 事件意味着,c 事件节点被绝对多数的节点同步后,与 a 事件节点完成过同步。

如图 10-11 所示,j 事件直接批准 r 事件的同时,间接批准了 f、h、g、a、b 事件,所以 j 事件可见 r、f、h、g、a、b。与此同时,从 j 事件到 b 事件经过了所有用户节点的事件,所以 j 事件强可见 b 事件,这意味着 j 事件在所有单元间广泛传播。

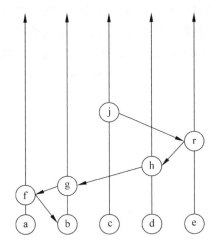

图 10-11 可见与强可见

轮次(Round):将 Hashgraph 按照时间维度划分区,并将区域按时间顺序编号,此时各个区域被划分为各个轮次。各个轮次以见证人事件为边界。

见证人(Witness):各个轮次中,各个节点最早创建的事件为此节点在此轮次的见证者事件。第 r 轮中,2/3 以上的见证人能被 a 事件可见,则 a 事件称为 $r+1$ 的见证人事件。

知名见证人(Famous Witness):如果 r 轮的见证人能被 $r+1$ 轮 2/3 以上见证人可见,则它就是知名见证人。

接受轮(Received Round):若 r 轮中的所有知名见证人可见非见证人事件 b,则该事件的接受轮次为 r 轮。若 r 轮之前的轮次中,存在事件没有被 r 轮所有知名见证人可见,则它的接受轮次大于 r 轮。

虚拟投票的内容是其他见证人对见证人是否是知名见证人完成投票,其过程如下。

(1) 轮次更新:在 $r-1$ 轮中,若出现可见 2/3 以上见证人的事件 a,则 a 事件以及其后的事件属于 r 轮次,a 事件则为 r 轮次见证人之一。随着账本的更新,轮次以相同规则更新。

(2) 投票:若 $r+1$ 轮见证人 b 可见 a 事件,则见证人 b 对 a 事件是否为知名见证人投 Yes 票。

(3) 票数统计:判断 $r+2$ 轮是否存在见证人强可见 r 轮的 a 见证人,若存在,则判断 a 见证人是知名见证人。若 a 为知名见证人,则代表 a 事件已经在全网广泛传播并达成共识。

如图 10-12 所示,除事件外其他均为见证人事件,以见证人事件为边界,账本被分成了 1、2、3、4 个轮次。第 3 轮次见证人对第 2 的见证人事件进行虚拟投票,第 3 轮次的见证人完成对第 3 轮次见证人的投票统计。图 10-12(a)中,对 B2 进行虚拟投票,A3、B3、C3、D3 分别可见 B2,则 A3、B3、C3、D3 对 B2 为知名见证人投 Yes 票,同时 B4 可见 A3、B3、C3、D3,

则 B4 强可见 B2，所以 B2 为知名见证人。图 10-12(b)中，对 B3 进行虚拟投票，A3、B3、D3 不可见 B2，所以 A3、B3、D3 对 B2 为知名见证人投 No 票，B4 对 A3、B3、C3、D3 完成了票数统计，统计结果为 No、No、Yes、No，则在此轮投票中，C2 为非知名见证人，C2 可在其他轮次中再次进行投票①。在图 10-12(c)中，重复以上步骤，第 1 轮次与第 2 轮次单元完成了虚拟投票，此时所有的知名见证人事件与其可见事件在系统内完成了共识的达成。在此基础上，系统可进一步完成对事件的一致性排序。

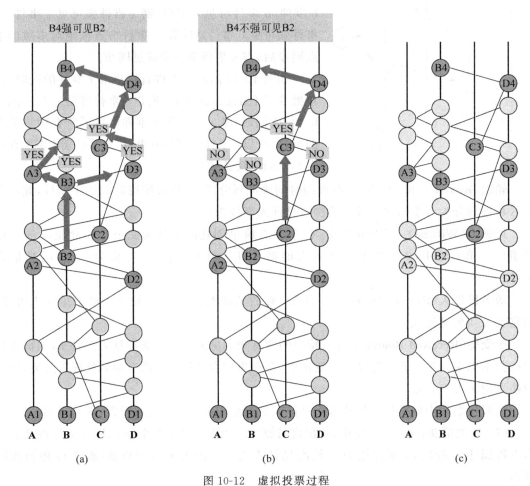

图 10-12 虚拟投票过程

事件的一致性排序的步骤如下。

(1) 接受轮：若 r 轮中的所有知名见证人可见非见证人事件 b，则该事件的接受轮次为 r 轮。若 r 轮之前的轮次中，存在事件没有被 r 轮所有知名见证人可见，则它的接受轮次大于 r 轮。

(2) 排序算法：对于第 r 接受轮中的 b 事件，选出第 r 接受轮中每个节点最先被 b 节点可见的事件集 X，取 X 事件集中所有事件时间戳的中位数作为 b 的共识时间戳，并根据共识时间戳完成对事件的共识排序。

---

① http://www.swirlds.com/downloads/SWIRLDS-TR-2016-02.pdf

如图 10-13 所示，黑色事件与深绿色事件被归为同一接受轮，运行排序算法完成了对黑色事件的排序，其他合法事件的排序运算将会在其他接受轮完成。

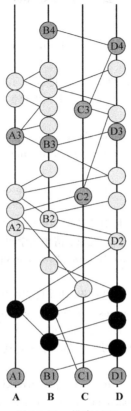

图 10-13　排序过程

参 考 文 献

[1] Satoshi Nakamoto, Bitcoin: A Peer-to-Peer Electronic Cash System. 2008: http://bitcoins.info/bitcoin.pdf

[2] 袁勇,王飞跃.区块链技术发展现状与展望.自动化学报,42(4):481-494,2016

[3] 袁勇,周涛,周傲英,段永朝,王飞跃.区块链技术:从数据智能到知识自动化.自动化学报,43(9):1485-1490,2017

[4] Pirlea George, Sergey Ilya. Mechanising Blockchain Consensus, In: Proceedings of the 7th ACM SIGPLAN International Conference on Certified Programs and Proofs. ACM, New York, NY, USA, 78-90,2018.

[5] Whitfield Diffie, Martin Hellman. New Directions in Cryptography. IEEE Transactions on Information Theory,22(6): 644-654,1976

[6] 王学龙,张璟.P2P关键技术研究综述.计算机应用研究,27(03):801-805+823,2010

[7] 陈贵海等.对等网络:结构,应用和设计.北京:清华大学出版社,2008.

[8] Andreas M. Antonopoulos. Mastering Bitcoin: Programming the Open Blockchain. CA: O'Reilly Media, Inc.,2017

[9] 武岳,李军祥.区块链P2P网络协议演进过程.计算机应用研究,36(10):1-11,2019

[10] Edmund Eisenberg, David Gale. Consensus of Subjective Probabilities: The Pari-Mutuel Method. The Annals of Mathematical Statistics,30(1): 165-168,1959

[11] 袁勇,倪晓春,曾帅,王飞跃.区块链共识算法的发展现状与展望.自动化学报,44(11):2011-2022,2018

[12] Yuan Yong, Wang Fei-Yue. Blockchain and Cryptocurrencies: Model, Techniques and Applications. IEEE Transactions on Systems, Man, and Cybernetics: Systems,48(9): 1421-1428,2018

[13] 倪晓春,曾帅,袁勇,王飞跃.区块链研究现状的文献计量分析.网络空间安全,9(10):7-16,2018

[14] Marshall Pease, Robert Shostak, Leslie Lamport. Reaching Agreement in the Presence of Faults. Journal of the ACM,27(2): 228-234,1980

[15] Leslie Lamport, Robert Shostak, Marshall Pease. The Byzantine Generals Problem. ACM Transactions on Programming Languages and Systems,4(3): 382-401,1982

[16] Leslie Lamport. The Part-Time Parliament. ACM Transactions on Computer Systems,16(2): 133-169,1998

[17] 库鲁里斯等著,金蓓弘等译,分布式系统:概念与设计(原书第5版),北京:机械工业出版社,2013.1(2018.10重印)

[18] Qin Rui, Yuan Yong, Wang Shuai, Wang Fei-Yue. Economic Issues in Bitcoin Mining and Blockchain Research. In: Proceedings of the 2018 IEEE Intelligent Vehicles Symposium. Changshu, Jiangsu, China,2018

[19] Qin Rui, Yuan Yong, Wang Fei-Yue. Optimal Share Reporting Strategies for Blockchain Miners in PPLNS Pools. In: Proceedings of the 2018 IEEE International Conference on Systems, Man, and Cybernetics (SMC 2018), Miyazaki, Japan,2018.

[20] Qin Rui, Yuan Yong, Wang Fei-Yue. Research on the Selection Strategies of Blockchain Mining Pools. IEEE Transactions on Computational Social Systems,5(3): 748-757,2018.

[21] Qin Rui, Yuan Yong, Wang Fei-Yue. A Novel Hybrid Share Reporting Strategy for Blockchain Miners in PPLNS Pools. Decision Support Systems,118: 91-101,2019.

[22] Huberman Gur, Leshno Jacob D., Moallemi Ciamac C. Monopoly Without a Monopolist: An

Economic Analysis of the Bitcoin Payment System. 2017：https://helda. helsinki. fi/bof/handle/123456789/14912.

[23] David Easley，Maureen O'Hara，Soumya Basu. From Mining to Markets：The Evolution of Bitcoin Transaction Fees. Journal of Financial Economics，Forthcoming，https://ssrn. com/abstract = 3055380

[24] Lavi Ron，Sattath Or，Zohar Aviv. Redesigning Bitcoin's Fee Market. 2017：https://arxiv. org/pdf/1709. 08881. pdf

[25] Eyal Ittay，Sirer Emin Gun. Majority is not Enough：Bitcoin Mining is Vulnerable. In：Proceedings of the International Conference on Financial Cryptography and Data Security，Springer，Berlin，Heidelberg，436-454，2014

[26] 欧阳丽炜，王帅，袁勇，倪晓春，王飞跃. 区块链智能合约的发展现状：架构、应用与发展趋势. 自动化学报，DOI：10.16383/j. aas. c180586，2019

[27] 袁勇，王飞跃. 平行区块链：概念、方法与内涵解析. 自动化学报，43(10)：1703-1712，2017

[28] Wang Fei-Yue，Yuan Yong，Rong Chun-Ming，Zhang Jun. Parallel Blockchain：An Architecture for CPSS-based Smart Societies. IEEE Transactions on Computational Social Systems，5（2）：303-310，2018.

[29] Wang Fei-Yue，Yuan Yong，Zhang Jun，Qin Rui，Michael H. Smith. Blockchainized Internet of Minds：A New Opportunity for Cyber-Physical-Social Systems. IEEE Transactions on Computational Social Systems，5(4)：897-906，2018.

[30] 胡凯，白晓敏，高灵超，董爱强. 智能合约的形式化验证方法. 信息安全研究，2(12)：1080-1089，2016.

[31] Karthikeyan Bhargavan，Antoine Delignat-Lavaud，C'edric Fournet，et al. Short Paper：Formal Verification of Smart Contracts. In：Proceedings of the 2016 ACM Workshop on Programming Languages and Analysis for Security，Vienna，Austria，91-96，2016

[32] Meiklejohn Sarah，Pomarole Marjori，Jordan Grant，et al. A Fistful of Bitcoins：Characterizing Payments among Men with No Names. In：Proceedings of the 2013 Conference on Internet Measurement Conference，Barcelona，Spain，127-140，2013

[33] Dorit Ron，Adi Shamir. Quantitative Analysis of the Full Bitcoin Transaction Graph. In：Proceedings of the International Conference on Financial Cryptography and Data Security. Okinawa，Japan，6-24，2013

[34] Ahmed Kosba，Andrew Miller，Elaine Shi，et al. Hawk：The Blockchain Model of Cryptography and Privacy-preserving Smart Contracts. In：Proceedings of the 37th Symposium on Security and Privacy，Fairmont，San Jose，CA，839-858，2016

[35] Zhang Fan，Ethan Cecchetti，Kyle Croman，et al. Town Crier：An Authenticated Data Feed for Smart Contracts. In：Proceedings of the 2016 ACM SIGSAC Conference on Computer and Communications Security. Vienna，Austria，270-282，2016

[36] Loi Luu，Duc-Hiep Chu，Hrishi Olickel，et. al.，Making Smart Contracts Smarter，In：Proceedings of the ACM SIGSAC Conference on Computer and Communication Security，Vienna，Austria，254-269，2016

[37] Chen Ting，Li Xiaoqi，Luo Xiapu，et al. Under-optimized Smart Contracts Devour Your Money. In：Proceedings of the 4th International Conference on Software Analysis，Evolution and Reengineering. Klagenfurt，Austria，442-446，2017

[38] Ari Juels，Ahmed Kosba，Elaine Shi. The Ring of Gyges：Investigating the Future of Criminal Smart Contracts. In：Proceedings of the 2016 ACM SIGSAC Conference on Computer and Communications Security. Vienna，Austria，283-295，2016

[39] Thomas Dickerson, Paul Gazzillo, Maurice Herlihy, et al. Adding Concurrency to Smart Contracts. In: Proceedings of the ACM Symposium on Principles of Distributed Computing. Washington D. C., USA, 303-312, 2017

[40] Gatteschi Valentina, Fabrizio Lamberti, Claudio Demartini, et al. Blockchain and Smart Contracts for Insurance: Is the Technology Mature Enough. Future Internet, 10(2): 20-35, 2018

[41] Roman Beck, Michel Avital, Matti Rossi, et al. Blockchain Technology in Business and Information Systems Research. Business & Information Systems Engineering, 59(6): 381-384, 2017

[42] Ingo Weber, Vincent Gramoli, Alex Ponomarev, et al. On Availability for Blockchain-based Systems. In: Proceedings of the International Symposium on Reliable Distributed Systems. Hongkong, China, 64-73, 2017

[43] Patrick McCorry, Siamak F. Shahandashti, Feng Hao. A Smart Contract for Boardroom Voting with Maximum Voter Privacy. In: Proceedings of the International Conference on Financial Cryptography and Data Security, Sliema, Malta, 357-375, 2017

[44] Josep Lluis de la Rosa, Denisa Gibovic, Victor Torres-Padrosa, et al. On Intellectual Property in Online Open Innovation for SME by Means of Blockchain and Smart Contracts. In: Proceedings of the 3rd Annual World Open Innovation Conference, Barcelona, Spain, 2016

[45] Ali Dorri, Salil S. Kanhere, Raja Jurdak, et al. Blockchain for IoT Security and Privacy: The Case Study of a Smart Home. In: Proceedings of the International Conference on Pervasive Computing and Communications Workshops, Kona, HI, USA, 618-623, 2017

[46] Zhang Yu, Wen Jiangtao. An IoT Electric Business Model based on the Protocol of Bitcoin. In: Proceedings of 18th International Conference on Intelligence in Next Generation Networks, Paris, France, 184-191, 2015

[47] 曾帅, 袁勇, 倪晓春, 王飞跃. 面向比特币的区块链扩容: 关键技术, 制约因素与衍生问题. 自动化学报, DOI: 10.16383/j.aas.2017.c160667, 2019

[48] 沈鑫, 裴庆祺, 刘雪峰. 区块链技术综述. 网络与信息安全学报, 2(11): 11-20, 2016

[49] 李牧南. 区块链和比特币相关主题的知识结构分析: 共被引和耦合聚类分析视角. 自动化学报, 43(9): 1509-1519, 2017

[50] Decker Christian, Roger Wattenhofer. Information Propagation in the Bitcoin Network. In: Proceedings of the IEEE International Conference on Peer-to-Peer Computing, Trento, Italy, 1-10, 2013

[51] Sompolinsky Yonatan, Aviv Zohar. Secure High-rate Transaction Processing in Bitcoin. In Proceedings of the International Conference on Financial Cryptography and Data Security. Springer, Berlin, Heidelberg, 507-527, 2015.

[52] 韩璇, 袁勇, 王飞跃. 区块链安全问题: 研究现状与展望. 自动化学报, 45(1): 206-225, 2019

[53] 祝烈煌, 高峰, 沈蒙, 等. 区块链隐私保护研究综述. 计算机研究与发展, 54(10): 2170-2186, 2017

[54] 斯雪明, 徐蜜雪, 苑超. 区块链安全研究综述. 密码学报, 5(5): 458-469, 2018

[55] 姚前, 汤莹玮. 关于央行法定数字货币的若干思考. 金融研究, 07: 82-89, 2017

[56] George Danezis, Sarah Meiklejohn. Centrally Banked Cryptocurrencies. In: Proceedings of the Network and Distributed System Security Symposium, San Diego, California, USA, 1-14, 2015.

[57] 姚前. 中国法定数字货币原型构想. 中国金融, 17: 13-15, 2016.

图书资源支持

感谢您一直以来对清华版图书的支持和爱护。为了配合本书的使用,本书提供配套的资源,有需求的读者请扫描下方的"书圈"微信公众号二维码,在图书专区下载,也可以拨打电话或发送电子邮件咨询。

如果您在使用本书的过程中遇到了什么问题,或者有相关图书出版计划,也请您发邮件告诉我们,以便我们更好地为您服务。

我们的联系方式:

地　　址:北京市海淀区双清路学研大厦 A 座 701

邮　　编:100084

电　　话:010-83470236　010-83470237

资源下载:http://www.tup.com.cn

客服邮箱:tupjsj@vip.163.com

QQ:2301891038(请写明您的单位和姓名)

书 圈

扫一扫,获取最新目录

课 程 直 播

用微信扫一扫右边的二维码,即可关注清华大学出版社公众号"书圈"。

图书营销微文档

您读过一遍以来以读了本书之外……以下使用本书指引：本书
提供以下服务，包括书目信息在内的……

……

我们的联系方式：

地 址：北京市海淀区……

邮 编：100084

电 话：010-83470236 010-83470237

网 址：http://www.tup.com.cn

客服邮箱：fuwu@vip.163.com

QQ：2301891038（请写明您的购书及问题）

用微信扫一扫左边的二维码，即可关注清华大学出版社公众号"书圈"。